Riecke | Geschichte der deutschen Sprache

Reclams Studienbuch | Germanistik

Jörg Riecke

Geschichte der deutschen Sprache

Eine Einführung

Durchgesehen von Tina Theobald

Reclam

2., durchgesehene und bibliographisch ergänzte Auflage

2016, 2021 Philipp Reclam jun. GmbH & Co. KG,
Siemensstraße 32, 71254 Ditzingen
Umschlaggestaltung: zero-media.net
Karten: Roland Geyer Grafik Design
Druck und Bindung: CPI books GmbH, Birkstraße 10, 25917 Leck
Printed in Germany 2021
RECLAM ist eine eingetragene Marke
der Philipp Reclam jun. GmbH & Co. KG, Stuttgart
ISBN 978-3-15-011056-0

Auch als E-Book erhältlich

www.reclam.de

MIX
Papier aus verantwortungsvollen Quellen
FSC® C083411

Inhalt

1. Einleitung

Sprachen verändern sich. Meist sind es einzelne Wörter oder Redewendungen, die ursprünglich vielleicht im Englischen, in der Jugendsprache oder im Sprachgebrauch der Computerbenutzer zu Hause waren und nun auch in der Sprache des Alltags Verwendung finden. Gelegentlich werden wir sogar zu Zeugen tieferliegender sprachlicher Veränderungen. »Ich habe das Buch nicht zu Ende gelesen, weil, ich war zu müde!« ist ein Satz, der uns zumindest in der gesprochenen Sprache täglich begegnen könnte.

Viel stärker noch als bei der Beobachtung der Gegenwartssprache stoßen wir beim Lesen älterer Texte auf Zeichen der Veränderung. Unsere eigene Sprachkompetenz und der Sprachgebrauch eines historischen Autors sind offenbar nicht deckungsgleich. Dies macht sich durch zahlreiche Verständnisprobleme fortwährend bemerkbar. Je älter ein Text ist, umso mehr häufen sie sich. Und am schlimmsten sind gerade die Fälle, wo uns unser eigenes Unverständnis gar nicht erst bewusst wird.

Das Gute an den Schwierigkeiten im Umgang mit historischen Texten ist aber, dass erst sie uns die Tatsache der geschichtlichen Entwicklung einer Sprache nachhaltig verdeutlichen. Am Ende hilft uns das sogar, ältere Texte, aber auch die Sprache der Gegenwart besser zu verstehen. Wenn wir davon abrücken, unseren eigenen Sprachgebrauch als etwas Festes, Unveränderliches anzusehen, dann begeben wir uns unmerklich schon auf Distanz zu unserer eigenen Zeit und damit auch zu uns selbst. Aus dieser Distanz heraus können wir versuchen, auch ältere Texte als etwas zwar Fremdes, Anderes, aber dennoch Wertvolles und Eigenständiges anzunehmen.

Sprachgeschichtliche Kenntnisse helfen uns dabei, diese älteren Texte – und damit die Gedanken und Konzepte vorangegangener Generationen – richtig einzuordnen. Die Sprachgeschichtsschreibung kann über den einzelnen Text hinaus aber auch mit den vielfältigen Möglichkeiten der Versprachlichung der Welt bekanntmachen, die weit über den Horizont der heute lebenden Menschen hinausreichen. Sie fragt also nicht nur nach der sprachlichen Form und dem Sinn einzelner Texte, sondern sie will auch etwas über die Möglichkeiten und Grenzen der Kommunikation unter den jeweiligen historischen Bedingungen herausfinden. Da Kommunikation nun aber keineswegs die einzige Funktion von Sprache ist, kommt noch ein weiteres Moment hinzu. Wir bilden durch Sprache die außersprachliche Realität nicht einfach nur ab, so wie sie ›wirklich‹ ist. Wir haben nur die auf unseren je unterschiedlichen Erfahrungen beruhenden Vorstellungen von der Welt, und diese Vorstellungen stellen wir mehr oder weniger unvollkommen mit Hilfe der Sprache dar. Die Sprache dient also vor aller Kommunikation zunächst einmal dazu, die Gegenstände und Zusammenhänge unserer Welt überhaupt erst zu erfassen und zu deuten. Es liegt auf der Hand, dass auch diese Funktion der Sprache dem geschichtlichen Wandel unterworfen ist.

In der Sprachgeschichte geht es also um Grundlagen des Textverständnisses, um ein Verständnis für den Wandel von Kommunikationsformen und um Einblicke in den historischen Wandel bei der Erfassung und Interpretation unserer Welt. Eine Sprachgeschichte zu schreiben bedeutet daher nicht, ausschließlich bereits vorgegebene Daten und Fakten in eine Ordnung zu bringen. Vielmehr entsteht eine jede Sprachgeschichte erst durch die Auswahl und Interpretation des Vorgefundenen. So ist kaum anzunehmen, dass zwei unterschiedliche Autoren ein und dieselbe Sprachgeschichte verfassen könnten. Die Sprachgeschichtsschreibung wird damit zu einer Kulturwissenschaft, und zwar zu einer Wissenschaft, die sich bemüht, die Flüchtigkeit des kommunikativen Gedächtnisses unserer eigenen Generation zu überwinden. Die Sprachgeschichtsforschung sollte sich deshalb auch nicht nur dafür interessieren, wie es zum heutigen Sprachzustand gekommen ist. Sie muss auch fragen, welche Wege und Möglichkeiten im Laufe der Jahrhunderte aufgegeben oder abgebrochen wurden. Eine solche Frage zielt meist vordringlich auf Texte und ihre Inhalte, sie betrifft aber ebenso die Sprache und ihre Strukturen selbst. Schließlich soll die Sprachgeschichtsforschung eine Vorstellung davon vermitteln, wann und unter welchen Bedingungen die Geschichte der deutschen Sprache begonnen hat, wie es zur Entstehung einer überregional verständlichen Schriftsprache gekommen ist und welche Etappen, also Sprachstadien, der Sprachgeschichte voneinander unterschieden werden können.

Dies waren allerdings noch nicht die Themen, welche die Sprachgeschichte im 19. Jahrhundert zu einer wichtigen Disziplin gemacht und eine breite Öffentlichkeit angesprochen haben. Das intensive Interesse an der Sprachgeschichte setzte nämlich zumindest in Deutschland erst zu einer Zeit ein, als man hoffte, dass die Beschäftigung mit der älteren deutschen Literatur und Sprache auch etwas zur politischen Entwicklung der Gegenwart beitragen könnte. In dem in viele Teilstaaten zerfallenen Deutschland des 19. Jahrhunderts sollte die Betonung einer gemeinsamen literarischen und sprachlichen Tradition den Sinn für das Gemeinsame unter den Zeitgenossen stärken und zugleich von der Berechtigung des Wunsches nach politischer Einheit zeugen. Die »germanische Philologie« der Brüder Grimm war in diesem – wenn auch noch eingeschränkten – Sinn bereits eine »angewandte Kulturwissenschaft« und hat wohl auch einen nicht ganz unerheblichen Baustein zur Einigung des Reiches beigetragen.

Als dieser politische, gegenwartsbezogene Impuls nach der Reichsgründung von 1870 weggefallen war, hatte es die Sprachgeschichte schwerer. In Deutschland wurde sie zu Beginn des 20. Jahrhunderts in ein naturwissenschaftliches Fahrwasser hineingezogen, in dem ihre kulturgeschichtlichen Dimensionen weitgehend verlorengingen. Auch die Vertreibung jüdischer Sprachforscher in den Jahren nach 1933 hat das Fach gerade in dieser Hinsicht weiter geschwächt. Im Zuge des gesellschaftlichen Aufbruchs um das Jahr 1968 schließlich schien die Sprachgeschichte dem wissenschaftlichen Fortschritt, wie die übrigen historischen Disziplinen auch, geradezu im Wege zu stehen.

Dennoch ist heute wieder allenthalben ein neues Interesse an Geschichte und damit auch an Sprachgeschichte zu verspüren. Die Geschichte des Alltags, die Entwicklung von Mentalitäten, der Wandel der menschlichen Kommunikationsformen und die Geschichte von Schlagwörtern und zentralen Begriffen finden mehr und mehr Aufmerksamkeit. In all diesen Bereichen kann die Sprachwissenschaft einen gewichtigen Beitrag leisten. Mit der Wiederentdeckung dieser kulturgeschichtlichen Dimension steht die Sprachgeschichtsforschung heute vor neuen Aufgaben. Ihre Voraussetzungen ähneln in manchem denen der Zeit der Brüder Grimm, nur ihre Inhalte sehen – in einem enger zusammenwachsenden Europa – ganz anders aus. An die Stelle einer vor allem den Wert des Eigenen, des »Deutschen« betonenden Darstellung tritt eine »postnationale« Sicht der Sprachgeschichte, die vorrangig die Entwicklung des Deutschen im Kreise seiner europäischen Nachbarsprachen beschreibt. Auch wenn bis zur Abfassung einer »Europäischen Sprachgeschichte« noch ein weiter Weg vor uns liegt, so sollte auch die Geschichte der historischen Entwicklung einer europäischen Einzelsprache als ein Teilstück dieses größeren Zusammenhangs verstanden werden.

Auf dem Buchmarkt sind derzeit mehr als ein Dutzend verschiedene Sprachgeschichten des Deutschen erhältlich. Darunter sind einige, die den Fragen des Sprachkontakts und der kulturgeschichtlichen Dimension der Sprache insgesamt bereits breiten Raum geben. Warum dann also dieses Buch? Und für wen? Angesprochen werden hier zunächst Germanisten: Studienanfänger, Deutschlehrer und auch Fachkollegen, deren Forschungsschwerpunkte im Bereich der Gegenwartssprache oder der Literaturwissenschaft liegen. Angesprochen sind über diesen Kreis hinaus aber auch jene Leser, die sich in einem allgemeinen Sinne für Sprache und ihre Entwicklung interessieren. Gemeinsam ist ihnen allen, dass ihnen entweder die Zeit oder derzeit noch die Kenntnisse fehlen, um sich mit den vorhandenen und meist sehr umfangreichen Sprachgeschichten des Deutschen mit Gewinn zu beschäftigen. Zudem bewegen sich einige dieser Darstellungen oft auf einem – erfreulicherweise – derart hohen Niveau, dass sie von den meisten Studienanfängern und wohl auch von interessierten Laien kaum noch voraussetzungslos benutzt werden können. Zwischen dem Stand der sprachgeschichtlichen Forschung und dem Wissen über Sprachgeschichte klafft daher eine immer größere Lücke.

Diese Lücke möchte die vorliegende *Geschichte der deutschen Sprache* schließen helfen. Sie versteht sich daher weniger als eine neuerliche Einführung in das Thema, sondern vielmehr als eine Hinführung zu den großen, umfangreichen Darstellungen, die das Fach heute zu Recht prägen. Dieser schmale Band hätte sein Ziel daher auch dann erreicht, wenn er zur Lektüre größerer Werke anregt und anleitet (genannt seien hier nur das mehrbändige *Handbuch Sprachgeschichte* sowie die umfangreichen Darstellungen von Christopher J. Wells und Peter von Polenz). Dort, wo er sein Ziel verfehlt und der Leser es bei der Lektüre der *Geschichte der deutschen Sprache* bewenden lässt, wäre aber immerhin erreicht, dass die wichtigsten Grundkenntnisse vermittelt wurden.

Dem Charakter der *Geschichte der deutschen Sprache* als Hinführung zur Sprachgeschichte entspricht ihre Form. Sie ist vergleichsweise kurz. Möglich wurde diese Kürze, da sie nicht Sprachgeschichte, Historische Grammatik und Lehr- und Arbeitsbuch zugleich sein möchte. Zudem ist sie eine erzählende Sprachgeschichte, die auf einen wissenschaftlichen Apparat weitgehend verzichtet. Nur die wichtigste Fachliteratur wird kapitelweise aufgeführt. Es geht in diesem Buch in erster Linie um die Erschließung und die Zusammenfassung des heutigen Forschungsstandes. Dies ist allerdings mit der Hoffnung verbunden, dass durch die Gliederung des Stoffes und die Pointierung einzelner Sachverhalte auch für Fachkollegen einiges an Brauchbarem abfallen möge. Herbert Schmidt, Mannheim, gilt mein besonderer Dank für die kritische Durchsicht der einzelnen Kapitel. Für dennoch stehengebliebene oder von mir noch nachträglich eingefügte Irrtümer und Versehen bin ich selbstverständlich selbst verantwortlich. Die ausgewählten Textbeispiele wurden, soweit möglich, am Original überprüft und zeichengetreu wiedergegeben.

2. Wie alles anfing: Die althochdeutsche Zeit (ca. 750–1050)

2.1 Einige notwendige Vorbemerkungen

Die Geschichte der deutschen Sprache beginnt mit dem Einsetzen der ältesten Überlieferung. Sie markiert den Beginn eines langsamen, Jahrhunderte dauernden Prozesses der Ablösung des Lateinischen als erste Schriftsprache in Europa. Dabei werden nach und nach in den verschiedenen Regionen verschiedene Volkssprachen sichtbar, die fast alle gewisse Ähnlichkeiten im Bestand der Laute, Wörter und ihrer Grammatik aufweisen. Die Beschreibung solcher Gemeinsamkeiten, aber auch der Unterschiede, ermöglicht die Einteilung in Sprachgruppen, sogenannte Sprachfamilien, um die Nähe der Verwandtschaft darzustellen.

Das Deutsche zählt in dieser Einteilung zu den germanischen Sprachen, daneben kristallisieren sich in seiner Nachbarschaft Gruppen von romanischen, keltischen, slavischen und baltischen Sprachen heraus. Wie es scheint, sind es in Europa nur die Sprachen Ungarisch, Finnisch und Estnisch, Maltesisch sowie Türkisch, Baskisch und Georgisch, die ganz anders konstruiert und daher mit den übrigen Sprachfamilien nicht verwandt sind. Diese grundsätzlichen Unterschiede lassen sich noch sehr gut an den heutigen Ausprägungen dieser Sprachen beobachten. Geht es aber um die historische Entwicklung der Sprachen, haben wir es erwartungsgemäß mit der Auswertung schriftlicher Texte zu tun; über die gesprochene Sprache wissen wir fast nichts, allenfalls einige Reflexe des mündlichen Sprachgebrauchs lassen sich in vielfältig gebrochener Form aus den Texten herauslesen. Wichtiger als das Verhältnis von Mündlichkeit und Schriftlichkeit ist für uns daher die Frage, welche Merkmale ein im Frühmittelalter verfasstes Schriftdenkmal – denn bis in diese Zeit reicht die Überlieferung der meisten heutigen mitteleuropäischen Einzelsprachen zurück – zu einem »deutschsprachigen« Text machen. Zwei Voraussetzungen müssen dafür gegeben sein: 1. das lateinische Alphabet, in dem wir noch heute schreiben, und 2. das Vorhandensein bestimmter »neuer« Konsonanten, die so weder im Lateinischen noch in den übrigen altgermanischen Einzelsprachen wie Altenglisch, Altnordisch, Altfriesisch oder Altsächsisch vorhanden waren.

Zur Verdeutlichung begeben wir uns auf die Ebene der Wörter und betrachten einige Beispiele: Wir stehen dabei zwar wieder vor der Schwierigkeit, dass wir einen Wandel in der gesprochenen Sprache anhand des Schriftbildes nur ungefähr ablesen können. Solange wir uns darüber im Klaren sind, dass wir einen Lautwandel und nicht einen nur oberflächlichen »Buchstabenwandel« vor uns haben, lässt sich mit dem Problem jedoch leben. Als eng verwandte Vergleichssprachen, die diese Veränderungen der Konsonanten nicht mitgemacht haben, wählen wir das Altenglische und das benachbarte Altsächsische, die Vorstufe des sog. Niederdeutschen:

ahd. *apful* ›Apfel‹ gegenüber as. *appul*, aengl. *æppel*; vgl. neuengl. *apple*;
ahd. *skif* ›Schiff‹ gegenüber as. *skip*, aengl. *scip*; vgl. neuengl. *ship*;
ahd. *sitzen* ›sitzen‹ gegenüber as. *sittian*, aengl. *sittan*; vgl. neuengl. *to sit*;
ahd. *wazzar* ›Wasser‹ gegenüber as. *watar*, aengl. *wæter*; vgl. neuengl. *water*;
ahd. *daz* ›das‹ gegenüber as. *that*, aengl. *þæt*; vgl. neuengl. *that*;
ahd. *mahhôn* ›machen‹ gegenüber as. *makon*, aengl. *macian*; vgl. neuengl. *to make*.

Die Zusammenstellung zeigt zunächst, dass sich die altgermanischen Einzelsprachen in vielen Bereichen sehr ähnlich sind. Da sich die Beispiele hundertfach vermehren ließen, dürfen wir davon ausgehen, dass diese Sprachen auf einen gemeinsamen, aber nicht erhaltenen Ausgangspunkt zurückgehen. Das Althochdeutsche hat sich von diesem Ausgangspunkt recht weit entfernt und unterscheidet sich von den übrigen altgermanischen Sprachen durch einen Lautwandel, der neue Konsonanten hervorbringt. Wann immer in den Wörtern bzw. in den Texten, in denen die Wörter auftreten, diese neuen Konsonanten im Schriftbild des lateinischen Alphabets erscheinen, können wir nun davon ausgehen, dass es sich um frühe deutsche Texte handelt. Demnach sind Konsonanten und Konsonantenverbindungen wie pf, f, tz, zz (stimmlos wie ss in *Wasser*), z (stimmhaft wie s in *Rose*) oder hh (Reibelaut wie ch in *machen*) die prägenden lautlichen Merkmale des frühen Deutsch. Stimmhafte und stimmlose Laute gab und gibt es in anderen Positionen auch in anderen europäischen Sprachen, die Affrikaten pf und tz sind dagegen typische Erscheinungen des deutschen Lautsystems. Wenn es um die bedeutungsunterscheidenden Laute der deutschen Sprache geht – wir nennen sie Phoneme –, notieren wir sie im Folgenden so: /pf/. Sind die Buchstaben selbst, also die sogenannten Grapheme gemeint, schreiben wir ⟨pf⟩.

Es wurde allerdings nicht das ganze heute als »deutscher Sprachraum« geltende Gebiet von dem beschriebenen Konsonantenwandel erfasst. Nur die Landschaften südlich einer Linie, die ungefähr von Eupen über Aachen, Benrath, Siegen, Kassel, Dessau, Wittenberg und Frankfurt an der Oder verläuft, sind von den Neuerungen betroffen. Nördlich dieser sogenannten Benrather Linie blieben die Sprecher bei den alten Konsonanten, was dazu führte, dass zunächst nur in der südlichen Hälfte des heutigen Deutschlands tatsächlich »deutsch« gesprochen wurde. In nördlicher Nachbarschaft entwickelten sich das Altsächsische als Vorläufer des heutigen Niederdeutschen, weiter im Nordwesten das Altfriesische, das

Altenglische und in Skandinavien das Altnordische auf andere Weise weiter, und zwar vor allem eben ohne die aus der sog. hochdeutschen Lautverschiebung hervorgegangenen neuen Konsonanten.

Erst in der frühen Neuzeit rückt der alte sächsische Sprachraum zwischen Nord- und Ostseeküste und der Benrather Linie wieder in das Blickfeld der deutschen Sprachgeschichtsschreibung, weil sich das im südlichen Teil beheimatete Deutsche jetzt im Gefolge der hochdeutschen Bibelübersetzung Martin Luthers ausbreitet und die sächsische Sprache des kontinentalen Nordens verdrängt. Wenn wir heute von »Hochdeutsch« sprechen, so ist damit oft die Vorstellung von einer stilistisch besonders gut ausgebildeten Sprachvariante des Deutschen verbunden. Gemeint war aber ursprünglich einfach nur der Sprachraum mit den neuen Konsonanten südlich der Benrather Linie, der in geographischer Hinsicht in besonders markanter Weise durch die Mittelgebirge und die hohen Gebirge am Südrand geprägt wird. Den Sprachraum nördlich der Benrather Linie nennt man heute oft »Nieder-« oder »Plattdeutsch«, weil es sich scheinbar um einen weniger wertvollen Dialekt des Deutschen handelt, der es nicht zu einer Schriftsprache gebracht habe. Aber auch hier diente »nieder« ursprünglich ganz wertneutral als Kennzeichnung der flachen Landschaften Norddeutschlands. Aus Gründen der Vereinfachung wird dieser Sprachraum oft auch als »Alt- bzw. Mittelniederdeutsch« bezeichnet. Aber das ist sachlich nicht ganz korrekt, denn genau genommen handelte es sich ja im Mittelalter bei der nördlich der Benrather Linie gesprochenen Sprache ohne Lautverschiebung noch gar nicht um eine Variante des Deutschen, sondern um die eigenständige Sprache Sächsisch. Auch wenn die politische Geschichte des Mittelalters seit der Zeit Karls des Großen die Nordhälfte und die Südhälfte des heutigen deutschen Sprachraums eher als Einheit begreift, überwiegen für Sprachhistoriker doch die Unterschiede. Einheitsstiftend ist in sprachlicher Hinsicht zunächst vor allem das Latein, kaum die noch jungen Volkssprachen.

Weil also die neuen Konsonanten den großen Unterschied ausmachen, durch den sich das frühe Deutsch von allen anderen germanischen Sprachen erkennbar unterscheidet, und weil diese neuen Konsonanten zunächst nur südlich der Benrather Linie gesprochen werden, gilt für uns nur dieses südliche Gebiet als der Sprachraum des Alt- und Mittelhochdeutschen. Nur jene Texte, die diese neuen Konsonanten enthalten, sind deutsche Texte. Da die Konsonantenveränderung in ihren wesentlichen Bestandteilen bereits in den ältesten Texten um die Mitte des 8. Jahrhunderts durchgeführt und abgeschlossen ist, gilt sie als Merkmal für den gesamten Überlieferungszeitraum des Deutschen. Wir dürfen gleichzeitig annehmen, dass der Beginn dieses Veränderungsprozesses, der nicht von heute auf morgen stattgefunden haben kann, schon sehr viel älter ist als die älteste Überlieferung. Wir erkennen das auch daran, dass sogar einige alte Runeninschriften des

7. Jahrhunderts bereits Spuren der hochdeutschen Lautverschiebung zeigen. Besonders auffällig ist darüber hinaus, dass die ältesten aus dem Lateinischen stammenden Lehnwörter, die von den Germanen im Verlauf des kulturellen Neben- und Miteinanders in den ersten Jahrhunderten nach Christus aufgenommen wurden, schon in den frühesten Texten ebenfalls die Lautverschiebung zeigen: so etwa in ahd. *champf* ›Kampf‹ aus lat. *campus*; in *pfunt* ›Pfund‹ aus lat. *pondō*; in *munizza* ›Münze‹ aus lat. *monēta*; in *ziegala* ›Dachziegel‹ aus lat. *tēgula* oder in *koufen* ›kaufen‹ zu lat. *caupo* ›Schankwirt, Händler‹. Sie müssen also schon vor Beginn der Lautverschiebung entlehnt worden sein und haben dann mit allen einheimischen Wörtern gemeinsam die Veränderungen durchlaufen. Wären diese Wörter erst später entlehnt worden, dann hätten sie von der Lautverschiebung gar nicht mehr erfasst werden können. Das zeigt das Nebeneinander von ahd. *ziegala* und jüngerem *tegel* ›Tiegel‹, das im 11. Jahrhundert ein zweites Mal, und diesmal unverschoben, aus dem gleichen Wort, lat. *tēgula*, entlehnt wurde. Gleiches gilt für jüngeres mhd. *palas* ›Palast‹ und ahd. *pfalanza* ›Pfalz‹, die beide auf lat. *palātium* zurückführen. Vermutlich reicht der Lautwandel bis ins 5./6. Jahrhundert zurück und hat sich im Laufe der Völkerwanderungszeit, der Phase der Ethnogenese der germanischen Einzelstämme, schließlich durchgesetzt. Wird ein Wort später ins Deutsche übernommen, wird die Lautverschiebung nicht mehr durchgeführt.

Weil die hochdeutsche Lautverschiebung ein charakteristisches Merkmal des Deutschen ist, werden deshalb nicht selten auch die Anfänge der deutschen Sprache auf den Beginn dieser Lautverschiebung zurückgeführt. Allerdings bleibt dann unberücksichtigt, dass so recht noch keine homogene Bevölkerung greifbar ist, die als früher Vorläufer der heutigen Träger der deutschen Sprache denkbar scheint. Und was aus dieser Zwischenzeit bis zur Mitte des 8. Jahrhunderts erhalten ist, wurde entweder von lateinischsprachigen Autoren festgehalten, ist aus Orts- oder Personennamen nur noch nachträglich erschließbar, oder aber es wurde von germanischen Schreibern in Runenschrift aufgezeichnet.

Verstehen wir aber gerade die Übernahme des lateinischen Alphabets – also den Kontakt mit der lateinischen Schriftkultur – als den wesentlichen Schritt zur Schaffung der modernen Landessprachen, so ist es sinnvoll, auch die Geschichte der deutschen Sprache erst mit den ältesten Erzeugnissen dieses neuen Schriftsystems beginnen zu lassen. Wir befinden uns dann, also etwa in der Zeit um 750 n. Chr., an den Anfängen der karolingischen Zeit und damit bereits inmitten einer politischen und kulturellen Tradition, die bis in die Gegenwart lebendig geblieben ist. Der Beginn der schriftlichen Überlieferung ist daher auch kein zufälliger Punkt in der kontinuierlichen Entwicklung der deutschen Sprache. Die Anfänge einer bedeutenden europäischen Kultursprache können nicht allein an dem Wandel einiger Konsonanten festgemacht werden. Dieser Lautwandel spiegelt zwar die

Ausdifferenzierung der verschiedenen germanischen Einzelsprachen; ohne den Übergang von der Mündlichkeit zu einer – im Gegensatz zu den Runen – alltagstauglichen Schriftlichkeit nach dem Vorbild der lateinischen Sprache und Schrift hätte sich das Deutsche aber sicher nicht so entwickelt, wie wir es heute kennen.

Von den Menschen, Ereignissen und Sprachen der älteren germanischen Vorzeit hat man schon in der karolingischen Welt wohl nicht mehr sehr viel Genaues gewusst. Näheres über die Vorgeschichte der deutschen Sprache ist vereinzelt in der frühen Neuzeit, dann aber vor allem erst im späten 18. und beginnenden 19. Jahrhundert nach und nach bekanntgeworden. Für uns sind diese Zusammenhänge heute vor allem deshalb wichtig, weil sie in der Folgezeit das Sprachbewusstsein einer breiten Öffentlichkeit in den deutschen Ländern nachhaltig beeinflusst und geprägt haben. In einer Geschichte der deutschen Sprache finden sie ihren Platz daher besser im Verlauf der Darstellung der neuhochdeutschen Zeit. Selbst noch heute, im Zeitalter der Globalisierung, kann das Wissen um die sprachliche Verwandtschaft vieler Kulturen Europas und Asiens eine gewisse, nun vor allem toleranzstiftende Rolle spielen. Aber auf die Anfänge der deutschen Sprache hat diese multikulturelle indoeuropäische Frühzeit – obwohl sie meist in diesem Zusammenhang behandelt wird – keinen direkten Einfluss gehabt. Ein beträchtlicher Teil des deutschen Wortschatzes und der sprachlichen Strukturen sind zwar aus dieser Frühzeit ererbt, der Kontakt mit Antike und Christentum formt die Sprache jedoch völlig um. Auch in sprachlicher Hinsicht stehen wir nach den Wirren der Völkerwanderungszeit am Beginn des karolingischen Zeitalters vor einer »Stunde null«. Eine Schriftlichkeit in deutscher Sprache hatte es vorher nicht gegeben. Wann immer die germanischen Stämme mit den Römern in Kontakt kamen, hatten sich ihre schreibfähigen Vertreter rasch der überlegenen Kultur angepasst und waren mit fliegenden Fahnen zur lateinischen Sprache übergewechselt.

Eine Ausnahme bildet hier nur der ostgermanische Stamm der Goten, der, wohl aus Südschweden (Gotland) kommend, über den Elbe-Weichsel-Raum und den Balkan in Richtung Schwarzes Meer zog und in griechisch-römischer Umgebung siedelte. Die Sprache der Goten ist wie das Altenglische oder Altnordische ein früher Vertreter einer anderen altgermanischen, nicht-deutschen Einzelsprache. Das Gotische kennt die schon erwähnte Konsonantenverschiebung nicht und ist auch nicht in lateinischer, sondern in einer eigenständigen Schrift auf griechischer Grundlage aufgezeichnet worden. Am wichtigsten und wertvollsten ist die Bibelübersetzung des Bischofs Wulfila (ca. 311–382/3), eines Missionsbischofs für die von Kaiser Constantinus am Unterlauf der Donau nahe dem Schwarzen Meer angesiedelten Goten, die in Handschriften des 6. Jahrhunderts erhalten ist.

Auf deutschem Sprachgebiet stehen wir dagegen im 8. Jahrhundert vor einem fast völligen Neuanfang. Von den kulturellen und sprachlichen Leistungen der Goten hatten im ostfränkischen Raum zwischen Metz und Aachen, Fulda und Passau allenfalls noch wenige eine vage Vorstellung. Spuren der gotischen Sprache finden sich nur selten. Allein die kurz vor 800 entstandene Wiener Handschrift 795 aus St. Amand, die aus dem Umkreis der Kanzlei Karls des Großen stammt, enthält neben griechischen Buchstaben mit Hinweisen zu ihrer Aussprache und diversen Runenzeichen auch einige unvollständige gotische Alphabete und Sätze aus dem Lukas-Evangelium mit übergeschriebener phonetischer Umschrift. Einzig einige karolingische Gelehrte wie Frechulf von Lisieux und Walahfrid Strabo interessierten sich offenbar noch für die gemeinsame Abstammung von Goten und Franken und für die Goten als Vermittler des Griechischen. Mit dem Untergang des römischen Reichs war die Spätantike, und damit auch die Vorherrschaft Roms und der Gotenreiche, zu Ende gegangen.

An deren Stelle trat das Reich der Karolinger. Karl der Große, der bedeutendste karolingische Herrscher, schickte sich um das Jahr 800 an, die Nachfolge der römischen Kaiser zu übernehmen. Die karolingisch geprägte Welt erstreckte sich von Hamburg im Norden bis Barcelona im Süden, von Nantes im Westen bis Magdeburg und Passau im Osten und umspannte beinahe eine Million Quadratkilometer. Das Reich war in größere und kleinere Verwaltungseinheiten unterteilt, die Königen, Präfekten, Markgrafen und Grafen unterstellt waren. Von den Mächtigen und Regierenden abgesehen, dürften nur sehr wenige Menschen eine auch nur annähernde Vorstellung von der Ausdehnung und Verschiedenheit des Gebietes gehabt haben. Ein Bauer sah nicht sehr viel weiter als bis zu den Grenzen des Gutes, auf dem er arbeitete, die meisten Mönche kannten wahrscheinlich nur ihr Kloster und dessen Besitzungen.

Wer aber reisen konnte, der stieß schnell auf neue, eigenständige Kulturkreise. Was sofort, und nicht nur in den Randzonen, auffiel, waren vor allem die vielen verschiedenen Sprachen. Latein war zwar überall die Amtssprache, aber Basken und Bretonen bewahrten ihre Sprache, die Aquitanier im Gebiet zwischen Loire und den Pyrenäen und ein großer Teil der restlichen romanischen Francia sprachen ein frühes Romanisch, dessen Aussprache je nach Gebiet wechselte. Im Norden der Francia, in der Diözese von Thérouanne, verwendete man wohl bis in das 9. Jahrhundert das germanische Westfränkisch. Selbst in der weiter westlich benachbarten Region von Boulogne-sur-Mer zeugen Ortsnamen wie *Etienfort* (zu as. *ford* ›Furt‹) von einer älteren germanischen Siedlungsschicht. Auch im althochdeutschen Sprachgebiet hielten sich romanische Sprachinseln, etwa im heutigen Südhessen oder in der Gegend von Salzburg. In der Alpenregion konnte man in der Umgebung von Chur, im westlichen Tirol und in Friaul Sprechern des Rätoromanischen begegnen. Im Norden des ostfränkischen Reiches schließlich wurde sächsisch gesprochen, und auch das Althochdeutsche im Süden unterschied sich bei Bayern, Alemannen und Franken beträchtlich. Von den nach Norditalien aus Pannonien eingewanderten Langobarden schließlich wurde vom 6. Jahrhundert bis um 1000 das heute nur noch schlecht bezeugte Langobardisch gesprochen, das dem Althochdeutschen in vielerlei Hinsicht ähnlich ist und frühe Beispiele für die hochdeutsche Lautverschiebung zeigt. Vermutlich handelt es sich um eine ursprünglich ostgermanische Sprache, deren Struktur sich dem Althochdeutschen angenähert hat. Vielleicht hat die Lautverschiebung hier ihren Anfang genommen.

Wenn wir also heute von Althochdeutsch sprechen, dann betonen wir damit die durch die lateinische Schrift und die Merkmale der Lautverschiebung entstandenen Gemeinsamkeiten, die am Anfang der Entwicklung unserer heutigen Schriftsprache stehen. Die Sprecherinnen und Sprecher der verschiedenen regionalen Sprachformen des ältesten Deutschen hätten sich untereinander aber wohl nur mühsam verständigen können. Einheitsstiftend konnte im karolingischen Vielvölkerstaat also weder eine gemeinsam getragene Kultur noch eine gemeinsam gesprochene Landessprache sein: Beides war nicht vorhanden.

Zum gemeinsamen Band, das diesen Großraum zusammenhalten sollte, wurde das Christentum. Die Kirche entwickelte sich zur zukunftsbestimmenden Macht; Mönchtum und Mission wurden wesentliche Elemente einer universal werdenden westlichen Kirche, die sich mit Rom als geistlichem Zentrum und einem sich allmählich herausbildenden System romverbundener Landeskirchen ein eigenes Kommunikationssystem schuf. Da die Bischöfe aber von den karolingischen Herrschern selbst eingesetzt wurden, war die Kirche untrennbar mit dem Reich verbunden. Daher wurde es zur vordringlichsten Aufgabe Karls des Großen, das Christentum zu festigen und die Grundlagen für seine weitere Verbreitung zu schaffen. Für die Entwicklung der europäischen Sprachen war es in diesem Prozess von besonderer Bedeutung, dass sich das Christentum nicht zuletzt auch als Buchreligion verstand. Das Buch als schriftliche religiöse Überlieferung stellt allerdings hohe Anforderungen: Buchherstellung, Lese- und Schreibfähigkeit, eine allgemeine Schulbildung und die spezielle Fähigkeit zur Auslegung der Schrift.

Die Sprache der Bibel war im Westen das Latein, und alle Bemühungen um eine Verbesserung der sprachlichen Gestalt der inzwischen ja schon sehr alten biblischen und sonstigen theologischen Überlieferung richteten sich auf die lateinische Sprache und Schrift. Das blieb in theologischer, aber auch in sprachlicher Hinsicht nicht ohne Folgen; Latein war daher auch in den folgenden Jahrhunderten die Sprache zumindest der Gebildeten, insbesondere in den Wissenschaften.

Aus der Perspektive des 8. Jahrhunderts würde man sich vermutlich sehr darüber wundern, warum wir heute stattdessen den Anfängen der deutschen Sprache ein so großes Interesse entgegenbringen. Wir tun dies aber in erster Linie darum, weil Deutsch eine wichtige europäische Sprache geworden ist, die von vielen Millionen Menschen, wenngleich mit absteigender Tendenz, gesprochen wird. Für die Geschichte des Gotischen, das – einschließlich eines späteren Ausläufers auf der Halbinsel Krim – seit langem ausgestorben ist, interessieren sich heute demgegenüber nur sehr wenige Menschen. Und das, obwohl das Gotische zu seiner Zeit schon sehr viel weiter und schriftfähiger war als das frühe Deutsch. Wir wollen aber vor allem wissen, warum unsere Vorfahren überhaupt das Projekt der Verschriftlichung der deutschen Sprache in Angriff genommen haben, obwohl mit dem Lateinischen ein für alle Gebildeten bestens ausgebildetes Kommunikationsmittel zur Verfügung stand. Vielleicht finden wir hier einige Anregungen, die auch heute im Streit um die Rolle und Dominanz des Englischen hilfreich sein können. Dies ist aber nicht eigentlich das Ziel dieses Buches. In diesem Kapitel soll vor allem geschildert werden, wie sich das Deutsche als geschriebene Sprache durchgesetzt hat.

2.2 Frühmittelalterliche Sprachgeschichte

Die Bemühungen um das richtige Verständnis der lateinischen Überlieferung stehen im Zusammenhang mit einer von Karl dem Großen ausgelösten Kirchen- und Bildungsreform, die heute unter dem Namen »karolingische Renaissance« bekannt ist. Im Zuge dieser Reformen, die einer »Wiedergeburt« frühchristlicher und römischer Traditionen dienen sollten, werden auch die verschiedenen regionalen Volkssprachen des karolingischen Reiches neu bewertet. Betrachten wir daher zunächst, in welcher Umgebung die Anfänge der deutschen Sprache zu suchen sind.

Was sich vom Althochdeutschen bis auf den heutigen Tag erhalten hat, stammt aus den Schreibstuben und Bibliotheken der benediktinischen Klöster. Die frühmittelalterliche deutsche Schriftlichkeit ist also ausschließlich an die Geistlichkeit gebunden. Es überrascht daher nicht, dass auch die Themen der erhaltenen Texte meist eng mit dem biblischen und klösterlichen Leben verbunden sind. Die Bibel und ihre Auslegung stehen im Mittelpunkt und sind das Zentrum, auf das sich auch alles andere bezieht.

Wir können aber erkennen, dass der Horizont der benediktinischen Geistlichkeit keineswegs eng war, sondern so ziemlich alle Bereiche des damals bekannten Wissens erfasste. Daher lassen sich auch im ältesten Stadium der deutschen Sprache bereits eine ganze Reihe von verschiedenen Texten und Textsorten unterscheiden. Neben der Theologie geraten Aspekte von Medizin, Recht und Musik, ja selbst große Teile der Alltagskultur zumindest ausschnittweise in das Blickfeld der Mönche.

Dabei geht es den in erster Linie lateinisch lesenden und lateinisch schreibenden klösterlichen Gelehrten zunächst noch gar nicht um eine Verschriftlichung der deutschen Sprache. Dafür wäre die mündlich verwendete Alltagssprache der frühmittelalterlichen bäuerlichen Landbevölkerung auch wohl noch kaum geeignet gewesen. Dieser Sprache müssen ja der Wortschatz und die Grammatik, die zum Ausdruck etwa christlich-theologischer, juristischer oder medizinischer Zusammenhänge erforderlich gewesen wären, noch weitgehend gefehlt haben. Vielmehr ging es den Geistlichen um ein besseres Verständnis des Lateins, das für sie zwar die normale Arbeits- und Umgangssprache, aber doch eben nur – anders als in der Romania – die erste Fremdsprache war. Bei der Lektüre schwieriger lateinischer Texte konnte es daher für die Texterschließung hilfreich sein, neben gelegentlich vertrauteren lateinischen gerade auch deutsche Wörter als Verständnishilfe zwischen die Zeilen des lateinischen Textes zu schreiben, ganz so, wie es die meisten von uns in der Schulzeit beim Lernen einer fremden Sprache auch gemacht haben. Wir nennen diese Wörter »Glossen« und dehnen wie im Altgriechischen bei der Aussprache das /o/, um sie von den inhaltlich verwandten modernen Zeitungsglossen abzugrenzen. Griechisch *glossa* bedeutet zunächst ›Zunge, Sprache‹, als theologischer Fachbegriff der Bibelauslegung meint es ›Kommentar‹.

Mit solchen, anfangs aber nur auf das rein sprachliche Textverständnis bezogenen Glossen beginnt die Geschichte der deutschen Sprache. Zunächst wurden sie mit spitzen, meist aus Holz, Knochen, Bronze oder Silber gefertigten Griffeln eingeritzt und sind daher heute mit bloßem Auge fast nicht mehr zu erkennen. Griffel waren im Frühmittelalter leichter verfügbar als Tinte und die sich rasch abnutzenden Schreibfedern. Wahrscheinlich sollten die Merk- und Verständnishilfen, etwa eines Lehrers in der Klosterschule, in der Frühphase der Glossierung vor den Augen der Klosterschüler verborgen werden. Auch wollte man wohl in manchen Fällen die Schönheit einer Handschrift nicht durch nachträglich aufgeschriebene Ergänzungen beeinträchtigen und den kostbaren Schreibstoff dadurch sichtbar beschädigen. Pergament, die ungegerbte und stattdessen in einer Kalklauge behandelte Kalbs-, Schafs- oder Ziegenhaut, auf der im Mittelalter geschrieben wurde, war nämlich überaus wertvoll, denn es mussten viele Tiere getötet werden, um eine größere Handschrift anfertigen zu können. Alle Motive für die Verwendung der mühsam lesbaren Griffelglossen lassen sich vermutlich nicht mehr genau rekonstruieren. Es ist allerdings gut möglich, dass auch ein gewisser Respekt vor der Unversehrtheit eines sakralen Textes für die Benutzung eines Griffels gesprochen hat. Der als besonders fromm geltenden irischen Geistlichkeit war diese Technik schon im 7. Jahrhundert geläufig, und es waren wohl angelsächsische Mönche, durch die Griffelglossen auf dem Kontinent verbreitet wurden. Sie sind uns heute vor allem aus Echternach bei Trier, Freising, Regensburg, Würzburg und Fulda bekannt und haben ihren Schwerpunkt in der Mitte des 8. Jahrhunderts, gelegentlich reichen sie wohl sogar bis ins erste Drittel des Jahrhunderts zurück. Nach etwa 900 findet man sie dann kaum noch. In den kommenden Jahrzehnten wird es stattdessen mehr und mehr üblich, die Einträge mit sichtbarer Tinte vorzunehmen. Offenbar hatte sich das Hilfsmittel Glosse langsam doch etabliert und brauchte im Zweifelsfall nicht mehr vor den Augen der klösterlichen Öffentlichkeit verborgen werden.

Den Mönchen dienten ihre Einträge in der Anfangszeit – unabhängig davon, ob mit Griffel oder Tinte – vor allem dazu, die lateinischen Texte besser zu verstehen. Latein war also Ausgangssprache und Zielsprache zugleich, das frühe Deutsch in diesen Fällen nur das Medium der Vermittlung. Daher sind manche Glossen recht künstliche Gebilde, weil sie keiner lebendigen Sprache angehören, sondern ausschließlich den Sinn des Lateins durch die Technik der wortwörtlichen Nachbildung verdeutlichen sollten. Man vergleiche etwa ahd. *duruh-quemani* für lat. *perventio* ›Ankunft‹; ahd. *filu-sprahhi* für lat. *multi-loquium* ›Geschwätzigkeit‹; ahd. *untar-ambahten* für lat. *sub-ministrare* ›etwas bewirken, dienen‹ oder ahd. *missigiscaft* für lat. *dē-formitās* ›Missbildung‹. Die Beispiele verdeutlichen die Möglichkeiten des Sprachsystems, und ihre formale Ähnlichkeit mit den lateinischen Wörtern erinnert an die recht enge Verwandtschaft zwischen diesen beiden Sprachen. Mit dem tatsächlichen Sprachgebrauch haben sie dagegen kaum etwas zu tun. Wäre es nur um die Verdeutschung einer lateinischen Textstelle gegangen, hätten in vielen Fällen durchaus gebräuchliche althochdeutsche Wörter wie etwa ahd. *zuofart*, *kumft* und *zuokumft* für ›Ankunft‹, *gizungali* und *klafheit* für ›Geschwätzigkeit‹ oder *dionôn* für ›dienen‹ zur Verfügung gestanden.

Das Verfahren der Glossenschreiber mutet uns heute vielleicht fremdartig an, aber es ist so ungewöhnlich nicht. Ganz ähnlich ist der Philosoph Joseph Bernhart vorgegangen, der in den frühen 1930er Jahren eine Übersetzung von Werken des mittelalterlichen Theologen Thomas von Aquin anfertigte. Wenn Bernhart beispielsweise lat. *sub-stancia* ›Substanz, Beschaffenheit‹ mit *Unter-stand* übersetzt, dann geht es ihm hier ebenfalls nicht um »gutes Deutsch«, sondern um eine kommentierende Verdeutlichung des lateinischen Textes. Nebenbei bemerkt wurde der Druck dieser Übersetzung, bei der die deutsche Sprache nur ein Hilfsmittel war, von der nationalsozialistischen Administration genau aus diesem Grund rasch unterbunden. Aber Bernharts Methode kann uns noch heute die auf das Lateinische ausgerichtete Zielrichtung vieler althochdeutscher »Übersetzungen« verdeutlichen. Ganz zu Unrecht hat man nämlich den frühen Glossenschreibern oft ein geringes Sprachverständnis nachgesagt. Geradezu das Gegenteil ist richtig, man hatte lange Zeit nur ihre Ziele missverstanden. Und gelegentlich waren die Nachbildungen so naheliegend, dass sie in verschiedenen germanischen Sprachen, an verschiedenen Orten und zu verschiedenen Zeiten immer wieder neu geschaffen wurden, bis sie schließlich allgemein üblich waren. Dies zeigen etwa got. *arma-haírts*, aengl. *earm-heort*, ahd. *arm-herz*, *arm-herzîg* ›barmherzig‹ zu lat. *miseri-cors*.

Da es vor allem darum ging, das Latein der Bibel und der Kirchenväter genau zu verstehen, lag es nahe, dass die Glossen im Unterricht der Klosterschule eingesetzt wurden. Im Vordergrund stand dort die Vermittlung der Schreib-, Lese- und Sprechfähigkeit in der lateinischen Sprache. Nur in den bedeutendsten Klosterschulen wurde darüber hinaus bereits nach dem Schema der »Septem artes liberales«, der sogenannten sieben freien Künste unterrichtet, das für die Ausbildungsstätten des hohen und späten Mittelalters bestimmend wurde.

Den politischen Rahmen für die intensive philologische Beschäftigung mit den lateinischsprachigen Grundlagentexten des christlichen Glaubens, und damit auch für die volkssprachige Glossierungstätigkeit, setzte Karl der Große im Jahre 789 mit seiner ADMONITIO GENERALIS. Diese »Allgemeine Ermahnung« nimmt ihren Ausgangspunkt in der Feststellung, dass die Glaubenstexte von allen Fehlern befreit werden sollten, die sich auf Grund menschlicher Irrtümer von Schreibern und Abschreibern im Laufe der Jahre eingeschlichen hätten. Im Vordergrund stand daher der Wunsch nach einem verbesserten Bibeltext. Aber auch die Klerikerausbildung und die Unterweisung der Laien in den grundlegenden Gegenständen des Glaubens sollte verbessert werden. Wenn – wie wir aus einem Brief des Bonifatius wissen – ein offensichtlich ungebildeter Priester die Taufe mit den Worten: »Baptizo te in nomine patria et filia et spiritus sancti« spendete, die bei großzügigem Umgang mit der fehlerhaften Grammatik allenfalls sinngemäß als »Ich taufe dich im Namen des Vaterlands, der Tochter und des Heiligen Geistes« verstanden werden konnten, dann war es zumindest für die gebildeteren Zeitgenossen zunächst einmal völlig unklar, ob diese Taufe überhaupt gültig sein konnte. Derartige Sprechakte, die von der Kraft des gesprochenen Wortes leben, sind im höchsten Maße abhängig von der sprachlichen Richtigkeit. Um jeden Preis musste durch eine gründliche Ausbildung der Geistlichkeit vermieden werden, dass Taufen, Eheschließungen oder die Absolution nach einer Beichte durch falsche Formulierungen entwertet werden konnten.

Weil man nun den Wert einer soliden Bildung und Ausbildung für die Entwicklung von Christentum, Staat und Gesellschaft erkannt hatte, erweiterte sich auch der Bildungsbegriff derart, dass selbst einige Dichter der vorchristlichen klassischen lateinischen Literatur in den Kanon der Schultexte aufgenommen werden konnten. Wenn wir uns nämlich ansehen, welche lateinischen Texte bereits im Frühmittelalter mit deutschen Glossen versehen wurden, dann erhalten wir ein recht farbiges Bild von der Schullektüre in den Klosterschulen. Heute sind mehr als 1300 lateinische Handschriften mit althochdeutschen Glossen bekannt, die insgesamt mehr als 250 000 Einzelbelege enthalten. Es finden sich darunter Handschriften mit mehreren hundert Einträgen, manche enthalten dagegen nur eine einzige Glosse. Glossiert wurden die biblischen Bücher, spätantike christliche Autoren wie Prudentius, Arator, Alcimus Avitus, Juvencus, Prosper Aquitanus und Sedulius sowie frühmittelalterliche Schriftsteller wie Aldhelm von Malmesbury und Walahfrid Strabo und weitere Texte aus dem Umkreis der Bibel wie etwa das (irrtümlich) dem Propheten Daniel zugeschriebene Traumbuch SOMNIALE DANIELIS. Aus dem Kreise der Kirchenväter ist vor allem Hieronymus zu nennen, Beachtung fanden auch Ambrosius, Johannes Cassianus, Johannes Chrysostomus, Augustinus, Eucherius, Beda und Bonifatius. Heiligenlegenden sind mit der VITA MARTINI des Sulpicius Severus und mit der im 6. Jahrhundert entstandenen Sammlung VITAE PATRUM vertreten. Der Bereich geistlicher Unterweisung wird auch mit den Werken Gregors des Großen berührt. In diesen Umkreis gehören weiter die Glossen zur BENEDIKTINERREGEL und der REGULA CANONICORUM des Chrodegang von Metz, die Glossen zu Isidor von Sevilla und die umfangreichen Glossen zu den CANONES genannten Kirchenrechtsbeschlüssen. Aber eben auch einige Dichter der klassischen Antike wie Vergil mitsamt den Vergilkommentaren des Servius sowie Horaz, Avian, Juvenal, Ovid, Persius, Terenz und Statius können in dieser Zusammenstellung genannt werden. Ausgiebig bearbeitet wurden ferner die CONSOLATIO PHILOSOPHIAE des Boethius. Aus der Geschichtsschreibung erscheinen Werke des Sallust, Lucan und Orosius, und auch die frühen Volksrechte (Leges) sind glossiert worden, allerdings nur spärlich. Entsprechend ihrer Bedeutung als Grammatik und der Bedeutung der Grammatik im Schulunterricht sind hingegen die INSTITUTIONES GRAMMATICAE des Priscian sehr häufig mit Glossen versehen worden, dazu kommen die grammatischen Werke des Phocas, Donat, Eutyches, Beda, Alkuin, Clemens Scotus, Erkanbert und Sedulius Scotus. Schließlich begegnen noch einige wenige Glossen zu medizinischen Schriften, wie denen des Anthimus, Cassius Felix, Constantinus Africanus, Gargilius Martialis, des Aurelius-Aesculapius, der Galen-Bearbeitung des Gariopontus, sowie zu einigen fälschlich dem Hippocrates und Plinius zugeschriebenen Texten.

Die genannten Autoren und Werke eröffnen einen Rahmen, der nicht nur die alles dominierende christliche Theologie mitsamt ihren Hilfswissenschaften Grammatik, Rhetorik, Philosophie, Geschichte und Prognostik umspannt, sondern auch die klassische Dichtung und die neuen, nach Unabhängigkeit strebenden Wissensfelder Recht und Medizin. Die meisten dieser lateinischen Autoren sind heute nur noch Spezialisten bekannt. Uns zeugen sie aber durch ihre große Zahl von der Vielfalt der lateinischsprachigen Schullektüre im Frühmittelalter. Am intensivsten deutsch glossiert wurden mit großem Abstand die Bibel, Gregor der Große, Prudentius, Vergil und die Canones. Die glossierten Handschriften geben ein eindrucksvolles Zeugnis für die Begegnung von Antike und Christentum, die für die althochdeutsche Zeit – sprachlich und kulturell – charakteristisch ist.

Nicht weniger interessant als die Sammlung der glossierten Autoren wäre für eine frühmittelalterliche Bildungsgeschichte des deutschsprachigen Raums auch ein Verzeichnis der nicht glossierten Autoren. Der kulturgeschichtliche Wert einer solchen Liste, die einerseits orthodoxe Denker wie Irenäus von Lyon, andererseits die seit dem 6. Jahrhundert wegen ihrer Lehre von der Präexistenz der Seelen und der »Wiederbringung aller« im endzeitlichen Gericht als Häretiker verdammten Origenes, Theodor von Mopsuestia und Didymus den Blinden umfassen müsste, kann hier nur kurz angedeutet werden. Häufig gelesene Autoren wurden intensiv, selten gelesene Autoren demgegenüber nur wenig glossiert. Allerdings lässt sich dieses Verhältnis nicht ohne weiteres umkehren: Ein nur wenig glossierter Autor wie Augustinus konnte dennoch zu den viel gelesenen gehören.

Neben den werkbezogenen Glossen, die in eine lateinische Handschrift eingetragen wurden, entwickelte sich die Textsorte der Glossare. Hier konnten vorhandene Glossierungen, wie etwa einzelne Bibelglossen, exzerpiert und neu, zum Beispiel in alphabetischer Form, zusammengestellt werden. Auch Sachglossare sind so entstanden, in denen der Wortschatz der physischen Welt, beispielsweise die Bezeichnungen für verschiedene Pflanzen, Tiere oder die menschlichen Körperteile, gesammelt wurde. Als vorbildlich galten die sogenannten Etymologien des Isidor von Sevilla, aber auch ältere Wissensbestände, wie sie in den ursprünglich griechisch-lateinischen »Hermeneumata«-Sammlungen gespeichert waren, flossen in die Glossare ein. Am Ende der althochdeutschen Zeit stehen mit dem Sachglossar SUMMARIUM HEINRICI und den alphabetischen GLOSSAE SALOMONIS zwei prototypische Vertreter der Textsorte »Glossar« zur Verfügung, in denen das gesicherte Wissen der Zeit in der Volkssprache lexikalisch aufbereitet wurde.

Bei der Erstellung dieser Glossare konnte die gesprochene Volkssprache nun tatsächlich hilfreich sein. Wörter für Bäume und Pflanzen, für Fische und Vögel oder für die verschiedenen menschlichen Körperteile waren in der Volkssprache vorhanden und ließen sich im Unterricht der Klosterschule verwenden, um den Novizen das Wissen über die Welt nahezubringen. Derartige Kenntnisse galten – wohl im Unterschied zu heute – als unverzichtbares Grundwissen. Mit den Sachglossaren beginnt daher ganz unmerklich eine Verschiebung des Interesses: Das

Sammeln und Aufzeichnen deutscher Wörter steht hier zumindest in einzelnen Bereichen schon für eine Beschäftigung mit dem Deutschen selbst. So erlaubt die Glossenüberlieferung bei aller Künstlichkeit einzelner Bildungen aufs Ganze gesehen durchaus einen Einblick in die Sprachwirklichkeit. Aus den Glossen und Glossaren lernen wir aber dann am meisten, wenn wir die deutschen Wörter nicht isoliert behandeln, sondern die Glossen als Elemente einer Textsorte »Glossenhandschrift« im Kontext ihrer sprachlichen und kulturellen Umgebung behandeln. Wir erfahren dann eine Menge über die Art und Weise, wie im frühen Mittelalter gelesen, gedacht, gelehrt und gelernt wurde.

Die karolingische Bildungsreform, das deuteten die Überlegungen zur Entstehung der Sachglossare schon an, hatte offenbar nicht nur Auswirkungen auf die Wiederherstellung und Verbesserung der lateinischen Schriftlichkeit. Wenn die Idee des Christentums als einheitsstiftendes Band im Karolingerreich erfolgreich sein sollte, dann mussten auch die Volkssprachen in den Prozess der Erneuerung einbezogen werden. Es zeigte sich nun schnell, dass Mission, religiöse Unterweisung der Laien und eine zumindest rudimentäre Ausbildung auch der niederen Geistlichkeit nur mit Hilfe der jeweiligen Muttersprachen gelingen konnten. Im ostfränkischen Reich wurden die theologischen Voraussetzungen dafür bereits 794 auf der fränkischen Reichssynode von Frankfurt geschaffen und im Jahre 813 auf den gleichzeitig stattfindenden Synoden von Tours, Reims und Mainz weiter vertieft. Der Beschluss von Frankfurt besagt nämlich, dass der Glaube nicht mehr länger nur in den drei durch die Bibelüberlieferung als heilig geltenden Sprachen Hebräisch, Griechisch und Latein verkündet werden dürfe. Von jetzt an galt es als entschieden, dass Gott vielmehr in jeder Sprache angebetet werden könnte. Auf dieser Grundlage sollten nun auch zusammenhängende Texte in der Volkssprache verfasst bzw. in Auftrag gegeben werden. Dies wurde möglich, weil sich nun mehr und mehr die Erkenntnis durchsetzt, dass auch die Volkssprachen in den Worten Raphaela Gassers »als würdiges Gefäß für alle menschlichen und göttlichen Gedanken, besonders aber für das Wort Gottes in Schrift und Auslegung« betrachtet werden konnten. Das Pfingsterlebnis – also die biblische Erzählung von der Ausgießung des Heiligen Geistes, bei der alle Anwesenden trotz unterschiedlicher Sprache und Nationalität in wundersamer Weise einander zu verstehen vermochten – wird zum Mittelpunkt der These von der Gleichwertigkeit aller Sprachen. Davon zeugt nicht zuletzt die Homilie »De vocatione gentium« (»Über die Berufung aller Völker«) aus den MONSEER FRAGMENTEN vom Anfang des 9. Jahrhunderts, in der – in lateinischer Sprache – gezeigt wird, dass alle Völker zum Lob Gottes ihre je eigenen Sprachen verwenden können.

Man kann daraus den Schluss ziehen, dass die Herstellung volkssprachiger Glossen und volkssprachiger Texte von unterschiedlichen Motivationen ausgeht.

Auf der einen Seite steht die Erschließung des Lateins, auf der anderen die zumindest durch Geistliche vermittelte religiöse Kommunikation mit der Bevölkerung und die Aufwertung der Volkssprachen insgesamt. Die Verwendung der Volkssprache blieb daher auch im Bereich der Texte nicht allein auf die Mission und Pastoralarbeit beschränkt, wenngleich volkssprachige Texte naheliegenderweise zunächst in der Katechese, der Seelsorge, der Beicht- und Bußpraxis und der Predigt gebraucht wurden. Die erhaltenen Taufgelöbnisse, Vaterunser und Credoübersetzungen, weitere Gebetstexte, Homilien (Predigten) und Beichtformulare geben davon ein beredtes Zeugnis.

Der Gebrauch der deutschen Sprache war aber von Anfang an nicht auf den Bereich der Laienunterweisung beschränkt. Für den internen Gebrauch der Geistlichkeit bestimmt war die althochdeutsche Interlinearversion der Benediktinerregel aus dem frühen 9. Jahrhundert. Es handelt sich bei der deutschen Fassung zwar nicht um einen autonomen Text, sondern um eine über weite Strecken fortlaufende Wort-für-Wort-Glossierung des lateinischen Regeltextes. Vielleicht hatte man diese Form gewählt, weil die Methode der Glossierung in den Klöstern bereits seit längerer Zeit etabliert war. Daher scheint es sich bei diesem Textzeugen einer innergeistlichen Kommunikation – aber eben auch nur bei diesem – um ein Beispiel für die schrittweise Entwicklung von der Glosse zum Text zu handeln.

Es gibt vereinzelt sogar noch ältere Zeugnisse dafür, dass selbst komplizierte theologische Streitfragen, wenn sie von allgemeinerer Bedeutung waren, auf Deutsch erörtert werden konnten, auch ohne die Zwischenstufe der Glosse. Ausgangspunkt dafür war der karolingische Hof selbst, und es ist bezeichnend, dass solche Texte, wie die Übersetzung eines Teils von Isidors von Sevilla Traktat DE FIDE CATHOLICA EX VETERI ET NOVO TESTAMENTO CONTRA IUDAEOS (ein Traktat über die Dreifaltigkeit, aus dem Alten und Neuen Testament, ursprünglich gegen die Juden gerichtet) und die Fragmente einer Übersetzung des Matthäus-Evangeliums, zunächst in den verschiedenen Landesteilen wenig Nachahmung gefunden haben. Diese geistlichen Texte, deren sprachliche Reife auch heute noch staunen macht, wären so ohne den zentralen Impuls der karolingischen Reformen kaum je zustande gekommen. Das Thema der Schrift Isidors ist der Nachweis, dass die göttliche Natur Christi bereits im Alten Testament vorherverkündigt sei. Die Übersetzung greift vermutlich ein in eine damals aktuelle Diskussion um die Lehre des spanischen Adoptianismus, die auf mehreren fränkischen Synoden Ende des 8. Jahrhunderts verurteilt wurde. Die Schrift lieferte dringend benötigte Argumente dafür, dass Jesus Christus Gottes wirklicher Sohn und nicht, wie im Adoptianismus angenommen, »nur« ein in außerordentlicher Weise von Gottes Geist erfüllter Mensch gewesen sei, der erst auf Grund seiner sittlichen Bewährung zu göttlicher Würde erhoben worden und damit eine Art

»Adoptivsohn« Gottes sei. Isidor von Sevilla begründet die Präexistenz Christi aus dem Bibelwort Spr 8,29 f.: *quando appendebat fundamenta terrę cum eo eram cuncta componens*, zu Deutsch: »als er [Gott] die Grundfesten der Erde festsetzte, war ich mit ihm, alles ordnend«. Der Übersetzer schreibt: *dhuo ir ęrdha ſtedila uuac, mit imu uuas ih dhanne al dhiz frummendi.* Isidor schließt daraus: *Tali igitur auctoritate ante omnia sęcula filius a patre genitus esse declaratur.* Wir würden heute sagen: »Mit einer derartigen Beglaubigung wird also erklärt, dass der Sohn vom Vater vor allen Zeitaltern geboren worden ist.« Der frühmittelalterliche Übersetzer meistert auch diese Stelle souverän: *Mit ſo mihhiles hęrduomes urchundin iſt nu ſo offenliihho armarit, dhazs chriſt gotes ſunu ęr allem ueraldim ſona fater uuard chiboran.* Es mag hier genügen, mit Heinrich Tiefenbach zu erwähnen, dass der Übersetzer beispielsweise bei der Wiedergabe von lat. *filius* ›Sohn‹ die gemeinte Person eigenständig und ohne direkte Vorlage ganz konkret aufruft: *chriſt gotes ſunu.*

Von Einhard, dem Biographen Karls des Großen, wissen wir aber, dass sich die volkssprachlichen Aspekte der karolingischen Bildungsreform nicht auf religiöse Motive beschränkt haben. Es scheint Karl und seinen Hofbeamten klar gewesen zu sein, dass die Volkssprache und ihre Tradition insgesamt gepflegt werden musste, wenn das Projekt »Christianisierung mit Hilfe der Muttersprache« erfolgreich sein sollte. Einhard erwähnt die Sammlung vorzeitlicher Heldenlieder sowie die Verdeutschung von Wind- und Monatsbezeichnungen. Die Liedersammlung wurde vermutlich schon von Karls Sohn Ludwig dem Frommen aus religiösem Übereifer, einer frühen Form der *political correctness*, vernichtet.

Erhalten hat sich in deutscher Sprache aus diesem Stoffkreis nur das – allerdings nicht vollständig überlieferte – HILDEBRANDLIED, das im vierten Jahrzehnt des 9. Jahrhunderts von zwei Fuldaer Schreibern aufgezeichnet wurde. Dem Text liegt eine sehr viel ältere Vorlage zugrunde, die verlorengegangen ist. Die Schreiber haben das Lied allerdings wohl nicht einfach abgeschrieben, sondern, so gut sie es eben konnten, in eine modernere Sprachform umgewandelt. Möglich ist aber auch, dass sie eine bereits modernisierte Textfassung in ihre vermeintliche Ausgangsfassung zurückversetzen wollten und dazu das wegen seiner nicht-lautverschobenen Konsonanten archaisch wirkende Altsächsisch wählten. Wie dem auch sei, es ist eine seltsame, auf weite Strecken nicht leicht verständliche Mischsprache entstanden, die möglicherweise Spuren einer altgermanischen Dichtersprache enthält. Durch diese Mischsprache war der Text aber nicht mehr eindeutig den »heidnischen Zeiten« zuzuordnen, so dass von den älteren Zeugnissen vielleicht deshalb allein das HILDEBRANDLIED, vom Verlust des letzten Blattes abgesehen, der Vernichtung entgangen ist.

Über das wichtigste Ziel der sprachlichen Reform Karls schreibt Einhard allerdings in einer zumindest für den heutigen Leser missverständlichen Formulierung: »Inchoavit et grammaticam patrii sermonis« (Kap. 29), zu Deutsch etwa: »Außerdem begann er mit einer Grammatik seiner Muttersprache«. Dies ist vielfach so verstanden worden, als habe Karl, oder zumindest einer seiner Hofbeamten, eine Grammatik der althochdeutschen Sprache verfasst. Von einer solchen Grammatik ist aber keine Spur erhalten, und es ist schwer vorstellbar, wie eine solche »deutsche« Grammatik zu Beginn des 9. Jahrhunderts hätte aussehen können. Die älteste Grammatik des Deutschen, die wir kennen – oder zumindest eine etwas komplexere Vorstufe zu einer solchen Grammatik – wurde erst 1534 von Valentin Ickelsamer verfasst. Klaus Matzel hat gezeigt, dass der Hinweis Einhards vielmehr am ehesten so verstanden werden kann, dass hier ganz allgemein von der Beschäftigung mit der deutschen Sprache die Rede ist, und zwar in dem Sinn, dass erste Ansätze zu ihrer Regelung und Vereinheitlichung gemacht wurden. Und solche Bemühungen lassen sich in den Texten aus dem direkten Umfeld der Hofschule tatsächlich erkennen. Besonders das konsequente und exakte Schriftsystem der Isidor-Übersetzung, das erstmals die neuen, nach der sog. Lautverschiebung entstandenen Konsonanten durch Zeichenkombinationen wie ⟨zs⟩ und ⟨dh⟩ für sonst übliches ⟨z⟩, ⟨zz⟩ aus germ. *t (der Asterisk bezeichnet eine nur erschlossene, aber nicht belegte sprachliche Gegebenheit) bzw. ⟨t⟩, ⟨d⟩ aus germ. *þ eindeutig bezeichnet, kann in diesem Sinne verstanden werden. Dennoch sind diese Bemühungen nicht über erste Ansätze hinausgekommen, denn das Interesse an der Pflege der Muttersprache ging schon unter Karls Nachfolgern wieder stark zurück. Vielleicht hatte man vor den Schwierigkeiten kapituliert, denn das ostfränkische Teilreich war noch immer von sehr vielen verschiedenen Völkerschaften bewohnt, deren wichtigste Sprachen Mittelfränkisch, Rheinfränkisch, Ostfränkisch, Alemannisch und Bairisch sich trotz der gemeinsam durchlaufenen Lautverschiebung noch immer stark voneinander unterschieden. Die von Einhard angesprochene »Vatersprache« konnte sich ja noch nicht auf die althochdeutschen Sprachlandschaften insgesamt beziehen, sondern zunächst nur auf den südrheinfränkischen Dialekt der karolingischen Stammlande in Lothringen. Auch die Bestrebungen nach einem sprachlichen Ausgleich durch bewusste Auswahl von südlichen alemannischen und nördlichen fränkischen Merkmalen in den Texten der Hofschule blieben ohne größere Wirkung. So konnte etwa die religiöse Dichtung des Rheinfranken Otfrid von Weißenburg, ganz unzweifelhaft das wichtigste volkssprachige literarische Ereignis des 9. Jahrhunderts, schon in den benachbarten Sprachlandschaften nicht mehr ohne Probleme verstanden werden. Erhalten haben sich vier Handschriften, darunter eine aus dem Kloster Freising in Bayern, die unter der Hand eines verständigen Schreibers buchstäblich zu einer Übersetzung in eine andere regionale Variante des Deutschen wird.

Eine in allen Teilen des althochdeutschen Sprachraumes gleichermaßen verständliche und verbindliche Sprachform hat es nicht gegeben. Überregionale Kommunikation blieb nach wie vor eine Domäne des Lateins. Auch ein über die jeweils eigene Sprachlandschaft hinausreichendes Sprachbewusstsein gab es nicht, Otfrid schreibt »frenkisc«, nicht »diutisc«. Das Nebeneinander der verschiedenen Sprachlandschaften, ohne eine überregionale Norm, prägt die Frühgeschichte der deutschen Sprache. Das auf eine überregionale sprachliche Einheit weisende Adjektiv *diutisc*, der Vorläufer unseres heutigen Wortes *deutsch*, findet sich erst am Ende der althochdeutschen Zeit bei Notker von St. Gallen. In den einzelnen Schreibstuben ging es in der Frühzeit vor allem darum, Texte für den eigenen lokalen Gebrauch herzustellen. Und eben dafür benötigte man eine möglichst eindeutige Verbindung von Laut und Schriftzeichen. Hier liegt die Leistung der Isidor-Orthographen, denn das Bemühen um ein möglichst exaktes Verhältnis zwischen Phonem und Graphem ist der erste Schritt auf dem Weg zu einer funktionierenden Schriftsprache. An einer einheitlichen Norm für die überregionale Kommunikation in der Volkssprache war man dagegen außerhalb der engeren Umgebung Karls noch gar nicht besonders interessiert. Und auch am Hof selbst waren ja viele der einflussreichsten Gelehrten wie der Angelsachse Alkuin und der Ire Johannes Eriugena selbst gar keine Sprecher der deutschen Volkssprache.

Zudem muss man berücksichtigen, dass das Projekt der Durchsetzung einer volkssprachigen Schriftkultur auch in theologischer Hinsicht von Anfang an nicht unumstritten war. Viele der klerikalen Intellektuellen des Frühmittelalters wollten an der seit der Spätantike gepflegten sorgfältigen Trennung von Sakralem und Profanem, von Schriftkultur und Gedächtniskultur, von geistlichen Texten und mündlich tradierten Sprichwörtern, Rechtsvorstellungen und Dichtungen, von heiligem Gesang, dem »cantus sacer«, und dem »cantus obscoenus«, dem schändlichen Gesang der sich in Helden-, Preis-, Spott- und Liebesliedern ausdrückenden Volks- und Adelskultur festhalten. Wolfgang Haubrichs erinnert an den karolingischen Gelehrten Amalar von Metz, der den Laien grundsätzlich – und zwar auf Grund ihrer Lebensweise – das Recht auf Bildung abspricht: »Wer danach strebt, Häuser, Vieh und Grundbesitz zu erwerben oder ein Weib zu nehmen, der besitzt nicht den rechten Sinn für das Studium.« Eine wirkliche volkssprachige Schriftkultur lässt sich aber dann ganz offensichtlich nicht etablieren, wenn die eigentlichen Träger der Volkssprache weitgehend ausgeschlossen bleiben sollen. Die überlieferten althochdeutschen Texte, die uns heute den Eindruck einer solchen Schriftkultur zu vermitteln scheinen, sind nichts weiter als kleine Inseln in einem Meer von lateinischer Schriftlichkeit. Gleichzeitig, und das darf nicht zu gering veranschlagt werden, trägt schon allein der Umstand, dass Texte wie das EVANGELIENBUCH Otfrids von Weißenburg zwischen den verschiedenen

Sprachlandschaften ausgetauscht und übersetzt werden, zu einer beginnenden überregionalen, gemeinsamen Entwicklung bei.

Die herausragenden Texte der althochdeutschen Literatur, die südrheinfränkische ISIDOR-ÜBERSETZUNG vom Ende des 8. Jahrhunderts, der ostfränkische TATIAN (Fulda um 850), Otfrids südrheinfränkisches EVANGELIENBUCH (Weißenburg um 865), das bairische Endzeitgedicht MUSPILLI (spätes 9. Jahrhundert, bairisch mit fränkischen Elementen), das wohl in den nur resthaft bezeugten westfränkischen Sprachraum weisende LUDWIGSLIED (spätes 9. Jahrhundert) und die philosophischen Schriften Notkers von St. Gallen (St. Gallen bis 1022), haben aber zumindest untereinander noch keine Verbindung und dürften für die Angehörigen einer jeweils anderen Sprachlandschaft auch nur ungefähr verständlich gewesen sein. Sprachlich gesehen liegt dies beispielsweise an Unterschieden im Wortschatz, etwa dort, wo ein ostfränkischer Text die Bedeutung ›heilig‹ mit dem Adjektiv *heilic*, ein bairischer Text jedoch mit dem heute untergegangenen Adjektiv *wīh* (etwa noch in nhd. *weihen, Weihnachten*) zur Sprache bringt. Die Zahl der Beispiele ließe sich stark erweitern, in scharfem wortgeographischem Kontrast stehen etwa auch *ōdmuotīg* (ost- und rheinfränkisch) gegenüber *diemuotīg* (alemannisch), beide in der Bedeutung ›demütig‹. Hier hat sich offensichtlich einmal, anders als bei *wīh* und *heilic*, die südliche Variante durchgesetzt. Die Frage, welches Wort in solchen Konkurrenzsituationen siegreich bleibt und allein Bestandteil der neuhochdeutschen Schriftsprache wird, soll uns später, besonders bei der Beurteilung der Rolle Martin Luthers, noch genauer beschäftigen (vgl. hier Kap. 4.3).

Die althochdeutsche Zeit erscheint zunächst als ein Experimentierfeld, als ein Laboratorium des deutschen Wortschatzes, in dem Spezialisten versuchen, die Möglichkeiten der Volkssprache zu erproben. Zu einem ganz wesentlichen Teil vollzieht sich dieses Experiment bei der Glossierung der lateinischen Handschriften. Die Erkenntnisse, die durch diese Arbeit gewonnen werden, kommen dann auch ganz unmittelbar den eigenständigen althochdeutschen Texten zugute. Auf diese Weise geht die Entwicklung beider Textformen, der Glossen und der satzförmigen Texte, letztlich doch Hand in Hand, trotz ihrer unterschiedlichen Ausgangspunkte.

In der Praxis sah die Arbeit dieser Spezialisten so aus, dass in jedem Skriptorium, d. h. in jeder klösterlichen Schreibstube, überlegt wurde, wie die deutsche Entsprechung zu einem bestimmten lateinischen Wort wohl aussehen könnte. In jedem einzelnen Kloster konnte das also zu recht unterschiedlichen Ergebnissen führen. Das liegt nicht nur an der unterschiedlichen Verbreitung von Wörtern wie *wīh* und *heilic*, die zum altüberlieferten Bestand der Sprachgemeinschaften gehört haben. Es liegt eben auch daran, dass es für viele Gegenstände und Sachverhalte noch gar keine Wörter in der Volkssprache gab, denn im mündlichen Sprachgebrauch konnte möglicherweise eine Umschreibung, verbunden mit einer Zeigegeste, zur Verständigung ausreichen. Die Suche nach dem richtigen Wort führte selbst in einem vergleichsweise stabilen Bereich wie den Bezeichnungen der menschlichen Körperteile, wo eigentlich wenig Änderungen und Neuerungen zu erwarten sind, zu einer recht großen Zahl von Varianten. So finden sich für lat. *frōns* ›Stirn‹ etwa die althochdeutschen Entsprechungen *endi, endiluz, endīn, gebal, gibilla, houbit, stirna* und *tinna*; lat. *gurgulio* ›Gurgel, Luftröhre‹ stehen gegenüber ahd. *âtemdrozze, drozza, gurgula, kela, querca, quercala* und *sluntbein*; für lat. *palma* ›die flache Hand‹ sind bezeugt ahd. *breta, flazziu hant, flazza, folma, hant, munt, spanna* und *tenar*; lat. *supercilium* ›Augenbraue‹ kann übersetzt werden als ahd. *brâwa, brâ, obarbrâwa, ougbrâwa* oder *wintbrâwa*, und schließlich wird etwa lat. *volva* ›Gebärmutter‹ als ahd. *quiti, ref, wamba* oder *womba* verdeutscht.

Aber auch dann, wenn ein Wort bereits durch seine hohe kommunikative Bedeutung in der mündlichen Alltagssprache überregional etabliert war – denken wir an so elementare, altererbte Körperteilbezeichnungen wie *Arm, Finger, Nabel, Bein* oder *Fuß* –, können die Wörter recht verschiedenartig aussehen. In den unterschiedlichen Texten aus den althochdeutschen Sprachlandschaften begegnen etwa: *arm, aram, arim, armo*; *fingar, finger, fingra, vingar, uingir, uinger*; *nabilo, nabulo, nabalo, nabelo, nabil, nabile, nabila, nabele, nabl, napolo, napalo, napulo, nauel*; *bein, ben, pein*; *fuoz, fuozs, fooz, foos, fuaz, fuez, fūz, fouz, fůz, fuz, vuoz, vûoz, uvôz, uuoz, uůz, uoaz, phuoz*. Diese Vielfalt lässt sich vor allem dadurch erklären, dass es trotz der Versuche der Isidor-Schreiber eben doch noch keine einheitliche Schreibnorm, also eine Orthographie – etwa wie die Norm des heutigen Rechtschreib-Dudens – für die Volkssprache gab. Die Schreiber mussten selbst herausfinden, wie das Verhältnis zwischen Laut und Buchstabe in ihrer regionalen Ausprägung am besten ausgedrückt werden konnte. Sie verfuhren dabei nicht viel anders, als es heute Kinder beim individuellen Schriftspracherwerb tun, bevor ihnen die Normen der Rechtschreibung beigebracht worden sind. Daher bediente sich auch fast jedes Kloster eines eigenen – auf der Basis des lateinischen Alphabets entwickelten – Schriftsystems.

Entscheidend für den hochdeutschen Sprachraum ist aber eine noch viel weitreichendere Besonderheit: Da es in althochdeutscher Zeit überhaupt noch keine überregionale Schrift- oder Standardsprache gegeben hat, können wir nur Wörter und Sätze in bairischer, alemannischer oder fränkischer Sprache vorfinden. Die Gemeinsamkeit erschöpft sich auf den ersten Blick im lateinischen Alphabet, dessen einheitstiftende Kraft durch eine Schriftreform mit der Einführung der karolingischen Minuskel allerdings noch verstärkt wurde, und in einigen Merkmalen der hochdeutschen Lautverschiebung. Diese Gemeinsamkeiten machen die regionalen Sprachen zu Vorläufern des heutigen Deutsch. Die Zeitgenossen selbst mögen aber nicht selten die Unterschiede noch stärker empfunden haben als die Ähnlichkeiten. Wenn wir uns das heutige Deutsch ohne überregionale Standardsprache vorstellen und wir untereinander nur in einer bairischen, alemannischen oder fränkischen Umgangssprache kommunizieren könnten, wird uns das Ausmaß des Trennenden wohl rasch deutlich.

Wie erklären sich aber diese starken Unterschiede? Sie finden – über die genannten wortgeographischen Varianten hinaus – ihre systematische Ursache vor allem in einer unterschiedlichen Ausbreitung der anfangs schon erwähnten hochdeutschen Lautverschiebung. Zwar sind einzelne Merkmale dieser Lautverschiebung in jedem Text vorhanden, der südlich der Benrather Linie entstanden ist. An der Gültigkeit des Merkmals Lautverschiebung für die Bestimmung eines Textes als »hochdeutsch« ist daher nichts zurückzunehmen. Aber die Lautverschiebung wurde in den verschiedenen Regionen des deutschen Sprachgebietes mit unterschiedlicher Intensität durchgeführt. Der Ausgangspunkt liegt wohl im alemannischen Süden, in Richtung Norden zeigt sich die Verschiebung schwächer, bis sie an der Benrather Linie schließlich zum Stillstand kommt.

Dabei ist es für unseren Zusammenhang unerheblich, ob diese unterschiedliche Ausbreitung tatsächlich – wie man es gemeinhin annimmt – das Ergebnis einer Abschwächung von Süd nach Nord ist. Folgt man Theodor Vennemann, dann hätte sich die Lautverschiebung im hochdeutschen Raum dagegen ursprünglich ausnahmslos durchgesetzt. Die neuen Laute seien aber Zug um Zug wieder rückgängig gemacht worden, weil diejenigen Sprecher, die im 6., 7. und 8. Jahrhundert die größte politische, militärische und kulturelle Dominanz besaßen, nämlich die rheinländischen Franken, weiterhin die älteren unverschobenen Formen verwendeten. Wenn sich der Sprachgebrauch vor allem an Macht und Prestige orientiert, dann ist diese Sicht plausibler, denn nach Vennemann widerspreche die herkömmliche Sicht jeder soziolinguistischen Erfahrung, der zufolge ein so durchgängiger und sinnfälliger Lautwandel sich nur mit den Trägern der politischen Macht, aber nicht gegen sie ausbreiten könne. Mit den konkreten sprachlichen Fakten lässt sich sein Modell aber kaum vereinbaren.

Der Historiker Gottfried Schramm hat darüber hinaus – nach einer Idee des Kulturphilosophen Egon Friedell – bei der Analyse ausgewählter Umbrüche in der Weltgeschichte gezeigt, dass eine welthistorische Wende wie etwa die zum Protestantismus, zur (amerikanischen) repräsentativen Demokratie oder zum revolutionären Sozialismus gerade nicht das Ergebnis eines allgemeinen Kulturvorsprungs ist, der in einer Einzelregion erreicht worden war. Vielmehr gehen welthistorische Wendepunkte in der Regel von der Peripherie aus, von dort, wo die Mutterkultur, aus der etwas Neuartiges ausbricht, nur relativ flach im Boden wurzelt. Mit aller Vorsicht auf die Sprache übertragen, kann dieses Modell davor schützen, Aspekte wie Macht, Dominanz und Prestige allzu ungebrochen als Faktoren der Ausbreitung oder Unterdrückung von sprachlichem Wandel zu verstehen. Mit seiner Hilfe wird es vielmehr erst plausibel, dass auch der Wandel im deutschen Konsonantensystem – ein einschneidender Umbruch in der Geschichte der germanischen Sprachen – im Süden, an der Peripherie des deutschen Sprachraums, begonnen hat, fernab von den politischen und kulturellen Zentren jener Zeit. Wenn er sich nicht vollständig durchgesetzt hat, dann wohl vor allem deshalb, weil er noch nicht durch eine flächendeckend verbreitete Schriftlichkeit gestützt und konserviert werden konnte.

Es kristallisiert sich aber in jedem Fall ein Kerngebiet mit den Sprachlandschaften Alemannisch, Bairisch, Mittel-, Rhein- und Ostfränkisch heraus, in dem die wesentlichen Merkmale der Lautverschiebung (erkennbar in den Wörtern *ich* statt *ik*, *dorf* statt *dorp*, *das* statt *dat*, *apfel* statt *appel*, *pfund* statt *pund*) erscheinen. An das Ostfränkische schließt sich nordöstlich das Thüringische an, doch ist dies in althochdeutscher Zeit nur aus einigen Namen wie dem im 9. Jahrhundert notierten Ortsnamen *Hildiburgorod* (bei Sangershausen) bekannt. Deutlicher erkennbar – und sehr viel differenzierter – sind die Verhältnisse im Westen. Hier verebbt die Verschiebung zwischen Mosel, Main und Rhein. Dort, wo die p-Verschiebung unterbleibt und zum Erhalt des /p/ in *pund* und *appel* führt, sprechen wir von Mittelfränkisch. Im Rheinfränkischen wird /p/ nur nach /l/ und /r/ verschoben. Das Südrheinfränkische Otfrids setzt sich auch davon noch einmal ab, indem hier das /p/ nur im Anlaut unverschoben bleibt. Vollständig vollzogen hat sich die Lautverschiebung ohnehin nur im Alemannischen, wo zusätzlich zu den Merkmalen des hochdeutschen Kerngebietes auch eine Verschiebung von /k/ zu /kch/, erkennbar etwa in ⟨chind⟩ statt ⟨kind⟩, stattgefunden hat. Aus dieser unterschiedlichen Verbreitung erwachsen die verschiedenen Sprachlandschaften des deutschen Sprachraums, so wie sie vielen von uns heute als Dialekte noch vertraut sind. Andere lautliche, lexikalische und grammatische Unterschiede treten dann noch hinzu. Vor allem deshalb kann man nicht von einem einheitlichen Althochdeutschen sprechen, sondern nur von Sprachlandschaften, in denen jeweils eine hochdeutsche Variante gesprochen und gegebenenfalls geschrieben wurde. Zu Dialekten werden diese Sprachlandschaften erst in heutiger Perspektive, da wir nun über eine Standardnorm verfügen, auf die alle regionalen Varianten bezogen werden können.

Vor allem in diesen bairischen, alemannischen, rhein- und ostfränkischen Sprachlandschaften lagen die Klöster, und in ihren Skriptorien wurde geschrieben. Über die Glossenüberlieferung hinaus entstehen volkssprachige Texte in Fulda, Trier, Mainz, Lorsch; in Weißenburg und Murbach im Elsass; auf der Reichenau am Bodensee und in St. Gallen sowie im bairischen Raum in Regensburg,

Wessobrunn und Ebersberg. Die Mönche – und damit die Verfasser dieser Texte – mussten aber nicht unbedingt aus der gleichen Sprachlandschaft kommen. Das Kloster Ebersberg liegt im oberbairischen Raum, sein fränkischer Abt Williram, dem wir eine volkssprachige Paraphrase des HOHEN LIEDES verdanken, schreibt seiner Herkunft und Sprachtradition nach jedoch ostfränkisch. Fulda liegt am östlichen Rand des rheinfränkischen Gebietes, ist aber seiner Hauptüberlieferung nach ebenfalls ostfränkisch. In den großen Klöstern wie etwa in Fulda sind die Sprachverhältnisse besonders vielfältig. Das Kloster folgt bis Ende des 8. Jahrhunderts bairischer Schreibtradition, da die ersten Mönche aus Bayern nach Fulda gekommen waren. Zugleich zeigen sich in der ersten Phase Einflüsse angelsächsischer Schreibkonventionen, denn gegründet wurde das Kloster im Jahre 744 vom angelsächsischen Mönch (Wynfrith) Bonifatius. Im 9. Jahrhundert dominiert dann durch die wechselnde Zusammensetzung des Klosterkonvents das Ostfränkische, vielleicht mit Zügen einer Art von Ausgleichssprache zwischen den Mönchen, die durch den guten Ruf des Klosters aus allen Teilen des Reiches angezogen wurden. In dieser Zeit entsteht auch das wichtigste Fuldaer Sprachdenkmal, der TATIAN, der, anders als das Rheinfränkische der Umgebung, die ostfränkischen verschobenen p-Laute wie etwa /pf/ in *apfel* enthält. Erst deutlich später erfolgt dann der Übergang zur rheinfränkischen Sprache der Umgebung Fuldas. Handschriften wurden zudem ausgetauscht, abgeschrieben und weitergeführt, was zu Sprachmischungen führte, die ebenfalls nicht mehr viel mit der Sprachwirklichkeit der die Klöster umgebenden Landschaften zu tun haben müssen.

Von der tatsächlich gesprochenen Sprache, also jener Sprache, die außerhalb von Literatur und religiöser Unterweisung im Alltag verwendet wurde, erfahren wir nur selten etwas. Allerdings wissen wir, dass die geschriebene Variante bereits im Frühmittelalter konservativer, also gewissermaßen altmodischer war als das gesprochene Deutsch. Die sogenannten ST. GALLER VORAKTE, das sind die der Abfassung einer Urkunde vorausgehenden Konzeptblätter, zeigen, dass der Schreiber seine Notizen in einer seinerzeit modernen Sprachform aufzeichnete, sich für die Ausarbeitung seiner Urkunden dann aber einer konservativeren Norm bediente. Hier haben wir es mit einer generellen Eigenschaft von Schrift zu tun: In den Konzepten der ST. GALLER VORAKTE wird beispielsweise der Primärumlaut von /a/ zu /e/ meist schon durchgeführt, in der Urkundenreinschrift bleibt das ältere /a/ noch erhalten, so in Personennamen wie *Wurmhari* statt *Uurmheri* der Vorakte. Auch werden die unbetonten Silben vielfach schon als abgeschwächt kenntlich gemacht – etwa *Gundhere* –, wo die Reinschrift noch den älteren vollen Vokal erhält – etwa *Gundhari*.

Weitere, zumindest indirekte Einblicke in die gesprochene Sprache – wenngleich in stark romanisierter Form – geben uns die sogenannten PARISER GE-

SPRÄCHE aus dem 9. Jahrhundert. Sie bestehen hauptsächlich aus einem althochdeutsch-lateinischen Vokabular für Körperteilbezeichnungen und aus zweisprachigen Mustersätzen und Redewendungen für manche auf Reisen möglicherweise auftretende Situation. Wir erkennen hier den ältesten Sprachführer für Auslandsreisende im deutschen Sprachraum. Und wir erkennen auch, dass sich hier ein Reisender, vielleicht ein romanischer Kaufmann oder ein Geistlicher, der sich für eine Reise zumindest bruchstückhafte Fremdsprachenkenntnisse aneignen muss, nicht in erster Linie um sein Seelenheil sorgt, sondern um Essen und Trinken für Mensch und Pferd, ein Bett für die Nacht und vielleicht auch um eine erotische Abwechslung: *Erro e. guille trenchen.* »Herr, ich will trinken« (Satz 71); *Erro . guillis trenchen gualigot guin.* »Herr, willst du guten Wein trinken?« (75); *Habes corne min roſſa.* »Hast du Hafer für meine Pferde?« (72); *Guare uenge linaz ſelida gueſelle. l gue noz.* »Wo hast du heute Nacht Obdach gehabt, Geselle oder Genosse?« (15); *Gauathere . latz mer ſerte.* »Dirne, lass mich mit dir schlafen« (101); *in mehthiti.* »Ich stehe zu deiner Verfügung« (102).

Weitere Texte, die den Sprach- und Kulturkontakt zwischen den Nachbarvölkern direkt ansprechen, haben sich nicht erhalten. Allerdings gibt es einige indirekte Zeugnisse des kulturellen Austausches, so etwa am Ende der althochdeutschen Zeit, wenn in den Sachglossaren des SUMMARIUM HEINRICI unter der Überschrift »De Nationibus Gentium« auch einige Namen der aktuell benachbarten oder zumindest bekannten Völkerschaften aufgezählt werden, unter anderem *beheima* (Böhmen), *ruzin* (Russen), *vngera* (Ungarn), *bulgara* (Bulgaren) und *valwun*, der alte Name des Steppenvolkes der Kumanen, die einige Jahrhunderte später noch einmal in das Blickfeld der deutschen Sprachgeschichte geraten werden. Der Schreiber erwähnt keine westlich gelegenen Völker und blickt vielmehr mit Interesse nach Osten, denn das ist die Richtung, in die vom deutschsprachigen Raum aus Gedanken und Ideen exportiert werden. In dem Verhältnis zum romanischen Westen ist man schließlich nach wie vor selbst in der aufnehmenden Position. Dieser Export von Ideen zeigt sich auch, wenn wir in den FREISINGER DENKMÄLERN und im sogenannten EUCHOLOGIUM SINAITICUM auf eine Beichte in altkirchenslavischer Sprache des 9. Jahrhunderts stoßen, die noch nicht eigenständig entwickelt wurde, sondern ganz offensichtlich als Übersetzung eines St. Emmeramer Beichtgebets auf einer althochdeutschen Vorlage beruht.

Darüber hinaus gibt auch der althochdeutsche Wortschatz manchen Hinweis darauf, dass ein Sprach- und Kulturkontakt nicht nur zwischen germanischen und romanischen Ländern, sondern auch zu den östlichen Nachbarn bestand. Der Sprachkontakt mit dem benachbarten Tschechischen hat laut Stefan Michael Newerkla für den althochdeutschen Zeitraum zu mindestens 70 Entlehnungen wie tschech. *hrabě* ›Graf‹ aus ahd. *grafo* ›Vorsteher, Statthalter‹ oder tschech. *pila* ›Säge‹

(atschech. ›Feile‹) aus ahd. *fîhala, fîla* ›Feile‹ geführt. Ahd. *fîla* findet sich darüber hinaus auch in abulg. *pilá* ›Säge‹, poln. *piła*, serb. und kroat. *píla* ›Säge, Feile‹. Lehnwörter wie ahd. *zobel* ›sibirischer Marder, Pelztier‹ und *kursinna* ›Pelzmantel‹, die im 11. Jahrhundert aus altruss. *sóbol'* bzw. *kórzno* entlehnt wurden, sprechen zudem für weitgespannte Handelskontakte in frühmittelalterlicher Zeit. Ein Wort wie ahd. *kohhar* ›Pfeilköcher‹, das aus der Sprache der Hunnen stammt, erinnert zudem an die kriegerischen Berührungen zwischen Germanen und den hunnischen Steppennomaden.

Zu den nicht primär theologisch oder philosophisch ausgerichteten Texten gehören neben den PARISER GESPRÄCHEN vor allem die vereinzelt erhaltenen medizinischen Rezepte und Zaubersprüche. Naturwissenschaftliche und magische Medizin, Vorchristliches und christlich Überformtes gehen hier Hand in Hand. Beide Bereiche sind seit der Spätantike keineswegs klar voneinander getrennt, das zeigt etwa die medizinische Sammelhandschrift des Marcellus Burdigalensis aus der Zeit um 400 n. Chr., die im gesamten Mittelalter stark rezipiert wurde. Sie enthält nebeneinander medizinisch-pflanzliche Rezepte und magisch-religiöse Zauber- und Segensformeln. Und gerade im Umkreis der Heilzauber und Segenssprüche können wir am ehesten auf volkssprachige Textstücke stoßen, die nicht unmittelbar auf lateinische Vorlagen zurückweisen.

Längst nicht alle Texte, die am Beginn der volkssprachigen Schriftlichkeit entstanden sind, lassen sich wie etwa ein Rezept, ein Zauberspruch oder ein Sprachführer schon auf den ersten Blick einer heute noch mehr oder weniger vertrauten Textsorte zuweisen. Ein erstes Exemplar der Textsorte »Anamnese« versteckt sich etwa in Notkers von St. Gallen Kommentar des spätantiken Philosophen Boethius. In Anlehnung an sein Vorbild, aber durchaus mit freier Ausgestaltung, beschreibt Notker hier ein Krankheitsbild, das durch eine Trübung der Sinne und des Gemütes hervorgerufen wird. Am Ende eines therapeutischen Gesprächs wird schließlich der Weg zur Heilung der Melancholie beschritten: *Fóne díu hábo íh nu uuóla fernómen . ióh uuîo du ſieh ſiſt . ióh uuîo man zûo fáhen ſúle . tíh tînero geſúndedo ze geréchenônne.* »So habe ich nun gewiss vernommen, und zwar auf welche Weise du krank bist, und auch auf welche Weise man vorgehen solle, um dir deine Gesundheit wiederherzustellen.« Zur Charakterisierung der geschilderten Krankheit prägt Notker als Übersetzung von lat. *morbus perturbationum* ein neues Wort, ahd. *muotsuht.* Wie das ebenfalls nur bei Notker bezeugte Adjektiv *muotsuhtīg* ›verwirrt, bedrückt‹ nimmt es eine etymologisch und gedanklich eng verwandte Bezeichnung vorweg, die erst im 18. Jahrhundert als Übersetzung von lat. *melancholicus* und *morbus animi* wieder Konjunktur haben wird, nämlich nhd. *gemütskrank* und *Gemütskrankheit.* In mhd. *muotsiech* lebt das Notker-Wort noch eine Zeitlang fort. Das lateinische Vorbild hat also zweimal, im 11. und im

17./18. Jahrhundert, zu ganz ähnlichen Wortneubildungen geführt. Solche Beispiele zeigen, dass es zwischen den frühmittelalterlichen und den modernen Menschen neben vielen Unterschieden durchaus auch eine Reihe von Ähnlichkeiten zu geben scheint.

Überhaupt verdanken wir Notker nicht nur diesen und weitere fachsprachliche Texte, etwa zu Problemen der Philosophie oder zur Musiktheorie. Wir verdanken ihm vor allem den Nachweis, dass die althochdeutsche Sprache am Beginn des 11. Jahrhunderts bereits so weit entwickelt war, dass nun tatsächlich schwierigste Gedanken klar formuliert werden konnten. Und dies gilt auch dann, wenn es nicht ganz unwahrscheinlich ist, dass Notker zu seiner Zeit weit und breit nur noch der Einzige war, der diese Fähigkeit besaß.

Betrachten wir schließlich die Vielzahl der verschiedenen Texte, die sich neben der religiösen Literatur entwickelt hat, dann entfaltet sich bereits für die Anfangszeit der deutschsprachigen Überlieferung ein recht abwechslungsreiches Bild. Das Zeitalter der monastischen Schriftlichkeit ist keineswegs auf die Bibelüberlieferung und Bibelexegese beschränkt. Es entwickeln sich vielmehr ganz neue volkssprachige Wortschätze, so etwa für die Bereiche Medizin und Recht, die es nun erlauben, auch auf Deutsch über grundlegende Fragen des menschlichen Lebens zu reden. Auch wenn die neuen Wörter vor allem dazu gedient haben, lateinische Texte zu verstehen, und es auch nicht immer einen direkten Weg gibt von den frühesten einheimischen Fachwortschätzen zu den deutschen Wissenschaftssprachen der frühen Neuzeit, so liegen die Anfänge der Begriffsbildung doch zweifellos schon in dieser frühen Zeit. Der große Wert dieser schriftlichen Anfänge beruht aber weniger auf ihrer Bedeutung für die zwischenmenschliche Kommunikation, denn die war in allen grundsätzlichen, über den Alltag hinausweisenden Fragen noch auf Jahrhunderte vom Latein bestimmt. Wichtiger ist, dass wir wie unter einem Mikroskop erkennen können, wie unsere Vorfahren die Welt mit Hilfe der Wörter erschließen und interpretieren. Eine Reihe von Glossaren, unter denen das SUMMARIUM HEINRICI das bedeutendste ist, weil es, ähnlich wie später die Sprache der Lutherbibel, für viele zu einer Art »Duden« des richtigen Sprachgebrauchs (das heißt hier: der richtigen Variantenauswahl) wurde, geben dann aber nach und nach auch Einblicke in das Alltagsleben. So beleuchten ausgedehnte Wortschätze die Bedingungen der frühmittelalterlichen Nahrung und Nahrungsaufnahme, der Kleidung und Stoffe, des Handwerks und seiner Werkzeuge. Darüber hinaus sind mehr als tausend verschiedene Pflanzenbezeichnungen überliefert und mehrere hundert Tierbezeichnungen (auch Hildegard von Bingen wird später aus diesem Glossar schöpfen). Eine Typologie des gesamten Wortschatzes existiert bis heute jedoch nicht. Ohnehin muss in jedem Einzelfall geprüft werden, ob ein althochdeutsches Wort die frühmittelalterliche mitteleuropäische Sachkultur oder eher die Lebenswelt der Bibel oder einer anderen spätantiken lateinischen Vorlage widerspiegelt. Auch Spuren einheimischer vorchristlicher Glaubensvorstellungen kommen gelegentlich noch in den Blick.

Die wesentliche kulturgeschichtliche Voraussetzung für die Verschriftlichung des Althochdeutschen ist aber zweifellos die Christianisierung. Aus dem Gegensatz von lateinischer Bildungssprache und mündlicher Volkssprache entwickeln sich in den Klosterschulen neue, schulisch geprägte althochdeutsche Schriftsprachen. Mit Stefan Sonderegger kann die Geschichte des Althochdeutschen also als eine Geschichte von Beginn und Vertiefung eines neuen volkssprachigen Bewusstseins gedeutet werden.

2.3 Konstanz und Wandel im 11. Jahrhundert

Am Ende der althochdeutschen Zeit ist der deutsche Sprachraum geprägt von einer lebendigen Schriftkultur in den Klöstern. Das sich daraus langsam entwickelnde volkssprachige Sprachbewusstsein diente aber letztlich weniger der Schaffung einer eigenständigen »Nationalkultur«, die ja den transnationalen fränkischen Einheitsgedanken eher geschwächt als gestärkt hätte, sondern der Vertiefung und Vollendung der religiösen Einheit des Frankenreichs. Deshalb verhinderte es dieses neue Sprachbewusstsein auch nicht, dass die einzelnen hochdeutschen Sprachräume wegen der unterschiedlichen Entwicklung ihrer Laut- und Formensysteme, wegen ihrer uneinheitlichen Phonem-Graphem-Beziehungen und ihrer teils recht verschiedenartigen Wortschätze zunächst immer weiter auseinanderdriften konnten. Die allen Gebildeten bei der Textarbeit gemeinsame Orientierung am Lateinischen verhinderte jedoch eine tiefergehende Spaltung der hochdeutschen Landschaften. Dieser Faktor erwies sich letztlich als stärker als die vorwiegend zentrifugalen Kräfte des Sprachwandels. Auch vollziehen sich einzelne sprachliche Neuerungen, wie die Ausbreitung des bestimmten und unbestimmten Artikels, in allen hochdeutschen Sprachlandschaften ungefähr gleich.

Jedoch geht die schriftliche Überlieferung der althochdeutschen Zeit mit dem Tod Notkers von St. Gallen im Jahre 1022 ihrem Ende entgegen. Notker ist der letzte herausragende Kopf der frühmittelalterlichen volkssprachigen Literatur. Gestorben ist er während einer der damals zahlreich auftretenden Epidemien. Die Jahrzehnte nach dem ersten Millennium erscheinen aus heutiger Perspektive als Unterbrechung, wenn nicht gar – gäbe es eben diesen Notker nicht – als Rückschritt: Die erste Blüte volkssprachiger Literatur geht zu Ende. Es dauert mehrere

Jahrzehnte, bis der Strom deutscher Texte wieder stärker zu fließen beginnt. Was um das Jahr 1000 geschah, kann man sich vielleicht am ehesten vorstellen, wenn man an die Aufregungen denkt, die hier und da bei der Zeitenwende vor dem Jahr 2000 um sich gegriffen haben.

Was an der Wende zum dritten Jahrtausend als Medienereignis inszeniert wurde, war ein säkularisierter Reflex eines alten theologischen Problems: Seit seinen Anfängen nämlich hat das Christentum unter dem Zeichen der Apokalyptik gestanden. Mit Ausnahme des heiligen Augustinus diskutierten die Theologen und Seher das Weltende und spekulierten über dessen Datum. Die Mythen vom Antichristen und dem endzeitlichen Kaiser faszinierten Kleriker wie Laien. Um die Wende zum zweiten Jahrtausend nach Christus wurde die Weltend-Erwartung erstmals auf dramatische Weise aktuell. Zu den Schrecken eschatologischer Art gesellten sich alle Arten von Unglück: Epidemien, Hungersnöte, dunkle Vorzeichen wie Kometen, Sonnen- und Mondfinsternisse. Der französische Historiker George Duby hat dazu einige Texte zusammengestellt: Die Gegenwart des Teufels war überall spürbar. Die Christen führten diese Plagen auf ihre Sünden zurück. Der einzige Schutz waren die Buße und die Rückbesinnung auf die Heiligen und ihre Reliquien. Gemeinsame Pilgerfahrten nach Rom, nach Jerusalem oder Santiago de Compostela erfuhren einen gewaltigen Aufschwung. Die heiligen Reisen wurden als eine Art der Todesvorbereitung und der Heilsversprechung aufgefasst. Als zuerst das Jahr 1000 und dann auch das Jahr 1033, das tausendste Jahr seit der Passion Christi, vergangen und die Erde ganz offensichtlich doch noch immer da war, merkten die Christen, dass ihre Bußübungen und Reinigungen wohl erfolgreich gewesen waren. Die Kreuzesverehrung nahm zu, denn sie ist das Zeichen der Menschwerdung Christi par excellence. Diese Höherwertung des »fleischgewordenen Gottes« – und eben nicht eines menschlichen Adoptivsohns, wie es die Anhänger des Adoptianismus glaubten – wurde bald danach durch die Marienverehrung vervollständigt. Es ist nun immerhin auffällig und bemerkenswert, dass auch der Übergang vom Sprachstadium Althochdeutsch zum Sprachstadium Mittelhochdeutsch genau in diese Zeitspanne fällt. Es stellt sich die Frage nach einem wie auch immer gearteten Zusammenhang von derart bedeutenden weltgeschichtlichen Einschnitten und den Veränderungen einer Sprache.

Dies für den Übergang vom frühmittelalterlichen zum hochmittelalterlichen Deutsch zu ergründen, fällt besonders schwer, weil diese Zeit nun einmal sehr weit zurückliegt und wenige Quellen bietet, die uns hier weiterhelfen könnten. Daher lohnt sich an dieser Stelle vielleicht ein kurzer Ausblick auf die weitere Entwicklung der deutschen Sprachgeschichte, insbesondere auf ihre Periodisierung. Wenn man akzeptiert, dass sprachliche Veränderungen nicht alle gleichermaßen am 1. Januar eines bestimmten neuen Jahres eintreten, sondern vielmehr das Ergebnis sich über viele Jahre langsam hinziehender Prozesse sind, dann kann man nach Auswertung aller sprachlichen Daten eine grobe Zeiteinteilung vornehmen:

ca. 750 – 1050: Althochdeutsch
ca. 1050 – 1350: Mittelhochdeutsch
ca. 1350 – 1650: Frühneuhochdeutsch.

Die Zeit seit etwa 1650 wäre dann als Neuhochdeutsch zu bezeichnen. Da aber die neuhochdeutsche Sprache Goethes und Schillers von unserem heutigen Deutsch in vielen Bereichen schon recht deutlich unterschieden ist, sollte zunächst versuchsweise auch das Sprachstadium Neuhochdeutsch auf ca. 300 Jahre begrenzt werden. Dafür sprechen auch die in letzter Zeit um sich greifenden Übersetzungen klassischer literarischer Texte des 18. und 19. Jahrhunderts in das Deutsch der Gegenwart für den Gebrauch in der Schule (was immer man davon halten mag). Die Zeit ab ca. 1650 könnte man zwar weiterhin Neuhochdeutsch nennen, doch sollte für die Zeit nach 1950 ein neues Stadium angesetzt werden, das wir vorläufig Gegenwartsdeutsch nennen könnten. Die sprachlichen Epochengrenzen liegen dann an den Jahren um 1000/1050, um 1350, 1650 und 1950. Dabei wird ganz deutlich sichtbar, dass diese Epochengrenzen tatsächlich recht unmittelbar auf tiefe Einschnitte in der Geschichte folgen, nämlich den Zweiten Weltkrieg, den Dreißigjährigen Krieg und den Ausbruch der Pest in Europa um das Jahr 1350.

Eine für uns möglicherweise wichtige Gemeinsamkeit dieser drei Ereignisse, die auch für die angesprochene Endzeiterwartung, die Epidemien und Hungersnöte vor und um das Jahr 1050 gelten sollte, ist der damit verbundene demographische Wandel. Kriege und Katastrophen, die zu einer starken Veränderung der Bevölkerungsstruktur führen, können nämlich durchaus auch einen Einfluss auf die Sprachentwicklung haben. Dafür muss man zwei Dinge voraussetzen: Offenkundig wandelt sich Sprache permanent, Sprache bleibt nie über einen längeren Zeitraum konstant. Ständig bilden sich Neuerungen. Eine andere Frage ist allerdings, wie viele dieser Neuerungen sich jeweils etablieren und in welcher Geschwindigkeit dies geschieht. Man kann sich leicht vorstellen, dass sich in Zeiten von Krisen und Katastrophen, die stets zu großen demographischen Veränderungen und mit ihnen zur Auflösung sozialer Ordnungen führen, Neuerungen viel leichter und schneller durchsetzen. In demographisch und politisch stabilen Gesellschaften, in denen Traditionen für gewöhnlich eine große Rolle spielen, können sich Neuerungen dagegen vermutlich nur sehr viel schwerer ausbreiten. Demographischer Wandel verursacht also keinen Sprachwandel, aber er verhilft den sich ohnehin beständig vollziehenden Neuerungen zu ihrem Durchbruch. So erhalten wir eine plausible Erklärung für die Periodisierungs-Eckpunkte der deutschen Sprachgeschichte um 1050, 1350, 1650 und 1950. Auch der demographische Faktor »Völkerwanderungszeit« könnte dann bei der Erklärung des Durchbruchs der hochdeutschen Lautverschiebung in vorkarolingischer, überwiegend schriftloser Zeit hilfreich sein. Die Auflösung konstanter Bevölkerungsstrukturen in historischen Wendezeiten führt zu einer extremen Beschleunigung des Sprachwandels. Welche innersprachlichen Fakten den Ansatz der Eckdaten 1950, 1650 und 1350 rechtfertigen können, wird im Verlauf der Darstellung zu prüfen sein.

Die mit der Endzeiterwartung, mit Epidemien und Hungersnöten einhergehenden demographischen Veränderungen in der ersten Hälfte des 11. Jahrhunderts verhelfen nun in der Tat einem Sprachwandel zum Durchbruch, der eine vergleichsweise deutliche Unterscheidung von älteren althochdeutschen und neuen mittelhochdeutschen Texten ermöglicht. Entscheidend ist dafür ein Merkmal, dessen Auslöser und Ursache schon mehrere hundert Jahre zurückliegt: Kennzeichnend für das Deutsche insgesamt ist, in deutlichem Gegensatz etwa zu den romanischen Sprachen, das Festwerden des Wortakzents auf der Stammsilbe. Die Stammsilbe befindet sich – von den anfangs eher seltenen Präfixbildungen einmal abgesehen – am Wortanfang. Die artikulatorische Energie liegt also – regelmäßig und immer – vorn. Wenn die Sprecher nun annähernd ihre gesamte Energie, die für ein Einzelwort zur Verfügung steht, bereits am Wortanfang benötigen, so bleibt vorzugsweise am Wortende, aber auch am jeweiligen Silbenende, nur noch sehr wenig Energie übrig. So wie man heute vielleicht in einem Einkaufszentrum, kurz vor Ladenschluss, so etwas wie *hámmernich* statt »das haben wir nicht« hören könnte: Unbetonte Silben werden reduziert oder ganz verschluckt. Und beim Übergang vom Althochdeutschen zum Mittelhochdeutschen bemerken wir gerade diese Abschwächung besonders der unbetonten vollen Vokale /a/, /i/, /o/ und /u/, die allesamt zu /e/ vermurmelt werden oder ganz verschwinden. Wir haben dies schon bei ahd. *grafo* gegenüber nhd. *Graf* oder ahd. *fila* gegenüber nhd. *Feile* gesehen. Diese Abschwächung kann durchaus auch im gesprochenen Althochdeutsch schon hörbar gewesen sein, wie die ST. GALLER VORAKTE andeuten. In der Schrift setzt sie sich allerdings erst nach 1050 fast überall durch.

Wir vergleichen zur Probe einen kurzen Ausschnitt aus dem dritten Kapitel der althochdeutschen BENEDIKTINERREGEL aus dem Kloster Reichenau aus dem 8. Jahrhundert mit einer mittelhochdeutschen schwäbischen BENEDIKTINERREGEL aus Zwiefalten aus der Mitte des 12. Jahrhunderts. Die beiden ältesten deutschen Benediktinerregeln liegen damit vier Jahrhunderte auseinander. Sie verdeutlichen eindrucksvoll, wie sich das Althochdeutsche vom Mittelhochdeutschen unterscheidet. Das 11. Jahrhundert erscheint als Übergang zwischen der älteren und der neueren Sprachform, die sich nach 1050 verstärkt ausbreitet. Die lateinische Vorlage der beiden Regeltexte lautet in neuhochdeutscher Übersetzung etwa so:

> »Über die zur Beratung heranzuziehenden Brüder. Sooft bedeutende Angelegenheiten im Kloster zu behandeln sind, rufe der Abt die ganze Gemeinschaft zusammen und trage selbst vor, worum es sich handelt. Und den Rat der Brüder anhörend, überlege er bei sich selbst und führe aus, was er als nützlicher beurteilt. Deshalb aber haben wir gesagt, dass alle zur Beratung gerufen werden sollen, weil Gott oftmals einem Jüngeren enthüllt, was das Bessere ist. So sollen aber die Brüder ihren Rat in aller Demut und Bescheidenheit geben und sollen sich nicht herausnehmen, frech zu verteidigen, was ihnen selbst gut scheint, und es soll vor allem in der Entscheidung des Abtes stehen.«

Zunächst der althochdeutsche Regeltext. Er enthält einige kleinere Lücken, weil es sich um eine Interlinearglossierung handelt, die nur am Anfang vollständig ist, im Laufe der Zeit dann aber immer spärlicher wird. Die alt- und mittelhochdeutschen Entsprechungen sind im Druck hervorgehoben.

> *fona tuenne ze keratte pruadero. ſo ofto ſo eddeslihhiu diu meiſtun ze tuenne ſint in muniſtre, wiſſe … eocowelihheru ſamanungu … qhuuede er hwanan iſt ketaan. indi hoorrenti kirati pruadero trahtoe mit ſih indi daz piderbor in ſuanit tue. pidiu kewiſſo alle ze kerate wiſſan qhuedamees, danta ofto jungirin truhtin intrihhit daz pezzira iſt, ſo kewiſſo kebeen … kerati mit eocowelihera deoheit untarworfanii, daz nalles erpaldeen welihho ſkirmeen daz im keduht iſt … meer … hangeet ſelbſuana.*

Der mittelhochdeutsche Text zeigt demgegenüber überwiegend die abgeschwächten Vokale.

> *Von zuoladenden zem râthe bruodern. Als dich etslichu grozziu dinc ſcafende ſint in dem munſter, zuladei der vater alle di menige und ſprech er davon iſt ze ſcafan. und horinde den rath der bruoder er ahtei mit im und daz nuzzirs er gerithe daz tuohe, darum aber alle zim rathe glatti werden, wir han ſproch, wan dich dem iunigirn der herre kundet daz bezir iſt, alſo aber geben di bruoder den rath mit aller der demuoti undertani, daz nit ſi geturrin vravillic beſchirmen daz in bedunkit wirt, ſunder mere in dis vatirs es hangei gewalte und willichur.*

Die Abschwächung der unbetonten Silben verändert nicht nur nachhaltig den Klang und das äußere Erscheinungsbild des mittelalterlichen Deutsch. Sie führt auch zum Verlust einer Reihe von morphologischen und semantischen Informationen, die auf den vollen Endsilben lagen. All dies erfordert umfangreiche Reparaturmaßnahmen, die einem neuen Sprachstadium zum Durchbruch verhelfen. Die neue mittelhochdeutsche Schriftsprache verlässt die friedliche Welt der klösterlichen Schreibstuben und hat es fortan mehr mit Rittern und Aventiuren als mit Gott und dem Seelenheil zu tun.

3. Eine Sprache findet sich: Die mittelhochdeutsche Zeit (ca. 1050–1350)

3.1 Hochmittelalterliche Sprachgeschichte

Wie wir gesehen haben, unterscheidet sich das Mittelhochdeutsche von den älteren deutschen Varianten des Frühmittelalters – die wir ja zusammenfassend Althochdeutsch nennen – schon auf den ersten Blick dadurch, dass die Abschwächung der unbetonten Silben im Regelfall jetzt auch in der Schrift dargestellt wird. Dies und die deshalb erforderlich gewordene Verlagerung vieler grammatischer und semantischer Informationen von den ehemals vollen Endsilben auf die Präfixe oder gar den ganzen Satz führen zu einer weitgehenden Umgestaltung des deutschen Sprachsystems. Während im Althochdeutschen die vollen Endsilbenvokale als Träger unterschiedlicher semantischer Informationen dienten, war dies in mittelhochdeutscher Zeit nicht mehr möglich. So fielen etwa ahd. *wahhēn* ›wach werden‹ und *wahhōn* ›wach sein‹ nach der Endsilbenabschwächung zu mhd. *wachen* zusammen. Im Mittelhochdeutschen wurde daher neben *wachen* die Präfixbildung *er-wachen* zur Unterscheidung beider Bedeutungen produktiv. Die Sprecher reagierten jedoch nicht nur mit dem Ausbau von Präfixbildungen. Auch neue, schwere Suffixe, die aus mehreren Lauten bestehen und daher einen Nebenton tragen, wurden gebildet. Der volle Vokal in Ableitungssuffixen wie *-sam* oder *-haft* (vgl. ahd., nhd. *sorgsam*; ahd. *wārhaft*, nhd. *wahrhaft*) blieb dabei erhalten.

Das Aufkommen neuer Suffixe spiegelt auch das Beispiel der Wortfamilie um das Lexem *schön*. Da die althochdeutschen Wörter *scōni* ›schön‹ (Adj.), *scōnī* ›Schönheit‹ (Subst.) und *scōno* ›schön‹ (Adv.) in weiten Teilen des Mittelhochdeutschen allesamt zu *schône* zusammenfallen, entstehen zur erneuten Unterscheidung neue Substantive wie mhd. *schôn-heit*, *schôn-lîche* und *schôn-de*. War *heit* im Althochdeutschen noch ein selbständiges Wort in der Bedeutung ›Person, Gestalt‹, so dient es nun mehr und mehr zur deutlichen Kennzeichnung der Adjektivabstrakta, deren altes Merkmal -ī (wie in ahd. *scōnī*) im Mittelhochdeutschen unkenntlich geworden war. Das vorübergehende Nebeneinander von *schôn-heit*, *schôn-lîche* und *schôn-de* zeigt, dass bei Neuerungen – hier der Ersetzung des abgeschwächten Suffixes mhd. *-e* aus ahd. *-ī* – zunächst meist mehrere Varianten zur Verfügung stehen, von denen sich auf dem Weg zur neuhochdeutschen Schriftsprache schließlich nur eine durchsetzen wird. Da das auslautende /i/ in *scōni* wie das »lange /i/« (= /i:/) in *scōnī* schließlich den Umlaut von /o:/ zu /ö/ hervorrufen, wandeln sich diese mittelhochdeutschen Formen zu nhd. *schön*. Weil aber das Adverb *scōno* nicht auf /i/ auslautet, verläuft der Weg hier über mhd. *schône* zu nhd. *schon*. Der Abbau von Differenzierungen (etwa durch die Endsilbenabschwächung) und der Neuaufbau von Differenzierungen (etwa durch den Umlaut) gehen offensichtlich Hand in Hand, müssen aber für jeden Einzelfall gesondert beschrieben werden.

Etwas schwieriger als in den bisher gezeigten Beispielen waren die Reparaturmaßnahmen dann, wenn nicht nur im weitesten Sinne semantische, sondern auch grammatische Informationen von der Abschwächung der unbetonten Silben betroffen waren. Dies trifft vor allem die Deklination der Substantive. In einem ersten Schritt löst sich das aus dem Lateinischen überkommene System der vokalischen Stammklassen auf – man vergleiche zunächst lat. *hortus* (aus **hortos*) ›Garten‹ (o-Deklination), lat. *hostis* ›Feind‹ (i-Deklination) und lat. *cornū* ›Horn, Spitze‹ (u-Deklination).

Bei deren deutschen Entsprechungen (ahd. *gart*, neben schwach flektiertem ahd. *garto*, mhd. schon ausschließlich *garte* nach der schwachen Flexion; ahd., mhd. *gast*; ahd. mhd. *horn*) sind die alten verschiedenen Stammklassen, denen verschiedene Flexive zugeordnet waren, bereits nicht mehr voneinander zu unterscheiden. Man versteht also nicht mehr unmittelbar, warum die starken Substantive *gart*, *gast* und *horn* verschieden dekliniert werden. In einem zweiten Schritt werden dann auch einzelne Flexive selbst von der Abschwächung betroffen. Besonders auffällig ist dies in den Pluralformen der Substantive, denn hier sind jetzt vielfach Nominativ, Genitiv und Akkusativ, manchmal auch der Dativ, nicht mehr auseinanderzuhalten. So wird etwa aus schwach flektiertem ahd. *garton* (Nom. Pl.), *gartôno* (Gen. Pl.), *gartôm* (Dat. Pl.), *garton* (Akk. Pl.) in allen Fällen mhd. *garten*. Aus stark flektiertem ahd. *gesti* (Nom. Pl.), *gesto* (Gen. Pl.), *gesti* (Akk. Pl.) wird einheitlich mhd. *geste*. Nur die abweichende Dativ-Plural-Endung, die durch einen Konsonanten verstärkt war (ahd. *gestim*, *hornum*), bleibt auch im Mittelhochdeutschen als *gesten* bzw. *hornen* erhalten.

Wo die Endungen nicht mehr erkennbar waren, mussten ihre Funktionen auf andere Weise ausgedrückt werden, zum Beispiel durch den im Althochdeutschen neu entstehenden bestimmten Artikel, von Fall zu Fall durch Pronomen, Zahlwörter und Adjektive. Die Folgen der Abschwächung der unbetonten Silben dehnen sich daher auf den ganzen Satz aus. Bei den Substantiven selbst führt der weitgehende Zusammenfall der Pluralendungen zu einer Umschichtung des gesamten Flexionssystems. Weil die synthetische Unterscheidung der Kasus (Nominativ, Genitiv, Dativ, Akkusativ) in den Hintergrund rückt, kommt es auf dem Weg zum Neuhochdeutschen zu einer Profilierung der Numeruskategorie. Der anfangs noch seltene -er-Plural wird, oft in Verbindung mit dem Umlaut, systematisch zur Bezeichnung vieler Pluralformen ausgebaut. So ist das wesentliche Merkmal bei der Deklination der neuhochdeutschen Substantive die Unterscheidung von Singular und Plural: *ein Land – zwei Länder*, *ein Kind – zwei Kinder* oder mit anderer

Pluralendung: *ein Garten – zwei Gärten.* Die deutliche Markierung des Plurals folgt offensichtlich kommunikativen Bedürfnissen, die gewichtiger waren als der Wunsch nach Kasuskennzeichnungen, die ohnehin auch im Satz an anderer Stelle – etwa durch den Artikel – analytisch gesteuert werden konnten. Bei den Verben hatten wir schließlich gesehen, dass die Abschwächung der unbetonten Endsilben zu einem Ausbau der Präfixsystematik führt; sehr feine Abstufungen zwischen *erblühen, aufblühen* (Beginn) – *blühen* (Verlauf) – *verblühen* und *ausblühen* (Ende) können auf diese Weise ausgedrückt werden.

All diese durchaus tiefgreifenden Veränderungen kennzeichnen das neue Sprachstadium Mittelhochdeutsch jedoch nur zum Teil. Bemerkenswert ist nämlich auch, dass jetzt etwa das Kasussystem und die Wortstellung – ganz anders als etwa im Englischen – eine Form erreicht haben, die bis heute Gültigkeit hat. Aus dem System von mindestens acht Kasus der erschlossenen indogermanischen Ausgangssprache hat sich im Alt- und Mittelhochdeutschen ein stabiles System mit noch vier morphologisch markierten Kasus herausgebildet. Auch aus der ehemals freien, nicht primär syntaktisch, sondern rhetorisch motivierten Wortstellung der indogermanischen Sprachen wird im Verlauf der mittelhochdeutschen Zeit ein vergleichsweise festes Subjekt-Prädikat-Objekt-System. Zwar sind durchaus noch andere Varianten möglich, aber die konkurrierende Später- oder Endstellung erscheint allenfalls noch in der literarischen Verssprache wie der des NIBELUNGENLIEDES: *sô grôze missewende ein helt nu nimmer mêr begât* (Vers 981,4). Heute würden wir – mit Verbzweitstellung – sagen: »Eine so schwere Untat begeht heute kein Held mehr.« Damit ist bereits im mittelalterlichen Deutsch eine der Gegenwartssprache ähnliche Struktur gefunden; die künftigen Änderungen im Kasussystem betreffen vor allem den Abbau von Deklinationsklassen, nicht den Kasus-Bestand insgesamt.

Für die Sprachentwicklung mindestens ebenso wichtig werden nun darüber hinaus aber noch einige weitere Faktoren, die zunächst scheinbar unmittelbar gar nichts mit der Sprache selbst zu tun haben. Der Übergang vom Althochdeutschen zum Mittelhochdeutschen fiel – wie angemerkt – in eine Zeit, die von Hungersnöten und Epidemien gekennzeichnet war. Nach einer solchen Krisenzeit änderten sich auch im 11. Jahrhundert viele grundlegende soziokulturelle Bedingungen, die auf die Sprachentwicklung Einfluss nahmen. Die Frage, wer schreibt, wo und was geschrieben wird, muss für das hohe Mittelalter neu beantwortet werden. Zwar geht die Spracharbeit der Geistlichen in den klösterlichen Skriptorien weiter, und es werden auch weiterhin volkssprachige religiöse Texte zur Unterweisung der Bevölkerung benötigt. Aber diese Tätigkeiten rücken seit dem 12. Jahrhundert vom Zentrum an die Peripherie der Sprachkultur. Die wesentlichen sprachlichen und kommunikativen Veränderungen vollziehen sich im hohen Mittelalter wohl außerhalb der Klöster. Die veränderten gesellschaftlichen Bedingungen, das heißt vor allem das Erstarken des Adels und im weiteren Verlauf auch die Gründung städtischer Ansiedlungen, haben das Interesse am Medium der Schrift auch unter den Laien gefördert und schließlich dazu geführt, dass weit größere Personenkreise Anteil an der schriftlichen Überlieferung in der Volkssprache nehmen. Die Schrift erreicht auf diese Weise sehr viel mehr Lebensbereiche, als dies noch im Frühmittelalter der Fall war: vor allem die höfische Kultur des Adels, nach und nach dann auch die Welt der Wissenschaften, des Rechts und der Verwaltung. Wir gelangen also jetzt von einer klösterlichen zu einer vom Adel geprägten, höfischen Sprachkultur. Höfisch nennen wir sie deshalb, weil es die Adelshöfe sind, wo Texte in Auftrag gegeben und vorgetragen werden. Zwar waren es in den seltensten Fällen die Adligen selbst, die schreiben und lesen konnten, aber es bildete sich eine Schicht von Verwaltungsbeamten heraus, die aus beruflichen Gründen schreiben können musste. Viele dieser sogenannten Ministerialen scheinen neben ihrer beruflichen Tätigkeit noch genug Zeit gehabt zu haben, um sich auch literarisch zu betätigen. Es leuchtet ein, dass es in dieser Umgebung nicht mehr in erster Linie um religiöse Themen geht, sondern vielmehr um Geschichten aus der ritterlichen Lebenswelt des Adels. Jetzt schreiben Laien für Laien. Statt geistlicher Poesie und Prosa dominiert nun die weltliche Literatur. Es hat aber den Anschein, als stünden den Dichtern und Schreibern dabei nur recht wenige einheimische Stoffe zur Verfügung. Zu vieles scheint im Zuge der Christianisierung und der Anpassung an ein neues christlich-römisches Ideal verlorengegangen zu sein. Das berühmte NIBELUNGENLIED bildet eine der wenigen Ausnahmen; man vergleiche Vers 1 ff., Hs. C:

Uns ſt in alten mæren wunders vil geſeit
von heleden lobebæren, von grozer arebeit
von freude unt hochgeciten, von weinen unt klagen,
von kuner recken ſtriten muget ir nu wunder horen ſagen.

Der Text eröffnet hier einen gemeinschaftsstiftenden Diskurs über die heroische Zeit der Ahnen, der sich an das kulturelle Gedächtnis der Zuhörer richtet und durch seine Schriftform zu einer Kodifikation der heimischen Erinnerung führt: »Uns wird in alten Geschichten von außergewöhnlichen Taten berichtet. Von ruhmreichen Helden, von großer Mühsal, von Freude und Festen, von Weinen und Klagen; vom Kampf tapferer Recken könnt ihr jetzt Erstaunliches vernehmen.«

Die meisten Stoffe wurden dagegen aus Frankreich importiert und mit ihnen auch die äußere Form, also die Textsorten, in denen diese Stoffe überliefert sind. Es ist nicht weiter verwunderlich, dass auch die Sprache stark von den romanischen Vorlagen beeinflusst wurde. Dies alles wurde deshalb möglich, weil die ritterliche Adelskultur in der Romania schon sehr viel weiter fortentwickelt war. Auch der islamische Orient war den Abendländern im Laufe des 12. Jahrhunderts durch die Kreuzzüge und die lateinische Übersetzung arabischer wissenschaftlicher Texte sehr viel näher gerückt; Spuren davon finden sich in Wolframs von Eschenbach PARZIVAL.

Eine – wenn auch nur vorübergehende – Bedeutung für die sprachliche Entwicklung erlangt jedoch nur das Französische. Seine Einwirkung auf das Mittelhochdeutsche ist vergleichbar mit der des Lateins auf das Althochdeutsche, allerdings mit dem Unterschied, dass die deutsche Sprache im Hochmittelalter schon sehr viel gefestigter war. Die Texte eines geistlichen Lehrers wie die Meister Eckharts zeigen in syntaktischer und lexikalischer Hinsicht ganz deutlich, dass die althochdeutsche sprachliche Experimentierphase abgeschlossen ist. Es gibt offensichtlich nun auch in theologischer und philosophischer Hinsicht nichts mehr, was auf Mittelhochdeutsch nicht flüssig und ohne Hilfestellung durch die lateinische Adoptivmutter ausgedrückt werden könnte. Der französische Einfluss bewegt sich folgerichtig im Wesentlichen auf der Wortebene. Ein Wort wie *Abenteuer*, das als mhd. *āventiure* aus afrz. *aventure* (zu lat. ad*venīre* ›ankommen, sich ereignen‹) ins Deutsche gelangt, hat sich bis heute – wenngleich losgelöst vom ritterlichen Kontext und mit deutlich weniger Verwendungsweisen – erhalten. Die meisten anderen wie *bûhurt* ›Reiterspiel‹, *puneiz* ›Angriff auf den Gegner‹ oder *tjost* ›ritterlicher Zweikampf mit dem Speer‹ sind dagegen mit dem Untergang der ritterlichen Lebensformen verschwunden. Am tiefgehendsten ist noch die Verbreitung einiger Wortbildungsmorpheme, wie beispielsweise die Übernahme des Wortbildungssuffixes *-ieren*, zunächst in Lehnwörtern wie *loschieren* ›sich lagern, beherbergen‹ aus afrz. *logier*; *parlieren* ›reden‹ aus afrz. *parlier* oder *parrieren* ›schmücken, verschiedenfarbig mischen‹ aus afrz. *parier*. Aber schon im TRISTAN findet sich *teilieren* als Neubildung aus mhd. *teil* und dem Suffix *-ieren*. Seit dem 14. Jahrhundert wird die Kombination aus einheimischen Substantiven und entlehntem Wortbildungssuffix zur Bildung neuer Verben wie nhd. *buchstabieren* und *hausieren* häufiger.

Sprachkontakte und Sprachkenntnisse haben bei der Aneignung der französischen Literatur und der französischen Kultur insgesamt ganz sicher eine große Rolle gespielt. Zweisprachigkeit dürfte zu beiden Seiten der Sprachgrenze und auch bei einzelnen gebildeten Angehörigen des Adelsstandes verbreitet gewesen sein. Nach Aussage der Dichter waren gute Französischkenntnisse besonders bei den weiblichen Mitgliedern der deutschen Adelsgesellschaft anzutreffen, die sich vor allem um die Verbreitung des französischen Geschmacks verdient gemacht haben sollen. Eine Gefahr für die Entwicklung der deutschen Sprache, wie sie heute gelegentlich durch den vergleichbar intensiven Einfluss des Englischen gesehen wird, dürfte aber schon deshalb nicht bestanden haben, weil die Zahl derer, die mit dem Französischen in Kontakt kamen – abseits der Sprachgrenze und der literarischen Hochkultur – eben nicht besonders groß war. Eine punktuelle Gefahr bestand lediglich durch einen modischen Hang zur Übertreibung oder durch die falsche Verwendung französischer Ausdrücke. Dies ist aber nur eine stilistische Gefahr, die ohne weitere Folgen blieb. Ein Beispiel für das Laster der Übertreibung gibt der Dichter Tannhäuser um 1250 in einem parodistischen Gedicht. Bei der Lektüre ist die als ⟨iu⟩ aufgezeichnete Lautfolge im Mittelhochdeutschen jetzt nicht mehr diphthongisch, sondern als /ü/ auszusprechen:

Ich hôrte dâ wol zhantieren,	(›singen‹)
die nachtegal toubieren.	(›musizieren‹)
al da muoſte ich parlieren	(›aussprechen‹)
zerehte wie mir wære:	
ich was âne alle ſwære.	
Ein riviere ich dâ geſach:	(›Wasserlauf‹)
durch den fores gieng ein bach	(›Wald‹)
zetal über ein plâniure.	(›Wiese‹)
ich ſleich ir nâch, unz ich ſi vant, die ſchônen crêâtiure:	(›Geschöpf‹)
bî dem fontâne ſas diu clâre, diu ſüeſe von faitiure.	(›Quelle‹, ›Gestalt‹)

Wernher der Gärtner zeigt zudem kurz darauf in seinem HELMBRECHT, dass die Mode, zum vermeintlichen Nachweis eigener Bildung fremdsprachige Wörter in die Rede zu mischen, auch in Teilen der einfacheren Bevölkerung zeitweise verbreitet war. Die letztlich meist unzureichenden Fremdsprachenkenntnisse führten aber, wohl nicht nur bei Helmbrecht, zum genau gegenteiligen Ergebnis. Weil große Teile der französischen Lebensart über das mittelniederländisch sprechende Flandern vermittelt wurden – weshalb noch heute Wörter identischer Herkunft wie nhd. *Wappen* (aus nl. *wâpen*, vgl. engl. *weapon*) und *Waffen* nebeneinanderstehen –, versucht sich auch der Bauernsohn Helmbrecht mit dem Flämischen: *Er vlæmt mit der rede*, mischt also allerlei Niederländisch-Niederdeutsches, also fremdartig klingende Wörter ohne das Merkmal der hochdeutschen Lautverschiebung, unter seine Sprache, so etwa die Diminutivendung *-kîn* statt hochdeutsch *-chen*. Das Gesinde verwirrt Helmbrecht mit der Anrede: »vil liebe sœte kindekîn, got lâte iuch immer sælec sîn!« In Fritz Tschirchs einfühlsamer, das Fremdartige betonender Übersetzung heißt es: »Leiwe seute Kinderkens, Gott late ju ümmer glücklich sin!« Seinen Vater begrüßt er stilistisch unpassend mit den Worten »Dê ûs sal!« (*Dieu vous salue*), mit allen übrigen fremdsprachigen Angebereien blamiert er sich geradezu, zumindest beim gebildeten Teil des Publikums. Das Grußwort an die Schwester »gratia vester!« statt richtig *gratia vestra!* missachtet die lateinische Grammatik, das tschechische »dobra yitra!«, richtig *dobré jitro!*, mit dem er abends unvermittelt seine Mutter begrüßt, heißt ›guten Morgen‹. Die Mutter hält ihn deshalb für einen »Bêheim oder ein Wint«, also einen Tschechen oder Slowenen, die Schwester für einen (lateinisch sprechenden) Geistlichen, und der Vater vermutet, »er ist ein Walh«, also ein Romane. Wir können hier leicht Kritik an Hochmut und fehlendem Bildungswissen herauslesen. Wenn es aber Menschen gegeben hat, die an den Übertreibungen Wernhers und des Tannhäuser Freude gehabt haben, dann müssen es aber eben zugleich auch Menschen gewesen sein, die selbst über die dafür nötigen Sprachkenntnisse verfügen konnten.

Unterhalb der Wortebene wird die mittelalterliche deutsche Sprache vom Französischen nicht beeinflusst. Die Struktur deutscher Sätze, die »innere Form« des Deutschen ändert sich durch fremdsprachliche, insbesondere französische Einflüsse nicht mehr. Das geschriebene Mittelhochdeutsche ist weit weniger vom Französischen abhängig, als es das geschriebene Althochdeutsche noch vom Lateinischen war. Diese strukturelle Festigkeit des Mittelhochdeutschen, die sich insbesondere in der weitgehenden Zementierung des Satzrahmens zeigt, war nach mehr als 400 Jahren der Geschichte der deutschen Sprache wohl auch zu erwarten. Sie wurde noch weiter dadurch verstärkt, dass die geschriebene Volkssprache an den Adelshöfen nun viel enger an die gesprochene Sprache gebunden war, als die Schriftsprache in den klösterlichen Skriptorien es je sein konnte. Mündlichkeit und Schriftlichkeit bewegen sich im Hochmittelalter nicht mehr wie vorher in völlig getrennten Sphären. Der frische Wind des lebendigen Sprachgebrauchs dringt jetzt in die Texte ein. Wir erkennen dies an einigen typischen Merkmalen der Sprechsprache, die in die Schriftsprache eingegangen sind – anders als im Althochdeutschen, wo diese Merkmale in der Schrift so noch nicht aufgetreten waren. In den Texten der primär Deutsch sprechenden und nicht selten auch schon lateinunkundigen Autoren der mittelhochdeutschen Zeit rücken Mündlichkeit und Schriftlichkeit viel enger zusammen, als das noch bei ihren primär Lateinisch sprechenden und schreibenden klösterlichen Vorläufern der Fall gewesen war. Als Beispiele gelten neben der bereits beschriebenen Abschwächung der unbetonten Nebensilben die vielen sprechsprachlichen Kontraktionen und wohl auch die Umlautbezeichnung. Neu ist auch die konsequente Darstellung der Auslautverhärtung in der Schrift. Wenn wir jetzt noch einmal einen alt- und mittelhochdeutschen Text miteinander vergleichen, dann erkennen wir hier wieder diese charakteristischen strukturellen Unterschiede, aber auch noch etwas mehr. Als Beispiel dienen zwei Fassungen des »Vaterunser«. Zuerst der Text des sog. WEISSENBURGER KATECHISMUS, aus der Zeit nach 800:

Fater unſēr, thu in himilom biſt, giuuīhit ſī namo thīn, quaeme rīchi thīn, uuerdhe uuilleo thīn, ſama ſō in himile endi in erthu. Broot unſeraz emezzīgaz gib uns hiutu, endi farlāz uns ſculdhi unſero, ſama ſō uuir farlāzzēm ſcolōm unſerēm. endi ni gileidi unſih in coſtunga, auh arlōſi unſih fona ubile.

Vergleichstext ist ein mittelhochdeutsches »Vaterunser«, das der als Dichter bekannt gewordene Reinmar von Zweter um 1230 niedergeschrieben hat:

Got vater unſer, dâ du biſt in dem himelrîche gewaltic alles des dir iſt, geheiliget ſô werde dîn nam, zuo müeze uns komen das rîche dîn. Dîn wille werde dem gelîch. Hie ûf der erde als in den himeln, des gewer unſich, nu gip uns unſer tegelîch brôt und ſwes wir dar nâch dürftic ſîn. Vergip uns allen ſament unſer ſchulde, alſô du wilt, daz wir durch dîne hulde vergeben, der wir ie genâmen dekheinen ſchaden, ſwie grôz er ſî: vor ſünden kor ſô mache uns vrî und lœſe uns ouch von allem übele. âmen.

Auch hier finden wir, wie schon in den Fassungen der BENEDIKTINERREGEL, zahlreiche Beispiele für die mittelhochdeutsche Abschwächung der unbetonten Silben. Nur am Rande sei erwähnt, dass erst diese vokalische Endsilbenreduktion es ermöglicht hat, den germanischen Stabreimvers (der alliterierend die Anlaute übereinstimmen lässt) durch den moderneren Endreim zu ersetzen. Was Reinmar hier durch das Paar *schulde* und *hulde* andeutet, wäre im Althochdeutschen der vollen Endsilbenvokale (vgl. ahd. *huldī* vs. *sculd)* noch gar nicht möglich gewesen. Ob es, wie vermutet worden ist, im Althochdeutschen bereits eine Auslautverhärtung von germ. /b, d, g/ in /p, t, k/ gegeben hat, ist ungewiss. In den Texten begegnet meist die – dann – konservative Schreibung als ⟨b, d, g⟩; auch das kurze Weißenburger »Vaterunser« enthält nur das Beispiel *gib.* Es ist also für das Althochdeutsche nicht zu entscheiden, ob sich die Schreiber hier am tatsächlichen Lautstand orientieren. Erst die mittelhochdeutschen Schreiber, die sich in allen anderen Fällen auch in viel stärkerer Form am mündlichen Sprachgebrauch orientieren, haben die gehörten harten Konsonanten im Auslaut auch graphisch wiedergegeben. Sie folgen also, was wir auch bei Reinmar etwa in *gewaltic* oder *gip* wiederfinden, dem phonetischen Prinzip »Schreibe, wie du sprichst«. Erst das konsequent an der Mündlichkeit orientierte Mittelhochdeutsche markiert also die – bis zur spätmittelalterlichen Konsonantenschwächung – gesprochene Auslautverhärtung auch in den Schreibungen und wirkt somit, anders als das überlieferte schriftlastige Althochdeutsche der Klosterkultur, als eine »Sprache für die Ohren«. Echte Beispiele für eine frühe, in der Schrift bezeichnete Auslautverhärtung finden sich althochdeutsch schon im Bairischen, darüber hinaus manchmal auch dann, wenn die Schreiber, wie etwa bei Orts- und Personennamen, auf die mündlich erfahrbare außersprachliche Wirklichkeit Bezug genommen haben, so etwa 764 (Kop. 9. Jh.) in *Elehenfanc* (»Elchenfang«, VITA HARIOLFI), heute *Ellwangen*.

Beim Vergleich von Alt- und Mittelhochdeutsch dürfte auch noch ein weiterer Unterschied auffällig sein. Während sich das althochdeutsche »Vaterunser« ganz eng an der lateinischen Vorlage orientiert, geht Reinmar von Zweter sehr viel freier mit der lateinischen Fassung um. Es deutet sich hier also schon an, dass sich Texte nicht nur auf der Ebene der Laute und Formen verändern, sondern auch auf der Ebene der Wörter und in ihrer gesamten textuellen Struktur. Der dichterisch-freiere Umgang mit den Vorlagen begegnet zwar auch im Althochdeutschen schon vereinzelt, etwa bei Otfrid von Weißenburg oder in den MURBACHER HYMNEN, wird aber erst jetzt allgemein üblich. Auf diese Weise steigt nun nicht nur die Zahl der Texte sprunghaft an, es vervielfacht sich zugleich auch das sprachliche und thematische Spektrum der einzelnen Texte selbst. Da die Schrift für neue Zwecke erprobt wird, entstehen nun – fast immer nach lateinischem Vorbild – auch in der Volkssprache viele neue Textsorten.

Nicht nur die klassischen literarischen Formen – Lyrik, Epik und Drama – erleben jetzt ihre erste volkssprachige Entfaltung. Auch in den für die Verwaltung zuständigen Kanzleien hält das Deutsche nun seinen Einzug. Die einheimische Urkundensprache breitet sich seit dem späten 13. Jahrhundert von Südwesten nach Osten aus. Voraussetzung für den Übergang zur deutschen Urkundensprache war vor allem eine gesellschaftliche Umschichtung, denn mit dem sozialen Aufstieg des zumeist im Lateinischen ungebildeten niederen Adels wuchs das Interesse an einer muttersprachlichen Geschäftssprache. Viele Urkunden weisen – wie Ingo Reiffenstein gezeigt hat – schon in ihren Prologen »auf Nutzen und Notwendigkeit der Schriftlichkeit« hin, die auch *der welt geschefte* vor dem Vergessen bewahren soll.

Damit wird ein Prozess eingeleitet, der – ebenso wie im geistlichen Schrifttum und in der Geschichtsschreibung – den Vers auf Randbereiche der Schriftlichkeit abdrängt und der Prosaform zum Durchbruch verhilft. Die mnemotechnischen Vorzüge der gebundenen Rede waren für schriftliche Texte nun überflüssig geworden. Allerdings sind, wie sich am Beispiel der Urkundensprache leicht zeigen ließe, die neuen Prosa-Textsorten keine Neuschöpfungen, sondern aus dem Lateinischen entlehnt. Sie sind Vermittlungsprodukte zwischen lateinischer Schriftkultur und der volkssprachig geprägten Welt der Laien. Kanzleischreiber, Juristen, Ärzte und Lehrer, die jetzt vermehrt als Autoren in Erscheinung treten, hatten ihre Fähigkeiten selbst noch in den Lateinschulen erworben. Sie versuchten nun, ihr Wissen auch in der Volkssprache weiterzugeben. Es liegt nahe, dass sie sich dabei – wo es sich nicht ohnehin um unmittelbare Übersetzungsliteratur handelte – sowohl in der Form als auch im Sprachstil an lateinischen Vorbildern orientierten. Aber die deutschsprachigen Urbare (Besitzrechtsverzeichnisse), Stadtrechtsbücher, Steuerlisten und die nun einsetzende volkssprachige diplomatische Korrespondenz zeugen vom Bestreben der Laien, das Lateinische als Amts- und Geschäftssprache abzulösen. Ein frühes Beispiel ist die Verschriftlichung des deutschen Rechts, angefangen mit dem MÜHLHÄUSER REICHSRECHTSBUCH und Eickes von Repgow SACHSENSPIEGEL, die beide um 1224/25 in der Regierungszeit Friedrichs II. (1194–1250) verfasst wurden, sowie der MAINZER REICHSLANDFRIEDEN Kaiser Friedrichs II. von 1235, der als das erste im ganzen Staat gültige volkssprachige Gesetz im westlichen Europa gilt. Aus der Zeit Kaiser Ludwigs des Bayern (1287–1347) liegen dann weitere volkssprachige Gesetzessammlungen vor, und die Münchner Kanzlei Ludwigs war die erste kaiserliche Kanzlei, die in größerem Umfang deutschsprachige Urkunden ausstellte. Auch Stadtrechte, wie die von Braunschweig, Lübeck, Freiburg i. Br., Winterthur und Straßburg, wurden von der Mitte des 13. Jahrhunderts an vom Lateinischen ins Deutsche übersetzt. Gegen Ende des 13. Jahrhunderts nahmen die deutschen Urkunden dann in fast allen städtischen und fürstlichen Kanzleien einen immer größeren Raum ein. Zwar ist insgesamt bis zum Jahre 1300 erst von etwa 4000 deutschsprachigen gegenüber geschätzten 500 000 lateinischen Urkunden auszugehen, aber gerade die kaiserlichen Kanzleien trugen mit ihrer Vorbildfunktion viel zur Verbreitung des Deutschen als Amtssprache bei. In der Prager Kanzlei Karls IV. (1316–1378) wurde schließlich schon annähernd die Hälfte aller Urkunden auf Deutsch ausgestellt. Hier liegen also die Anfänge einer Entwicklung, die in manchen Bereichen bis ins 17. Jahrhundert zu einem Nebeneinander von deutscher und lateinischer Schriftlichkeit führen sollte.

In diesem Umfeld kommt es auch zur Entwicklung der spätmittelalterlichen deutschen Familiennamen, denn das Zusammenleben in den wachsenden Städten machte eine genauere Unterscheidung und Identifizierung der Menschen erforderlich. Innerhalb zweier Generationen hatten sich dann aus Beinamen nach der Herkunft, der Berufstätigkeit oder nach charakteristischen Eigenschaften und Eigenarten der Namenträger neue Familiennamen gebildet, die vererbt wurden, auch wenn die Nachkommen nicht mehr selbst – beispielsweise – aus Böhmen kamen, Bäcker waren oder klein. Der schriftliche Gebrauch der einheimischen Familiennamen, deren Frequenz in Verwaltungstexten sehr hoch war, trug früh zur Konsolidierung des Deutschen als Schreibsprache bei; die humanistische Tradition der Rückübersetzung von Familiennamen ins Griechische und Lateinische, etwa *Melanchthon* aus *Schwarzerde* oder *Piscator(ius)* aus *Fischer*, *Vulpius* aus *Fuchs*, ist dagegen langfristig fast folgenlos geblieben. Aber auch sie zeugt zumindest von der großen Bedeutung, die den Familiennamen in der frühen Neuzeit beigemessen wurde.

Kaum weniger wichtig als die Rechtstexte wurde die zunehmende Verschriftlichung auch des medizinischen Wissens, schon im 12. Jahrhundert mit dem INNSBRUCKER ARZNEIBUCH, um 1200 mit dem BARTHOLOMÄUS und ab der zweiten Hälfte des 13. Jahrhunderts mit dem Arzneibuch Ortolfs von Baierland, dem erfolgreichsten Bestseller der mittelalterlichen Buchgeschichte. Die frühen Fachtexte zeigen nicht selten eine lateinisch-deutsche Mischsprache, wie das folgende Beispiel aus dem oberdeutschen INNSBRUCKER ARZNEIBUCH (1 ff.) verdeutlicht:

AD DOLOREM Capitis.
Swemo daz hǒbet we tuo. der mule den wegerich cum uino et nezze caput ſuum cum hoc . et faciat illud ſepe ſtatimque liberabitur.

(»Gegen Kopfschmerzen. Wem auch immer der Kopf wehtut, der zerstoße Wegerich mit Wein und benetze seinen Kopf damit. Und er mache jenes oft und wird alsbald davon befreit werden.«)

In den Gebrauchstexten der mittelhochdeutschen Zeit fließen erstmals die schriftlichen lateinischen Wissensbestände und das bisher einheimische, mündlich tradierte Erfahrungswissen ineinander. Zauber und Segen, Anweisungen für die Jagd und den Obstanbau, den Fischfang oder das Färben werden nun in größerer Zahl auf das Pergament gebracht. Weiterhin entstehen Koch- und Schachbücher, diätetische Monatsregeln und Prognostiken (Voraussagen), Pilger- und Reiseberichte. Die Verbindung von lateinischem Bildungswissen und einheimischem Erfahrungswissen im Medium der volkssprachigen Schriftlichkeit markiert den zweiten Kristallisationspunkt auf dem Weg zur neuhochdeutschen, überregional gültigen Standardsprache. Während in althochdeutscher Zeit überhaupt erst noch ein tragfähiges Fundament für ein eindeutiges Phonem-Graphem-Verhältnis gefunden werden musste, konnte jetzt ein Ausgleich zwischen den zuvor noch strikt getrennten Sphären der Mündlichkeit und der Schriftlichkeit ausgemacht werden. Das gesprochene Mittelhochdeutsche wurde so mehr und mehr verschriftlicht, seine regionalen Schriftkulturen blieben eben jedoch weithin der Mündlichkeit verhaftet. Es ist leicht einzusehen, dass sich daraus noch keine überregionale Spracheinheit entwickeln konnte, der Ausgleich zwischen Mündlichkeit und Schriftlichkeit bereitete sie aber entscheidend vor, weil durch den Einfluss der regionalen Mündlichkeit schließlich alle Sprachlandschaften und Sprachschichten ihre Anteile in den Entstehungsprozess der Schriftsprache einbringen konnten.

Mit der Expansion der Texte vermehrte sich auch die Zahl der Orte, an denen geschrieben wird. Die einzelnen, aus dem Althochdeutschen bekannten Sprachlandschaften werden nun nicht mehr länger nur durch die wenigen klösterlichen Sprachinseln repräsentiert, sondern erstmals durch eine fast flächendeckende Überlieferung mit Leben erfüllt. Aber der vorhandene Sprachraum wird durch die wachsende Zahl der Texte nicht nur besser ausgeleuchtet, der deutschsprachige Raum insgesamt wird im hohen Mittelalter noch beträchtlich erweitert. Der mittelhochdeutsche Sprachraum erfährt jetzt in etwa die Ausdehnung, die das deutsche Sprachgebiet bis 1939 hatte.

Für die althochdeutsche Zeit des Frühmittelalters konnten wir feststellen, dass der deutschsprachige Raum aus verschiedenen großräumigen Sprachlandschaften bestand, die aber von den Sprecherinnen und Sprechern offensichtlich nicht als Einheit begriffen wurden. Überliefert ist zunächst das Ostfränkische (mit den Schreiborten Würzburg, Bamberg und Fulda), das Bairische (mit Regensburg, Freising, Tegernsee, Salzburg und Mondsee), das Alemannische (mit St. Gallen, Reichenau und Murbach), das Südrheinfränkische (mit Weißenburg), das Rheinfränkische (mit Mainz, Lorsch, Speyer und Frankfurt) und das Mittelfränkische (mit Trier, Echternach, Köln und Aachen). Diese Schreiborte sind ausschließlich Klöster und Bischofssitze. Eine ganze Reihe kleinerer Klöster kommt noch hinzu, die zwar nicht an der Überlieferung volkssprachiger Texte, wohl aber an der volkssprachigen Glossierung lateinischer Handschriften beteiligt war. Die alten Kerngebiete der Überlieferung des Deutschen haben sich in räumlicher Hinsicht im Hochmittelalter kaum verändert. Sie erscheinen jetzt aber in einem anderen Licht, da nun nicht mehr der einzelne historische Schreibort, sondern die Sprachlandschaft im Vordergrund steht. Die Sprachen der räumlich gebundenen Texte der mittelhochdeutschen Zeit nennen wir daher Schreibdialekte.

Die Überlieferung hat nun so stark zugenommen, dass auch die Merkmale der einzelnen Sprachlandschaften deutlicher als in den althochdeutschen »Klosterdialekten« zum Vorschein kommen. Zugleich werden Unterschiede innerhalb der einzelnen mittelhochdeutschen Schreibdialekte sichtbar, die es erlauben, jetzt von Schreibdialekten wie »Schwäbisch« oder »Moselfränkisch« zu sprechen, die im Althochdeutschen wegen der spärlichen Überlieferung noch gar nicht in den Blick gekommen waren. Für die zwei alten Großräume »Oberdeutsch« und »Westmitteldeutsch« gelangt man nun zu einer vergleichsweise genauen Binnendifferenzierung, deren Merkmale im Großen und Ganzen mit den heutigen Mundarten verbunden werden können. (Die folgende Beschreibung orientiert sich an der Mittelhochdeutschen Grammatik Hermann Pauls.) Zuerst das Oberdeutsche:

Von Ost nach West treffen wir hier zunächst auf das Bairische, das im heutigen Bayern östlich des Lechs und einer Linie Nürnberg – Bayreuth (also ohne Schwaben und die fränkischen Bezirke) einschließlich Österreichs (ohne Vorarlberg) gilt. Dazu kommen das heute zu Italien gehörige Südtirol, die deutschsprachigen Gebiete im Westen von Böhmen und Mähren sowie einige weiter entfernt liegende Sprachinseln in Südosteuropa. Wir unterscheiden Nordbairisch mit dem Zentrum Nürnberg, Mittelbairisch mit dem Zentrum Regensburg und Südbairisch mit den Kernlandschaften Tirol, Kärnten und der Steiermark. Das Alemannische wird unterteilt in das Hochalemannische, das Niederalemannische und das Nordalemannische: Hochalemannisch wird in der heutigen Schweiz und in Südbaden gesprochen, Niederalemannisch im Elsass, in einem südlichen Teil des heutigen Landes Baden-Württemberg und in Vorarlberg. Das Nordalemannische oder Schwäbische spricht man im restlichen Baden-Württemberg, im bayerischen Schwaben und ebenfalls in einigen Sprachinseln Ost- und Südosteuropas. Das Ostfränkische schließlich gilt im heute bayerischen Franken bis Meiningen und Coburg, einem Teil von Baden-Württemberg mit Wertheim und Tauberbischofsheim sowie im Vogtland. Zum Südrheinfränkischen zählt man Baden zwischen Rastatt und Wiesloch und einen Teil von Nordwürttemberg.

Der westmitteldeutsche Sprachraum wird untergliedert in das Mittelfränkische und das Rheinfränkische. Das Mittelfränkische umfasst heute die ehemalige Rheinprovinz von Düsseldorf bis Trier, von Westfalen den Kreis Siegen, den nordwestlichen Zipfel von Nassau, Luxemburg und den nördlichen Teil von Lothringen. Der nördliche Teil des Westmitteldeutschen ist das nordmittelfränkische Ripuarische mit dem Hauptort Köln, im südlichen Teil mit dem Hauptort Trier wird Moselfränkisch gesprochen. Der Dialekt der Siebenbürger Sachsen in Rumänien steht dem Mittelfränkischen, besonders dem Luxemburgischen nahe. Das Rheinfränkische hingegen umfasst den südlichen Teil der ehemaligen Rheinprovinz, den größten Teil des deutschsprachigen Lothringen, den überwiegenden Teil der ehemals preußischen Provinz Hessen-Nassau, Hessen-Darmstadt, den nordwestlichen Zipfel des bayerischen Franken mit Aschaffenburg, den nördlichen Teil von Württemberg und Baden, die Rheinpfalz und den Nordrand des Elsass.

Aus dieser Beschreibung ergibt sich allerdings auch, dass der germanische Sprachraum im Westen eine beträchtliche Verkleinerung erfahren hatte. Das westfränkische Reich wurde größtenteils zu einem eigenständigen und einsprachigen romanischen Gebiet. In der Übergangszone vom Elsass über Lothringen, Luxemburg und Brabant bis Flandern bildete sich eine germanisch-romanische Sprachgrenze heraus, die nicht mit den heutigen politischen Grenzen deckungsgleich ist. Nach Osten hin hat sich der deutschsprachige Raum in mittelhochdeutscher Zeit jedoch beträchtlich ausgedehnt.

Während das ältere Ostmitteldeutsch nur durch das Thüringische – und auch dies nur durch eine spärliche Namenüberlieferung – vertreten war, erweitert sich diese Sprachlandschaft nun ostwärts durch das Obersächsische, Schlesische und um eine hochdeutsche Insel in Ostpreußen, das sogenannte Hochpreußische. Hinzu kommen angrenzende böhmische und mährische Gebiete und kleinere Sprachinseln in slavischer Umgebung. Damit treten zu den alten Kernlandschaften im Westen in der Folge der Kolonisation im Osten neue Sprachgebiete hinzu. Am Beginn steht eine Verbesserung und Intensivierung des Ackerbaus, die durch die technische Weiterentwicklung der landwirtschaftlichen Werkzeuge möglich wurde. Dies hatte in einem ersten Schritt die Kultivierung noch unbesiedelter Binnenflächen zur Folge, wie etwa die Kultivierung des Bayerischen Waldes in der ersten Hälfte des 11. Jahrhunderts und die Erschließung des Oberpfälzer Waldes zwischen 1050 und 1200. Von Bayern aus erfolgte dann bereits in der ersten Hälfte des 12. Jahrhunderts die Besiedlung umfangreicher Waldgebiete im heutigen Niederösterreich und im nördlichen Oberösterreich, wodurch die bis heute eng zum Bairischen gehörigen österreichischen Dialekte entstanden. Dadurch rückte die Sprachgrenze, die sich im Westen sogar bis in den südlichen Alpenraum zum Monte Rosa deutlich weiter nach Süden verschiebt, auch im Osten weiter nach Süden bis zur March und Leitha. Von dort aus wurden weitere planmäßige Besiedelungen auf den Gebieten des heutigen Norditalien, Slowenien, Ungarn und Rumänien durchgeführt. Hiervon zeugen noch heute einige Sprachinselmundarten, wie das Deutsch der Zimbern in Südtirol und das Deutsch der Siebenbürger Sachsen in Ungarn und Rumänien. Die Hauptstoßrichtung dieser Ostexpansion lag aber weiter nördlich in den Gebieten östlich von Elbe und Saale und im Böhmerwald.

Der Eingliederung dieser westslavischen Gebiete in das Reich der Ottonen folgte die bäuerliche und städtebürgerliche deutsche Ostsiedlung, seit dem 12. Jahrhundert einhergehend mit einem wirtschaftlichen Strukturwandel. Die neu entwickelte landwirtschaftliche Methode der »Dreifelderwirtschaft« (Wechsel der angebauten Getreidesorten und Brachliegenlassen) erlaubte eine intensivere Nutzung des Bodens und brachte reichere Erträge. Dadurch stiegen die Geburten, und die Bevölkerung nahm zu. Durch diesen Zuwachs – im Altreich war die Bevölkerung inzwischen so stark angewachsen, dass für die Zeit von 1150 bis 1350 von einer Steigerung von 3,5 bis zu 6,4 Millionen ausgegangen wird – konnten sich viele Menschen trotz Binnenkolonisation und Intensivierung des Landbaus nicht mehr ausreichend ernähren. Neusiedler und Neubürger aus den alten deutschen Stammesgebieten einschließlich der Niederlande zogen im 12. und 13. Jahrhundert in die Ostgebiete, denn in den noch dünn besiedelten Territorien östlich der Elbe winkten neue Erwerbsmöglichkeiten und Freiheiten. Hier entstehen, nicht zuletzt auch zugunsten der territorialherrschaftlichen Steuereinkünfte, nun überall – wie im Altreich – planvoll angelegte neue Rodungssiedlungen, insbesondere die neuen Hufendörfer und eine neue Art von Stadt. Die mittelalterliche deutsche Ostkolonisation erschließt – meist, aber keineswegs immer, friedlich und sozialverträglich – ehemals ausschließlich slavisch besiedelte Gebiete östlich von Elbe und Oder. Damit verschiebt sich auch das Zentrum des deutschen Sprachraums vom karolingischen Kerngebiet um Metz und Aachen weiter ostwärts. Vor allem aber kommt damit nun erstmals eine Region in Kontakt mit der deutschen Sprache, die in den folgenden Jahrhunderten eine entscheidende Rolle für die weitere Entwicklung der deutschen Sprache spielen sollte.

Zwei Hauptsiedlungsströme lassen sich für den oberdeutschen und mitteldeutschen Raum voneinander unterscheiden. Über das Einfallstor Erfurt dringen mittelfränkische und hessische Siedler in die böhmisch-mährischen Randgebiete vor; thüringische Siedler wandern ins Erzgebirge, nach Nordmähren und Niederschlesien, während Niederschlesier nach Oberschlesien und in die Zips (Slowakei) ziehen. Über Bamberg und Regensburg kommen ostfränkische und bayrische Bauern nach Böhmen und Mähren, Ostfranken bis nach Obersachsen. In den neu besiedelten Kolonien entstehen, bedingt durch die Herkunft der Einwanderer aus unterschiedlichen Sprachräumen, Ausgleichs- und Mischmundarten. Besonders im Nordosten entstehen große neue Dialektgebiete des Deutschen. Diese Region wird aber von Niederdeutschland aus besiedelt. Daher zählt ein großer Teil der neu erschlossenen Gebiete zunächst nicht zum mittelhochdeutschen, sondern zum mittelniederdeutschen Sprachgebiet. Erst in der frühen Neuzeit breitet sich die hochdeutsche Schriftsprache auch im Norden aus. Die neuen Mundarten Mecklenburgisch-Vorpommerisch, Ostpommerisch, Brandenburgisch und Niederpreußisch sind niederdeutsch. An die einst slavische Bevölkerung des östlichen Deutschlands erinnern heute zahlreiche Orts- (etwa *Bautzen*, *Berlin*, *Chemnitz*, *Cottbus*, *Dresden*, *Görlitz*, *Leipzig* oder *Pankow*) und Familiennamen (wie *Kretschmar*, *Nowak* oder *Porsche*). Die meist aus mittelalterlicher Zeit überlieferten Namen spiegeln nämlich das Nebeneinander der slavischen und der deutschen Bevölkerung viel deutlicher als die vergleichsweise wenigen slavischen Lehnwörter wie *graupeln* ›hageln‹ oder *Kretscham* ›Wirtshaus‹, die sich in den ostdeutschen Mundarten erhalten haben. Den Ortsnamenschatz Brandenburgs hat Theodor Fontane in seinem Gedicht HAVELLAND zum Klingen gebracht, das im 3. Band der WANDERUNGEN DURCH DIE MARK BRANDENBURG zu finden ist:

Linow, Lindow,
Rhinow, Glindow,
Beetz und Gatow,
Dreetz und Flatow,

Bamme, Damme, Kriele, Krielow,
Petzow, Retzow, Ferch am Schwielow,
Zachow, Wachow und Groß-Bähnitz,
Marquardt an der stillen Schlänitz,
Sentzke, Lentzke und Marzahne,
Lietzow, Tietzow und Rekahne,
Und zum Schluß in dem leuchtenden Kranz:
Ketzin, Ketzür und Vehlefanz.

Für die mittelhochdeutsche und selbst die spätmittelhochdeutsche Zeit ist eine dem Westen und Süden vergleichbare Binnendifferenzierung in einzelne Schreibdialekte im Osten noch kaum zu erkennen. Da aber nun immer mehr Menschen immer unterschiedlichere Texte an immer mehr Orten schreiben und dies auch überregional wahrgenommen wird, kommen damit die Besonderheiten der einzelnen Schreibdialekte insgesamt doch immer deutlicher in den Blick.

Aufmerksamen Zeitgenossen sind diese Varianten erkennbar aufgefallen. Der Ostfranke Hugo von Trimberg etwa beschreibt um 1300 in seinem Lehrgedicht DER RENNER beträchtliche regionale Unterschiede nicht nur bei den Bräuchen (*an mâze*) und der Kleidung (*an gewande*), sondern auch in der Sprache (*an sprâche*), insbesondere bei der Aussprache. In Vers 22259 ff. heißt es:

Ein jeglich lant hât ſînen ſite,
Der ſînem lantvolke volget mite
An ſprâche, an mâȝe und an gewande
Ist underſcheiden lant von lande.
Der werlde dinc ſtêt ůber al
An ſprâche, an mâȝe, an wâge, an ȝal.
Swâben ir wőrter ſpaltent,
Die Franken ein teil ſi valtent,
Die Beier ſi ȝerȝerrent,
Die Důringe ſi ûf ſperrent,
Die Sahsen ſi beȝůckent,
Die Rînliute ſi verdrůckent,
Die Wetereiber ſi wůrgent,
Die Mîſener ſi vol ſchůrgent,
Egerlant ſi ſwenkent,
Oeſterrîche ſi ſchrenkent,
Stîrlant ſi baȝ lenkent,
Kernde ein teil ſi ſenkent [...].

Man hat versucht, den verschiedenen Bezeichnungen der Aussprache wie *würgen* und *schürgen* moderne phonetische Termini zuzuordnen. Das ist aber nicht in jedem Fall sicher möglich. Von einer wörtlichen Übersetzung wird daher hier abgesehen. Auch ist zu bedenken, dass Hugo seinen RENNER nicht völlig eigenständig verfasst hat, sondern bei der Beschreibung der sprachlichen Unterschiede älteren rhetorischen Traditionen, etwa Ciceros DE ORATORE, folgt.

Das eigentlich Bemerkenswerte an den Beobachtungen Hugos von Trimberg liegt aber gar nicht so sehr in der Tatsache, dass jetzt auch für das Deutsche regionale Sprachunterschiede stärker wahrgenommen und beschrieben werden. Bemerkenswert ist vielmehr vor allem, dass trotz der oft noch beträchtlichen sprachlichen Unterschiede ganz offensichtlich bereits ein Gefühl von kultureller und politischer Gemeinsamkeit vorhanden ist, das sich zunächst abseits der sprachlichen Entwicklung ausgebreitet hat. In diesem Kontext können aber auch die verschiedenen deutschen Schreibdialekte letztlich doch als zusammengehörig empfunden werden.

Das Bewusstsein für die Wahrnehmung regionaler Sprachvariation unter dem Dach einer gemeinsamen Tradition hatte sich bereits einige Jahre zuvor in Italien geschärft. Dante Alighieri, der Schöpfer der GÖTTLICHEN KOMÖDIE, hat in seiner Schrift DE VULGARI ELOQUENTIA (»Über die Beredsamkeit in der Volkssprache«), die zwischen 1303 und 1307 entstanden ist, den Blick auf die intuitiv angeeignete Muttersprache gelenkt. Als »Hochsprache« betrachtet er dagegen die über den regionalen Varietäten stehende Idealform einer jeweiligen Einzelsprache und damit die optimale Verkörperung des dieser Sprache eigenen »Geistes«. Sie sei einem Panther vergleichbar, den man in allen Regionen wittern könne, der aber in keiner dieser Regionen ganz zu Hause sei (*pantheram redolentem ubique et necubi apparentem*). In ihren konkreten einzelsprachlichen Realisierungen, vor der Bildung einer »Hochsprache«, erkennt er die Dialekte.

Auch für den deutschen Sprachraum lässt sich die Zusammengehörigkeit der im »Renner« genannten Dialekte weiter verdeutlichen, wenn wir noch einmal die Entwicklung des Wortes *deutsch* selbst, diesmal unter Einschluss der mittelhochdeutschen Belege, beleuchten. Otfrid von Weißenburg hatte im 9. Jahrhundert noch »fränkisch« (*frenkisg*) geschrieben. Das Wort »deutsch« bzw. seine Vorläufer begegnen zwar erstmals schon im 8. Jahrhundert, aber noch nicht in seiner späteren – das heißt auch heutigen – Bedeutung. Im Gegensatz zu den meisten anderen europäischen Sprachbezeichnungen besteht im Deutschen kein unmittelbarer Zusammenhang zwischen der Sprachbezeichnung und einer Volks- oder Länderbezeichnung wie etwa bei Franken – Frankreich – französisch, Angeln – England – englisch oder der Kiever Rus' – Russland und russisch. Die deutsche Schriftsprache, also die heutige überregionale, in ihrer räumlichen Verbreitung über den Dialekten stehende Standardsprache, ist nicht die Sprache eines Stammes. Sie ist vielmehr das Ergebnis eines komplizierten Ausgleichsprozesses zwischen den verschiedenen Sprachlandschaften und Sprachschichten. In althochdeutscher und in mittelhochdeutscher Zeit ist dieser Ausgleich noch nicht erreicht. Aber es vollziehen sich wie gesehen doch immerhin schon wesentliche Schritte zu seiner Vorbereitung.

Im Jahre 786 berichtet der päpstliche Nuntius Georg von Ostia Papst Hadrian I. über zwei Synoden, die er in England abgehalten hat. In der zweiten hatte er die Beschlüsse der ersten auch in der Volkssprache vorlesen lassen, damit sie von allen verstanden würden: *tam latine quam theodisce, quo omnes intellegere potuissent.* Mit dem lateinischen Ausdruck *theodisce* ist die Volkssprache gemeint, im konkreten Textzusammenhang geht es um das Englische. Der Kontext zeigt aber, dass *theodisce* hier ganz allgemein als Bezeichnung für eine Volkssprache erscheint, für die es sonst keinen genaueren lateinischen Ausdruck gab. Aus der Perspektive des Papstes und seines Legaten interessierte es nämlich nicht so sehr, welche der altgermanischen Einzelsprachen hier zum Zuge kam, sondern die Tatsache, dass überhaupt eine Volkssprache neben dem Latein Verwendung finden konnte.

Das Adjektiv *deutsch* ist somit zum ersten Mal in der lateinischen bzw. latinisierten Form *theodiscus* u. ä. belegt und bedeutet ›zum Volk gehörig‹. Die althochdeutsche Form lautet *diutisk* und hängt zusammen mit ahd. *diot*, mhd. *diet* ›Volk‹ – so etwa noch in den Personennamen *Dieter*, *Dietmar* und in einigen Ortsnamen. Wie im Beleg von 786 gesehen, bezeichnet es ursprünglich ganz allgemein die »Volkssprache«, also die im Gegensatz zum gelehrten Latein vom »einfachen Volk« gesprochene Sprache. In dieser Bedeutung konnte es zunächst auch für alle anderen germanischen Volkssprachen Verwendung finden, aber es wird doch später fast immer auf das Deutsche bezogen. Offensichtlich haben sich bei der Ethnogenese der anderen europäischen Völker die Bezeichnungen des Typs ›Angeln: *englisch*‹ neben ›Franken: *französisch*‹ und ›Rus': *russisch*‹ bereits schneller durchgesetzt. Für die Frühgeschichte der deutschen Sprache stellte sich das Problem zunächst nicht, denn es gab gar keine einheitliche Sprache, die man einheitlich hätte bezeichnen können. Wollte man aber aus der Perspektive des Lateins oder im Kontrast zum Latein eine althochdeutsche Sprachlandschaft bezeichnen, so konnte man problemlos von *theodiscus* sprechen. In diesem Sinne verwendet Otfrid in den lateinischen Teilen seines Werks *theodisce* in der Bedeutung ›die gemeinsame Sprache des Reichsvolks‹. In seiner eigenen rheinfränkischen Mundart steht ihm dagegen immer nur die Bezeichnung *in frenkisgon, in frenkisga zungun* zur Verfügung. Als Kunstwort der auf die Reichseinheit gerichteten Kulturpolitik ist ihm *diutisk* offensichtlich noch nicht geläufig.

Auffällig ist auch, dass dieses Wort in mindestens der Hälfte der 40 lateinischen Belege für *theodiscus* allein des 8. und 9. Jahrhunderts eine besondere Rolle der Sprache im Rechtswesen und im öffentlichen Leben dokumentiert. Die Herkunft aus dem Bereich des Rechts scheint historisch und genetisch die ursprüngliche Herkunft zu sein. Hierzu passt ein Beleg des Bischofs und Geschichtsschreibers Frechulf von Lisieux, der in den zwanziger Jahren des 9. Jahrhunderts auf die gemeinsamen Eigenarten der Sprache der Goten *et ceterae nationes Theodiscae* (»und der übrigen deutschen Nationen«) eingeht und dabei *theodiscus* – wenngleich in einem sprachlichen Kontext – auf die Nation (*nationes Theodiscae*) bezieht.

Erst gegen Ende der althochdeutschen Zeit, dann bereits im 11. Jahrhundert bei Notker von St. Gallen, macht sich *theodiscus* als neue Sprachbezeichnung auch in althochdeutschen Texten vorsichtig bemerkbar. In Notkers Schriften kommt das Wort sechsmal vor, und zwar in der Formel *in diutiscun* im Sinne von »auf Deutsch«. Allein fünf dieser Belege befinden sich auf engem Raum in Notkers Aristoteles-Übersetzungen. Man gewinnt den Eindruck, als hätte Notker hier in einer bestimmten Periode seines Schaffens das lateinisch bezeugte *theodiscus* oder *diutisce* ins Deutsche zurückübersetzen wollen. In seiner alemannischen Mundart wird es aber, ebenso wie in den anderen Sprachlandschaften, vor der Mitte des 11. Jahrhunderts noch nicht lebendig gewesen sein. In den lateinischen Quellen, sowie bei Otfrid und bei Notker, gilt das Wort nur als Sprachbezeichnung. Das entspricht genau dem, was von einem offiziellen Leitwort der Kulturpolitik erwartet werden kann. Denn vom erhöhten Standort der großen Politik erblickt man am deutlichsten den Gegensatz der Sprachen in der westlichen und der östlichen Reichshälfte. In weiten Teilen des Reiches selbst ist von diesen sprachlichen Unterschieden jedoch so gut wie gar nichts zu spüren. Nur im Alltagsleben direkt an der Sprachgrenze bemerkt man die Unterschiede von Dorf zu Dorf. Kein Wunder, dass die neue Bezeichnung *deutsch* im Landesinneren noch lange ungewohnt blieb. Nur an der nördlichen Sprachgrenze scheint sich das Wort auch im Alltag langsam ostwärts ausgebreitet zu haben.

Erst nach dem Jahr 1000 beginnt man in größerer Zahl die Gemeinsamkeit der vier das ostfränkische Reich tragenden Völker, also Franken (mit den fränkischen Lothringern), Sachsen, Schwaben und Bayern, bewusst mit dem Wort *theodiscus* zu bezeichnen. Und erst um 1075 bahnt sich die definitive Entscheidung an, dass diese Gemeinschaft der Völker schließlich mit dem volkssprachigen Wort »deutsch«, und nicht mit einem anderen, wie zum Beispiel »fränkisch«, umschrieben wird. Die Sprache war also nicht von allem Anfang an Auslöser für die Entstehung der dann »deutsch« bezeichneten Gemeinschaft. Hier waren eher politische Ereignisse ausschlaggebend, wie die Erfolge Heinrichs I. und seiner Nachfolger, die in den Siegen über die Ungarn und der Kaiserkrönung Ottos des Großen ihren Höhepunkt fanden. Das Merkmal »Sprache« wäre schon durch die beträchtlichen

Unterschiede etwa zwischen dem Altsächsischen im Norden und dem Bairischen im Süden nur schwer als gemeinschaftsstiftend vorstellbar gewesen. Eine in der Sprache selbst wirksame Tendenz zu einer Nationwerdung der Deutschen kann, wie Heinz Thomas zu Recht hervorhebt, nicht unterstellt werden. Aber aus der Außenperspektive, aus dem Umkreis des in Italien weilenden Kaiserhofes, war doch – trotz aller regionalen Unterschiede – eine relativ einheitliche, von jener der Nachbarn unterscheidbare Sprache schon erkennbar.

Eine zentrale Stellung in der Geschichte des Wortes »deutsch« nimmt das um 1090 im rechtsrheinisch in der Nähe von Bonn gelegenen Kloster Siegburg entstandene frühmittelhochdeutsche ANNOLIED ein, ein Gedicht zu Ehren des Bischofs Anno von Köln. Hier wird nun zum ersten Mal wieder das Wort *deutsch* verwendet, und zwar nicht nur in Bezug auf die Sprache wie bei Otfrid, Notker und im karolingischen Latein, sondern mit der ganzen Palette der Verwendungsweisen, die das Wort bei seiner Entstehung im westlichen Grenzgebiet besessen haben muss. Neben dem Sprachbegriff *diutischin sprecchin* (Vers 20.22) wird hier auch von den Menschen gesprochen: *diutischi liuti* (28.12), *diutschi man* (28.17), und auch das Land wird jetzt »deutsch« genannt: *in diutischemi lande* (7.4). Von Siegburg aus setzt das Wort seinen Siegeszug fort. Als der Siegburger Abt Kuno im Jahr 1126 Bischof in Regensburg wurde, dem damaligen politischen und kulturellen Mittelpunkt des Reiches, wird er das ANNOLIED mitgebracht und den Verfassern der eben in Regensburg entstehenden KAISERCHRONIK vorgelegt haben. In diesem Text wird das Wort nun ebenfalls reichlich und in seinem gesamten Bedeutungsspektrum verwendet. Als die KAISERCHRONIK um 1150 abgeschlossen ist, wird sie – und mit ihr die neue Volks- und Sprachbezeichnung – in zahlreichen Handschriften über das gesamte Sprachgebiet verbreitet. Ob das Wort durch diese Verbreitung zugleich bereits volkstümlich geworden ist, lässt sich nicht mehr ohne weiteres nachvollziehen. Aber jedenfalls ist mit der KAISERCHRONIK der literarische Durchbruch vollzogen. Zumindest in der Vorstellungswelt der gebildeten Verfasser repräsentativer öffentlicher Texte ist das Bewusstsein von einem gemeinsamen, die Stämme verbindenden Band lebendig geworden. Im ANNOLIED wird zum ersten Mal in einer deutschsprachigen Dichtung von der deutschen Sprache geredet; Hans Eggers nennt dieses Zeugnis die »Geburtsurkunde« des Deutschen, »das erste sichere Zeugnis, dass deutschsprechende Menschen ihre Sprache nicht mehr als fränkisch, bairisch, alemannisch oder sächsisch empfanden. Jetzt hatten sie das Gemeinsame erkannt und konnten es bezeichnen.«

Man darf allerdings nicht aus den Augen verlieren, dass mittelalterliche Schreiber bei der Abfassung vergleichbarer Texte, etwa von Lobliedern auf Städte und Länder, meist festen rhetorischen Mustern folgen, die Ernst Robert Curtius in seinem Buch »Europäische Literatur und lateinisches Mittelalter« aufgeschlüsselt hat. Schauen wir uns daher die bis hierher genannten und einige weitere Belege noch einmal etwas genauer an. Zunächst der Sprachbegriff:

Der Dichter des ANNOLIEDES erzählt von der alten Sage, dass der Stamm der Baiern (*die Peiere*) aus Armenien vom Berg Ararat gekommen sei. Er nimmt sie als historische Tatsache und führt zur Unterstützung (Vers 20.21 f.) an:

»*man ſagit, daz dar in halvin noch ſîn,*
die dir diutiſchin ſprecchin,
ingegin India vili verro.«

Heute würden wir sagen: »Man sagt, dass in jener Gegend noch heute Menschen seien, die deutsch sprechen, in weiter Ferne, gegen Indien hin«. Gemeint sind also die Vorfahren der Baiern, und hundert Jahre vor dem ANNOLIED hätte man auch ihre Sprache nur als »bairisch« bezeichnen können. Inzwischen kann der Dichter aber auf die vertrauten, gemeinsamen Sprachklänge anspielen, die am Rhein genau wie an der Donau als »zum Volk gehörig«, jetzt aber in einem konkreteren Sinne als »zum deutschen Volk gehörig«, eben als »deutsch« empfunden werden. Ein paar Jahrzehnte später berichtet der mittelfränkische Dichter des Alexanderliedes, er habe seinen Stoff aus einer französischen Quelle (*in walhisken*, also in welscher, das heißt romanischer Sprache), und fährt fort (Vers 16): *Nû sol ich es iuh in dûtisken berihten* (»Nun will ich euch davon in deutscher Sprache erzählen«). Ebenso sagt der bairische Dichter des Rolandsliedes (Vers 9083 f.), er habe die französische Vorlage *in die latîne bedwungin*, danne in di tûtiske gekêret (»zunächst ins Lateinische übertragen und dann ins Deutsche gewendet«). Die Zeugnisse aus allen deutschen Schreibdialekten ließen sich vermehren. Über den Niederländer Heinrich von Veldeke sagt Gottfried von Straßburg rühmend (Vers 4739 f.): *Er impfete daz erste rîs in tiutischer zungen* (»Er pfropfte den ersten edlen Spross hoher Dichtung in deutscher Sprache«), und Gottfrieds Zeitgenossen, der Alemanne Hartmann von Aue, der Ostfranke Wolfram von Eschenbach oder der Baier Walther von der Vogelweide, sie alle nennen ihre eigene Sprache jetzt *deutsch*.

Als Hinweis auf das Selbstverständnis der damaligen Bevölkerung sind aber der Volks- und der Raumbegriff nicht weniger wichtig als der Sprachbegriff. Erneut ist es der Dichter des ANNOLIEDES, der zuerst *diutischi liuti* und *diutschi man* erwähnt und damit Angehörige aller deutschen Stämme meint. Angehörige der deutschen Stämme meint auch der Dichter der KAISERCHRONIK, wenn er von einer Schlacht berichtet und schreibt (Vers 16063): *der diutisken wart dô vil slagen* (»Viele der Deutschen wurden da getötet«). An die Gesamtheit der Stämme denkt auch Walther von der Vogelweide (34,14 Vers 1 f.), wenn er fragt, *hât iuch der bâbest her gesendet, daz ir in rîchet und uns Tiutschen ermet unde pfendet?* (»hat der Papst euch entsandt, um ihn zu bereichern und uns Deutsche arm zu machen und zu pfänden?«). Walther preist auch die deutschen Frauen, lobt die deutsche Lebensart und entwickelt überhaupt einen starken Nationalstolz, ohne dabei auf die Stammesunterschiede Wert zu legen.

Dabei ist das Stammes- oder Regionalbewusstsein durchaus noch nicht erloschen, wie es ja auch heute noch nicht ganz der Fall ist. Wolfram von Eschenbach spricht zwar wiederholt von deutschen Dingen und berichtet beispielsweise, die Geschichte von Parzival sei aus der Provence *in tiuschiu lant* (»in deutsche Lande, nach Deutschland«) gekommen (PARZIVAL 827,9). Auch seine eigene Sprache nennt er *deutsch*. Dennoch sagt er an einer Stelle (121,7): *Wir Beier*. Vergleichbares findet sich schon im ANNOLIED. Der Verfasser ist sich seiner fränkischen Abstammung durchaus bewusst und betont, dass die Franken besonderen Grund hätten, Gott für viele erwiesene Gnaden dankbar zu sein. Nicht zuletzt dafür, dass er ihnen so viele Heilige nach Köln gesandt hat; dort werden noch ihre Reliquien aufbewahrt (Vers 7.3 f.):

»[...] in der ſcôniſtir burge
dî in diutiſchemi lande ie wurde«

(»[...] in der schönsten [das lange /ō/ ist hier noch nicht zu /ö/ umgelautet] Stadt, die je in einem deutschen Land entstand«)

Das fränkische Köln ist also die Perle ganz Deutschlands. Und die Grenzen dieses deutschen Landes sind weit gesteckt: Walther von der Vogelweide hat sie durchmessen (56,38 Vers 1 f.):

»Von der Elbe unz an den Rîn
und her wider unz an Ungerlant«

(»Von der Elbe bis an den Rhein und wieder hierher bis an die Grenzen Ungarns«)

Hans Eggers hat auch die folgenden Belege zusammengetragen: Um 1250 wünschte sich Reinbot von Durne, dass seine ritterliche Legendendichtung vom heiligen Georg verbreitet werden möge (Vers 61–63):

»von Tyrol rehte unz an Bremen [...],
von Breſburc unz an Metze«

(»von Tirol bis ganz nach Bremen ..., von Pressburg bis nach Metz«)

Etwa 20 Jahre später betont der Spruchdichter Friedrich von Sonnenburg, dass er seine Kenntnisse auf weiten Reisen erfahren habe. In Ofen (d. h. Budapest) ist er gewesen, in Köln und in Salerno, der mittelalterlichen, insbesondere medizinischen Bildungsstätte. Und Deutschland hat er bereist (55 Vers 9 f.):

> »*von Metze hin ze Bruneſwîc,*
> *von lübeke ze Berne.*«

> (»von Metz nach Braunschweig, von Lübeck nach Verona«)

Viele weitere Beispiele ließen sich anführen: Deutschland ist damals dort, wo deutsch gesprochen wird, und das ist jetzt ein sehr viel weiterer Bereich, als es die Überlieferung aus althochdeutscher Zeit deutlich machen konnte. Oberitalien (Verona), Mähren (Preßburg, heute Bratislava) und Lothringen (Metz) gehören dazu, ebenso wie der sächsische, nicht-hochdeutsche Norden (Lübeck, Bremen, Braunschweig). Wolfram berichtet einmal von einem Fest am französischen Königshof und sagt (WILLEHALM 126, 13–15):

> »*dâ was von tiuſchem lande*
> *Flæminge und Brâbande*
> *und der herzoge von Lohrein.*«

> (»aus Deutschland waren dort Flamen und Brabanter und der Herzog von Lothringen«)

Auch Flandern und Brabant werden hier also als deutsch bezeichnet, und das ist nicht weniger bemerkenswert als die Nennung von Lübeck, Bremen und Verona, dessen alter deutscher Name *Bern* lautete. Die sprachlichen Unterschiede zwischen den Ober- und den Niederlanden (also Flandern, Holland und Niederdeutschland) sind ja nach wie vor beträchtlich. Aber dennoch wird auch die dortige Sprache als »deutsch« und damit als Bestandteil einer sozialen und kulturellen Zusammengehörigkeit empfunden. Kultur und Sprache hängen also zusammen, und dennoch wird man zwischen dem Gefühl der kulturellen Zusammengehörigkeit und der tatsächlichen sprachlichen Einheit auch in Zukunft noch weiter unterscheiden müssen.

3.2 Mittelhochdeutsche Dichtersprache

Unter diesen Umständen hätte der Durchbruch zu einer sprachlichen Einheit bereits im Mittelhochdeutschen allenfalls dann erfolgreich sein können, wenn es – wie in den meisten anderen Ländern – ein räumlich und sprachlandschaftlich fest verankertes politisches Machtzentrum gegeben hätte. Da es dies aber nicht gab, war es aus der Binnenperspektive des Reiches gerade nicht die Politik, sondern vielmehr die Dichtung, die zumindest tendenziell überregional angelegt war. Daher ist es im deutschen Mittelalter auch in erster Linie die Literatur, von der eine einheitliche Schriftsprache ausgehen kann. So ist es hier mehr als gerechtfertigt, eben diese Sprache der Literatur, die sog. mittelhochdeutsche Dichtersprache, besonders hervorzuheben. Man muss sich dabei aber zugleich bewusst machen, dass diese Sprache nur einem sehr kleinen Teil der Bevölkerung zugänglich war. Das Sprachstadium Mittelhochdeutsch darf also mit der mittelhochdeutschen Dichtersprache nicht einfach gleichgesetzt werden.

Aber auch diese Dichtersprache selbst ist oft nur schwer zu fassen, gelegentlich ist ihre Existenz sogar gänzlich geleugnet worden. Schwierig wird die Beurteilung vor allem deshalb, weil uns aus der Zeit um 1200 keine Originalhandschriften der mittelhochdeutschen Literatur überliefert sind. Was sich bis heute erhalten hat, ist in der Regel erst ein bis zwei Jahrhunderte nach der Entstehungszeit der Texte ab- und aufgeschrieben worden. Wir können die Dichtersprache also nur durch den Filter späterer Abschriften erschließen. Wenn wir uns auf dieses Experiment einlassen, kommt es, wie so oft, darauf an, was man unter »Sprache« versteht. Sicherlich ist die Dichtersprache nicht durch eigene grammatische Strukturen vom übrigen Mittelhochdeutschen unterschieden. Aber das Mittelhochdeutsche der klassischen Autoren ist rhetorisch geformt. Gottfried von Straßburg beispielsweise bewundert in seiner Dichterschau im TRISTAN die vorbildliche Klarheit der Sprache Hartmanns von Aue (Vers 4626 f.):

> *»wie er mit rede figieret / der âventiure meine! /*
> *wie lûter und wie reine / ſîn criſtallînen wortelîn«*
>
> (»Wie der den Sinn des Geschehens mit der Rede trifft, mit reinen, klaren, kristallenen Worten«)

Die rhetorische Gestaltung ist zudem verbunden mit einem speziellen Wortschatz, mit dem sich das Ideal der ritterlichen Lebensführung ausdrücken ließ. Vordergründig gehören dazu die vielen bereits genannten Entlehnungen aus dem Französischen. Schon Hugo Palander hat errechnet, dass die vorhöfische KAISER-

CHRONIK aus der Mitte des 12. Jahrhunderts 12, das etwas jüngere ROLANDSLIED schon 39 und Hartmanns EREC sogar 71 französische Lehnwörter enthält. Diese Wörter stammen im EREC nur zu einem kleinen Teil unmittelbar aus der französischen Vorlage. Hartmanns Lehnwörter sind vielmehr durch die Kontakte der Oberschichten über die Sprachgrenze hinweg vermittelt worden und müssen dem Dichter und seinem Publikum also bereits bekannt gewesen sein. Auf diese Sprachkenntnisse aufbauend kann Wolfram von Eschenbach in seinem PARZIVAL bereits an die 400 französische Lehnwörter einsetzen, von denen er viele als Erster gebraucht und in Umlauf gesetzt haben dürfte. Darunter sind Bildungen wie *schahtelakunt* (43,19), *schahtelacunt* (52,15) aus frz. *conte del chastel* in der Bedeutung ›Burggraf‹ mit Umstellung der Wortfolge nach eigenem Sprachempfinden. Insgesamt haben Werner Besch und Norbert Richard Wolf in ihrer Sprachgeschichte für das 13. Jahrhundert ca. 700 Erstbelege französischer Ausdrücke in deutschen Texten ermittelt; die Zahl erhöht sich bis zum 14. Jahrhundert um weitere ca. 300 Erstbelege und deren Ableitungen und Lehnbildungen.

Noch tiefer greift dann die Schöpfung neuer, höfischer Verwendungsweisen von älteren, bereits eingebürgerten mittelhochdeutschen Wörtern. In althochdeutscher Zeit war Vergleichbares durch die Christianisierung des Wortschatzes geschehen, ein Rechtswort etwa wie ahd. *triuwa* ›Vertragstreue, Verlässlichkeit‹ konnte in christlichen Kontexten auch ›Treue gegenüber Gott, Glaube‹ bedeuten; *truhtin* ›Gefolgsherr‹ wurde nun vornehmlich auf Christus bezogen. Auch ahd. *toufen* ›taufen‹ ist kein neues Wort für einen neuen Vorgang, sondern kann – vielleicht durch gotische Vermittlung – auf Grund seiner Wortbildungsstruktur auf eine ältere allgemeine Bedeutung ›eintauchen‹ (als ablautende Verbalbildung zu *tief*) zurückgeführt werden, die im Gotischen und Altnordischen noch erhalten ist. In der höfischen Dichtersprache vollzieht sich jetzt ein ganz ähnlicher Prozess, allerdings mit dem Unterschied, dass die Bedeutungserweiterungen nicht auf das Christentum, sondern auf zentrale Werte des idealen Rittertums abzielen. Oft zitiert ist das Beispiel mhd. *mâze*, das bei einem volkstümlichen Prediger wie Berthold von Regensburg sehr konkret und punktuell auf das richtige Maß beim Essen und Trinken, im Gegensatz nämlich zur *vrâzheit*, der »Völlerei«, bezogen ist, bei höfischen Autoren hingegen viel subtiler auf »das maßvolle Verhalten bei allen Handlungen« abzielt. Damit ist keineswegs Mittelmaß gemeint, sondern die Kontrolle der Affekte. Gleiches ließe sich von mhd. *tugent* sagen, wenn etwa Rüdiger im NIBELUNGENLIED (Vers 2202) der »vater aller tugende«, d. h. aller ritterlichen Vollkommenheit, genannt wird.

Es scheint aber insgesamt so zu sein, dass in der mittelhochdeutschen Dichtersprache wie im Falle von *mâze* keine völlig neuen Vorstellungen (vergleichbar ›Christus‹, ›Glaube‹ oder ›Taufe‹) ausgedrückt, sondern vielmehr ältere Bedeutungsschichten der Lexeme, ihre gewissermaßen wörtliche Bedeutung, aufgefrischt und präzisiert werden. Gleichzeitig fällt auf, dass beispielsweise die für die archaisierende, vorhöfische Sprache des NIBELUNGENLIEDES typischen Kriegerbezeichnungen wie *wîgant, recke, degen* oder *helt* von Dichtern wie Hartmann zunehmend gemieden werden. Auch ältere Epitheta wie *mære* ›bekannt, berühmt‹, *balt* ›kühn, mutig‹ und *gemeit* ›lebensfroh, freudig‹ treten in der höfischen Dichtersprache zurück und werden durch dem Oberdeutschen ursprünglich wohl fremde Adjektive wie *klâr* ›hell, lauter, rein‹ (aus frz. *clair*, lat. *clārus* ›hell‹), *kluoc* ›fein, zierlich, zart; geistig gewandt‹ (aus mittelnd. *klôk*, mittelnl. *cloec*), *gehiure* ›sanft, lieblich, angenehm‹ oder *wert* ›von hohem Wert, kostbar, herrlich‹ ersetzt.

Aber nicht nur in ihrem Stil und ihrem Wortschatz war die Sprache der höfischen Literatur um 1200 in diesem Sinne überregional angelegt. Auch wenn die Schreibungen, Lautungen und grammatischen Formen vielfach weiterhin regional gebunden blieben (wir haben das auch am Beispiel des RENNER gesehen), so lassen sich doch weder Walther von der Vogelweide, der vermutlich Österreicher war, noch der Elsässer Reinmar von Hagenau oder der Schwabe Hartmann von Aue auf Grund ihrer Sprache eindeutig lokalisieren. Wir können dies nur so erklären, dass diese Dichter bewusst sehr häufig solche Wörter – und vor allem solche Reime – wählten, die nicht nur in ihrem jeweils heimischen Sprachgebrauch, sondern im gesamten deutschen Sprachraum gültig waren. Man erkennt hier eine Tendenz zum Dialektabbau.

Welche große Leistung hinter dieser Spracharbeit steckt, lässt sich vielleicht ermessen, wenn man bedenkt, dass dies selbst Goethe noch keineswegs immer gelungen war; bzw., was fast noch schwerer wiegt, dass die Suche nach dem ausnahmslos überregional »reinen Reim« gar nicht in seinem Gesichtskreis lag. Wenn Goethe im FAUST »… ach neige, du schmerzensreiche« reimt, dann funktioniert dieser Reim als reiner Reim eben nur im Frankfurter Dialekt seiner Zeit, wo er etwa /ach neische, du schmerzensreische/ geklungen haben muss. Überregional reimt sich das nicht. Nicht nur die sprachlichen Leistungen der mittelhochdeutschen Dichter werden hier deutlich, es zeigt sich zugleich auch, dass sie für viele folgende Jahrhunderte folgenlos geblieben sind.

Besonders deutlich werden die Bemühungen um eine überregional verständliche Sprache, die den Autoren ja ein möglichst großes Publikum erschließen sollte, am Beispiel des niederdeutschen Dichters Heinrich von Veldeke. Heinrich hat seine Verse nämlich im Gegensatz zu Johann Wolfgang Goethe so gestaltet, dass sie auch ins Hochdeutsche übertragen werden konnten. Er reimt also zum Beispiel *tît* ›Zeit‹ auf *wît* ›weit‹, aber niemals auf *wît* ›weiß‹. Ein solcher Reim würde im Hochdeutschen nicht funktionieren, weil nd. *wît* ›weiß‹ im Gegensatz zu nd. *tît* und *wît* ›weit‹ ein germ. *t zugrunde liegt, das nur im Hochdeutschen durch die Lautverschiebung zu /z/ wurde. Im Mittelhochdeutschen stünden sich also *zît* und *wîz* gegenüber. Ebenso verbindet er nd. *lîden* ›Leiden‹ mit *snîden* ›schneiden‹ und *rîden* ›reiten‹ mit *tîden* ›Zeiten‹, aber nie *lîden* (aus germ. **leiþa-*) mit *rîden* (aus germ. **reida-*), weil dieser Reim im Mittelhochdeutschen ebenfalls unrein wäre: *lîden*: *rîten*. Dabei richtet der Limburger Heinrich von Veldeke seinen Blick nicht allein auf die ihm nächstgelegenen hochdeutschen rheinischen Sprachlandschaften. Seine Reimauswahl lässt sich nur dann ganz verstehen, wenn man davon ausgeht, dass er auch die Eigenarten der entfernteren oberdeutschen Schreibdialekte kannte und berücksichtigte. Gerade durch die Kenntnis der Sprache der jeweils anderen deutschen Schreibdialekte zeichnet sich die Dichtersprache aber aus. Ein alemannischer Autor beispielsweise durfte eben nicht, wie sonst im Alemannischen üblich, *kam* auf *nam* reimen, denn das würde etwa im Bairischen *kom* und *nam* ergeben; der Reim *gân*: *hân* hätte bairisch *gên*: *hân* geklungen, hätte also wieder nur einen unreinen Reim ergeben.

Heinrich von Veldeke wollte mit seiner Reimtechnik als Erster in einem großen, durch die hochdeutsche Lautverschiebung und andere Lautwandelprozesse reich differenzierten Sprachgebiet seinem Publikum »rehte rîme« bieten. Er wollte damit jene Regionalismen vermeiden, für die man an den Höfen beim mündlichen Vortrag der Epen vermutlich ein feines Gespür entwickelt hatte. Die regionalen Unterschiede der einzelnen Sprachlandschaften werden durch die Technik des reinen Reims aber nur überbrückt, nicht überwunden. Sie bleiben in der gesprochenen Sprache und in den Texten außerhalb der mittelhochdeutschen Dichtersprache durchaus erhalten. Die Technik des reinen Reims bestätigt gerade ihre Existenz und ihre Lebendigkeit.

Insgesamt war aber diese Dichtersprache zumindest im Bereich der Laute und Formen keineswegs völlig einheitlich. Es überwiegen die lexikalischen und stilistischen Gemeinsamkeiten, die aber für eine Literatursprache ohnehin wichtiger sind.

Die Kenntnisse der sprachlichen Unterschiede, also das Wissen über den Sprachgebrauch »der anderen«, wurde im hohen Mittelalter auf Reichstagen und Kreuzzügen erworben, ebenso wie bei Hoffesten und Turnieren. Den staufischen Reichsrittern und Ministerialen waren partikularistische Tendenzen und provinzielle Enge durchaus fremd. Da nämlich das ritterliche Zeitalter, die höfische Kultur, ganz wesentlich durch den Versuch geprägt ist, die Gegensätze zwischen den Anforderungen der Welt und den Anforderungen des Christentums aufzuheben und die Kluft zwischen Gottesdienst und Weltdienst zu überwinden, so lässt sich vermuten, dass auch auf der sprachlichen Ebene die Überwindung bestehender Gegensätze Teil dieses neuen ritterlichen universellen Anspruchs war.

3.3 Wandel und Neubeginn im 14. Jahrhundert

Für die gesamte Sprachentwicklung blieb das universale, Gegensätze ausgleichende Ideal der höfischen Dichtersprache jedoch vor allem deshalb fast ohne Folgen, weil seit dem 14. Jahrhundert immer mehr und ganz andere Menschengruppen Zugang zur Schriftlichkeit fanden. Durch den Unterricht an deutschen Stadtschulen, die das lateinische Bildungsmonopol aufweichten, erhöhte sich bis zum Ende des 14. Jahrhunderts die Lese-, Schreib- und Rechenfähigkeit der Bevölkerung enorm. Vom ritterlichen Stilideal wussten diese Menschen aber nur noch wenig, für die Zwecke ihrer Gebrauchstexte war es ohne jede Bedeutung. Zur Orientierung diente ihnen ihr je eigener – an die Mündlichkeit gebundener – regionaler Schreibdialekt, wie er auch im hohen Mittelalter neben der Dichtersprache bereits in Ansätzen bestanden hatte.

Das höfische Epos, das die Entwicklung der Dichtersprache im 12. und 13. Jahrhundert dominierte, wird zwar auch im 14. und 15. Jahrhundert weiter überliefert, doch die große Zeit der höfischen Romane geht um 1300 zu Ende. Umfangreiche epische Werke entstehen nun mit wenigen Ausnahmen nur noch im Bereich der religiösen Literatur. Das geistliche Unterweisungs- und Erbauungsschrifttum umfasst jetzt rund drei Viertel der gesamten Textproduktion. Den größten Einfluss auf die Entwicklung des späten Mittelhochdeutschen haben aber wohl nicht die geistlichen Texte – wenngleich Predigt und Mystik wichtig werden. Entscheidend wird vielmehr die fortgesetzte Ausbildung unterschiedlichster Textsorten für die Verschriftlichung des alltäglichen Lebens. In den Gesichtskreis rücken seit den Anfängen im 12. Jahrhundert immer stärker Urkunden, Protokolle, Rechnungs- und Arzneibücher, Reiseführer und Glossare. Neben die Geistlichkeit treten Bürger, Kaufleute und Handwerker. Nachdem im Frühmittelalter die Mönche und im Hochmittelalter der Adel die prägenden Gestalter der volkssprachigen Schriftlichkeit waren, werden diese Gruppen nun vom städtischen Bürgertum und seinen Vorläufern abgelöst. Die mittelhochdeutsche Dichtersprache geht dagegen gemeinsam mit ihren Repräsentanten unter. Aus der Perspektive des klassischen Mittelhochdeutschen wäre man geneigt, das 14. Jahrhundert als Spätzeit und Ausklang zu betrachten. Schon in den spätmittelalterlichen Abschriften klassischer Werke werden – sprachlich wie kulturell – unverständliche Elemente der Dichtersprache durch harm- und eher farblose Umschreibungen ersetzt: so *tjost* durch *ritterliches reitten* oder – in der TRISTAN-Fortsetzung Heinrichs von Freiberg – Elemente der unhöfischen Alltagssprache aufgenommen: *hola fuoter, hola, hol! [...] hola, hola küchenspise!* (Vers 586 f.) oder *vriundel machen, vriundel machen! sprach er und begonde lachen: nimmer tuon, nimmer tuon!* (Vers 5239).

Aus der Perspektive des heutigen Deutsch kann daher von Spätzeit und Ausklang nur im Hinblick auf die klassische mittelhochdeutsche Literatursprache gesprochen werden. Für die weitere Entwicklung des Deutschen erweist sich dieses Jahrhundert vielmehr als ein Zeitraum des Wandels und Neubeginns. Die sich ändernden sozioökonomischen Bedingungen führen auch zu einer grundsätzlichen Neubestimmung der Funktionen der Schriftlichkeit. Die Zielnorm der Schreiber ist nicht länger eine hochstilisierte Dichtersprache mit Tendenzen zu einer überregionalen Vereinheitlichung, sondern vorrangig die Erfüllung konkreter lokaler kommunikativer Bedürfnisse. Recht, Handel und besondere Formen des Glaubens waren nun die Gebiete, auf denen die deutsche Sprache benötigt wurde, um neue Ziele und neue Menschengruppen zu erreichen. Die Einheitlichkeit der Dichtersprache wich einer so noch nicht dagewesenen Vielfalt, die räumlich, sozial und situativ gebunden war. Daher verwundert es nicht, wenn anstelle einer einheimischen »klassischen« Literatur im 14. und 15. Jahrhundert noch einmal das Mittellatein als Literatursprache zu neuer Blüte findet.

Aus dem Kreise der Texte, die nicht für den alltäglichen Gebrauch bestimmt sind, sind es vor allem die Schriften der spekulativen und affektiven Mystik, die das Deutsche prägend mitbestimmt haben. Sie haben auf die weitere Entwicklung der deutschen Sprache sicher einen größeren Einfluss gehabt als das ritterliche Deutsch. Die spekulative Mystik schafft, im Zusammenspiel mit den Übersetzungsleistungen der deutschen Scholastik, wesentliche Voraussetzungen für eine deutschsprachige wissenschaftliche Terminologie. In der Mystik wird zunächst die Grenze dessen, was die Volkssprache, ja die Sprache überhaupt, leisten kann, beträchtlich erweitert. Offensichtlich stellt der Versuch, die Unbegreiflichkeit Gottes zu begreifen, das Unaussprechliche seines Wesens mit menschlicher Sprache zu beschreiben, an die Sprecher und die deutsche Sprache neue, zuvor nie gesehene Anforderungen. An die Stelle einer rhetorischen Beweisführung, etwa für die Existenz Gottes, wie man sie aus lateinisch-scholastischer Prosa kennt, tritt nun die weder intellektuell erklärbare noch mit den Sinnen erfahrbare »unio mystica« mit Gott. Diese mystische Vereinigung, das geistige Einswerden eines Menschen mit dem Göttlichen, wird schon im 13. Jahrhundert, also noch in spätmittelhochdeutscher Zeit, bei Mechthild von Magdeburg mit Bildern aus der Natur (*bluomen, bluomen fruht*) und der Minnelyrik (*brût, brûtegom, brûtloft*; *minnebet, umbehalsunge, muntküssen*) ekstatisch-erotisch gefeiert. Vor allem die affektive Mystik steht dabei in der Tradition des »Hohen Liedes« des Alten Testaments, aber auch der mittelhochdeutschen Minnelyrik als Teil der Dichtersprache. Die mystische Entrückung der Seele in der Vereinigung mit Gott sei »bei Mechthild eine *hovereise*, Gott ist der *hôhe fürst*, der im *himelischen hof* residiert, wo man *ze hove dienet* und die *hovesprâche* spricht. Die Seele ist *minnesiech, minnewunt*, sie ist die *brût*, die den himmlischen *gemahel triutet*« (so P. v. Polenz). Mystisches

Sprechen und Schreiben war also nicht Theologie als Wissenschaft vom Göttlichen, sondern gelehrte Laienfrömmigkeit. Der Scholastiker brauche »die Sprache zur Überzeugung, der Mystiker zur Beschwörung« (Paul L. Landsberg). Die Texte wurden teils von Nonnen diktiert oder geschrieben, teils für die mehrheitlich lateinunkundigen Nonnen verfasst. Erstmals seit Hildegard von Bingen geraten damit nun wieder Frauen in das Blickfeld der Sprachgeschichte, allen voran jene Mechthild von Magdeburg (* um 1207), die ihre Texte in der Regel allerdings scholastisch geschulten Schreibern diktiert haben dürfte. Es deutet sich hier schon an, dass (spirituelle) Mystik und (wissenschaftliche) Scholastik in der Lebenswirklichkeit enger miteinander verbunden sind, als es auf den ersten Blick scheinen mag, dies umso mehr, als es Mystik ohne Tradition einer dogmatischen Verortung und ihrer Vermittlung auch in anderen Religionen nicht zu geben scheint. Da es wohl keine von Mechthild selbst verfassten Texte gibt, einzelne sogar nur als Rückübersetzung einer Übertragung ins Lateinische erhalten sind, scheint Mechthilds Bedeutung für die uns interessierende Sprachgeschichte geringer als für die Bildungs- und Frömmigkeitsgeschichte insgesamt (eine erst kürzlich in Moskau wiederaufgefundene, wohl zeitgenössische Mechthild-Handschrift wird dieses Bild aber vielleicht in der Zukunft korrigieren). Eine andere Überlieferungslage haben wir jedoch so oder so bei den Texten der großen Mystiker der zweiten (Meister Eckhart, *1260) und dritten Generation (Heinrich Seuse, * um 1295, und Johannes Tauler, * um 1300), deren älteste erhaltene Texte und Predigthandschriften bereits zu ihren Lebzeiten aufgezeichnet und zumindest teilweise auch autorisiert wurden.

Diese spätmittelalterliche Mystik war ein Kind der Krisen des 13. und 14. Jahrhunderts. Auf der einen Seite standen Naturkatastrophen, Hungersnöte und das Gespenst des »Schwarzen Todes«, der Pest, auf der anderen Seite der Niedergang der hochmittelalterlich-scholastischen theologischen Systeme. Im »Herbst des Mittelalters« (Johan Huizinga) bricht sich ein neuer Geist seine Bahn, der auf Beobachtung und Experiment anstatt auf abstrakt-logische Systeme setzt. Aus diesem Geist der eigenen Anschauung speist sich auch die spätmittelalterliche deutsche Mystik, die das religiöse Urbedürfnis nach unmittelbarer göttlicher Erfahrung zum Ausdruck bringt. Die Sprachform der Mystiker musste daher die Volkssprache sein, nicht das Latein. Auf dem Felde der Frömmigkeit blieb Latein zwar die Sprache der Theologie, aber die Volkssprachen wurden zur Sprache der Mystik. Zugleich ist den Mystikern aber schmerzlich bewusst, dass die Fülle der reinen Anschauung Gottes und das überwältigende Gefühlserlebnis der Vereinigung mit Gott in keiner Sprache auch nur annähernd ausgedrückt werden kann. Der Mensch allein ist zu dieser Leistung wohl kaum imstande. Schon Mechthild von Magdeburg beginnt Das fliessende Licht der Gottheit mit den Worten: *Eia herre got, wer hat dis buoch gemachet. Ich han es gemachet an miner unmacht.* »Ja, Herr, wer hat dies Buch gemacht? Ich habe es gemacht, doch bin ich dazu aus mir selbst heraus gar nicht fähig.« Und Heinrich Seuse schildert im Prolog zum BUCH DER EWIGEN WEISHEIT, wie es zur Entstehung seines Textes kam: Als er nämlich vor einem Kruzifix betend seine Unzulänglichkeit beklagte, *do kamen sine inren sinne in ein ungewonlich ufgezogenheit, und luhte im gar geswinde und klarlich in* (»… da gerieten seine inneren Sinne in eine ganz ungewohnte Ekstase, und ein helles Licht erleuchtete ihn sofort«). *Und do er also in dem lieht stůnd,* da wurden ihm die hundert Betrachtungen über das Leiden Christi offenbar, von denen sein Buch kündet. Um auch anderen zu solcher Klarheit zu verhelfen, *dar umb so screib er die betrachtunge an und tet daz ze tútsche, wan sú im och also von gotte waren worden* (»schrieb er die Betrachtungen in deutscher Sprache auf, weil er sie darin auch von Gott erfahren hatte«). (Nach der Übersetzung von Hans Eggers.)

In dem Moment, in dem Gott sich herablässt, durch den Mund der von ihm Erleuchteten nicht nur in hebräischer, griechischer oder lateinischer Sprache zu den Menschen zu sprechen, sondern auch auf Deutsch, erscheint diese – außerhalb der Dichtung bisher noch etwas ungelenke – Sprache in einem ganz neuen Licht. Gott spricht deutsch! Auf diese Weise hatte man die Volkssprache, mit deren Unzulänglichkeiten man doch täglich zu tun hatte, bisher noch nicht betrachtet. Mit Hilfe göttlicher Eingebung lassen sich jedoch viele Hindernisse überwinden: *Nû wil ich sprechen, daz ich nie gesprach*, so leitet Meister Eckhart mehr als einmal einen neuen Gedanken ein. Und: *Swaz eigentlîch gewortet mac werden, daz muoz von innen her ûz komen und sich bewegen von innerer forme und niht von ûzen her în komen, mêr: von inwendic sol ez her ûz komen. Daz lebet eigentlîche in dem innersten der sêle.*

Diese charakteristische Stelle ist durchaus nicht leicht zu übersetzen. Wir folgen weitgehend Josef Quint, einem der besten Meister-Eckhart-Kenner und -Interpreten. »Was auch immer im eigentlichen Sinne in Worten geäußert werden kann, das muss von innen heraus kommen und sich durch die innere Form bewegen, und nicht dagegen von außen hereinkommen, sondern: von innen muss es herauskommen. Es lebt recht eigentlich im Innersten der Seele.« Zum Ausdruck mystischer Erfahrung kann man also keine Wörter verwenden, die in der Außenwelt schon vorgeprägt vorliegen. Vielmehr verleihen erst die Erkenntnisse, die im Inneren, dem tiefsten Seelengrund gefasst werden, den Gedanken eine Form, die in Sprache umgesetzt werden muss. Wie das geschehen soll, setzt – in diesem Umfang wohl zum ersten Mal in der deutschen Sprachgeschichte – ein intensives Nachdenken über das Verhältnis von Sprache und Erkenntnis und über die Ausdrucksmöglichkeiten der Sprache überhaupt voraus. Wo Gott aber *sunder wîse und sunder eigenschaft* ist und als *niht* auftritt, ist auch der Sinnbezug zwischen einem Bezeichnenden und dem Bezeichneten in Frage gestellt.

So führt die Aufgabe, etwas eigentlich Unaussprechliches aufzuschreiben, zugleich zu Sprachskepsis und Sprachfreude, zu ohnmächtigem Schweigen und Beredsamkeit und damit zu Antithesen und Paradoxien. Mechthild von Magdeburg will mit einer scheinbar widersinnigen Aussage zeigen, dass diese sich in einem mystischen Kontext als sinnvoll erweisen kann. Gegensätze wie »lebendig« und »sterben«, »blind« und »sehen« werden antithetisch aneinandergefügt: *in diesem grůsse will ich lebendig sterben*, oder zu Paradoxien ausgebaut: *in der grosten blintheit sihet sie allerklarost.*

Man erkennt an diesen einfachen Beispielen, wie die gewählten Stilmittel ein Resultat des zugleich theologischen wie sprachlichen Grundproblems der Mystiker sind. Einige weitere Ergebnisse ihrer Spracharbeit sind in den zitierten Textbeispielen schon zur Sprache gekommen: die *ungewonlich ufgezogenheit*, das Niederschreiben der *betrachtunge*, dass etwas *gewortet mac werden*, und auch ein heute recht unscheinbares Wort wie *eigentlich*. Man findet hier durch den intensiven Gebrauch der Wortbildungsmöglichkeiten des Deutschen neue Ausdrucksweisen wie »das Worten«, vor allem aber (damals noch) ungewöhnliche Präfix- und Suffixbildungen wie *un-gewon-lich*, *uf-gezogen-heit* oder *be-tracht-unge.*

Da sich der mystische Blick nach innen richtet, und nicht – wie der des Ritters – nach außen, in die Fremde, fehlen zudem, anders als in der mittelhochdeutschen Dichtung, Entlehnungen aus Fremdsprachen wie dem Französischen fast völlig. Zwar ist die theologisch-scholastische Ausbildung vieler Mystiker verantwortlich für eine Reihe von Lehnbildungen nach lateinischem Vorbild. Aber die neu gebildeten deutschen Entsprechungen werden so umgeformt, dass man ihnen ihre äußere Herkunft auf den ersten Blick gar nicht ansieht. Das betrifft viele der charakteristischen Abstraktbildungen auf *-heit*, *-keit* und *-unge*, so etwa mhd. *hôchheit* für *altitūdo* ›die Höhe‹, *wunderheit* für *mīrāculum* ›Wunder‹, *zîtheit* für *temporālitās* ›Zeitlichkeit, Welt‹, *nichtheit*, *nichtikeit* (für *vānitās*) oder *aneschouwunge* (für *contemplātio*). Wiederholt zitierte Beispiele für neue Komposita nach lateinischem Vorbild sind *vürwurf* und *gegenwurf* ›Gegenstand, Objekt‹ für lat. *obiectum* (eigentlich ›das Entgegengeworfene‹, zu lat. *obicere* ›entgegenwerfen, entgegnen‹), *underwurf* ›Gegenstand‹ für lat. *subiectum* (eigentlich ›das Daruntergeworfene, Zugrundeliegende‹, zu lat. *subicere* ›unter etwas werfen, überreichen‹), *ûzfluz* ›das Ausströmen‹ für lat. *ēmanātio* ›naturhafte Hervorbringung zum Sein‹ (zu lat. *ēmānāre* ›herausfließen, hervorgehen‹) oder *zuoval* für lat. *accidēns*. Während die lateinischen Lexeme in der lateinischen Fachsprache der Scholastik meist schon terminologisch fest geworden waren, führen die Lehnübersetzungen und

Lehnbildungen oft zurück zu ihrem wörtlichen, konkret anschaulichen Sinn, der zudem eine starke Dynamik (*-wurf*, *-fluz*, *-val*) zum Ausdruck bringt. Sie tragen so auch zum besseren Verständnis der lateinischen Terminologie bei.

Eine genau gegenläufige Entwicklung hin zum Abstrakten zeigt der Bedeutungswandel dann aber bei solchen Lexemen, die bereits im Mittelhochdeutschen vorhanden waren. So bedeuten zum Beispiel mhd. *anstôz* ›Grenze‹ in der Sprache der Mystik auch ›Einwand, Anfechtung‹, mhd. *begrif* ›Umfang, Bezirk‹ auch – im heutigen Sinne – ›Begriff, Umfang und Inhalt einer Vorstellung‹, mhd. *eigenschaft* ›Eigentum‹ etwa im heutigen Sinne ›Eigenschaft‹. Infolge dieser semantischen Verschiebung erhalten ursprünglich konkrete Substantive eine neue abstrakte Bedeutung. Viele dieser mystischen Abstraktbildungen wirken bis in die Gegenwart weiter, am bekanntesten ist vielleicht Meister Eckharts Begriff der »Eigenschaft« als Bezeichnung für die Überwindung des Ichs mit allem daran haftenden »Eigenen« als Weg der Rückkehr in die Unmittelbarkeit Gottes, den im 20. Jahrhundert Robert Musil in seinem MANN OHNE EIGENSCHAFTEN aufgegriffen und verarbeitet hat. Solche charakteristischen Abstraktbildungen fehlen dagegen bei den mittelhochdeutschen Dichtern – mit Ausnahme einiger *-heit*-Bildungen bei Hartmann von Aue – noch fast völlig.

Dieser Zug zur Abstraktion zeigt sich auch auf der Textebene. So beginnt Meister Eckhart seine Predigt über die Seligpreisung *beati pauperes spiritu* (Matth 5,2 f.) mit den Worten: *Diu saelicheit tet ûf irn munt der wîsheit unde sprach: saelic sint die armen des geistes* ... In der Vulgata heißt es demgegenüber: *et aperiens os suum docebat eos dicens* ..., auch Luther übersetzt: ... *vnd er that seinen Mund auff leret sie / vnd sprach.* Meister Eckhart benutzt aber gerade nicht einen Namen wie *Jesus Christus* oder ein Pronomen wie *er*, sondern hebt den ganzen Vorgang durch die Rede von der *saelicheit*, »die ihren Mund auftut«, auf eine ungleich höhere Abstraktionsstufe.

Schließlich zeigt sich, dass die auf dem tiefsten Seelengrund gefassten mystischen Erkenntnisse Spuren hinterlassen: Seuse sagt, ein helles Licht erleuchtete ihn; in vielen anderen Texten ist direkt von Gott die Rede. Er »drückt sich dem Menschen ein«, »fließt in ihn ein«, »leuchtet ihm ein«. Wörter wie *Eindruck, Einfluss, einleuchten* haben ihren Ursprung in dieser Vorstellungswelt oder sind durch sie geprägt. Auch der Wortbildungstyp der Konversionen, also der Überführung von einer Wortart in eine andere, findet hier seine erste Blüte. Davon sprechen Wörter wie *daz niht* ›das Nichts‹ oder *daz al* ›das All‹. Vergleichbares begegnet uns erst viel später noch einmal in der Terminologie Sigmund Freuds, die ohne *das Ich* und *das Es* kaum vorstellbar ist. Egon Friedell schreibt in seiner KULTURGESCHICHTE GRIECHENLANDS: »Ferner ist es in einer Sprache, die mit solcher Leichtigkeit Begriffe zu kombinieren, zu schattieren und zu verschieben vermag, fast unmöglich, *nicht* zu philosophieren, und auch hierin wird das Griechische nur vom Deutschen erreicht. Man kann sagen, daß die Ideen Platons bereits in der griechischen Sprache vorgebildet waren, wie die Gedanken Meister Eckhardts in der deutschen.« Für den französischen Historiker Michel de Certeau, Kulturphilosoph wie Friedell, war die Mystik das vormoderne Äquivalent zur Psychoanalyse, eine Form, Verborgenes zur Sprache zu bringen.

Während in der älteren Forschung das Neuartige der Sprache der Mystik gelegentlich aber so sehr betont wurde, dass darüber der Anteil der Scholastik und der lateinischen Terminologiebildung etwas aus dem Blick geriet, sieht man heute klarer, dass zumindest die spekulative Mystik und die wissenschaftliche Scholastik auch sprachlich eng zusammengehören. Beide fußen auf den gleichen – lateinischen und volkssprachigen – Quellen, jedoch mit je unterschiedlicher Intensität. Die scholastische Tradition stellt dabei das sprachliche Gerüst, das wesentlich aus einer präzisen, vor allem durch Ableitung gebildeten Fachterminologie besteht. Die mittelhochdeutsche Übersetzung der SUMMA THEOLOGIAE des Thomas von Aquin aus dem ersten Drittel des 14. Jahrhunderts ist hier eines der wenigen erhaltenen Beispiele. Die Sprache der Mystik greift über diese hinaus wie die Poesie über eine jede wissenschaftliche Fachprosa. Sie erfüllt das scholastische Gerüst mit sprachlichem Leben, durch Neuschöpfungen und Metaphern, durch Dynamik und Expression. Die Popularisierung mystischer Gedanken in unzähligen Traktaten zur Beichte und Seelsorge, ihr Weiterleben in der Barockmystik und der pietistischen Sprache trägt den mystischen Wortschatz dann – ganz anders als die Sprache der ritterlichen Welt – bis in die Neuzeit weiter.

Das Ringen der Mystiker und Scholastiker um das richtige Wort, und damit zugleich der Aufbau eines volkssprachigen religiösen Fachwortschatzes, steht in der Tradition der frühmittelalterlichen Wortschatzarbeit in Glossen und Glossaren, die sich jetzt in den großen Vokabularien und Nomenklaturen des späten Mittelalters und der frühen Neuzeit fortsetzt. Gerade die Übergangszeit des 14. Jahrhunderts ist voll von Wortschatzsammlungen, die als lateinisch-deutsche Sachwörterbücher einen beträchtlichen Anteil an der Terminologiebildung in der Volkssprache haben. Lange Zeit hatte man dieser eher etwas unscheinbaren Textsorte nicht angesehen, welche Verdienste sie für die terminologische Begriffsbildung in allen anderen Textsorten erworben hat. Zur Veranschaulichung dient ein kleiner Auszug aus dem 1329/30 in Basel einsetzenden VOCABULARIUS OPTIMUS, wobei hier aus der Vielzahl der Varianten nur je bis zu drei Beispiele geboten werden:

De inſtrumentis ecclefie.
Capella : capell; Sacellum : capell; Oraculum : bethus; Altare : alter; Vexillum : van, fan, vann; Canopeum : ſtobhúlli, ſtaubhúllin, ſtauphúli; Palla : altertůch,

altartůch, altertuch; Pulpitum : lesbanch, lesbanck, leſsbanck; Ambo : lesbanch, lesbanck, kancȝel; Ymago : bild, bilde, pild; Statua : erhůwen bild, beſchnitȝ bild, ſul; Cancellus : cancell, canzel, lesbanck; Crux : crúce, crútȝ, crewcz; Crucifixum : marterbild, marterpild, martercrúx; Reliquie : heltůn, hailtům, heyligtum; Secretarium : ſigeltor, ſegrer, ſacriſtyg; Calix : kelch, kelich, kilch; Patena : paten, pathen, patenn; Pixis : bůchſe, búchſe, búſche; Ciborium : kriſtesbůchſe, kriſtelbúchſe, criſtbúchs; Ampula : alteruesli, alterfeſli, ampel; Fiala : gleſin veſli, gleſin feſſlin, gleſin ampel; Lampas : liehtuas, liechtuas, liechtvas; Candela : kerȝe, kertȝ, kircȝ; Cereus : wechſinkerȝe, wechſin liecht, wáchſen liecht; Candelabrum : kerſtal, kertȝſtal, kercȝſtall; Funis : ſeil, ſail; Lucanar : liehtſeil, liehttrag, liehttrager; Thus : wiroch, wirauch, weirach.

Auch für die Gegenstände des kirchlichen Lebens sind jetzt volkssprachige Bezeichnungen verfügbar, die durch Vokabularien haltbar gemacht werden. Im Unterschied etwa zur Wortschatzsammlung SUMMARIUM HEINRICI des 11. Jahrhunderts handelt es sich bei den deutschen Übersetzungsvarianten der lateinischen Stichwörter jetzt viel seltener um ganz unterschiedliche Wörter, sondern meist nur um rein graphische oder morphologische Varianten. Zumindest innerhalb der großen Schreibdialekte hat der Variantenabbau bereits beträchtliche Fortschritte gemacht. Diese sich über Jahrhunderte erstreckende kontinuierliche Wortschatzarbeit in Glossen und Glossaren ermöglicht nun auch in größerer Zahl die Übersetzung des lateinischen Bibeltextes ins Deutsche. Mit Stefan Sonderegger lässt sich sogar sagen, dass die spätmittelalterlichen Bibelübersetzungen aufs engste mit der Ausformung einer frühen deutschen Schreibsprachkultur und Übersetzungskunst verbunden sind. Dabei ist die deutsche Bibelübersetzung auch in mittelhochdeutscher Zeit noch längst nicht einheitlich. Es können mindestens vierzehn verschiedene Übersetzungskreise voneinander unterschieden werden, die von einer gewaltigen Experimentier- und Verbreitungsphase und im Einzelnen sehr weit auseinanderstrebenden Übersetzungshaltungen und Zweckbestimmungen zeugen. Sie reichen von der interlinearen Übersetzung bis zur freien dichterischen Gestaltung, von der klösterlichen Bibelübersetzung über die Laienbibel bis zur königlichen Herrscherbibel. Nach dem Vorspiel einer althochdeutschen Übersetzung des Matthäus-Evangeliums zur Zeit Karls des Großen sind dann wieder im 12. Jahrhundert einige größere Bibelübersetzungen und weitere Bibelfragmente in Prosa überliefert, die zum Teil auf älteren Vorlagen beruhen. Das 14. Jahrhundert schließlich gilt seit Konrad Burdach als das »Jahrhundert der Laienbibel«, in dem es zu einer bisher unerreichten Fülle deutscher Bibelübersetzungen kommt. Dabei entstehen vor allem Evangelienharmonien und Evangelienübersetzungen, die älteste mittelhochdeutsche Fassung aus Köln ist um die

Wende vom 13. zum 14. Jahrhundert datiert. Die Übersetzungen werden in der Regel von Ordensleuten der Dominikaner, Franziskaner und des Deutschritterordens verfasst. Herausgegriffen sei hier die Augsburger Bibelhandschrift aus dem Jahre 1350, die neben einem Plenar das ganze Neue Testament enthält. Ihre Nachwirkung reicht bis ins 16. Jahrhundert, bei den Paulinischen Briefen bis in die in Augsburg 1473 gedruckte Zainer-Bibel hinein. Das 14. Jahrhundert begegnet hier wieder als Zeit des Übergangs und Neubeginns, aber nicht nur, denn in der Übersetzungshaltung der Augsburger Bibelübersetzer zeigt sich auch das Zeittypische und Eigenständige dieser Epoche. Ganz besonders deutlich wird hier nämlich die enge Bindung an den lateinischen Text der Vulgata. So heißt es Markus 8,8 – und annähernd jede beliebige andere Stelle würde Vergleichbares zeigen: *Et sustulerunt quod superaverat de fragmentis septem sportas.* Die Augsburger Übersetzer schreiben: *Vnd si hvben vf das überbliben was von den brocken siben chörbe.* Man erkennt sofort, dass es sich hier um eine »verbum pro verbo«-, also eine Wort-für-Wort-Übersetzung handelt. So genau wie möglich werden die lateinischen Wörter in der möglichst gleichen Reihenfolge ins Deutsche übertragen. Die nachstehende Gegenüberstellung kann das noch verdeutlichen:

Vulgata	**Augsburger Bibel**
Et	*Vnd*
sustulerunt	*si hvben vf*
quod	*das*
superaverat	*überbliben was*
de	*von*
fragmentis	*den brocken*
septem	*siben*
sportas	*chörbe*

Diese Übersetzungshaltung ist kein Resultat sprachlichen Unvermögens, sondern sie ist theologisch motiviert: Es liegt ihr die Überzeugung zugrunde, dass der Bibeltext heilig ist bis hinein in die Wortstellung. Wenn überhaupt übersetzt werden darf, dann eben so wörtlich wie möglich. Diese Art der Wort-für-Wort-Übersetzung aus dem Lateinischen ist daher ganz anders zu beurteilen, weder primär unter dem Aspekt der Verständlichkeit noch unter ästhetischen Gesichtspunkten. Um 1350 bestand – um mit Arno Schirokauer zu sprechen – die hohe Schönheit der mittelalterlichen Bibelhandschriften gerade darin, dass auch in der Übersetzung die heilige lateinische Sprache noch hindurchschimmerte. Reinmars von Zweter um 1230 im klassischen Mittelhochdeutsch niedergeschriebene Vaterunser-Übersetzung (s. Kap. 3.1) und auch vereinzelte, bisher wenig erforschte spätmittelalterliche Versuche wie der des sog. Österreichischen Bibelübersetzers sind demgegenüber noch viel freier, viel literarischer modelliert.

Unsere Gegenüberstellung von Vulgata-Text und Augsburger Übersetzung wirft auch ein Licht auf die strukturellen Unterschiede der gleichwohl hinsichtlich ihres Sprachbaus eng verwandten lateinischen und der deutschen Sprache, die selbst bei einer Wort-für-Wort-Übersetzung nicht ignoriert werden konnten. Im Deutschen gibt es inzwischen einen bestimmten Artikel: *den brocken* gegenüber *fragmentis*, und auch die Verben zeigen den Übergang vom synthetischen (*sustulerunt, superaverat*) zum analytischen Sprachbau (*si hvben vf, überbliben was*). Die grammatischen Informationen liegen nun nicht mehr alle auf einem Wort, sondern werden auf selbständige Artikel, Pronomina und Hilfsverben ausgelagert.

Ausgangspunkt unserer Überlegungen war aber einmal mehr der Gedanke, dass die Voraussetzung für die sprachliche Bewältigung – sei es einer Übersetzung oder einer mystischen Erfahrung – die mittelalterliche Wortschatzarbeit in den Glossen und Glossaren war. Sie ersetzt nicht das kreative Sprachgefühl der Mystiker und Bibelübersetzer, gehört aber untrennbar mit ihm zusammen. Nach und nach konnte die Tradition der Glossare nun aber auch darauf hinauslaufen, nicht nur mit (lateinischen) Texten, sondern auch mit lebenden Sprachen zu arbeiten. Damit beginnt sich die Wortschatzarbeit im 14. Jahrhundert nun langsam aus der engen Verbindung mit dem Lateinischen zu lösen. Mehr und mehr geriet auch die alltagspraktische Kommunikation mit Sprechern anderer Volkssprachen in den Blick. Dies umso eher, wenn es sich um Kontakte zu Völkern handelt, die nicht zur lateinischsprachigen Welt gehören, denen das Latein als überregionale Kommunikationssprache also nicht von vornherein zur Verfügung steht. Aber für die jetzt – nach dem vereinzelten Vorspiel der PARISER ALTDEUTSCHEN GESPRÄCHE – neu entstehende Praxis, auch lebendige Volkssprachen mit Hilfe von Glossaren zu erlernen, konnten die vorhandenen lateinisch-deutschen Glossare durchaus als Vorbild dienen.

Ein frühes Beispiel für diese Art von Sprachkontakt ist der sogenannte CODEX CUMANICUS, dessen älterer Teil um 1294 auf der Halbinsel Krim entstand und dort im Jahre 1303 noch einmal abgeschrieben wurde. Er enthält die Sprachen Kumanisch (eine heute ausgestorbene Turksprache), Mittelpersisch und Latein. Dieser Teil des Codexes diente Mönchen aus verschiedenen europäischen Ländern, um mit den Einheimischen in der dortigen Volkssprache (Kumanisch) und Bildungssprache (Persisch) zu kommunizieren. Um 1330/40 wurde der Codex um einen zweiten Teil ergänzt, der jetzt vor allem Kumanisch und als zweite Sprache Deutsch enthält. Im Gefolge der Mönche waren nämlich Kaufleute auf die Krim gekommen, für deren Bedürfnisse das Latein nun nicht mehr ausreichte. Wollte man mit den Einheimischen Handel treiben, musste man in ihrer Landessprache kommunizieren können. Weitab vom deutschen Sprachgebiet entsteht so eines der ersten Glossare zum Erlernen einer lebendigen Volkssprache. Die kumanischen Wortlisten enthalten in teils eigentümlicher Schreibung Einträge wie: *bovmwolle* ›Baumwolle‹, *krayſpladir* ›Krausleder‹, *lampuel* ›Lammfell‹, *ſchafuel* ›Schaffell‹, *ſmoče* ›Schmasche, fein zubereitetes Lammfell‹, *futir* ›Kleiderfutter‹ oder *ʒebelin* ›(kleiner) Zobel‹, die für den Handel mit der einheimischen Bevölkerung gebraucht wurden. Man findet aber beispielsweise auch alltägliche Ausdrücke für Körpergeräusche und -funktionen, von denen einige – hier durch einen Asterisk markiert – für das Mittelhochdeutsche zuvor nicht belegt waren, deren Bedeutungen aber durch die kumanischen Entsprechungen gesichert sind, etwa: *ich ploſtere* (zu mhd. **plostern* ›schnauben‹, vgl. schles. *plostern* ›blasen, wehen‹), *ich geὺcʒe* (zu mhd. **gewzen* ›heftig gähnen‹, als sonst nicht belegte Ableitung mit intensivierendem z-Suffix zu *gewen* ›gähnen‹), *ich huſte* (zu mhd. *huosten* ›husten‹), *lirpen* (zu mhd. sonst nicht bezeugtem **lirpen* neben *lirken* ›stottern‹), *ich niʒte* (zu mhd. *niesen* ›niesen‹), *ich ròypcʒte* (zu mhd. *rofzen, reupzen* ›aufstoßen, rülpsen‹), *ich roſtirte* (zu mhd. *riustern, rûstern* ›räuspern‹), *ſnarken* (zu mhd. *snarken* ›schnarchen‹) oder *ich ſnuÿcʒe* (zu mhd. *sniuzen* ›schneuzen‹). Auch für das Verb *streicheln* (zu mhd. *streichen* ›berühren‹) bietet der Codex den ältesten Beleg.

Aufgezeichnet wurden aber nicht nur einzelne Wörter, sondern ebenso kleinere alltagstaugliche Syntagmen wie: *ich ſtochere di cʒene* ›ich stochere in den Zähnen‹, *dy spiver get uf bitter* ›der Speichel steigt bitter auf‹ (für kum. *ſaroū* ›Sodbrennen‹), *ich ſchøre das vuyir* ›ich schüre das Feuer‹, *ſchupē ofim hoypte* ›Schuppen auf dem Kopf‹, *du biſt geil wrden* ›du bist übermütig geworden‹ oder *ẘ logē bi eyn andir* ›wir haben miteinander geschlafen‹ und *ſi logē mit dē vuſē cʒu ſamne* ›sie haben miteinander geschlafen‹. Auch hier finden sich wieder Alltagswörter wie **spiver* und **stochern*, die für das Mittelhochdeutsche sonst nicht belegt sind.

Gelegentlich werden die Einheimischen mit einem ethnologischen Blick betrachtet; Gebrauchsgegenstände, Gebräuche und intime Momente werden protokolliert, meist mit Wörtern, die das mittelhochdeutsche Wörterbuch bisher nicht kannte: kum. *toſak* wird übersetzt als mhd. **vilcʒ bette* ›Schlaffilz der Nomaden‹, kum. *iſeb* als mhd. **brwt geret* ›Mitgift‹, kum. *horen* (aus griech. *choron* ›Ringtanz‹) als mhd. **reyic* ›Reigen‹ oder kum. *tirenir* ›erigiert werden‹ als mhd. **ſtet pitte* zu mhd. *pint, pinde, pitte* ›Penis‹.

Man erkennt die beruflichen Interessen der Händler, aber – wie schon in den Pariser altdeutschen Gesprächen – auch ihre privaten. Kaum einmal finden sich zu dieser frühen Zeit Spuren einer gesprochenen Sprache deutlicher als hier. Bestimmte Verbalsuffixe wie -r- in *stochern*, -l- in *streicheln* oder -z- in *gewzen* sind zunächst eher sprech- und nicht schrift- oder gar bildungssprachlich. Wie für das späte Mittelhochdeutsche nicht anders zu erwarten, können die Aufzeichnungen – insgesamt handelt es sich um etwa 480 Wörter – auch räumlich eingeordnet werden. Die Schreiber verwenden keine überregional gültige Sprachform, sondern lassen ihre Herkunft aus dem ostmitteldeutschen, vielleicht schlesischen Raum gut erkennen: Hierfür sprechen Wörter wie *kopicʒe* ›Heuhaufen‹ zu schles. *kopitze* ›Strohbüschel als Grenzmarkierung‹.

Etwa 220 Jahre später wird die Krim dann noch einmal in den Gesichtskreis der Germanistik zurückkehren. Der flämische Diplomat Ogier Ghislain de Busbecq, der nicht nur die Tulpe und den Flieder nach Europa gebracht hat, sondern sich wie viele Gebildete seiner Zeit auch sehr für Sprachen interessierte, hatte nämlich während seines Aufenthaltes als Gesandter in Konstantinopel (1555–62) erfahren, dass auf der Krim vereinzelt noch eine – vom Aussterben bedrohte – germanische Sprache gesprochen würde. Daher beauftragte er seine Mitarbeiter, ihn nach Möglichkeit mit Sprechern dieser Sprache in Kontakt zu bringen. So lernte er in Konstantinopel einen Krimgermanen kennen, der aber seine Muttersprache nicht mehr beherrschte, und einen Krimgriechen, der Krimgermanisch – oder was er in seiner griechischen Aussprache dafür hielt – sprechen konnte. Von den Sprachproben, die Busbecq als eine Art früher Feldforscher in einem Brief an einen Freund aufgezeichnet hatte, haben sich leider nur wenige Blätter erhalten. Busbecqs Wortlisten enthalten Proben einer Sprache, die sich überwiegend als jüngerer Ausläufer des ostgermanischen Gotischen charakterisieren lässt und daher heute »Krimgotisch« genannt wird. Gotische Germanen haben seit der zweiten Hälfte des 3. Jahrhunderts auf der Krim gelebt, aber im 14. – zur Zeit des CODEX CUMANICUS, der nichts Gotisches kennt – und erst recht im 16. Jahrhundert wurde Krimgotisch wohl nur noch selten gesprochen, die meisten Krimgoten waren längst zwei- oder dreisprachig. Viele, aber eben nicht alle Wörter aus Busbecqs Liste lassen sich direkt aus dem Gotischen erklären. So wird seit langem über einen deutschen oder niederländischen Anteil in den Aufzeichnungen gerätselt, etwa bei *Alt* ›alt‹ gegenüber got. *alþeis*; *Geen* ›gehen‹ gegenüber got. *gaggan*; *Reghen* ›Regen‹ neben got. *rign* oder *Schuuester* ›Schwester‹ neben got. *swistar*. Es ist daher nicht auszuschließen, dass neben dem älteren Gotischen auch die deutschsprachige Tradition der geistlichen und weltlichen Krimreisenden des 14. Jahrhunderts, die uns der CODEX CUMANICUS überliefert, weitergewirkt und so auch in die Aufzeichnungen Busbecqs Eingang gefunden hat (dies wäre aber noch genauer zu untersuchen).

Einblicke in den sprachlichen Alltag des 14. Jahrhunderts werden aber nicht nur durch vergleichsweise exotische Texte wie die kumanisch-deutschen Wortlisten des CODEX CUMANICUS vermittelt. Solche Erkenntnisse vermittelt auch die jetzt neu einsetzende, eher bodenständige Textsorte »Gerichtsprotokoll«. Zu den frühen Gerichtsprotokollen in deutscher Sprache gehört das PROTOKOLL DER WETZLARER SCHÖFFEN vom Jahre 1309, das auf den ersten Blick wie eine Urkunde aussieht und daher auch von den Herausgebern in das URKUNDENBUCH DER STADT WETZLAR aufgenommen wurde. Hans Ramge hat jedoch nachgewiesen, dass dieser Text so recht zu keiner der im 14. Jahrhundert bereits eingeführten Textsorten passt. Anlass für seine Aufzeichnung ist ein Rechtsstreit zwischen einem Conrad Waldschmidt und seiner Schwägerin Demut aus dem hessischen Wetzlar. Das Landgut, um das es hier geht, war nach Heinrich Waldschmidts Tod an dessen Bruder Conrad gefallen, Heinrichs Enkel Hencle, vertreten durch jene Schwägerin Demut, erhob jedoch ebenfalls Rechtsansprüche. Die etwas verwickelten Familienverhältnisse machen es aus heutiger Sicht plausibel, dass sie einer schriftlichen Fixierung bedurften. Dies war vielleicht auch deshalb erforderlich, weil der Rechtsstreit schließlich nicht nur die nähere Umgebung der Familie Waldschmidt beschäftigte, sondern bis vor das königliche Hofgericht gebracht wurde. Das Protokoll setzt mit einer Schilderung des Rechtsstreits ein:

> *Vmme ſolichin krig . ſo iſt tuſſen . Conrade waltſmeit vñ . Demude . ſines bruders wybe . vñ ereme ſůne . Henclen Conradis bruder ſůne . vmme deylunge . des . Gůdes daȝ waiȝ by wylen . Her Henriches des voitdis . Conradis vadir Demude Sveiher . vñ Henclen . ainchin . han wir dẙ scheffinnen . von wetflar kuntſchaft irvarin von bedin ſithin . in doſe wiȝ.*
>
> (»In Bezug auf den Streit, der besteht zwischen Conrad Waldschmidt und Demut, seines Bruders Frau, und ihrem Sohn Hencle, der Sohn von Conrads Bruder, wegen der Teilung des Gutes, das früher Herrn Heinrich dem Vogt gehörte, Conrads Vater, Demuts Schwiegervater und Hencles Großvater, haben wir, die Schöffen von Wetzlar, Auskunft erhalten von beiden Parteien, in dieser Weise.«)

Es wird sofort deutlich, dass ein solcher Gegenstand eine ganz andere Sprache erfordert als ein literarischer oder mystischer Text. Und es ist beeindruckend, dass es dem Schreiber gelingt, die kommunikative Aufgabe eines Rechtsprotokolls – nicht zuletzt mit einer genauen Benennung und Zuordnung der beteiligten Personen – zu bewältigen.

Was diesen Text besonders reizvoll macht, ist aber die Tatsache, dass über dieses Protokoll hinaus noch zwei Vorfassungen erhalten sind, welche vom selben Schreiber verfasst wurden. Eine der Fassungen schildert den Fall aus der Sicht Demuts, die andere aus der Sicht Conrads. Die Endfassung des Protokolls wurde aus diesen beiden Versionen zusammengestellt, sie enthält die Aussagen der beiden

Parteien, der Schreiber gruppiert die einzelnen Sequenzen aber um und strebt eine ausgewogene Darstellung beider Positionen – möglicherweise zur Vorlage beim Hofgericht – an. Mit dieser Endfassung dokumentieren die beteiligten Schöffen durch ihre Unterschrift den Sachverhalt, sie nehmen die Zeugenaussagen möglichst neutral und präzise »zu Protokoll«. Die Endfassung bemüht sich daher um die eindeutige Bezeichnung der Verwandtschaftsbeziehungen und Nennung der Namen, etwa statt des etwas komplizierten *vñ Henclin erme sůne sines bruder sůne* (»und Hencle, ihrem Sohn, seines Bruders Sohn«) nun präziser *vñ ereme sůne. Henclen Conradis bruder sůne* (»und ihrem Sohn Hencle, der Sohn von Conrads Bruder«) sowie neue fachsprachliche Bezeichnungen, etwa *krig* ›Rechtsstreit‹ statt allgemein *zweyunge* ›Zwiespalt, Streit‹. Dazu kommen im weiteren Verlauf auch verdeutlichende Reformulierungen wie *man sal wizin daz …* (»Man muss wissen, dass …«). Mit der Verschriftlichung der Zeugenaussagen wird ein Rechtsstreit, der hier nicht in voller Länge ausgebreitet werden kann, genau dokumentiert. Dieses Verfahren erlaubt es nun, die Erkenntnisse, die im Verlauf der Auseinandersetzung mündlich vorgebracht wurden, über einen längeren Zeitraum aufzubewahren. Die Verfasser lösen die neue Aufgabe durch die enge Anlehnung an das Modell der Urkunde, und es entsteht damit so etwas wie eine Vorform des heutigen Gerichtsprotokolls.

Auch in der durchkomponierten Schlussversion ist der Text noch deutlich an der Mündlichkeit orientiert, so dass er etwa neben den wohlgesetzten Sätzen eines Meister Eckhart recht wild und ungeformt wirken muss. Er ist zudem in allen Fassungen regional, das heißt hier: mittelhessisch, gebunden. Markant ist etwa durchgängig der /ch/-Ausfall vor -/t/ in *brate paith* ›brachte Pacht‹, *reit, reitte* ›Recht‹, *geritthe* ›Gericht‹. Die durchaus bestehenden lautlichen Unterschiede zwischen Vorform und Endform lassen sich – anders als noch in den althochdeutschen St. Galler Vorakten – kaum eindeutig zuordnen. Die Endfassung ist tendenziell zwar wieder konservativer; sie bewahrt den alten Diphthong mhd. ⟨ů⟩ in *Gůdes, sůne* statt *des Gudes* der Vorfassungen, die allerdings auch *sůne* zeigen, aber sie verwendet im weiteren Textverlauf deutlich häufiger als die Vorfassungen die Graphie ⟨i⟩ als Dehnungszeichen, etwa in *boide* statt *bode* ›Bote‹, auch nach ⟨a⟩ in *Conrait* statt *Conrade*, ⟨e⟩ in *waltsmeit* statt *waltsmede, dein* statt *den* und ⟨u⟩ *gůith* statt *gůt*. Diese Graphie, die sich in rheinischen Ortsnamen wie *Troisdorf* und *Grevenbroich* erhalten hat, verbindet im 14. Jahrhundert das Mittelhessische mit dem Moselfränkischen, wo sie ebenfalls gilt. Der Schreiber wählt hier also vermutlich eine Schreibung, die damals weiter verbreitet war oder zumindest so interpretiert werden konnte. Insgesamt schenkt er der Lautung und Schreibung aber offensichtlich weitaus weniger Aufmerksamkeit als den kommunikativen Aufgaben wie etwa der angestrebten Verständlichkeit und Fachsprachlichkeit. Auch in dieser Hinsicht haben sich die Schwerpunkte seit der frühmittelalterlichen Zeit also deutlich verschoben.

Die Verschriftung eines derart komplizierten Vorgangs zu einer vergleichsweise frühen Zeit war deshalb möglich, weil beide Parteien, die Schöffen und die Zeugen, in der gleichen Sprachlandschaft, genauer sogar in der gleichen Stadt und ihrer engsten Umgebung beheimatet waren. Und das Protokoll konnte in dieser Form sogar dem königlichen Hofgericht in deutscher Sprache zur Entscheidungsfindung vorgelegt werden. Es ist aber bezeichnend, dass die Entscheidung zugunsten Conrad Waldschmidts, die König Heinrich VII. in einer in Heilbronn am 13. August 1309 ausgestellten Urkunde bekanntgibt, in lateinischer Sprache verfasst ist. Dies kann kaum überraschen, denn die Muttersprache des in Valenciennes geborenen Herrschers war französisch. Dass die Volkssprache auch in überregionalen Angelegenheiten vollständig an die Stelle des Lateinischen treten könnte, blieb auch für die kommenden 200 Jahre erst einmal nur ein Ziel und war noch weit davon entfernt, Wirklichkeit zu werden. Aber man sieht an diesem Beispiel, dass dies ein lohnenswertes Ziel sein konnte, um die Dinge des Alltags auf Deutsch zu regeln.

Daher tragen auch solche regional gebundenen Texte viel zur weiteren Entwicklung der deutschen Schriftsprache bei: Ehemals mündliche Rechtsakte werden nun verschriftlicht und werten damit ganz grundsätzlich die Bedeutung der Volkssprache auf. Textintern ist es vor allem wichtig, dass sich schriftliche fachsprachliche Muster herausbilden, die nun – wie zuvor schon in der Medizin – zur Herausbildung neuer Fachsprachen führen. Und alle diese Schreibdialekte werden auch in ihrer regionalen Verschiedenheit immer mehr als »deutsch«, als Teil eines gemeinsamen Ganzen empfunden. Von heute aus betrachtet gilt dies nur mit dem einen Unterschied, dass es eben nicht nur ein »Deutsch« gibt, schon gar kein »richtiges« oder »gutes« Deutsch. Die regionalen Varianten stehen noch ganz gleichrangig nebeneinander. Es gibt das eigene Deutsch und das Deutsch »der anderen«. Die Übersetzer von Mechthilds von Magdeburg DAS FLIESSENDE LICHT DER GOTTHEIT aus dem Mittelniederdeutsch/Mitteldeutsch Mechthilds in die Schreibsprache Basels bringen diese Einschätzung 1345 auf den Punkt. Sie legen den Text vor: *ee wirs ain wenig in unser tützsch brachtint* (»bevor wir es ein wenig in unser Deutsch gebracht haben«). Deutsch war dieser Text – wie auch immer – schon gewesen, aber für die Basler Leser eben nicht ihr Deutsch, es musste also erst noch übersetzt werden.

Durch das Übersetzen aus anderen Schreibdialekten öffneten sich die unterschiedlichen regionalen Varianten nicht nur für die sprachlichen Merkmale des Deutschen »der anderen«. Auch fremdsprachliche Einflüsse sind in den meisten Textsorten jetzt immer häufiger anzutreffen. Sprachkontakt ist nun nicht mehr auf die Grenzregionen und eine dünne Oberschicht beschränkt. Nicht mehr nur auf Lateinisches und Französisches, sondern auch auf viele andere Sprachen kann man jetzt zunehmend stoßen; und das nun nicht mehr nur – wie bei den vielzitierten Arabica Wolframs von Eschenbach – in ganz spezifischen, mit der Ausgangssprache eng verknüpften Sachgebieten wie dem Orient der Kreuzzugszeit oder der arabischen Sternkunde. Der Wiener Arzt und Dichter Heinrich von Neustadt (um 1300) schreibt, etwa mit seinem APOLLONIUS VON TYRLAND, zur Unterhaltung der international zusammengesetzten städtisch-frühbürgerlichen Gesellschaft in Wien. Auch er verwendet Französisches, vielleicht Provenzalisches, früher als seine Zeitgenossen Italienisches, Arabisches wie mhd. *alfakî* ›Rechtsgelehrter‹ aus arab. *elfakih* (371), Slavisches und Ungarisches:

Man fürte in auff das palaß
Und gab im allen ʒalas,
Ich mayne herberge güt (11147).

Ungarisch *szállás* ›Unterkunft, Hütte, Haus, Domizil‹, hier in der ungefähr phonetischen Schreibung *zalas*, bedurfte offenbar noch der Erläuterung: »Man führte ihn in den Palast und gab ihm jeglichen zalas, ich meine gute Unterkunft.« Einige Verse später wird das fremdartige Wort schon zu einer erotischen Andeutung eingesetzt:

Oberhalben dem gurtelein
Merckt man di pruſtelein,
Niederhalben ſicht man di stat
Da di mynne ʒalaſchs hatt (15089).

(»Oberhalb des Gürtels nimmt man die Brüste wahr, unterhalb sieht man die Stelle, wo die Minne zalasch hat.«)

In diese Welt des Aufbruchs, des Kontakts der Völker und der Sprachen, tritt 1349/50 die Pest, der Schwarze Tod. Er erreicht Europa über die Krim, von der wohl auch der damalige Besitzer des CODEX CUMANICUS nach Venedig, wo der Codex noch heute aufbewahrt wird, geflüchtet war. Ein großer Teil der europäischen Bevölkerung wird in den folgenden Jahren vom Schwarzen Tod dahingerafft. Als sich die Lage wieder etwas beruhigt hat, hat sich auch die Sprache verändert. Wie eingangs schon angedeutet, sind es gerade solche demographischen Veränderungen, die den stets vorhandenen sprachlichen Neuerungen schließlich zum Durchbruch verholfen haben.

4. Zwischen Konsolidierung und Ausdifferenzierung: Die frühneuhochdeutsche Zeit (ca. 1350–1650)

4.1 Sprachgeschichte der frühen Neuzeit

Geht man bei einem Vergleich der Sprachverhältnisse in mittel- und frühneuhochdeutscher Zeit – wie dies im akademischen Unterricht oft geschieht – von der mittelhochdeutschen Dichtersprache aus, dann erscheint die Epochengrenze um 1350 als besonders tiefgreifend. Auf die hochmittelalterliche Phase der klassischen Literatur, die überregional verständlich und auf höchstem sprachlichen Niveau angesiedelt war, wäre nun eine Phase der ungeordneten Vielfalt gefolgt, deren Texte regional gebunden und voller Varianten sind. Die Vorbildwirkung des klassischen Mittelhochdeutschen verebbte in den ersten Jahrzehnten des 14. Jahrhunderts. Generationen von Studenten der Germanistik haben daher das Frühneuhochdeutsche zunächst vor allem als einen Rückschritt erfahren. Auch die vergleichsweise wenigen literarischen Kunstwerke der Jahre zwischen 1300 und 1600 haben bei Menschen, die in den Kategorien von Hoch- oder gar Nationalsprachen dachten, nie die Anerkennung gefunden, die etwa einem Hartmann oder Walther, einem Wolfram oder Gottfried zuteilgeworden ist.

Im Vordergrund stehen in der frühen Neuzeit aber ohnehin – wie schon für das 14. Jahrhundert beschrieben – vor allem Gebrauchstexte, die für die »Verschriftlichung der Welt« von entscheidender Bedeutung waren. Die vielfältigen Aufgaben im Handel und der städtischen Verwaltung, in der Rechtsfindung, der weltlichen und geistlichen Unterweisung, aber auch ein zunehmendes Unterhaltungsbedürfnis des nach den Pestepidemien wieder stetig wachsenden städtisch-bürgerlichen Publikums erhöhte die Zahl der Texte und Textsorten, seit der Mitte des 14. Jahrhunderts massiv verstärkt durch die Verbreitung des vergleichsweise günstigen Schreibstoffs Papier, darüber hinaus seit der zweiten Hälfte des 15. Jahrhunderts weiter gefördert durch Gutenbergs Erfindung des Buchdrucks mit beweglichen Lettern.

Legt man aber an diese Gebrauchstexte im Hinblick auf Merkmale des Stils und der überregionalen Reichweite die gleichen Maßstäbe an wie an die Texte und die Sprache der mittelhochdeutschen Klassik, deren harmonisches Maß für spätere Leser zudem durch normierende Eingriffe der Herausgeber des 19. Jahrhunderts noch pointiert wurde, dann vergleicht man Äpfel mit Birnen. Die mittelhochdeutsche Dichtersprache ist – ebenso wie der frühmittelalterliche graphemische Ordnungsversuch am Hof Karls des Großen (vgl. S. 27) – die Ausnahme, eine Perle, für die nur wenige Menschen einen Sinn hatten und die sprachlich fast ohne Folgen geblieben ist. Der Ausgangspunkt für einen Vergleich zwischen mittel-

und frühneuhochdeutschen Texten und die Beurteilung der Frage nach sprachlicher Konstanz und sprachlichem Wandel muss also bei den mittelhochdeutschen Gebrauchstexten liegen. Von diesen, ebenfalls noch weitgehend regional gebundenen Texten scheint durchaus ein direkter Weg in die frühneuhochdeutsche Zeit zu führen. Der Eindruck von Vielfalt und vermeintlicher Regellosigkeit in frühneuhochdeutschen Texten wird dadurch nicht aufgehoben, aber er ist Teil einer kontinuierlichen sprachlichen Entwicklung insgesamt. Auch auf dem Gebiet der Textsorten lässt sich die frühneuhochdeutsche Vielfalt nicht mit dem Textsortenspektrum der höfischen Literatur vergleichen. Die mittelhochdeutschen Gebrauchstexte mögen gelegentlich noch recht ungelenke Vorläufer sein, aber ihre Existenz neben der klassischen Dichtung ist unbestreitbar. Sie müssen daher bei epochenübergreifenden Textvergleichen zugrunde gelegt werden. Zwischen den spätmittelhochdeutschen und frühneuhochdeutschen Gebrauchstexten wie etwa zwischen Konrads von Megenberg BUCH DER NATUR (1348/50), einer Übersetzung des LIBER DE NATURA RERUM des flämischen Dominikaners Thomas von Cantimpré, und Andreas Vesalius' – in der Übersetzung von Jacob Bauman – erstem anatomischen Fachtext in deutscher Sprache ANATOMIA DEUDSCH (1551) mögen Welten liegen. Doch sind es – lässt man einmal die Unterschiede der Laute, Buchstaben und grammatischen Formen, die im Abstand von 200 Jahren ohnehin zu erwarten sind, beiseite – weniger sprachstrukturelle als vielmehr theologische, philosophische oder wissenschaftstheoretische Unterschiede, die hier in fachsprachlicher und textsortenspezifischer Form zum Vorschein kommen.

Konrads von Megenberg in mehr als 100 Handschriften verbreitetes BUCH DER NATUR ist in seinen anatomischen Abschnitten anders als Vesalius' Anatomie kein medizinisches Lehrbuch, sondern will – zum Lob der göttlichen Schöpfung – das zeitgenössische Wissen über den menschlichen Körper bei den gebildeten Laien verbreiten. Man vergleiche Kapitel I, 43, nach der Münchener Hs. Cgm. 38, *Von den adern*:

> *Nvn ſchůll wir ſagen von den adern, als daz půch ſagt, wie daz ſei, daz der ertzt půcher anders da von reden; wan hie iſt ain chrieg zwiſchen den årtzten vnd den maiſtern von der natůr. Vnd daz man daz deſter pazz verſte, daz unſer půch ſagt, ſchol man wizzen, daz dreirlai adern ſint in dem menſchen. Die erſten ſint runſtadern, da daz plůt inn rint vnd flevzt von dem hertzen oder von der lebern in alliv andriu glider, vnd daz ſint rőrn nevr von ainem rock vnd haizzent ze latein vene. Die andern adern ſint gaiſtadern vnd haizzend ze latein arterie. Daz iſt als vil geſprochen ſam eng weg, vnd in den vliezzend die natůrleichen gaiſt vnd die lebleichen gaiſt [...]. Die dritten adern ſint pantadern vnd haizzend ze latein nervi. Mit den pint div natur die herten pain in den glidern zeſamen.*

Bis auf einzelne Wörter ist der Text gut verständlich. Konrad unterscheidet mit seiner lateinischen Vorlage voneinander »Venen«, »Arterien« und »Nerven« und weist ihnen drei deutsche Termini zu: *vena*: *runstader* ›Blutader‹ (zu mhd. *runst* ›das Fließen, Rinnen‹); *artēria*: *gaistader* ›Luftader, Lebensader‹ (zu mhd. *geist* ›Geist [im Gegensatz zum Körper]‹, vgl. lat. *spīritus* ›Lufthauch‹) und *nervus*: *pantader* ›Sehne‹ (zu mhd. *bant* ›Band‹). Des Weiteren kennt er die Wörter *gruntader* ›die vom Ausgangsort des Blutes in der Leber ausgehende Ader‹ (lat. *epatica, basilica*), *hauptader* ›Hauptader‹ (lat. *vena cephalica*) und *mittlerinne* ›Mittelader‹ (lat. *medianæ*). Der medizinische und sprachliche Gliederungsversuch erscheint aus heutiger Perspektive unzutreffend, bildet aber den damaligen Wissensstand auf diesem besonders schwierigen Gebiet getreu ab. Zudem muss man damit rechnen, dass heutige Leser die Bedeutung derartiger Lexeme vielleicht zu wörtlich nehmen. Wenn man bedenkt, dass auch unsere Schulmedizin Venen als sauerstoffarm und Arterien (die »Luftadern«) als sauerstoffreich bezeichnet, dann bekommt die mittelalterliche Terminologie plötzlich einen konkreteren Sinn, dem vielleicht ein älteres medizinisches Wissen zugrunde liegt. Darüber hinaus legt Konrad Wert auf die Tatsache, dass die anatomische Beschreibung – hier: der Gefäße des menschlichen Körpers – nicht nur sprachliche, sondern auch medizinische Probleme aufwirft: *wan hie ist ain chrieg zwischen den årtzten vnd den maistern von der natůr* (»denn hier herrscht ein Streit zwischen den Ärzten und den Naturkundigen«). Die Wahl der Terminologie ist – besonders auf derart umstrittenen Gebieten – stets abhängig von der zugrunde gelegten medizinischen Theorie. Während Vesalius und Bauman zunächst *nervi* bzw. Sehnen als *se(n)nadern* (zu mhd. *senewe* ›Sehne‹) deutlich abtrennen, unterscheiden sie zwei Sorten von Adern und schreiben: *Von den Blut vnd Lufftadern oder Pulßadern / Wie ſie durch den gantzen leib außgetailet werden vnd allen gliedern / jre narung vnd blut zufůren.* Diese Unterscheidung war uns bereits beim Megenberger begegnet, die Binnendifferenzierung der verschiedenen Typen ist jetzt aber ungleich größer. Ein Auszug aus dem Kapitel über die Adern liest sich 200 Jahre später in Baumans Vesalius-Übersetzung – als Erläuterung der Randglosse *Diſtributio ſanguinis per univerſum corpus* – so:

> *Die inſtrument vnd adern / dadurch das blutt in alle tail menſchliches leibs gelaitet wirdt.*
> *WAn alſo mit ſolchem vleiß vnd furbeſehung der natur / das blut gerainigt iſt / wirdt es durch die åst / der groſſen holen adern wie durch klaine bechlin / die man hin vnd wider leitet dem gantzen leib außgetailet / damit alle tail des leibs auß dem blut ſaugen / was ihnē zur nahrūg vnd enthaltūg bequem iſt daſſelbig veråndern / hnen zulegen / vnd in jhre aygne narung verwenden / vnd was dar-*

> *nach von dieſer kochung in eynem jtʒlichen tail vberig / durch naturliche angeborne krafft vnd ampt / von ſich treiben mochten.* (X r.)

Die sprachlichen Unterschiede der beiden Darstellungen sind schnell benannt. Eine genaue Analyse ist aber nur dann möglich, wenn wir eine verlässliche wort- und zeichengetreue Edition oder den Originaltext selbst vor uns haben. Der oben zitierte Satz aus dem BUCH DER NATUR in der neuen Edition Georg Steers – *Nvn ſchůll wir ſagen von den adern, als daz půch ſagt, wie daz ſei, daz der ertzt pů̈cher anders da von reden; wan hie iſt ain chrieg zwiſchen den årtzten vnd den maiſtern von der natů̈r* – sah beispielsweise in Franz Pfeiffers verdienstvoller Erstedition von 1861 noch so aus: *Nun schüll wir sagen von den âdern als daz puoch sagt, wie daz sei, daz der ärzt püecher anders dâ von reden; wan hie ist ain krieg zwischen den ärzten und den maistern von der nâtûr.* Manche kleine sprachliche Besonderheit geht also verloren, wenn die Texte nach modernen Vorstellungen normiert und »verschönert« werden. Die Pfeiffersche Edition glättet den Text zumindest auf der Ebene der Schreibungen und lässt ihn daher »neuhochdeutscher« erscheinen, als er tatsächlich ist. Die wesentlichen sprachlichen Merkmale der Münchener Leithandschrift, die den Text räumlich verorten, bleiben aber auch bei Pfeiffer sichtbar. Die Schreibungen ⟨ai⟩ für den geöffneten alten Diphthong mhd. /ei/, der nicht aus mhd. /î/ hervorging, sowie die ⟨p⟩-Schreibung im Anlaut führen das BUCH DER NATUR in den bairischen, einige von Hugo Steger herausgearbeitete wortgeographische Besonderheiten noch genauer in den Nürnberger Raum. Als Heimatort des Autors erweist er somit das heutige Mäbenberg im Landkreis Schwabach, südlich von Nürnberg. Dazu passt auch die Entwicklung der Vokale, die zwar noch die alten mittelhochdeutschen Diphthonge wie /uo/ in ⟨puoch⟩/⟨*půch*⟩, jedoch zugleich schon neue Diphthonge wie /ei/ in fnhd. *latein* statt mhd. *latîne, latîn* zeigen. Vergleicht man den Befund mit der ANATOMIA DEUDSCH, so stellt man fest, dass auch dieser Text durch die charakteristische ⟨ai⟩-Schreibung in den gleichen Raum weist. Diese Graphie galt bis ins 16. Jahrhundert im Bairischen, Schwäbischen und östlichen Hochalemannischen. Nur die zur Zeit Konrads noch übliche p-Schreibung im Anlaut wird jetzt – wie in den Texten Luthers – durch ⟨b⟩ ersetzt. Neue Diphthonge verwendet Bauman ebenfalls, etwa in *fleiß* statt mhd. *flîz/vlîz*, darüber hinaus auch schon die neuen Monophthonge wie in *blut* statt mhd. *bluot/pluot*. Konrad von Megenberg erweist sich mit der nur teilweisen Verwendung der neuen Vokale als Autor der Übergangszeit, und auch die Überlieferungsgeschichte des BUCHS DER NATUR, die bis etwa zum Jahr 1500 anhält, zeigt deutlich die regionale Umgestaltung der Handschriften von Sprachlandschaft zu Sprachlandschaft. Jacob Baumans Text enthält dagegen schon alle lautlichen Merkmale des Frühneuhochdeutschen. Typische regionale Wörter findet man bei ihm zudem offensichtlich nicht mehr; die Sprache des vermutlich aus der Schweiz stammenden und in Nürnberg lebenden Übersetzers ist, mit Ausnahme der ⟨ai⟩-Schreibung, die im Hochalemannischen wie im Bairischen galt, nicht mehr regional gekennzeichnet.

Viel wichtiger als die moderate Entwicklung der Sprachstruktur und die räumliche Verortung eines Textes wird daher jetzt die Frage, wie sich derart komplexe wissenschaftliche Zusammenhänge überhaupt auf Deutsch präzise formulieren lassen. Bauman sah sich dabei vor das Problem gestellt, einen Text, der schon im lateinischen Original seiner Zeit weit voraus war, in eine deutsche Form übertragen zu müssen, obwohl man im Deutschen dafür noch kaum annähernd über ein festes terminologisches Gerüst verfügte. Daher war er fortwährend gezwungen, über die Möglichkeiten und Grenzen der deutschen Fachwortbildung nachzudenken. Zur Unterstützung seiner Beschreibungen versieht er wie schon Vesalius die im Text dargestellten anatomischen Zeichnungen mit Buchstaben, die dann im Textverlauf – mit dem »zeyger der buchstaben«, einer Art Legende – erläutert werden. Zusätzlich werden die eingeführten lateinischen Termini an den Seitenrand gesetzt. Hier nur ein kurzer Ausschnitt:

> *Von den Namen der Adern / ſo auff dem Arm / vnd oben auff der Hand befunden werden.*
> *DEn Erſten ſo ʒum euſſeren ort der o͛bern handt gehen / werden mancherley namen vonn vnſern Artʒten und Doctoribus geben / Welche Namen / dieweyl ſie ſehr vntereinander vngleych ſein / vnnd doch allenthalben hin vnnd wider befunden werden / acht ich fu͛r gut / etwas yetʒund dauon zu melden. Vnnd wil lieber dieſen ʒeyger der buchſtaben / mit Barbariſchen vngeſchickten Namen beſetʒen / dann die ordnung der rede / damit ich diſe adern beſchreyben werd.* (XLV r.)

Es werden dann – in der Regel als Übersetzungen des lateinischen Terminus am Seitenrand – die deutschen Bezeichnungen der Adern von Hand und Arm erläutert. Ein derart differenzierter Wortschatz war bisher in einem deutschsprachigen Text noch nicht zusammengetragen worden: *Axillaris = vchsenader* (zu mhd. *uohse* ›Achselhöhle‹), *Iecoraria = Leberader, Lienaria = Miltzader, Humeralis = Schulterader, Exterior cubiti uena = die eusserst Ader des Ellenbogens, Crassa uena = die dicke blut ader, Vena capitis = hauptader, Mediæ uenæ = mitteladern, Obliquiæ venæ = schlimme adern* (zu mhd. *slimp* ›schief, schräg‹). Wir beobachten also auf der Ebene spezifischer Fachkenntnisse eine stetige Ausdifferenzierung der Beschreibungssprache. Dabei bleibt aber beispielsweise bei den Bezeichnungen für die äußerlich sichtbaren Körperteile fast die Hälfte alle Bezeichnungen wie *Ader, Achsel, Arm, Backe, Backenzahn* über die Jahrhunderte hinweg vom Frühmittelalter bis ins 21. Jahrhundert hinein konstant. Diese lexikalische Kontinuität verklammert die sonst so verschiedenen älteren und jüngeren Sprachstadien des Deutschen. Ihr Erhalt trägt zur Konsolidierung der Sprache bei und bildet ein Gegengewicht zur frühneuzeitlichen Ausdifferenzierung auf der Textebene.

Auf der Textebene stützen und erläutern sich in der ANATOMIA DEUDSCH Latein, Deutsch und die Abbildungen durch das Verweissystem gegenseitig. Während Latein und Volkssprache in unterschiedlicher Verbindung oder je für sich auch in früh- und hochmittelalterlicher Zeit die konstitutiven Merkmale von Fachtexten waren, tritt mit den Abbildungen, Verweiszeichen, Legenden, Registern und Inhaltsverzeichnissen ein neues Moment hinzu. Mechthild Habermann hat diese »naturkundlich-medizinische Wissensvermittlung im Spannungsfeld von Latein und Volkssprache« an zentralen Beispielen untersucht. Solche Hilfsmittel, insbesondere die Abbildungen, verleihen den Texten eine dritte, über die Schriftebene hinausweisende Dimension. Dieser Zugewinn deutet darauf hin, dass Texte nun nicht mehr nur laut vorgelesen oder angehört, sondern auch zum stillen Selbststudium eingesetzt werden konnten. An die Stelle einer mündlichen Kommunikationssituation, in die mittelalterliche Fachtexte, wie bereits beschrieben, eingebettet sind (vgl. hier S. 29 f.), tritt mit Hilfe der Abbildungen und der übrigen Hilfsmittel ein mehrdimensionaler Fachtext als Lesetext. Wir haben es dabei mit einer Entwicklung zu tun, die durch den Buchdruck beschleunigt und vereinfacht, nicht aber durch ihn ausgelöst wurde. Eine »Medienrevolution« – nach Michael Giesecke – ist der Buchdruck daher wohl allenfalls in quantitativer Hinsicht.

Umstritten bleibt aber bis heute die Frage, für welche Leser diese Fachtexte überhaupt verfasst wurden. Da sich Latein und Volkssprache bei der Erläuterung fachlicher Zusammenhänge wechselseitig stützen, kann man nicht ohne weiteres die Gleichung aufstellen: Lateinische Texte für gebildete, studierte Leser – deutsche Texte für ungebildete Laien-Leser. Auch die deutsche Übersetzung setzt nämlich ein Publikum voraus, das über ein nicht unbeträchtliches Sprach- und Bildungswissen verfügt haben muss. Dazu noch ein letztes anatomisches Beispiel aus Baumans Übersetzung:

> *Ein yeder kinback ʒum mehrern teyl vberkompt ſechʒehen ʒåhn / Als nemlich vier foͤder ʒåhn / ʒwen ſpitʒʒåhn / vnd ʒehen ſtockʒåhn / welche gleych wie ſi an form vnd geſtalt vnterſcheyden vñ vngleych ſein / ehe man ſie außbricht / alſo haben ſie auch vnten vngleyche wurtʒeln / darmit ſie in jren holen des kinbackens ſtecken / Jnnwendig im ſchlundt am letʒten tayl oder wurtʒen der ʒungen ſtehet ein beyn / mehr einem Grichiſchen v dan einem Λ enlich / Diß wirdt von vilen baynlin ʒuſamen geſetʒt / auß welchen die vnterſten mit jren euſſerſten orten /*

> *werden zugefügt dem oberstē tail des gurgels / nemlich dem ersten krospel / welcher ist wie ein schildt / vnd wirdt für das erst krospel der gurgel gerechnet / wan man es anrüret erzeyget es sich gar vñ gentzlich / dan das ander krospel machet fast den letzten theyl / der gurgel oder öbern tail deslufftrhohrs / das hat keinē sonderlichen namen / sonder sihet gleych einem ringe / welchē die völcker Thraces so sie schiessen wollen / an den rechten daumen stecken / dauon es ein namen kan haben.* (I v.)

Von einzelnen erforderlichen Worterklärungen abgesehen, etwa fnhd. *bein* in der Bedeutung ›Knochen‹, scheint der Text noch heute sprachlich verständlich zu sein. Über das sprachliche Wissen hinaus wird vom Leser – heute wie damals – in besonderem Maße auch Weltwissen gefordert. Der Hinweis auf Knochen, die wie ein griechischer Buchstabe geformt sind, grenzt die Zielgruppe der ANATOMIA DEUDSCH bereits stark ein. Darüber hinaus wissen wir nicht – oder wir wissen es zumindest nicht als Sprachwissenschaftler –, welche Kenntnisse die damalige Leserschaft von dem angesprochenen Ring hatte, den die Völker Thrakiens »so sie schiessen wollen / an den rechten daumen stecken«.

Dennoch ist es unverkennbar, dass nun die Vermehrung der Zahl der Schreib- und Schriftkundigen sowie die Verschriftlichung immer neuer Lebensbereiche weit mehr Varianz an die Oberfläche spült als die letztlich doch noch vergleichsweise übersichtlichen spätmittelhochdeutschen Textzeugnisse, die sich allenfalls in kleinräumigen Schreibdialekten bewegen. Man muss neben Baumans Vesal-Übersetzung nur einen beliebigen anderen Gebrauchstext der Zeit legen, um zu sehen, wie groß die sprachliche Varianz der Texte in frühneuhochdeutscher Zeit gewesen sein muss. Ein Auszug (S. 3v) aus dem um 1450 im Wiener Schreibdialekt von einem geübten Schreiber aufgezeichneten Bericht der Helene Kottanerin, die als Kammerfrau der Königin Elisabeth in deren Auftrag die ungarische Krone entwendete, kann hierfür als Beispiel dienen. Der Auszug beruht auf der Edition Karl Mollays, berücksichtigt aber auch die verbesserte, weil handschriftengetreue Lesung Herbert Penzls:

> *Do kam mein gnedige fraw an mich daz ich das túen solt wann die gelegenhait nýmant also wol wesset als ich dem Si dar zu vertrawn mocht, vnd des erkam ich hart, wann es was mir vnd meinen klainen kinden ain swér wagnuss vnd gedacht hin vnd her, waz ich dar Inn túen solt vnd west auch nyemantz Rats ze fragen Dann got allain. vnd gedacht ob ich das nich tét, gieng Dann icht übl dar aus so wér die schuld mein gegen got vnd gegen der welt Vnd willigat mich der swéren rais in wagnuss meins lebens vnd begérat ains gehilfens [...].*

Dieser Text zeigt den schon erwähnten neuen Diphthong /ei/ für mhd. /î/ in *mein*, aber wie bei Konrad von Megenberg noch keine neuen Monophthonge und in *gelegenhait* wieder die oberdeutsche Schreibung ⟨ai⟩ für mhd. /ei/. Auch die schwache Präteritalform *-at* in *willigat* dürfte ein regionales Kennzeichen sein. Vermehrt erscheinen jetzt Großbuchstaben, doch ist eine distinktive Funktion noch nicht deutlich zu erkennen. Eher verstärken sie zusammen mit den diakritischen Zeichen ⟨ú, é, v̊⟩ den unruhigen Charakter des Textes als Versuch der genauen Wiedergabe mündlich formulierter Gedanken. Ein weiterer Auszug, diesmal aus dem NARRENSCHIFF des Sebastian Brant (Basel 1494; Kap. 61) führt uns nun vom östlichen Oberdeutschen in den westoberdeutschen Raum.

Von dantȝen
Ich hieltt nah die für narren gantȝ
Die freüd vnd luſt hant jn dem dantȝ
Vnd louffen vmb als werens toub
Můd fůß ȝů machen jnn dem ſtoub
Aber ſo ich gedenck dar by
Wie dantȝ / mit ſůnd entſprungen ſy
Das es der tůfel hat vff bracht
Do er das gulden kalb erdaht
Vnd ſchůff das got wart gantȝ veraht / [...]
Soll das eyn kurtȝwil ſyn genant
So hab ich narrheyt vil erkant
Vil wartten vff den dantȝ lang ȝytt
Die doch der dantȝ erſettigt nit.

Der Text enthält weder die neuen Monophthonge, man vergleiche etwa *ȝů und schůff* mit ⟨ů⟩ für älteres /uo/, noch die neuen Diphthonge, sondern *by*, *zytt* mit ⟨y⟩ für älteres /î/ oder *vff* mit älterem ⟨v⟩, *tüfel* mit älterem ⟨ü⟩ statt neuerem *auf* und *teufel*. Die Großschreibung ist auf Satzanfänge beschränkt, für ein unruhiges Schriftbild sorgen hier dagegen Doppelschreibungen wie in *hieltt*, *louffen* und *zytt*.

Wenn wir von Basel aus unseren Blick nun an den nordwestlichen Rand des hochdeutschen Sprachgebietes schweifen lassen, so können wir als Textbeispiel einen Auszug aus der von Johann Koelhoff dem Jüngeren 1499 in Köln gedruckten CRONICA VAN DER HILLIGER STAT COELLEN heranziehen.

Uan der boychdrucker kunſt.
Wanne. Waengl. ind durch wen is vondē dye vnvyſſprechlich nutȝe kunſt boicher tȝo drucke.

HYe is tʒo myrcken vlijſlich dat in den leſtē tʒijden as die lieffde ind die vuyricheit der mynſchen ſere verloſſchen is off bevleckt / nu mit ijdel glorie / nu mit gijricheit nu mit traicheit rċ. die ſonderlichen groiſlich ʒo ſtraiffen is in den Geiſtlichen. die vill me wachen vnd ſorchfeldich ſyn tʒijtlich goit tʒo vergaderen. vnd genoichde des vleyſchs tʒo ſoichen dan ſelicheit der ſelen / vnd dae durch dat gemeyn voulck in groyſſ yrrunge kumpt / want Sy ſoichen alleyn tʒijtlich goyt mit yrren vurgengerē / als weer gheyn ewich goit ind ewich leuē hiernaengl. Vp dan dat dye verſuymlicheit der vurgenger. ind dat quait exempel ind die bevleckunge des gotʒ wortʒ. intgemeyn aller predicantē die yrre vnſedelich gijricheit dae jnne laiſſen mitluudē ind myrckē / den goiden Criſten mynſchen niet ſo ſere hynderlich vnd ſchedelich were / ind dat ſich niemantʒ entſchuldigen moichte / hait d' ewige got vyſſ ſynre vnvyſſgrūtlicher wijſʒheit vperweckt die loueſam kunſt / dat men nu boicher druckt / ind die vermānichfeldiget ſo ſere / dat eyn yeder mynſch mach den wech d' ſelicheit ſelffs leſen off hoerē leſen.

Auch hier soll zunächst wieder ein Vergleich mit einer früheren Edition verdeutlichen, wie sehr selbst kleine normierende Eingriffe den Charakter des Textes verändern. In Alfred Götzes FRÜHNEUHOCHDEUTSCHEM LESEBUCH von 1925 wird der Anfang so wiedergegeben:

Van der boichdruckerkunſt. Wanne, wae ind durch wen is vonden die unuisſprechlich nutʒe kunſt, boicher ʒo drucken.
Hie is ʒo mirken vlislich, dat in den leſten ʒiden as die liefde ind die vuiricheit der minſchen ſere verloſchen is of bevleckt [. . .].

Da die Kölner Chronik – neben verschobenen Konsonanten wie /ch/ in *boych* ›Buch‹ statt /k/ in as. *bōk*, engl. *book* – wie im ripuarischen Norden des hochdeutschen Sprachgebietes üblich, noch unverschobene Konsonanten enthält, etwa in *dat* ›das‹ oder *loueſam* ›löblich‹ und zudem keine Spuren der neuen Diphthonge und Monophthonge zeigt, ist die Sprachform sehr weit von der Norm des heutigen Deutschen entfernt. Charakteristisch ist auch die Senkung von mhd. /u/ zu /o/ wie etwa in *vondē* ›gefunden‹ und die Verwendung von ⟨i⟩,⟨ij⟩ und ⟨y⟩ zur Bezeichnung alter Langvokale.

Mit der überregionalen Reichweite der mittelhochdeutschen Dichtersprache können diese Texte natürlich nicht konkurrieren. Vor allem die Texte des mittleren und ausgehenden 15. Jahrhunderts erscheinen sehr stark regional verankert zu sein; die ripuarische (wie die betreffende Sprachgruppe des Rheinischen bezeichnet wird) Geschäftssprache der Stadt Köln orientiert sich zudem zunächst an Schreibtraditionen, die in den Nordwesten, zu den niederländischen Handelsstädten weisen. Dafür typische Merkmale wie die Schreibung ⟨ij⟩ in *vlijslich* hat der deutschnational gesinnte Herausgeber Alfred Götze in seiner Edition 1925 wohl nicht zufällig unterschlagen.

Gleichwohl kann die Erinnerung an die mittelhochdeutsche Dichtersprache auch etwas zum Verständnis der frühneuhochdeutschen Schriftlichkeit beitragen. Während das mittelalterliche Deutsch mit der Dichtersprache wenigstens tendenziell eine überregionale Leitvarietät besaß, an der sich die gebildeten Sprachbenutzer orientieren konnten, war die Stelle einer Leitvarietät nach dem Untergang der ritterlichen Welt und der Schwächung des Kaisertums, wie sie in der »Goldenen Bulle« von 1356 festgeschrieben wurde, zunächst frei geblieben.

Dem mittelalterlichen Einheitsgedanken hatte die frühe Neuzeit nichts in diesem Sinne Vergleichbares entgegenzusetzen. So wie in der Philosophie der Nominalismus, der sich ähnlich William von Baskerville alias William von Ockham in Umberto Ecos DER NAME DER ROSE der genauen Betrachtung der empirisch messbaren Einzelheiten, also der Zeichen, widmet und den Vorrang des Individuellen betont und die Existenz von Universalien bestreitet, so begegnen uns auf dem Gebiet der Sprache jetzt wieder vor allem die individuellen, verschiedenartigen regionalen Schreibdialekte, die sich jeder für sich, ohne Bezug auf eine ideale oder universale Leitvarietät, rasch weiterentwickeln. Wie tief der Graben tatsächlich ist, der durch die politischen, theologischen und philosophischen Umbrüche des 13. und 14. Jahrhunderts zwischen den Schreibdialekten und Textsortenspektren des Mittelalters und der frühen Neuzeit aufgerissen war, bleibt in der Forschung derzeit noch umstritten. Beide Positionen, die Betonung der Kontinuität und die Betonung des Wandels, haben ihre Berechtigung.

Aber auch wenn wir hier beim Vergleich mittelalterlicher und frühneuzeitlicher deutscher Sachtexte durch einen Wechsel des Blickpunkts und der Abkehr von der Dichtersprache als Vergleichsmodell zunächst vor allem die Kontinuität betont haben, so haben wir doch neben der Erweiterung des Textsortenspektrums und der Verlagerung des sprachlichen Zentrums von der höfischen Welt auf das städtische Bürgertum zumindest eine zentrifugal wirkende sprachstrukturelle Veränderung kennengelernt, die es rechtfertigt, zwischen einem Sprachstadium »Mittelhochdeutsch« und einem neuen Stadium »Frühneuhochdeutsch« zu unterscheiden. Zwischen beiden Stadien liegt, wenngleich nicht ohne weiteres punktgenau auf die Mitte des 14. Jahrhunderts zu fixieren, die Ausbreitung und die Durchsetzung der sog. neuhochdeutschen Diphthongierung und der neuhochdeutschen Monophthongierung.

Einige dieser neuen Vokale waren uns bei der Durchsicht der zitierten Textauszüge bereits begegnet; einige weitere, ähnlich gelagerte Merkmale kommen hinzu. Die wichtigsten sprachstrukturellen Charakteristika des neuen Sprachstadiums sind insgesamt:

1. Die sog. neuhochdeutsche Monophthongierung von mhd. /ie/ > /i:/; mhd. /uo/ > /u:/ und mhd. /üe/ > /ü:/, für die unter anderem der Merkspruch dient: mhd. *liebe guote brüeder* > fnhd. *liebe gute brüder*.
2. Die sog. neuhochdeutsche Diphthongierung von mhd. /i:/ > /ei/; mhd. /ü:/ > /eu/ und mhd. /u:/ > /au/, mit dem Merkspruch: mhd. *mîn niuwes hûs* > fnhd. *mein neues haus*.

   Dazu kommt:
3. Die Dehnung bzw. Schließung von mhd. kurzen offenen Tonsilben, z. B. *leben* > *le:ben*; *ga-te* > *gat-te*, *ja-mer* > *jam-mer*. Von einzelnen Ausnahmen abgesehen – man vergleiche mhd. *vater* und *veter* ›Vaterbruder‹ neben nhd. *Vater* und *Vetter* –, verhindern /m/ und /t/ die Dehnung, der kurze Vokal wird im Neuhochdeutschen in der Schrift durch folgende Doppelkonsonanz angezeigt. Man erkennt bei der Dehnung (*Vater*, *leben*), dass aber nicht jede Änderung in jedem Fall in der Schrift Niederschlag finden muss. Dies gilt besonders für die Kürzung der mittelhochdeutschen Langvokale in geschlossenen Stammsilben, etwa bei mhd. *lêrche* /le: rche/ zu nhd. *Lerche* /lerche/. Das Schriftzeichen ⟨ê⟩ wird stets von den Herausgebern mittelhochdeutscher Texte zur Verdeutlichung eingefügt, in den Handschriften selbst findet es sich nicht.

Die neuen Monophthonge und Diphthonge verändern das Lautbild des Hochdeutschen radikal. Der erste große Einschnitt, die sog. hochdeutsche Lautverschiebung, hatte den Beginn des Sprachstadiums Althochdeutsch gekennzeichnet (vgl. S. 12 f.), der zweite Einschnitt, die Markierung der Abschwächung unbetonter Silben in der Schrift (vgl. S. 40 f.), charakterisiert das Sprachstadium Mittelhochdeutsch. Jetzt sind es auf der Ebene der Sprachstruktur die Diphthongierungen und Monophthongierungen, mit denen sprachlich ein neues Zeitalter beginnt. Auch die Unterschiede zwischen Hoch- und Niederdeutsch, die zuvor vor allem im Konsonantismus zum Ausdruck kamen, werden durch die neuen Entwicklungen im Vokalismus noch verstärkt. Auf der Ebene der Lautstruktur haben beide Schwestersprachen nun kaum noch Ähnlichkeiten miteinander. Diphthongierung und Monophthongierung vollziehen die längst angelegte Trennung endgültig. Doch wie wir schon bei der Beschreibung der zweiten Lautverschiebung gesehen haben, vollziehen sich solche Einschnitte in das Lautsystem nicht von heute auf morgen und nicht überall. Auch die neuhochdeutsche Diphthongierung und Monophthongierung haben den deutschen Sprachraum nicht gleichzeitig und gleichmäßig erfasst. Wir haben es bei diesem Lautwandel in der frühen Neuzeit mit dem Abschluss einer Entwicklung zu tun, für die sich bereits in mittelhochdeutscher Zeit Beispiele finden lassen. In der Schrift erscheint die Diphthongierung schon seit dem 12. Jahrhundert vereinzelt in Südtirol und Kärnten, seit dem 13. Jahrhundert in Österreich und Bayern. Die Monophthongierung taucht wohl im 13. Jahrhundert erstmals im West- und Ostmitteldeutschen auf. Die Diphthongierung beginnt folglich im Südosten, die Monophthongierung im Norden des mittelhochdeutschen Sprachgebiets. Auch diese Neuerungen setzen eher wieder an der Peripherie des deutschen Sprachraumes ein. Und beide Neuerungen werden erst deutlich später so zahlreich, dass sie sich als Kennzeichen einer neuen sprachlichen Epoche aufdrängen. Dieser Lautwandel ist also nicht bereits unmittelbar nach dem angenommenen Epocheneinschnitt um 1350 überall gleichermaßen vorhanden. Vielmehr erstreckt er sich über einen Zeitraum von gut 400 Jahren und erreicht – wie schon die zweite Lautverschiebung – auch nicht alle hochdeutschen Regionen gleichmäßig. Ob zwischen Diphthongierung und Monophthongierung zudem eine kausale Verbindung besteht, ist ebenso umstritten wie ihre jeweilige Entstehung: als Monogenese mit wellenförmiger Ausbreitung von einem Ausgangspunkt oder als spontane Entfaltung an verschiedenen Orten. Für die polygenetische (d. h. von vielen Punkten ausgehende) Ausbreitung zumindest der Diphthongierung spricht die Tatsache, dass im 14. und 15. Jahrhundert Diphthongierungen auch außerhalb des hochdeutschen Sprachgebietes auftauchen, etwa im Westfälischen, Niederländischen und Englischen: Man vergleiche etwa im heutigen Englischen die Aussprache von *my* (gekürzt aus *mine* aus aengl. *mīn*) als /mei/ oder von *house* (aus aengl. *hūs*) als /haus/.

Ganze Regionen, wie wir an den westmittel- und westoberdeutschen Auszügen aus der KÖLNER CHRONIK und dem NARRENSCHIFF gesehen haben, nehmen in ihrer lokalen Schriftlichkeit sogar überhaupt nicht an diesem Lautwandel teil. Diese Schriftdialekte repräsentieren auf der Lautebene daher überhaupt keine neuhochdeutschen Texte, sondern sind allenfalls deutsche Schriftdialekte in frühneuhochdeutscher Zeit. Die regionalen, nicht standardsprachlichen Sprachvarianten zeigen den alten Lautstand im Südwesten noch heute, so etwa den alten Monophthong /i:/ mit der Graphie ⟨y⟩ in alemannisch *Schwyzerdütsch* statt diphthongiert standardsprachlich *Schweizerdeutsch*; oder den alten Diphthong in alemannisch *Grüezi* statt monophthongiert etwa in bairisch *Grüß Gott*. Auffällig ist, dass das Westoberdeutsche von den Ausgangspunkten des frühneuhochdeutschen Lautwandels jeweils am weitesten entfernt ist. Da dies, wie unsere Beispiele gezeigt haben, in den Schreibdialekten des westmitteldeutschen und westoberdeutschen Raumes auch am Ende des 15. Jahrhunderts noch unverändert der Fall ist, hat es wenig Sinn, die Epochengrenze von 1350 auf 1400 oder 1450 hochzusetzen. Es ist also nicht das einzelne Merkmal entscheidend, die einzelne individuelle und räumlich begrenzte Neuerung, sondern erst ihre Entfaltung, ihr schließlich massenhaftes Auftreten in vielen Regionen.

Den Ausschlag dürfte daher die Beobachtung geben, dass die neuen Diphthonge und Monophthonge zwar durchaus nicht überall in die regionalen Schreibdialekte Eingang finden, dass sie aber tendenziell gerade dann verwendet werden, wenn die Texte eine überregionale Bedeutung bekommen sollen. Es geht bei der Verwendung der neuen Laute dann auch um das Prestige der moderneren Sprachform, und als modern konnte sie deshalb betrachtet werden, weil sie gerade genau um 1350 von der Kanzlei des späteren Kaisers Karl IV. in Prag – nicht immer, aber oft genug – verwendet wurde. Hans Eggers hat zur Verdeutlichung dieser These Urkunden aus der Mitte des 14. Jahrhunderts miteinander verglichen. Eine am 27. Dezember 1349 in Dresden ausgestellte Urkunde der Prager Kanzlei Karls, die sich mit Rechtsverhältnissen im Südwesten des Reiches beschäftigt – die dort genannten Luver und Lantquar sind Flüsse in Graubünden –, also überregional ausgerichtet ist, zeigt bereits ziemlich genau die Merkmale, die sich im Verlauf der nächsten 200 Jahre in den meisten deutschsprachigen Regionen, insbesondere in der Osthälfte, durchsetzen sollten.

> *Wir Karl von Gots gnaden Romiſcher kunig, ʒe allen ʒeiten merer deʒ reichs und kůnig zu Beheim verichen offenlich mit diſem brief und tun kunt allen den, di in ſehen, horen oder leſen, daʒ wir bedacht haben und mit unſeren kuniglichen genaden ſunderlich betrachtet, daʒ neuwe ʒölle, wo di auf bracht werden, deʒ reichs ſtraſſen, landen und leüten und unſern getrewen alleweg ſchedlich ſind. Darumb wollen wir und gebiten, eʒ vesticlich, daʒ von der Lantquar untʒ an die Luver niemand deheinen newen ʒol auf ſetʒe oder neme in den ʒilen, wann daʒ gotʒhaus von Kur ʒwen ʒolle, di eʒ von alder her genomen hatt. Und nemen abe mit unserm kuniglichen gewalt beynamen den ʒol […] Mit urkund ditʒ brifes verſigelt mit unſerm kůniglichem inſigel […].*

Während die meisten der bisher betrachteten Texte die neuen Laute nur teilweise oder gar nicht enthalten, zeigt diese Urkunde Karls IV. bereits 1349 die regelmäßig durchgeführte Diphthongierung: *zeiten* statt mhd. *zît*, *reich* statt mhd. *rîch*, *beynamen* statt mhd. *bînamen*; *auf* statt mhd. *ûf*, *gotzhaus* statt mhd. *goteshûs*; *leüte* statt mhd. *liut*, *neuwe* statt mhd. *niuwe*, nur orthographisch abweichend *newen* und *getrewn* statt mhd. *getriuwen*. Die Monophthongierung zeigt sich in *gebiten* statt mhd. *gebieten*; *brif* (aber daneben noch die Schreibung ⟨brief⟩) neben diphthongisch (i-e) zu lesendem mhd. *brief*; in *zu* statt mhd. *zuo*, *tun* statt mhd. *tuon*. Nur für den Wandel von /üe/ zu /ü/ enthält die Urkunde kein Beispiel. Die neuen Dehnungen und Kürzungen werden in der Schrift zudem nicht bezeichnet. Die

Doppelschreibung der Vokale (etwa nhd. *Seele* für mhd. *sêle*) oder das Dehnungs-h (wie in nhd. *fahren* für mhd. *varn*) kommen erst später auf. Die Verwendung des ⟨i⟩ als Dehnungs- und Längezeichen, die uns bereits in einigen westdeutschen Texten begegnet war, ist geradezu ein Merkmal dieser westmitteldeutschen Texte und hat nie Eingang in die Schreibung der deutschen Standardsprache gefunden. Sie tritt also auch in dieser Urkunde Karls IV. nicht auf.

Die hier erkennbar werdende Schreibform ist noch längst nicht in allen Urkunden der Prager Kanzlei einheitlich. Das wäre bei bisher ermittelten mindestens 138 Schreibern aus verschiedenen Regionen auch gar nicht möglich. Sie ist zudem nicht in Prag entstanden, sondern orientiert sich, wie Emil Skála gezeigt hat, an der Schreibtradition anderer wichtiger südostdeutscher Städte wie Nürnberg, Eger (heute Cheb) und Regensburg. Und sie ist vor allem in der Mitte des 14. Jahrhunderts nur erst eine Schreibsprache unter vielen. Ein direktes Vorbild über die Verwendung der neuen Laute hinaus konnte sie schon deshalb nicht werden, weil der hypotaktische und formelhafte Stil der Kanzleisprache nur für bestimmte, keineswegs aber für alle Bereiche der aufblühenden bürgerlichen Schriftlichkeit geeignet war. Daher ist die Bedeutung der Kanzleisprachen für die Entstehung der neuhochdeutschen Schriftsprache, wenn man darin nicht nur die Durchsetzung eines neuen Lautinventars sieht, vermutlich geringer als oft angenommen. Dass die Entwicklung zumindest im politisch zersplitterten Westen des deutschen Sprachgebietes ganz anders verlief, haben wir an den Textauszügen aus der KÖLNER CHRONIK und dem NARRENSCHIFF bereits deutlich erkennen können; und auf die gesprochene Sprache dürften die Kanzleisprachen zudem kaum Einfluss gehabt haben. Helene Bindewald hat allerdings schon 1928 gezeigt, dass die Kanzlei von Karls Nachfolger König Wenzel IV. von Böhmen nicht nur die neuen Laute noch konsequenter – wenn auch nicht ausschließlich – verwendet, sondern auch in syntaktischer und stilistischer Hinsicht in die Zukunft weist, weil sie sich mehr als andere von lateinischen Vorbildern löst.

Mit welcher Bestimmtheit aber das Verhalten der Kanzlei Karls IV. und die Entfaltung der neuen Laute den Epocheneinschnitt um 1350 stützen, bleibt dennoch umstritten. Unbestreitbar ist, dass dieser dritte große sprachstrukturelle Einschnitt in das deutsche Lautsystem letztlich weniger exakt zur Epochengliederung taugt als seine alt- und mittelhochdeutschen Vorläufer. Man braucht deshalb aber nicht zu resignieren, zeigt uns diese Tatsache doch in aller Deutlichkeit, dass der enorm gestiegene Geltungsgrad der deutschen Sprache und die Vielfalt der Texte jetzt dazu führen, dass nicht mehr nur sprachstrukturelle Merkmale allein den Übergang in ein neues Sprachstadium anzeigen. Oskar Reichmann hat nachdrücklich darauf hingewiesen, dass der Strukturwandel der deutschen Sprache seit der frühen Neuzeit bei der Beschreibung des Sprachwandels und der ihn bestimmenden Faktoren zunehmend an Erklärungswert verliert, schließlich nur noch ein Merkmal unter vielen anderen ist.

In der älteren Forschung scheint man dies oft geradezu als Mangel empfunden zu haben und hat der neueren Sprachgeschichte nach dem 16. Jahrhundert daher meist nur noch wenig Aufmerksamkeit geschenkt. Es hatte den Anschein, als wäre mit der Einführung des neuhochdeutschen Lautinventars bis auf wenige Einzelheiten alles gesagt, das Interesse an der deutschen Sprachgeschichte als Gegenstand wissenschaftlicher Forschung schien aufgebraucht.

Soweit ich sehe, haben in größerem Umfang nur zwei Gelehrte in der ersten Hälfte des 20. Jahrhunderts den Ehrgeiz entwickelt, auch die neuere Sprachgeschichte zu beschreiben: In Heidelberg und Hamburg, vom Mittelniederdeutschen herkommend, Agathe Lasch, die erste Germanistikprofessorin Deutschlands, mit ihren Untersuchungen zur Stadtsprache Berlins vom 13. Jahrhundert bis in die Gegenwart; und in Köln, ausgehend von der Semantikforschung, Hans Sperber mit seinen Studien zur Sprache des 17. und 18. Jahrhunderts, insbesondere zum Einfluss des Pietismus auf die neuere Sprachentwicklung. Diese Arbeiten haben lange Zeit wenig bis keine Fortsetzer gefunden – Agathe Lasch und Hans Sperber selbst wurden an der Fortführung ihrer Arbeiten gehindert, weil beide wegen ihrer jüdischen Herkunft aus Deutschland vertrieben wurden. Während Hans Sperber über Schweden in die USA emigrieren konnte, starb Agathe Lasch gedemütigt und entrechtet kurz nach ihrem 63. Geburtstag im August 1942 im oder auf dem Weg in das Getto Riga.

Untersuchungen zur jüngeren Sprachgeschichte hat es danach bis in die 1970er Jahre kaum gegeben; die sich an die Forschungen Sperbers anschließende große Studie August Langens zum Wortschatz des deutschen Pietismus aus den 1940er und 1950er Jahren geht bezeichnenderweise auf eine literaturwissenschaftliche Habilitation zurück (von diesen Ansätzen wird im folgenden Kapitel noch zu reden sein). Es ist vor allem das Verdienst Oskar Reichmanns und Klaus Jürgen Mattheiers, in neuerer Zeit die Bedeutung sprachsoziologischer und -bewusstseinsgeschichtlicher Faktoren deutlicher als bisher geschehen herausgestellt zu haben. Nicht nur die Strukturgeschichte der Laute und Formen, allenfalls noch der Sätze, ist für die Beurteilung der Sprachentwicklung entscheidend, sondern ebenso die Veränderung sprachlich geprägter Kultur- und Kommunikationssysteme insgesamt und in deren Gefolge die Veränderungen im Textsorten- und Varietätenspektrum einer Sprache.

Die neuhochdeutsche Diphthongierung und Monophthongierung markieren aber in jedem Fall im Deutschen zugleich den letzten großen Einschnitt auf der Ebene der Sprachstruktur. Wo die neuen Diphthonge und Monophthonge eingeführt werden, ist der Lautstand des heutigen Standarddeutschen weitgehend erreicht. Da es aber in der frühen Neuzeit noch keine Standardsprache gab, führten die mit unterschiedlicher Gründlichkeit umgesetzten lautlichen Neuerungen nun dazu, dass die Verschiedenheit der Sprachlandschaften eher noch größer wurde. Von einer einheitlichen Norm war das Deutsche im 14. und 15. Jahrhundert deshalb weiter entfernt als je zuvor. Die großen landschaftlichen Unterschiede ließen sich etwa auch an den deutschen Übersetzungen der LEGENDA AUREA des Dominikaners Jacobus de Voragine, des am weitesten verbreiteten religiösen Volksbuchs des Mittelalters, oder der medizinischen Rezeptsammlung THESAURUS PAUPERUM des Petrus Hispanus demonstrieren. Gleichzeitig aber hat sich, nicht zuletzt durch die vermehrte überregionale Kommunikation, das Bedürfnis nach sprachlicher Einheit immer größere Geltung verschafft. Nur wurde es jetzt nicht mehr allein von einer kleinen Oberschicht getragen, wie dies noch im Mittelalter der Fall gewesen war.

Die neuen Möglichkeiten der Textherstellung und -vervielfältigung, die sich durch die Erfindung des Buchdrucks abzeichneten, weckten wohl nicht zuletzt auch das Bedürfnis nach möglichst großen Absatzmärkten. Die Verbreitung des zentralen Textes der frühneuhochdeutschen Jahrhunderte, der Bibelübersetzung Martin Luthers, fällt in diese Zeit. Damit beginnt die entscheidende Phase für die Entwicklung dieser wesentlichen Traditionslinie der neuhochdeutschen Schriftsprache. Zwischen der Sprache Konrads von Megenberg und Jacob Baumans Vesal-Übersetzung liegt vor allem die Schöpfung und Verbreitung der neuen »Bibelsprache«. Erst Martin Luthers Deutsch besitzt das Potential zu einer neuen überregionalen Varietät des Deutschen. Es füllt eine Lücke aus, die seit dem Untergang der mittelhochdeutschen Dichtersprache bestand und weder von den Kanzleien der deutschen Kaiser und Könige noch von einzelnen literarischen Kunstwerken geschlossen werden konnte. So lässt sich denn das Sprachstadium Frühneuhochdeutsch mit Oskar Reichmann in eine ältere Phase ohne Leitvarietät vor etwa 1500 und eine jüngere, vor allem von Luthers Bibelübersetzung geprägte Phase mit einer sich herausbildenden Leitvarietät nach 1500 unterteilen. An Baumans Vesal-Übersetzung als dem jüngsten bisher vorgestellten Beispieltext wird dies exemplarisch sichtbar.

Die Bibelübersetzung konnte diese Lücke aber nicht zuletzt deshalb ausfüllen, weil sich im 14., 15. und beginnenden 16. Jahrhundert die Schriftlichkeit so vermehrt hatte, dass Luther sich an bereits vorhandene überregionale Tendenzen und Traditionen anschließen konnte. Wie wir schon gesehen haben, beschränkte sich der Schriftverkehr nun nicht mehr auf einige wenige Klöster und Höfe, sondern wurde zu einem Merkmal des städtisch-bürgerlichen Alltags. Es lassen sich jetzt im Anschluss an Oskar Reichmann und Klaus-Peter Wegera für die Zeit um 1500 eine ganze Reihe von Textsorten unterscheiden, die das öffentliche Leben prägen: Dazu zählen »sozial bindende Texte« wie Gerichts-, Bergwerks-, Handwerks- und Kirchenordnungen; »dokumentierende Texte« wie Testamente, Besitzverzeichnisse, Gerichts- und Verhörprotokolle, Urkunden, Chroniken, Annalen und – weil sie den Entwicklungsstand der deutschen Sprache dokumentieren – Glossare und Wörterbücher. Zu nennen sind weiter »belehrende Texte« wie Moral- und Ehelehren, Tischzuchten und Brieflehren; »erbauende Texte« wie geistliche Lieder, Gebete und Legendensammlungen und »informierende Texte« wie das wissenschaftliche medizinische, botanische, astronomische, geographische, alchemistische Fachschrifttum, das oft zugleich auch den Charakter »anleitender Texte« trägt. So können etwa medizinische Schriften informieren und zugleich zu therapeutischen Handlungen anleiten. Gleiches gilt mit Abstufungen für Kochbücher wie Kriegsbücher. Nicht zu vergessen sind schließlich »unterhaltende Texte« wie die sogenannten Volksbücher TILL EULENSPIEGEL, DOKTOR FAUST oder DIE SCHÖNE MAGELONE; sowie private Texte aller Art. Vor allem im Zuge der Reformation treten dann in größerer Zahl noch »legitimierende Texte« hinzu, etwa Luthers SENDBRIEF VOM DOLMETSCHEN, und »agitierende Texte« wie Luthers und Thomas Müntzers Schriften zum Bauernkrieg. Die Beispiele verdeutlichen, was mit dem Ausdruck »Verschriftlichung des Lebens« recht treffend erfasst wird: In allen Lebensbereichen dominiert jetzt der geschriebene Text, die Alltagswelt, die Welt der Institutionen, die Religion, Wissenschaft und Dichtung, sie alle sind jetzt von Texten durchdrungen. Dies trägt schrittweise zur Konsolidierung einer schriftlichen Norm bei, führt aber zunächst, da alle Textsorten durch unterschiedliche sprachliche Merkmale voneinander unterschieden sind, vorübergehend zu einer eher noch weiteren Ausdifferenzierung des Sprachgebrauchs.

Da mit den Texten auch neue Inhalte verbreitet wurden, etwa auf der Ebene des Rechts der Übergang von den verschiedenen mittelalterlichen Rechtsvorstellungen zum römischen Recht, dokumentiert zum Beispiel in dem 1436 erstmals erschienenen KLAGSPIEGEL des Schwäbisch Haller Stadtschreibers Conrad Heyden, führte die »Verschriftlichung des Lebens« langfristig zu einem völligen Umbau der Gesellschaft. Die Popularisierung des juristischen Wissens erfolgte mit Hilfe des Buchdrucks, die von Sebastian Brant bearbeitete Ausgabe von 1516 entwickelte sich rasch zum Bestseller.

Die mit dem nach 1500 noch beschleunigten gesellschaftlichen Wandel verbundenen Konflikte verdichtet Johann Wolfgang Goethe am Beispiel des GÖTZ VON BERLICHINGEN. Er greift damit auf eine Schrift aus dieser unruhigen Zeit des 16. Jahrhunderts zurück, die wir in unserem Textsortenschema als »legitimierenden Text« bezeichnen könnten, weil der Reichsritter Götz hier sein Verhalten im Bauernkrieg 1525 und seine Ablehnung der neuen Welt der aufstrebenden

Fürsten und Städte rechtfertigt, in der nicht mehr das mündliche Ehrenwort, sondern nur der schriftlich kodifizierte Vertrag zählt.

Götz von Berlichingens frühneuzeitliche Lebensbeschreibung ist aber nicht nur ein legitimierender Text, sondern zugleich auch ein privater Text, so wie andere persönliche Briefe, Tagebücher, Lebens- und Reisebeschreibungen auch. Diese Berichte von reisenden Kaufleuten und Pilgern, Soldaten und Diplomaten zeigen vor allem, dass die Welt jetzt kleiner wird. Die Wege zu den großen Pilgerzielen Rom, Jerusalem, Sinai und Santiago de Compostela führten die Reisenden durch die romanische, griechische und arabische Welt; deutschsprachige Söldner, Händler und Studenten erkundeten auch die übrigen Regionen Europas, Nordafrikas und Asiens. Davon zeugen viele Reiseberichte wie die Aufzeichnungen des Ulmer Dominikaners Felix Fabri (um 1439 – 1502), des Mainzer Domdekans Bernhard von Breidenbach (1440–1497), des niederrheinischen Ritters Arnold von Harff (1471–1505), des habsburgischen »Osteuropaexperten« Sigismund Freiherr zu Herberstein (1486–1566) oder Hans Dernschwams (1494–1568) Tagebuch einer Reise nach Konstantinopel, Werke, von denen einige beträchtlichen Absatz fanden. Auch die Texte älterer berühmter Reisender, wie etwa die Erlebnisse des Venezianers Marco Polo (um 1254 – 1324) wurden jetzt in Drucken wie dem Bericht »des edeln ritters und laandtfarerß Marchopolo« (1477 in Nürnberg) in deutscher Sprache verbreitet. Die »Beschreibung der Welt« und die »Verschriftlichung des Lebens« gehen also Hand in Hand. (Helmut Glück gibt in seiner Geschichte des Deutschen als Fremdsprache einen ersten zusammenfassenden Einblick in diese Textlandschaft.)

Zur Verständigung standen den Reisenden unterwegs in der Regel Dolmetscher zur Verfügung, wenngleich für Händler und Kaufleute – mit dem Codex Cumanicus hatten wir hierfür schon einen Vorläufer gesehen – nun verstärkt zwei- oder mehrsprachige Sprachlehrbücher entstehen. Ein multikulturelles Miteinander dürften die Reisen und Fahrten des 15. und 16. Jahrhunderts aber noch nicht gefördert haben; das Verhältnis zumindest zu den einheimischen Heiden war nach Glück »frostig bis offen feindselig«. Die Fernreisen scheinen stattdessen eher zur Ausbildung eines patriotischen Heimatgefühls beigetragen zu haben. Auch die vielen Wortlisten und Alphabete, die von den Reisenden – nicht selten von Breidenbach abgeschrieben – mit nach Hause gebracht und veröffentlicht wurden, waren in ihren arabischen, hebräischen, griechischen, syrischen, koptischen und armenischen Teilen für viele Leser wohl kaum mehr als ein exotisches Kuriosum. Aber in der deutschen Spalte der Wortlisten sollte doch nach Möglichkeit ein Wort in einer Schreibung bzw. Lautung stehen, die nicht nur in der unmittelbaren Heimat des Verfassers verstanden werden konnte. Der Blick des Fernreisenden ging wie selbstverständlich über die Grenzen der kleinräumigen deutschen Schriftdialekte hinaus. Während die Zahl der deutschsprachigen Reiseberichte vor allem im 16. Jahrhundert immer weiter stieg, blieben die Exemplare der Textsorte »ars apodemica«, also die wissenschaftlichen Anleitungen zum richtigen Reisen, wie Hieronymus Turlers De peregrinatione et agro Neapolitano (Straßburg 1574), noch lange fast ausschließlich lateinischsprachig.

Mit der Erweiterung des deutschen Textsortenspektrums vermehrt sich zunächst die Zahl der Laut- und Schreibvarianten, da immer mehr Menschen aus verschiedenen Gesellschaftsschichten an der Schriftlichkeit beteiligt sind. Dass aber auch in der Zeit nach der Reformation nicht nur mechanisch neue Laut- und Schreibvarianten entstehen, sondern im Gegenteil auch eine Tendenz zur Standardisierung der neuhochdeutschen Schriftsprache erkennbar wird, zeigt das Beispiel der Formulae puerilium colloquiorum des Nürnberger Schullehrers und Humanisten Sebald Heyden. Heyden wurde 1525 vom Rat der reformierten Stadt Nürnberg aufgefordert, den Lateinunterricht in humanistischem Sinne zu erneuern und ein Lehrbuch zum Gebrauch an der dortigen St.-Sebald-Schule herzustellen. Hier sollten die Schüler nach wie vor zunächst Latein lernen, aber sie sollten es verstehen und anwenden können. Heyden nimmt sich die gelehrten lateinischen humanistischen Schülergespräche Familiarium colloquiorum formulae des Erasmus von Rotterdam von 1519 zum Vorbild und überträgt sie in die Lebenswelt seiner Nürnberger Schüler. Den lateinischen Dialogen fügt er in kleinerer Schrifttype eine deutsche Übersetzung hinzu. Die Schüler sollten jeden Tag einen Dialog lernen, was den Reformpädagogen der Zeit leichter und sinnvoller erschien als das Auswendiglernen von grammatischen Formen und Paradigmen. Die Sätze sind daher sehr einfach gehalten, geben damit aber vermutlich einen guten Einblick zumindest in die schriftnahen Varianten der gesprochenen Sprache jener Zeit. Es folgt der erste Dialog – aus Platzgründen hier jeweils von links nach rechts zu lesen – aus dem noch unedierten ältesten erhaltenen Druck, Erfurt 1527:

Salutatio Matutina.

Dialogus I

Andreas – Balthaſar

A *Bonus dies.*
Ein guter tag.

B *Deo gratia.*
Got ſey danck.

A *Opto tibi bonum diem.*
Ich wunſch dir ein guten tag.

B *Talem et tibi precor.*
Ich piet dir auch ſouiel.

A *Bene ſit tibi hoc die.*
Dir ſol an dem tag wol ſein.

B *Nec tibi male ſit.*
Es ſol dir auch nicht vbel ſein

Das Gesprächsbuch war so erfolgreich, dass es sofort an vielen anderen Orten nachgedruckt wurde. Bis etwa zum Jahr 1800 lassen sich derzeit mehr als 100 Drucke aus ganz unterschiedlichen Städten nachweisen, die mal mehr und mal weniger in das jeweilige Deutsch ihrer Umgebung umgesetzt wurden. Man wird auf diese Weise Zeuge kleiner sprachlicher Veränderungen auf der Lautebene und auf der Ebene des einfachen Satzes, die nach und nach – aber nicht gradlinig – zu einer auch heute noch möglichen Sprachform hinführen.

Erfurt (1527) *Jch wyl noch eyn kleyn ſchlefflin thun.*
Krakau (1527) *Jch wil noch eyn kleyn ſchlefflin thun.*
Augsburg (1530) *Jch will noch ain klaines ſchlåufflin thůn.*
Frankfurt a. M. (1532) *Ich wil noch eyn kleyns ſchlåfflin thůn.*
Mainz (1534) *ich will noch eyn kleins ſchlefflin thůn.*
Nürnberg (1540) *Jch wyl noch eyn kleyn ſchlefflein thun.*
Wolfenbüttel (1565) *Jch wil noch ein klein ſchlefflein thun.*
Prag (1586) *Jch wil noch ein kleines ſchlefflein thun.*
Montbéliard (1607) *Jch wil noch ein kleins ſchlefflin thun.*
Stuttgart (1654) *Jch will ein kleines Schlåfflein thun.*
Minden (1685) *Jch wil noch ein wenig ſchlaffen.*
Nürnberg (1712) *Jch will noch ein kleins Schlåfflein thun.*

Schon unter den ältesten Bearbeitungen finden sich Orte, die außerhalb des deutschen Sprachgebietes liegen, denn bereits 1527 werden die FORMULAE erstmals auch in Krakau, dort in einer viersprachigen Fassung mit den Sprachen Deutsch – Latein – Polnisch – Ungarisch aufgelegt. Später treten noch Niederdeutsch, Niederländisch, Französisch, Tschechisch, Kroatisch und schließlich sogar Russisch hinzu. Deutsch steht nun an der Spitze der Sprachen, denn in der Universitätsstadt Krakau dient es nicht mehr zur Verständlichmachung lateinischer Sätze, sondern wird selbst anstelle des Lateins zur Zielsprache erhoben. Vermutlich sollten die Krakauer Dialoge den polnischen und ungarischen Studenten helfen, die Sprache ihrer deutschen Kommilitonen zu erlernen. Vielleicht wird mit ihrer Hilfe wenigstens vereinzelt auch ein deutscher Student Polnisch oder Ungarisch gelernt haben. Die lateinische Zeile dient jetzt nur noch zur Lernkontrolle und Vermeidung von Missverständnissen. Vergleicht man den Krakauer Druck von 1527 mit den übrigen Heyden-Drucken der ersten Druckphase, dann zeigen sich charakteristische Unterschiede dort, wo die anderen Drucke Regionalismen enthalten, die vermutlich nicht überall verstanden werden konnten:

Dialog 9: *Vt haeſitas lingua.*
Erfurt (1527) *Wie ſtatȝleſt du alſo.*
Straßburg (1528) *Wie ſtatȝleſt du alſo.*
Krakau (1527) *Wie ſtamleſt du alſo.*

Dialog 19: *Ludemus globulis.*
Erfurt (1527) *Wyr wollen ſchüſſern.*
Straßburg (1528) *Wir wollen klückern.*
Krakau (1527) *Wir wollen die keulen ſpielen.*

Die Vermeidung von Regionalismen wie *statzeln*, *klückern* oder *schüssern* erwies sich also im Krakauer Druck als ein brauchbares Mittel, um eine überregionale Verständlichkeit herzustellen. Die Krakauer Versuche des Variantenabbaus reagieren damit ganz offensichtlich auf die besondere sozio-kulturelle Situation des Deutsch-Lernens außerhalb des deutschen Sprachgebietes. Das Bedürfnis, auch innerhalb des deutschen Sprachgebietes überregional verständlich zu sein, hatte sich bisher zwar schon an einigen Stellen angedeutet, der entscheidende Impuls sollte aber erst durch Luthers Bibelübersetzung erfolgen. Jedoch dürften auch auf den ersten Blick eher unscheinbare Texte wie Sebald Heydens FORMULAE durch ihre weite Verbreitung und in diesem speziellen Fall die sekundäre Verwendung als Deutsch-Lehrbuch im Ausland auch im niederdeutschen Sprachgebiet Norddeutschlands durchaus einen Anteil an der Entstehung und Ausbreitung der neuhochdeutschen Schriftsprache gehabt haben. Heydens FORMULAE zeigen zudem, dass Deutsch im 16. und 17. Jahrhundert in der gesamten reformierten Welt zur überregionalen Verkehrssprache wurde, die bereitstand, um das Lateinische, das ja nicht nur die Bildungssprache, sondern auch die Sprache des katholischen Papsttums war, nachhaltig abzulösen. Die Liste der bis jetzt bekannten Druckorte der FORMULAE im 16. Jahrhundert liest sich wie ein Verzeichnis der reformatorischen Zentren der frühen Neuzeit, in Klammern steht das Erscheinungsjahr des jeweiligen Erstdruckes:

Erfurt (1527) Krakau (1527) Straßburg (1528) Nürnberg (1529) Augsburg (1530) Köln (um 1530) Wittenberg (1531) Frankfurt a. M. (1532) Mainz (1534) Magdeburg (1537) s'Hertogenbosch (1540) Leipzig (1541) Worms (1542) Prag (1542) Basel (1552) Dillingen (1554) Olmütz/Olomouc (1560) Neuburg (1561) Königsberg (1564) Wolfenbüttel (1565) Antwerpen (1570) Breslau/Wrocław (1573) Hamburg (1579) Ülzen (1581) Debrezin/Debrecen (1591).

Im 17. Jahrhundert kamen außerhalb des rein hochdeutschen Sprachgebietes noch die Druckorte Mömpelgard/Montbéliard (1607), Rostock (1610), Lemgo (1618), Leutschau/Levoča (1625), Lübeck (1642) und Minden (1666), im 18. Jahrhundert Kronstadt/Braşov (1701), Stolzenberg bei Danzig (1706), Posen/Poznań (1732) und Szakolcz/Skalica (nach 1798) hinzu.

Der Kommunikationsraum des Deutschen beginnt sich also im 16. Jahrhundert noch einmal beträchtlich zu erweitern. Unter den binnendeutschen Druckorten der FORMULAE sind zudem viele Städte, die ohnehin als Druckerzentren der frühen Neuzeit bekannt waren. Diese Zentren mit ihren regionalen Druckersprachen lösen die Kanzleisprachen am Beginn des 16. Jahrhunderts im Hinblick auf ihre Bedeutung für die weitere Sprachentwicklung ab. Mit Frédéric Hartweg unterscheiden wir bei den Druckersprachen einen südöstlichen Typ mit den Zentren München, Wien, Ingolstadt; einen schwäbischen Typ u. a. in Augsburg, Ulm und Tübingen; einen oberrheinisch-alemannischen Typ u. a. in Straßburg und Basel; einen innerschweizerischen Typ u. a. in Zürich und Bern; einen westmitteldeutschen Typ u. a. in Köln, Mainz, Worms, Frankfurt a. M.; einen ostfränkischen Typ u. a. in Nürnberg und Bamberg; einen ostmitteldeutschen Typ u. a. in Wittenberg, Leipzig, Erfurt, Jena, sowie zum Vergleich einen niederdeutschen Typ u. a. in Köln, Magdeburg, Rostock, Wittenberg. Sie alle hätten – wäre Luthers Bibelübersetzung nie geschrieben worden – zu großräumigen regionalen Schriftsprachen führen können. Die ostmitteleuropäischen deutschsprachigen Druckerzentren wie Krakau, Prag, Olmütz, Debrecen, Leutschau, Posen und Kronstadt haben darüber hinaus einen nicht zu unterschätzenden Anteil an der Herausbildung überregional verständlicher Schriftnormen gehabt. Helmut Glück hat zu Recht darauf hingewiesen, dass das Interesse an der deutschen Sprache als Fremdsprache und damit auch die Verfertigung deutschsprachiger Texte gerade im östlichen Europa am größten war. Sprachlehrbücher wie das 1502 in Perpinia (Perpignan) vom Heidelberger Johann Rosembach gedruckte katalanisch-deutsche Sprachbüchlein VOCABULARI MOLT PROFITÓS PER APENDRE LO CATALAN ALAMANY Y LO ALAMANY CATALAN (»Ein gar nützliches Wörterbuch, wodurch Katalanen Deutsch und Deutsche Katalanisch lernen können«) waren im Südwesten Europas dagegen weitaus seltener.

Mit dem Buchdruck führt die »Verschriftlichung des Lebens« schließlich auch zu einer »Verschriftlichung der Sprache«. Die Schrift konserviert den in frühneuhochdeutscher Zeit erreichten Sprachgebrauch, so dass sich Sprachwandelprozesse in der Folgezeit nur sehr viel langsamer vollziehen. Wohl auch deshalb hat es bis heute seit der »Verschriftlichung des Lebens« keine großen Strukturveränderungen von der Reichweite einer Lautverschiebung, Diphthongierung oder Monophthongierung mehr gegeben. Diese »Verschriftlichung des Lebens« führt auch dazu, dass sich Texte jetzt – von der Ausnahme der Bibelsprache einmal abgesehen – weitaus weniger als noch in mittelhochdeutscher Zeit an der Mündlichkeit orientieren. Aus einer Sprache zum Hören wird nun mehr und mehr eine Sprache zum Lesen, eine »Sprache für die Augen«. Dies zeigt sich auch an einem nun viel größeren Bedarf an nebensatzeinleitenden, die immer komplexer werdenden Sätze strukturierenden Konjunktionen als noch zu mittelhochdeutscher Zeit. Viele von ihnen sind zweiteilig – etwa *als das, also das, auf das, darumb das, denn das* oder *on das* – und verdeutlichen damit auch graphisch die Verbindung von zwei verschiedenen Satzteilen. Der Wandel von einer konzeptionell mündlich zu einer konzeptionell schriftlich geprägten Schriftsprache vollzieht sich aber sehr langsam und tritt erst im 17. Jahrhundert deutlicher zutage. All diese Veränderungen legen die Vermutung nahe, dass die entscheidenden Impulse zur Herausbildung einer überregional funktionierenden Schriftsprache, die nicht nur von einer kleinen Bevölkerungsgruppe verwendet wird, frühestens in den Jahrhunderten der frühneuhochdeutschen Zeit gesetzt werden. Es ist daher ratsam, an dieser Stelle die Entstehung der neuhochdeutschen Schriftsprache und die Geschichte ihrer Erforschung einer kurzen zusammenfassenden Betrachtung zu unterziehen.

4.2 Thesen und Fragen zur Entstehung der neuhochdeutschen Schriftsprache

Die wissenschaftliche Auseinandersetzung mit der Frage nach der Entstehung der neuhochdeutschen Schriftsprache beginnt im letzten Drittel des 19. Jahrhunderts. Während man zunächst vor allem in spätromantischer Manier an den mittelalterlichen Anfängen des Deutschen interessiert war, richtete sich der Blick nach der vollbrachten politischen Einheit von 1870/71 vor allem auf die Geschichte und Voraussetzungen auch der sprachlichen Einheit. Die mittelalterliche Perspektive blieb dabei allerdings zunächst noch dominant. Karl Müllenhoff (1818–1884), einer der ersten Germanisten, der 1873 die Frage nach der Entstehung der neuhochdeutschen Schriftsprache gestellt hatte, war selbst noch von einer kontinuierlichen Entwicklung seit der Zeit der ältesten sprachlichen Zeugnisse im Reich Karls des Großen ausgegangen. Er setzte dabei wie selbstverständlich voraus, dass der Motor der Spracheinheit in den jeweiligen politischen Machtzentren zu suchen sei. Müllenhoff hat daher ein Modell skizziert, das eine stets voranschreitende Entwicklung von Herrscherhaus zu Herrscherhaus, im Mittelalter also zunächst von Kaiserhof zu Kaiserhof, vorsah. Zwar steht es, wie wir bereits gesehen haben, außer Frage, dass die Höfe und Kanzleien der Karolinger, Habsburger und Luxemburger in Aachen, Wien oder in Prag (nur für die Staufer tut man sich schwer, ein Zentrum überhaupt zu benennen) zu ihrer Zeit einen Einfluss auf die Sprache und ihre Normen gehabt haben. Wir haben jedoch auch gesehen, dass die sprachlichen Leistungen der Karolingischen Renaissance und der mittelhochdeutschen (»staufischen«) Dichtersprache keinerlei Verbindung miteinander hatten und nicht weiterwirken konnten. Für die von Müllenhoff vermutete sprachliche Kontinuität zwischen den politischen Machtzentren gibt es folglich keinen Beweis. Der aus heutiger Sicht verfehlte Vorschlag, in den Herrscherhäusern und ihren Kanzleien die entscheidenden Triebkräfte der Sprachentwicklung zu sehen, lehrt uns, wie sehr sich das an Politik- und Verfassungsgeschichte orientierte Geschichtsverständnis der damaligen Zeit auf die Betrachtung der Sprachgeschichte auswirken konnte. Müllenhoff, der ansonsten ein bedeutender Germanist war und mit seinen Überlegungen der weiteren Forschung einen tragfähigen Grund gelegt hat, konzipierte also ganz im Geist des 19. Jahrhunderts eine »Sprachgeschichte von oben«.

Ein sehr viel differenzierteres Bild hat daher schon bald Konrad Burdach (1859–1936) zu zeichnen versucht. An der Vorherrschaft der Machtzentren und ihrer Kanzleien hielt zwar auch Burdach fest, aber er stellte einen einzigen Ort, den Prager Hof Kaiser Karls IV., in den Mittelpunkt seiner Überlegungen. Er tat dies deshalb, weil Prag nämlich nicht nur ein kaiserliches Machtzentrum, sondern nördlich der Alpen zugleich auch das erste Zentrum der im 14. Jahrhundert aufblühenden Rezeption der italienischen Renaissance war. Indem Burdach die Entstehung einer einheitlichen neuhochdeutschen Schriftsprache mit der Prager Renaissancekultur verband, konnte er Müllenhoffs starre Verbindung von Sprachgeschichte und politischer Geschichte überwinden. In den Vordergrund treten bei ihm humanistisch gebildete Persönlichkeiten wie der Kanzler Karls IV., Johannes von Neumarkt, in dessen Umfeld der erste Humanistenkreis nördlich der Alpen entstand, oder etwa Johannes von Tepl, der Verfasser des ACKERMANN VON BÖHMEN, deren Einfluss auf die Stilbildung und Sprachentwicklung hervorgehoben wird. Konrad Burdachs Schriftsprachenkonzept als Teil einer deutschen Bildungsgeschichte wurde allerdings selbst nicht unerheblich von einer »Renaissance-Mode« des ausgehenden 19. Jahrhunderts als einer Zeit des Übergangs bestimmt, die mit Jacob Burckhardts CULTUR DER RENAISSANCE IN ITALIEN (1860) einsetzt und sich besonders gegen den Verfall der Bildung im industriellen Zeitalter richtete. Diese Denkbilder hat Burdach bewusst oder unbewusst auf seine Fragestellung übertragen. Jedoch haben wir gesehen, dass die sprachliche Rolle Prags und der Prager Kanzlei durchaus wichtig, aber doch nicht ganz so herausragend war, wie Burdach dies angenommen hatte. Der Hinweis auf den Zusammenhang von Sprachgeschichte und Bildungsgeschichte bleibt zwar weiterhin wichtig, aber auch bei Burdach mündet dies noch ausschließlich in eine »Sprachgeschichte von oben«. Es wurde nur die Variable »hohe Politik« – dem Zeitgeist entsprechend – durch »Hochkultur« ausgetauscht.

Die politischen und gesellschaftlichen Veränderungen in den Jahren nach dem Ersten Weltkrieg führten aber schon bald zu einer Abkehr von Burdachs Vorstellung einer Sprachgeschichte als Bildungsgeschichte. Ein neues – radikal anders gestaltetes – Modell wurde daher etwa eine Generation später vom Leipziger Germanisten Theodor Frings (1886–1968) entwickelt. Er hielt nicht mehr die schriftlichen Texte und ihr sprachliches Zusammenwachsen für ausschlaggebend, sondern er sah den entscheidenden Impuls für die Entwicklung der neuhochdeutschen Schriftsprache in der gesprochenen Sprache. Schauplatz wäre dann der Raum im Osten des deutschen Sprachgebietes gewesen, der erst im Mittelalter von Westen her neu besiedelt wurde. Es steht außer Frage, dass sich die Siedler, die aus verschiedenen Regionen des Altreichs kamen, in ihrer neuen Umgebung untereinander verständlich machen mussten. Dass sich damit so etwas wie eine mündliche koloniale Ausgleichssprache entwickelt haben kann, leuchtet ein. Es gibt aber bisher keinen überzeugenden Beweis dafür, dass diese mündliche koloniale Ausgleichssprache zugleich auch für die Norm der Schriftsprache verantwortlich ist. Darüber hinaus haben wir ja auch gar keine Einblicke in den mündlichen Sprachgebrauch mittelalterlicher Siedler. Indem Frings die Daten des Marburger Sprachatlasses, die Ende des 19. Jahrhunderts zur Ermittlung der deutschen Dialektlandschaften gesammelt wurden, auf die mittelalterlichen Sprachverhältnisse zurückprojiziert, begibt er sich in methodischer Hinsicht also auf sehr dünnes Eis. Dennoch war das Modell sehr lange außerordentlich erfolgreich. Zum einen war es das wohl deshalb, weil Theodor Frings durch viele weitere Forschungsleistungen hervorgetreten war und als einer der bedeutendsten Germanisten seiner Zeit gelten kann. Zum anderen – und das scheint noch weitaus wichtiger zu sein – erfüllte sein Modell all jene Anforderungen, die damals von einem großen Teil der öffentlichen Meinung und der Politik vertreten wurden. Frings schreibt im Gegensatz zu seinen Vorgängern eine strikte »Sprachgeschichte von unten«. Die treibenden Kräfte sind Bauern und Siedler, keine Herrscherhäuser und keine hochgebildeten Humanisten. Ersetzen wir »Bauern und Siedler« durch »Volksgenossen«, so erkennt man schnell die äußere Nähe zur Ideologie des Nationalsozialismus. Auch der von Frings hervorgehobene Siedlungsraum östlich der Elbe war für die nationalsozialistische Politik von Anfang an von besonderem Interesse. Diese Überlegungen rücken den Menschen Theodor Frings nicht in die Nähe des Nationalsozialismus, sie machen aber verständlich, warum dieses Modell – als Gegenentwurf zu Burdachs bürgerlicher Bildungsgeschichte – so erfolgreich war. Und es blieb erfolgreich auch nach 1945 in der DDR, wo Frings nach Kriegsende ohne Unterbrechung auf seinem Leipziger Lehrstuhl weiterarbeiten konnte. Im »Arbeiter- und Bauernstaat« war die Fringssche »Sprachgeschichte von unten« weiterhin sehr willkommen.

Auch in der Bundesrepublik dominierte dieses Modell noch in den späten sechziger Jahren, bis sie sich unter dem Motto »mehr Demokratie wagen« von einem eher restaurativ geprägten Land langsam zu einer pluralistischen Gesellschaft wandelte. In diesem Klima wurde auch die Frage nach der Entstehung der neuhochdeutschen Schriftsprache ganz neu gestellt. Große Resonanz hat in den folgenden Jahrzehnten vor allem Werner Besch gefunden, der in methodisch vorbildlicher Weise zunächst nachweisen konnte, dass alle älteren Modelle den Entstehungsprozess der neuhochdeutschen Schriftsprache zu früh datieren. Weder die mittelalterlichen Herrscherhäuser insgesamt noch der Ausgleich der Siedlermundarten des 12. und 13. Jahrhunderts, noch die Prager Kanzlei Karls IV. um 1350 haben zu einer einheitlichen schriftsprachlichen Norm geführt. Ein solcher überregional gültiger Sprachstand ist auch um das Jahr 1500, also etwa am Vorabend der Wirkungszeit Martin Luthers, noch nicht erreicht. Zudem macht Besch in seinem pluralistischen Modell deutlich, dass es kaum vorstellbar sei, dass jeweils nur ein einziger Faktor für den komplizierten Entstehungsprozess verantwortlich ist. An die Stelle der älteren einsträngigen, monokausalen Modelle setzt er – ganz im Stile seiner Zeit – ein neues vergleichsweise polykausales Modell, dem die Vorstellung eines schreibsprachlichen Ausgleichs zugrunde liegt, der erst seit dem 16. Jahrhundert erfolgte und an dem alle Regionen beteiligt seien. Die neuhochdeutsche Schriftsprache erscheint damit in ihrer Gesamtheit als das Resultat eines vielschichtigen Mischungsprozesses. Um das Jahr 1500 stehen sich nämlich noch immer eine Vielzahl von lexikalischen und grammatischen Varianten gegenüber, etwa *suster* und *schwester* für ›Schwester‹, *oft* und *dicke* für ›oft‹, *gen* und *gan* für ›gehen‹ oder *gewest, gesin* und *gewesen* für das Partizip Präteritum von *sein*, darüber hinaus Graphien (Schreibweisen) und Satzmuster, die in der Regel alle als regionale Unterschiede gedeutet werden. Es ist also um 1500 noch immer nicht entschieden, welche Variante Teil der überregionalen Schriftsprache werden wird. Erst wenn die Varianten reduziert werden, kann es – seit dem 16. Jahrhundert – zu einem schriftsprachlichen Ausgleich zwischen den Regionen kommen. Der spezifische Verlauf dieses Ausgleichs soll dann mit Hilfe von vier »Regularitäten« aufgehellt werden: Es sei erwartbar, dass sich schließlich diejenigen Varianten durchsetzen, die im System dieser Regularitäten die größte Verbreitung finden. Besch unterscheidet:

- das Geltungsareal
- den Geltungsgrad
- die strukturelle Disponiertheit und
- die Landschaftskombinatorik.

Unter dem Blickwinkel des Geltungsareals setzt sich diejenige Sprachvariante durch, die an möglichst vielen Orten bereits verwendet wird, also bereits am weitesten verbreitet ist – so etwa *schwester* gegenüber *suster*. Unter dem Aspekt des Geltungsgrades entscheidet die Verwendungshäufigkeit im Vergleich zur geringeren Frequenz konkurrierender Varianten – so etwa *oft* gegenüber *dicke*. Die strukturelle Disponiertheit begünstigt dann diejenigen Varianten, die sich sprachlich gut in das gesamte System einfügen, die also den allgemeinen Tendenzen des Sprachwandels am besten entsprechen – so etwa *gewesen* als deutlich markierte Verbform mit starker Flexion gegenüber *gewest* und *gesin*. Der Faktor Landschaftskombinatorik begünstigt schließlich diejenigen Varianten, die im Spätmittelalter bereits in einer bestimmten Kombination von Sprachlandschaften verbreitet waren – so etwa östliches *gen* gegenüber westlichem *gan*. Besonders betrifft dies nämlich den ostoberdeutsch-ostmitteldeutschen Kernraum, der schon bei Burdach und Frings, wenngleich unter anderen Vorzeichen, im Vordergrund stand.

Es wird aber deutlich, dass wir im Grunde genommen die Frage, welche graphische, lexikalische oder grammatische Variante sich in diesem Ausgleichsprozess durchsetzt, in jedem einzelnen Fall gesondert beantworten müssen. Dieser Vorgang ist also unendlich viel komplizierter als in den meisten anderen europäischen Sprachen, wo es eben der Sprachgebrauch des politischen Machtzentrums war, der mehr oder weniger als Ganzes zur Standardsprache erhoben wurde. Im hochdeutschen Sprachraum wächst diese Norm – zumindest im Ausgleichsmodell Werner Beschs – stattdessen aus den einzelnen Varianten aller Sprachlandschaften erst nach und nach zusammen.

Ganz ohne Zweifel sind die hier kurz skizzierten Regularitäten wichtige Prinzipien für die Erklärung der Entstehung der neuhochdeutschen Schriftsprache. Der polykausale Ansatz kam zudem den gesellschaftlichen Erwartungen, das relativ komplexe, am Strukturalismus geschulte Beschreibungssystem den Erwartungen des Faches entgegen. Im Zuge der pragmatischen Wende der 1970er und 1980er Jahre wurde dann aber mehr und mehr deutlich, dass dieses Modell doch einen Schönheitsfehler hat: Es beschreibt aus heutiger Perspektive, welche Variante sich durchgesetzt hat, es kann die Gründe dafür aber nicht erklären. Die Regularitäten sind gewissermaßen die Rahmenbedingungen des Sprachwandels, sie erklären aber nicht, warum eine Variante über ein größeres Geltungsareal oder einen höheren Geltungsgrad verfügt. Es fehlt noch der Rückgriff auf die Sprecher, deren Motive für die Bevorzugung einer bestimmten Variante in einem ausschließlich sprachgeographischen Modell unklar bleiben.

Ausgehend von diesen Überlegungen hat Klaus Jürgen Mattheier zu Beginn der 1980er Jahre am Beispiel der Geschichte des Übergangs von einer lokalen ripuarischen zu einer hochdeutschen Schreibvarietät bei Kölner Druckern des 16. Jahrhunderts gezeigt, dass sich die regionalen Schreiblandschaften nicht in einem anonymen Ausgleichsprozess befinden. Seine Überlagerungsthese erweitert das sprachgeographische Modell um eine soziolinguistische Dimension. Wenn man nämlich nach den Gründen für den Geltungsgrad und das Geltungsareal fragt, dann muss man Raum für das Merkmal »Geltungshöhe« schaffen. Die Bereitschaft zur Übernahme neuer Varianten oder einer ganzen Varietät setzt voraus, dass verschiedene Varietäten nicht nur in Kontakt miteinander stehen, sondern dass zwischen ihnen ein Sprachprestigegefälle besteht. Gibt es Sprachkontakt ohne Prestigegefälle, dann kommt es nur zu marginalen Beeinflussungen. Wenn es aber ein Sprachprestigegefälle gibt, dann müssen die Sprecher über Sprachbewertungsmuster verfügen, die dann zu einer unterschiedlichen Geltungshöhe einzelner Varietäten führen. Auf dieser Grundlage war die Entscheidung der Kölner Drucker, sich einer hochdeutschen Varietät anzuschließen, ein bewusster Vorgang.

Hier knüpft Oskar Reichmanns These von der »Vertikalisierung des Varietätenspektrums« an. Während Mattheiers Modell als eine – wenngleich zentrale – Ergänzung der Besch'schen Ausgleichsthese gelten kann, verschieben sich die Begründungszusammenhänge durch Reichmanns Vertikalisierungs-These noch einmal ganz grundsätzlich. Ausgangspunkt seiner Überlegungen sind nicht die einzelnen regionalen Varietäten, sondern der Wortschatz des Frühneuhochdeutschen insgesamt. Betrachtet man nämlich die Bedeutungen von Wörtern der frühneuhochdeutschen Zeit, so stellt man fest, dass die meisten von ihnen über ein sehr großes Bedeutungsspektrum verfügen. Auffällig sind etwa fnhd. *abenteuer* mit 17, *abhauen* mit 11, *abrichten* mit 10 oder *abschlagen* mit 27 unterschiedlichen Verwendungsweisen. Auf dem Weg zur Gegenwartssprache gehen dann offenbar viele dieser Verwendungsweisen verloren, für *Abenteuer* verzeichnet der Duden nur noch 4, für *abhauen* noch 5, für *abrichten* noch eine und für *abschlagen* noch 9. Diese Tendenz zur Monosemierung ist zu erwarten, denn die untergegangenen Wortbedeutungen könnten im Sinne des sprachlandschaftlichen Geltungsareals und Geltungsgrads gerade diejenigen sein, die sich im Entstehungsprozess der neuhochdeutschen Schriftsprache nicht durchgesetzt haben. Oskar Reichmann hat aber gezeigt, dass in den meisten Fällen auch solche Verwendungsweisen aufgegeben werden, die nicht nur an eine Schreiblandschaft gebunden sind. Vereinzelt – wie bei *Abenteuer* und anderen Lexemen der ritterlichen Kultur – führt der Untergang von Lebensformen, und damit einhergehend der Untergang ihrer Textsorten, auch zum Untergang von Wortbedeutungen. Mit regionalen Ausgleichsprozessen dürfte dieser Sachverhalt kaum etwas zu tun haben. So wie nun aber das Rittertum und die ritterliche *aventiure* im Laufe der Jahrhunderte an Prestige verloren haben, so ist auch in vielen anderen Fällen das Prestige, also die

Geltungshöhe, von Wörtern und Wortbedeutungen für ihr Verschwinden verantwortlich. Dieses Verschwinden führe, vereinfacht gesagt, schrittweise zu einer Variantenreduktion, die Variantenreduktion dann zu einer relativ einheitlichen Schriftsprache. Die Ursache für diese Reduktion wird sprachsoziologisch begründet: Während die Varietäten des Deutschen bis ins 15. Jahrhundert hinein von den Sprechern und Schreibern nach Reichmann »in einem Verhältnis gesehen wurden, das wesentlich stärker durch ihre Andersartigkeit als durch unterschiedliche Wertungshöhe gekennzeichnet war«, hat sich diese Einschätzung im 16. Jahrhundert grundsätzlich geändert. »Das Überregionale und den gehobenen Varietäten Zugehörige« werde »tendenziell als richtig, das Raumgebundene tendenziell als falsch hingestellt und vorausgesetzt.« Die Entwicklung mündet in »eine alles umfassende sprachsoziologische Umschichtung der bis ins 16. Jahrhundert auf annähernd gleicher Wertebene horizontal nebeneinander stehenden Vielheit von Varietäten zu einem spätestens seit dem Frühbarock vertikal organisierten, von oben nach unten geschichteten Übereinander. Die unteren Positionen der neuen Varietätenpyramide unterliegen einer zunehmenden Ausrichtung nach den oberen Positionen hin.« Wörter und Wortbedeutungen haben also dann am wenigsten Aussichten, in das hochsprachliche Lexikon einzugehen, wenn sie an die unteren Schichten gebunden waren. Demgegenüber sind ihre Aussichten dann besonders gut, wenn sie von Sprechern und Schreibern verwendet wurden, deren Sprache als vorbildlich galt.

So ist es kein Wunder, dass auch das Nachdenken über Sprache, die Bemühungen um Sprachkultivierung bis hin zur kulturpatriotischen und nationalkulturellen Instrumentalisierung im 16. Jahrhundert ihren Anfang nahmen. Es steht in der Tradition des »rheinischen Klosterhumanismus«, in der Johannes Butzbach (1477–1516), der Prior der Abtei Maria Laach, als einer der Ersten festgehalten hatte, dass es ein Kennzeichen der drei heiligen Sprachen Hebräisch, Griechisch und Lateinisch sei, eine Grammatik zu besitzen. Sollte das Deutsche auch eine heilige Sprache sein, dann musste es ebenfalls einer grammatischen Beschreibung zugänglich sein. In dichter Folge entstanden daher im 16. Jahrhundert – zumeist noch einfache, am Lateinischen orientierte und meist auf das einheitliche Lesen und Schreiben ausgerichtete Darstellungen, anfangs auch noch selbst – so von Johannes Coclaeus (1511 Straßburg) – in lateinischer Sprache. Es schlossen sich an: Johannes Kolroß (1529 Nürnberg, 1530 Basel), Fabian Frangk (1531 Wittenberg), Valentin Ickelsamer (1534; 1537 Nürnberg), Ortolf Fuchsperger (1542 Ingolstadt), Laurentius Albertus (1573 Augsburg), Johannes Clajus (1578 Leipzig). Die Autoren boten so im Sinne des Humanismus eine Legitimation für die Aufwertung der deutschen Sprache.

Der Schlesier Fabian Frangk gibt 1531 in seiner ORTHOGRAPHIA die Anleitung, »Woraus man Recht vnd rein deutsch lerne«:

> *Aber das fürnemlichst / so zu dieser sach förderlich vnd dienstlich / ist / das man gutter Exemplar warnehme / das ist / gutter deutscher bücher vnd verbriefungen / schriftlich oder im druck verfast vnd ausgangen / die mit vleisse lese / vnd jnen jn dem das anzunehmen vnd recht ist / nachuolge. Vnder welchen mir ettwan / des tewern (hochlöblicher gedechtnus) Keiser Maximilians Cantzlej vnd dieser zeit / D. Luthers schreiben / neben des Johan Schönnsbergers von Augsburg druck / die emendirtsten vnd reinsten zuhannden komen sein.*

Die von Frangk benannten sprachlichen Vorbilder und die mit ihrem Sprachgebrauch verknüpfte Dominanz des Ostoberdeutschen – von der Kanzlei Kaiser Maximilians bis zur Augsburger Druckersprache der Druckerei Schönspergers – und des mit Luther verbundenen Ostmitteldeutschen bringen dann aber letztlich doch wieder sprachgeographische Aspekte in die Diskussion ein, dies aber mit dem Unterschied, dass sie jetzt nicht mehr als primär, sondern als Folge des Prestiges dieser Sprachformen aufgefasst werden können. Wie aber Luther neben den als vorbildlich erklärten traditionsreichen süddeutschen Kanzlei- und Druckersprachen schon früh in den Rang eines sprachlichen Vorbilds erhoben werden konnte und welche Rolle ihm im weiteren Verlauf der Sprachgeschichte zukommt, soll im nächsten Abschnitt behandelt werden.

4.3 Von den Kanzleisprachen zum Luther-Deutsch

Die verschiedenen Thesen und Modelle zur Erklärung der Entstehung der neuhochdeutschen Schriftsprache betonen wahlweise die Bedeutung von als vorbildlich gedachten Kanzleien, des primär mündlichen Sprachausgleichs der Siedlermundarten in den neu kolonisierten Ostgebieten, des Ausgleichs zwischen allen Sprachlandschaften und der zunehmenden Vertikalisierung des Varietätenspektrums. In vielen der älteren Modelle nehmen die spätmittelalterlichen und frühneuzeitlichen Kanzleisprachen eine zentrale Stellung ein. Dies nicht zuletzt deshalb, weil man im 20. Jahrhundert trotz der Warnung Burdachs, dass man die »gemeinsprachliche Bewegung« nicht »von der Lautlehre aus« erklären könne, seit Frings zur Klärung der Frage nach der Entstehung der neuhochdeutschen Schriftsprache vor allem die Entwicklung der Laute und Schreibungen für entscheidend hielt. So formulierte Frings 1956: »Schriftsprache ist im Ersten Einheit im Gerüst, in den Lauten, auch Buchstaben, in den Formen, ein geschichtlich gewordenes in sich geschlossenes, lautliches und flexivisches Gefüge. Alles andere, Wörter und Satzbildung, ist beweglicher Zusatz.« Und tatsächlich haben die Kanzleisprachen in syntaktischer Hinsicht mit Ausnahme der Prager Kanzlei König Wenzels kaum einen nennenswerten Vorbildcharakter. Die lange am Lateinischen orientierten komplexen Satzperioden waren durchaus geeignet, rechtliche Sachverhalte möglichst genau darzustellen, für den alltäglichen Schriftverkehr eigneten sie sich aber kaum. Dennoch sind die Kanzleisprachen für die Entwicklung des Deutschen wichtig, da zumindest die Kanzlei Karls IV. – wie S. 98 beschrieben – Vorbild für die Ausbreitung lautlicher Neuerungen sein konnte. Vor allem aber führte auf der Ebene der Lexik die Notwendigkeit zur Ausbildung einer Rechts- und Verwaltungssprache seit dem Ende des 13. Jahrhunderts zu so zahlreichen Neuerungen, dass in deren Folge eine neue kanzleisprachliche Terminologie entstand. Mehr und mehr – soweit wir das heute beurteilen können – allgemeinsprachliche mittelhochdeutsche Wörter erhalten nach Ausweis des »Wörterbuchs der mittelhochdeutschen Urkundensprache« neue fachsprachliche Verwendungsweisen, die sich in frühneuhochdeutscher Zeit weiter ausdifferenzieren.

Neben der Bedeutung ›Vergebung der Sünden‹ bildet sich etwa für mhd. *abelâz* in der mittelhochdeutschen Urkundensprache auch die Bedeutung ›Abzug, Minderung‹ (als geldwirtschaftlicher Begriff) heraus; neben ›Bitte, Wunsch, Aufforderung‹ erscheinen für mhd. *bete* in der Urkundensprache die Bedeutungen ›Fürsprache, rechtliche Untersuchung, Forderung‹; neben ›etw. (Klares) trübe machen, verdunkeln‹ erscheint für mhd. *betrüeben* in der Urkundensprache auch ›beeinträchtigen, schädigen‹; neben ›einen Entschluss fassen, sich zu etw. entschließen, anschicken; auf etw./jmdn. verzichten, etw./jmdn. aufgeben; jmdn. bewegen‹ tritt für mhd. *bewegen* in der Urkundensprache ›bewegen, veranlassen, (Klage) anstrengen‹; neben ›Besserung, Verbesserung; Bestrafung, Züchtigung‹ erscheinen für mhd. *bezzerunge* in der Urkundensprache die Bedeutungen ›Schadenersatz, Wiedergutmachung, Sühneleistung, Ausbesserung (einer Brücke), Aufbesserung, Gewinn, Mehrertrag, Erlös, Tadel, Rüge‹ sowie ebenfalls ›Verbesserung‹. Für die weitere Ausdifferenzierung in frühneuhochdeutscher Zeit soll das Beispiel fnhd. *besserung* genügen, für das im FRÜHNEUHOCHDEUTSCHEN WÖRTERBUCH noch weitere kanzleisprachliche Verwendungsweisen bezeugt sind:

besserung 1. ›Besserung, Verbesserung des Zustandes‹, etwa mit der dortigen Bedeutung d) ›wirtschaftlicher Mehrwert‹, e) ›Verbesserung der Rechtslage (insbesondere des Urteils)‹, f) ›Beglaubigung einer Urkunde‹, j) ›wirtschaftlicher Gewinn, Ausbeute im Bergbau‹;
besserung 2. ›Ausbesserung, Instandhaltungstätigkeit, Reparatur‹;
besserung 3. ›Bewirtschaftung, Nutzung von etw.‹;
besserung 7. ›Ersatzleistung, Gegenleistung, Buße, Genugtuung, Entschädigung, Vergeltung, Sühneleistung‹;

besserung 8. ›Strafe, jmdm. infolge eines Verstoßes auferlegte körperliche Peinigung (oft in Relation zum Verstoß), finanzielle Abgabe, Buße, Verbannung‹.

In lexikalischer Hinsicht scheinen die Kanzleisprachen also nicht in erster Linie zur Variantenreduktion und damit zu einer Standardform zu führen, die in eine überregionale Schriftsprache einmünden könnte. Vielmehr erweitern sie das Varietätenspektrum des Deutschen um eine im Laufe der Jahre voll ausgebildete, praxiserprobte Rechtssprache. Man könnte geneigt sein, dies für eine weit größere Leistung zu erachten als die Durchsetzung einer einzigen, für alle verbindlichen Standardnorm, deren konkrete Gestalt durch kontinuierliche Sprachwandelprozesse ohnehin stets flüchtig und vergänglich bleibt. Es scheint daher ratsam, auch alle anderen sprachlichen Entwicklungen des späten Mittelalters und der frühen Neuzeit nicht ausschließlich im Hinblick auf ihre »Standardtauglichkeit«, sondern zuerst unter dem Aspekt der Herausbildung von neuen Varietäten zu betrachten. In frühneuhochdeutscher Zeit beobachten wir also zunächst statt einer Variantenreduktion zur Ausbildung einer Standardnorm der Schriftsprache vielmehr eine Variantenerweiterung zur Ausbildung von neuen fachsprachlichen Varietäten in Recht, Wissenschaft und öffentlichem Leben.

Eine solche neue Varietät, die dann auch fraglos wieder Rückwirkungen auf die Entwicklung einer Standardnorm gehabt hat, wurde besonders durch Martin Luthers Predigten, seine Tischreden und vor allem durch seine Übersetzung des Alten und Neuen Testaments geformt. Mit der Bibelübersetzung verbunden ist seine katechetisch-liturgische Übersetzungsintention, die zu einer vollständigen Verdeutschung des Gottesdienstes führte. Zwar ist auch diese »Bibelsprache« – ebenso wie die Rechts- und Verwaltungssprache der Kanzleien – ohne die jahrhundertealte lateinische Schriftkultur kaum denkbar, und gerade Luther hat sich stets in theologischer wie humanistischer Tradition für die Kenntnis und Förderung der alten, im biblischen Sinne heiligen, Sprachen eingesetzt. Er hat die zeittypische Ausbildung in (lateinischer) Grammatik, Logik und Rhetorik durchlaufen, entsprechende rhetorische Elemente begegnen in seinen Texten auf Schritt und Tritt. Wie er sich diese *Beredsamkeit* oder *wolredenheit* – nach griech. *eulogia* – vorstellt, zeigt das folgende Zitat aus Luthers TISCHREDEN (Aurifaber, Kapitel 22):

EJn Prediger iſt wie ein Zimmermann / ſein Jnſtrument und Werckzeug iſt Gottes Wort / weil die Zuhörer / mit denen er zuthun vnd zu arbeiten hat / vnderſchiedlich vnd mancherley ſind / Darumb ſoll er nicht ſtets ein Lied ſingen / vnd im lehren einerley fürtragen [= fortwährend in derselben Tonart lehren] /

> *ſondern nach dem die Zuhőrer mancherley ſind* [= entsprechend den Unterschieden unter den Zuhörern] / *bißweilen dråwen / ſchreckē / ſtraffen / ſchelten / trősten / ſůhnen.*

In diesem Ausspruch schwingt die aristotelische Affektenlehre und die antike Dreierfunktion der rhetorischen Wirkung: *movere* (bewegen), *docere* (belehren) und *delectare* (erfreuen). Zu ihr gehört – wie es für die plastische Schilderung der Lebenswirklichkeit der biblischen Bücher erforderlich ist – auch die Sphäre der Affekte und Emotionen, die »Sprache des Herzens«: In der Bibel sei »das Herz das geistige Erkenntnisorgan des Menschen, das innerste, äußerem Zugriff entzogene und nur Gott einsichtige Zentrum seiner Persönlichkeit. Im Herzen vollzieht sich die Begegnung mit Gott. Herz und Verstand sind noch unlöslich miteinander verknüpft. Das Denken vollzieht sich im Herzen«, so Birgit Stolt. In diesem Sinne sind Fühlen und Denken nicht voneinander getrennt, sondern sie wohnen am selben Ort. Daher ist es nicht allein die intellektuelle Verständlichkeit, die Luther bei der Anlehnung an die Alltagssprache wichtig war, sondern darüber hinaus auch ein Ausdruck für die aus dem Gefühl gespeiste Kraft, Energie und Farbigkeit. Es gelang ihm, diese im Deutschen zuvor meist der Mündlichkeit vorbehaltenen Elemente in die Schriftlichkeit zu überführen. So entstand ein vorher nicht dagewesener Stil, der die Menschen offensichtlich unmittelbar berührt hat. Damit steht Luther in der Tradition des römischen Rhetorikers Quintilian, der stark auf die deutschen Humanisten eingewirkt und ebenfalls die Bedeutung des Gefühls betont hat.

Zu den charakteristischen Merkmalen der »Bibelsprache«, die Birgit Stolt zusammengetragen hat, zählt die Aufforderung *siehe*: »Vnd ſiehe / es geſchach ein gros erdbeben / Denn der Engel des Herrn kam vom himel herab [...]«; »Fůrchtet euch nicht / Siehe / ich verkůndige euch groſſe frewde«. Dieser Imperativ tritt nur in Verbindung mit Erscheinungen auf, etwa bei Engeln und dem auferstandenen Christus, und steht stets im Singular, und zwar selbst dann, wenn mehrere Personen angesprochen sind und nach den Regeln auch des zeitgenössischen Sprachgebrauchs der Plural *sehet* folgen müsste. Der Singular, der dem griechischen Urtext nachgebildet ist, wirkt als ein Signal, das auf die besondere heilsgeschichtliche Bedeutung des Erzählten hinweist und damit die Rezeption des Textes steuert. Auch die Formel »es begab sich« zeigt den Lesern und Hörern an, dass nun etwas geschehen wird, das sakrale Andacht und Aufmerksamkeit erfordert, etwa am Anfang der »Weihnachtsgeschichte«, Lukas 2, 1–20: »ES begab ſich aber ʒu der Zeit / das ein gebot von dem Keiſer Augusto ausgieng.« Völlig anders wirkt dagegen das behagliche »es war einmal« der Grimmschen Kinder- und Hausmärchen. Luthers »es begab sich« bildet das griechische *egeneto de* genau nach und war zuvor im deutschen Sprachraum noch nicht gebräuchlich. Weitere Merkmale für Luthers »Bibeldeutsch« sind die Aneinanderreihung von Sätzen mit der Konjunktion *und*: »Vnd es waren Hirten jnn der ſelbigen Gegend auff dem felde / [...] Vnd ſihe, des Herrn Engel trat ʒu jnen / vnd die klarheit des Herrn leuchtet vmb ſie vnd ſie furchten ſich ſeer. Vnd der Engel ſprach ...« Auch hier wird wieder nicht die Alltagssprache nachgebildet, sondern ein Stilelement des griechischen Urtexts übernommen. Selbst schon die Mentel-Bibel von 1466 verfährt an vielen Stellen ganz ähnlich. Ebenso zu beurteilen ist die Verwendung von *aber* an der zweiten oder dritten Stelle im Satz: »da ſie es aber geſehen hatten ...«, »Maria aber behielt alle dieſe wort«. Beide Konjunktionen sind in dieser Funktion wichtige Elemente des sakralen Erzähltons. Auch die zweigliedrige finale Subjunktion *auf das* gehört in diesen Zusammenhang.

Charakteristisch für das »Bibeldeutsch« wurden zudem rhythmische Alliterationen wie *Gottes große gaben, toll und töricht* oder *frewen und frölich*, Aufzählungen wie *geleret, bekeret, getaufft und zu Christo gebracht*, rhetorische Fragen, neue Wortbildungen, neue Wortbedeutungen und die Neustrukturierung bestimmter Wortfelder. Peter von Polenz stellt in seiner Sprachgeschichte einige Beispiele für Luthers »Wortmacht« zusammen: Markante substantivische Komposita sind *Feuereifer, Götzendienst, Langmut, Lückenbüßer* oder *Machtwort*, im Bereich der Adjektive *friedfertig, gastfrei, kleingläubig* oder *wetterwendisch*. Schlüsselwörter aus Luthers Theologie der unmittelbaren Mensch-Gott-Beziehung sind *Buße, Glaube, Gnade, Freiheit, Rechtfertigung, Vergebung* und *Versöhnung*, denen er neue Verwendungsmöglichkeiten hinzufügt. Neue religiöse Bedeutungen erhalten *Gemeinde, gerecht* oder *fromm*, dessen ältere Bedeutung ›rechtschaffen‹ noch im Turnerspruch »frisch, fromm, fröhlich, frei« fortlebt. Schon Hans Sperber hat darauf hingewiesen, dass auch der Bedeutungswandel des Wortes *Beruf*, das zunächst etwa ›Berufung‹ bedeutete, auf Luther zurückzuführen sei: Er erblickte in der Ausübung gewerblicher Arbeit, die im Mittelalter als profan galt, nun eine gottgewollte sittliche Mission. Bis dahin hatte man Arbeit als eine Strafe, bestenfalls als notwendiges Übel, in jedem Fall als Mühsal und Plage angesehen, jetzt wird sie geadelt. Der heutige Sinn von ›Handwerk, Fachtätigkeit‹ wird wohl erst bei Luther begründet. Auch ganze Wortfelder werden neu strukturiert, etwa der Gebrauch von *Verstand, Vernunft, Weisheit* und *Klugheit, Krieg* und *Streit, krank* und *schwach* oder *gesund* und *stark*. Schließlich sind es auch die Sprichwörter und Redensarten wie »Wer andern eine Grube gräbt, fällt selbst hinein«, »Der Geist ist willig, aber das Fleisch ist schwach«, »sein Licht unter den Scheffel stellen«, »der Stein des Anstoßes« oder »ein Dorn im Auge«, die das »Bibeldeutsch« prägen. Luther hat zu diesem Zweck selbst eine Sprichwörtersammlung angelegt: Diese ist – wie seine Bibelübersetzung insgesamt – das Ergebnis lebenslanger Spracharbeit.

Im SENDBRIEF VOM DOLMETSCHEN erläutert Luther 1530 selbst seine Absichten und seine Übersetzungsprinzipien:

> *[...] denn man mus nicht die buchſtaben jnn der Lateiniſchen ſprachen fragen / wie man ſol Deudſch reden / wie dieſe Eſel thun / Sondern man mus die mutter jhm hauſe / die Kinder auff der gaſſen / den gemeinen man auff dem marckt drůmb fragen / vnd den ſelbigen auff das maul ſehen / wie ſie reden / vnd darnach dolmetzſchen / ſo verſtehen ſie es denn / vnd mercken / das man Deudſch mit jn redet.*

Damit ist gewiss zu einem guten Teil die Verständlichkeit des Textes gemeint. Die älteren Bibelübersetzungen waren nämlich in der Regel gar nicht zum Selbstlesen gedacht, sondern sollten die lateinische Vulgata nur nachahmen und zum besseren Verständnis durchsichtiger machen. Ihre mitunter recht hölzerne Ausdrucksweise ist also nicht so sehr eine Folge sprachlichen Unvermögens, sondern vielmehr Ergebnis eines ganz anders gelagerten Übersetzungszieles. Beim Bibeltext kam es für die Altgläubigen einerseits auf jedes einzelne Zeichen an, andererseits war es überhaupt nicht vorgesehen, dass – nicht lateinisch gebildete – Laien die Bibel selbst lesen sollten. Die Vermittlung von Gottes Wort hatte ausschließlich über die dazu geweihten Geistlichen zu erfolgen. Zu deren Unterstützung und Ausbildung durfte behutsam Wort für Wort aus dem Lateinischen übertragen werden; die göttliche Offenbarung selbst konnte aber nur vom Originaltext ausgehen. Luther bricht mit diesen älteren Ansichten radikal. Er will den Bibeltext allen Menschen zugänglich machen und strebt dafür keine »Wort-für-Wort-Übersetzung« an, sondern versucht, den Sinn des Textes wiederzugeben. Die Übersetzung ist bei Luther nicht länger an der Ausgangssprache und am Prinzip der Wort-für-Wort-Übersetzung ausgerichtet, sondern erstmals auf die Zielsprache orientiert und bewusst interpretatorisch nach dem Sinnprinzip angelegt. Dazu dient als Beispiel Daniel 5,4, in der Gegenüberstellung von lateinischem Vulgata-Text, der bereits erwähnten Straßburger Mentel-Bibel von 1466 und der Luther-Bibel in der Redaktion von 1546:

Vulgata	**Mentel-Bibel**	**Luther**
Bibebant vinum et laudabant deos suos aureos et argenteos et aereos ferreos ligneosque et lapideos.	*Sy truncken den wein vnd lobten ir gŏt, die guldin vnd die ſilbrin vnd die erin vnd die eyſnin vnd die húltʒin vnd die ſteinin.*	*Vnd da ſie ſo ſoffen, lobeten sie die gülden, ſilbern, ehren, eiſern, hültʒern vnd ſteinern Götter.*

Erst bei Luther ist der Satz ohne Rückgriff auf das Latein als Ganzes zu erfassen. Auf der Wortebene selbst finden sich nur wenige Veränderungen. Eher ist es der Ton, den Luther trifft, die Emotionen, die Luther aufbaut, und damit eine Welt, die den Menschen auch im Alltag vertraut war: *Vnd da sie so soffen...* eröffnet eine völlig andere Szenerie als *sy trunken den wein* oder **Vnd da si so tranken*. Dies ist sicher keine Änderung, die der überregionalen Verständlichkeit geschuldet ist, hier geht es vielmehr um eine volksnahe Sprache überhaupt. Man könnte sie im Gegensatz zur meist abstrakt-distanzierten Schriftsprache der Kanzleien als »Sprache der Nähe« bezeichnen.

Zwar betont Luther 1522 in einer seiner Tischreden das sprachliche Vorbild der beiden wichtigsten großen Kanzleien des deutschen Sprachraums:

> *Jch rede nach der ſåchſiſchen Canƺeley, welcher nachfolgen alle Fůrſten und Kőnige in Deutschland; alle Reichſtådte, Fůrſten-Hőfe ſchreiben nach der ſåchſiſchen und unſers Fůrſten Canƺeley, darumb iſts auch die gemeinſte deudſche Sprache. Keiſer Maximilian, vnd Kurf. Friedrich, H. zu Sachſen etc. haben im rőmiſchen Reich die deudſchen Sprachen alſo in eine gewiſſe Sprache geƺogen.*

Durch die Orientierung an diesen Vorbildern erklärt sich aber allenfalls ein Teil der »Bibelsprache«. Wichtig ist, dass diese Kanzleien die verschiedenen Varianten des Deutschen bereits »in eine gewiſſe Sprache gezogen« haben. Zumindest für die östliche Hälfte des Sprachraums war also schon vor Luther die Basis für eine überregional verständliche Schriftform geschaffen. Die tatsächliche Bedeutung der sächsischen Kanzlei im alltäglichen Sprachgebrauch der Zeit dürfte aber von Luther überschätzt worden sein. Auch die besondere Rolle der großstädtischen Handelsmetropole Nürnberg und ihre Klammerfunktion zwischen dem bairisch-oberdeutschen Sprachraum im Süden und dem fränkisch-ostmitteldeutschen im Norden ist von der Forschung noch nicht genügend untersucht worden. Was aber in jedem Fall noch fehlte, war die Möglichkeit, diese Sprache auch außerhalb von amtlichen und fachlichen Kontexten erfolgreich einzusetzen. Erst Luther füllt für das 16. Jahrhundert diese Lücke, indem er die Mündlichkeit und die »Sprache des Herzens« in diese Schriftform einpflanzt. Mit diesen beiden zusätzlichen Impulsen erreicht er in seiner »Bibelsprache« eine unerwartet große Zahl von Menschen und durchbricht damit als Erster nicht nur die noch immer bestehenden regionalen Sprachschranken zum Westmitteldeutschen und Westoberdeutschen. Es gelingt ihm überhaupt als Erstem, das Medium des geschriebenen und gedruckten Wortes für eine größere Zahl von Menschen in allen Landesteilen attraktiv zu machen. Das hinter seiner Übersetzung stehende Menschenbild hat viele Zeitgenossen so stark angezogen, dass sie sich an die Lektüre der Bibel machten, auch wenn sie sprachlich manche Schwierigkeiten bot. Der Germanist und Luther-Forscher Herbert Wolf hat es so formuliert: Luther ist »somit als erster Autor anzusehen, der eine geistige Bewegung durch den Buchdruck zum Erfolg führt«.

Luthers Thesen gegen die Ablasspraxis (1517) und seine Schrift AN DEN CHRISTLICHEN ADEL DEUTSCHER NATION (1520) artikulieren den großen Unmut über die kirchlichen und politischen Zustände der Zeit. Der Historiker Heinz Thomas bezeichnet die Adelsschrift als »die bis dahin umfassendste Zusammenstellung der Gravamina [Kritikpunkte] wider das Papsttum«. Es setze »ein Prozeß des Umdenkens« ein, an dessen Ende die »geistige Mündigsprechung des gemeinen Mannes und der Volkssprache« und die Entdeckung des Individuums in seiner ausschließlichen Verantwortung vor Gott stehe. Wir können nur erahnen, welche Sprengkraft Luthers Worte in seiner Schrift VON DER FREIHEIT EINES CHRISTENMENSCHEN (1520) für seine Zeitgenossen gehabt haben müssen:

> *»Eyn Chriſten menſch ist eyn freyer herr / über alle ding vnd niemandt vnterthan.«* Und: *»Eyn Chriſten menſch ist eyn dienſtpar knecht aller ding vnd yderman vnterthan.«*

Von hier aus führen, wie Werner Besch gezeigt hat, einerseits Wege in den Bauernkrieg, »der sich zu einer Gefährdung der Reformation auszuwachsen droht« – auch wenn Luther hier politisch keinen emanzipatorischen Freiheitsbegriff vertritt –, »mehr noch aber Wege zur Bibel hin, zum Fundament persönlichen Glaubens«. Die Bibel, besonders das Neue Testament, gilt als »Grundgesetz eines freien Christenmenschen«, ist »Adelsbrief« des bis dahin zumeist verachteten und unterdrückten »gemeinen Mannes«. So erklären sich die enorm gesteigerte Nachfrage nach der Bibel, die verstärkte Alphabetisierung und schließlich die Durchsetzung einer Sprachform auf ostmitteldeutsch-ostoberdeutscher Grundlage. Es ist – um noch einmal Werner Besch zu zitieren – »nicht in erster Linie Luther, der das bewirkt, sondern die Bibel. Von daher wiederum, von einer Volksfrömmigkeit bisher nicht gekannten Ausmaßes auf der Grundlage der Lutherbibel, gewinnt unsere Schriftsprache ihre überregionale Kontur.«

Die sprachlichen Schwierigkeiten, die dem Verständnis von Luthers Bibeldeutsch im Wege standen, waren naheliegenderweise nicht so groß in Luthers heimischem ostmitteldeutschem Sprachraum »der sächsischen Canzeley« und auch nicht im südlich benachbarten Ostoberdeutschen, dem Einflussgebiet der Wiener Kanzlei Kaiser Maximilians, da in diesen beiden Großräumen schon – durch die großen Kanzleien, aber auch in biblischer Hinsicht durch die Augsburger, teils bei Schönsperger gedruckten Bibelübersetzungen des 15. Jahrhunderts vorbereitet – gewisse Gemeinsamkeiten bestanden. Zwar lässt sich bisher kein präzises Abhängigkeitsverhältnis zu älteren Übersetzungen nachweisen, doch ist davon auszugehen, dass Luther mit dieser vorreformatorischen Übersetzungstradition vertraut war. Auch deshalb ist für die Luthersprache der auf Werner Besch zurückgehende Gedanke einer »ostmitteldeutsch-ostoberdeutschen Schreiballianz« naheliegend.

Trotz der großen Unterschiede der Sprachformen um 1500, die wir am Anfang des Kapitels bereits kennengelernt haben, überwog die Anziehungskraft der Lutherischen Bibelsprache. Dies erkennend hat der Baseler Drucker Adam Petri schon 1523 Luthers Bibelübersetzung mit einem Glossar versehen:

> *Adam Petri.*
> *Lieber Chriſtlicher Leser / So ich gemerckt hab / das nitt yederman verſton mag ettliche wőrtter im yetʒt grůndtlichen verteutſchtē neuwen teſtament / doch die ſelbigen wőrtter nit on ſchaden hetten mőgen verwandlet werdē / hab ich laſſen die ſelbigen auff vnſer hoch teutſch außlegen vnd ordenlich in ein klein regiſter / wie du hie ſiheſt / fleißlich verordnet.*
>
> (»Lieber christlicher Leser, da ich bemerkt habe, dass nicht jeder gewisse Wörter im jetzt gründlich verdeutschten Neuen Testament verstehen kann, diese Wörter jedoch nicht ohne Schaden hätten ausgewechselt werden können, habe ich sie auf unser Hochdeutsch wiedergeben lassen und fleißig, wie du hier siehst, in ein kleines Register eingefügt.«)

Das Titelblatt, Basel 1523, kündigt an: *Die auſslendigen Wörtter / auff unſer teutſch angezeigt.* Etwa 200 Wörter werden erklärt. Zur Verdeutlichung folgt hier der Anfang des Glossars:

> A
> *ånlich – gleich.*
> *Affterreden – nachreden.*
> *Alber – nerriſch / fanteſchtiſch.*
> *Altuåtteliſch fabel – alter wiber merlin.*
> *Anbiß – morgēeſſen.*
> *Anfal – anteil / loß / ʒůfall.*
> *Anfurt – der ſchiff anlendūg.*
> *Anſtoß – ergernuß / ſtrauchlung.*
> *Auff ſchub – verʒug.*
> *Auffrucken – verweiſen / beſchuldigē*

Heute kennen wir oft beide Varianten: *darben* und *not leyden*; fülen und *empfinden*; *gefeß* und *geschir*. Es lag auf der Hand, dass in zahlreichen oberdeutschen Städten Petris Glossar nachgedruckt und erweitert wurde. Doch die Motive dieses Glossars sind nur bedingt sprachlich begründet. Neuere Auffassungen stellen die Hypothese der Schwerverständlichkeit Luther'scher Bibellexik im Oberdeutschen prinzipiell in Frage und betonen demgegenüber die Verständlichkeit des übergroßen Teils seines Wortschatzes im gesamtdeutschen Sprachraum. Das Petriglossar bestätigt diese Auffassung insofern ungewollt, als viele der in ihm aufgeführten mitteldeutschen Ausdrücke, wie ein Blick ins *Frühneuhochdeutsche Wörterbuch* zeigt, im Oberdeutschen durchaus bekannt waren und wie darben sogar regelmäßig dort belegt sind. Umgekehrt gilt Entsprechendes. Zu vermuten ist daher, dass das Glossar »eine geschickt platzierte Werbemaßnahme [war], mit der sich der Drucker gewisse Marktvorteile in Oberdeutschland zu verschaffen hoffte«, so Thomas Kaufmann.

Nach etwa 15 bis 20 Jahren schien das Glossar aber nicht mehr nötig zu sein. Man verstand Luthers Bibeltext im Südwesten nun auch ohne diese Hilfe. Überhaupt ist es verwunderlich, dass man für das gesamte Neue Testament nur 200 Wörter als erklärungsbedürftig angesehen hatte.

Statt Glossare anzulegen, hatte man sich im Westmitteldeutschen, speziell in Frankfurt, besonders darum bemüht, den von Luther noch recht wenig beachteten Schreibstand der Bibelübersetzung zu vereinheitlichen, vermutlich vor allem deshalb, um das Lesen (und Vorlesen) in der ungewohnten Sprache wenigstens ein Stück weit zu erleichtern und lernbar zu machen. Luthers Schreibungen waren wohl eher phonetisch ausgerichtet, was ja gut zur konzeptionellen Mündlichkeit seiner Bibelsprache passte, auch sein Wittenberger Drucker Hans Lufft behielt diesen Grundsatz über viele Jahre bei. Die Ausgaben des Frankfurter Verlegers Sigmund Feyerabend von 1572 waren aber schon durch ihre Vers- und Zeilenzählung, Konkordanzen, Ausschmückungen und ihre Illustrationen vorrangig für das Lesen bestimmt. Daher folgert Christopher J. Wells, dass »auch hier schon ein qualitativer Wechsel von Hörkultur zu einer Lesekultur« zu beobachten sei. Einige graphische Neuerungen Feyerabends gehen genau in diese Richtung, etwa – gegen die wittenbergische Tradition – die Unterscheidung der Konjunktion ⟨daß⟩ vom Artikel ⟨das⟩, die Verwendung von ⟨h⟩ als Dehnungszeichen, etwa in ⟨Sohn⟩, ⟨ohne⟩ gegen wittenbergisch ⟨Son⟩, ⟨one⟩ – etwas weiter oben war von der aus einem Luthertext entnommenen Konjunktion *on das* die Rede –, oder die Trennung der Pronomina nhd. *ihn*, *ihm* durch die Schreibungen ⟨jn⟩, ⟨jm⟩ von den Präpositionen *in* ⟨in⟩ und *im* ⟨im⟩.

Die Luther-Schreibungen waren für das Verständnis des Bibeltextes im ostmittel- und ostoberdeutschen Raum selbst aber offenbar vergleichsweise unproblematisch. Die meisten Wörter und grammatischen Formen waren den Menschen geläufig, die Schreibungen hatten daher weniger Gewicht. Vielfach konnte man sich ohnehin an der mündlich geprägten Luthersprache orientieren. Im westmitteldeutschen Raum war Luthers Bibelübersetzung aber vorrangig ein Lesetext, dem kein regionaler mündlicher Sprachgebrauch zur Seite steht. Zu dessen Verschriftlichung sind aber offensichtlich andere Regeln günstig; sie wurden in Frankfurt eingeführt und haben wohl von dort auch ins Ostmitteldeutsche zurückgewirkt.

Und auch der niederdeutsche Norden erliegt schließlich dem Charme des Lutherdeutschen. Möglich war dies zunächst auch deshalb, weil Luthers Heimatmundart an der hochdeutsch-niederdeutschen Sprachgrenze durchaus einige Züge trug, die auch für Sprecher des Niederdeutschen von vornherein verständlich waren: etwa *fett* statt *feist*, *Hälfte* statt *Halbteil*, *Lippe* statt *Lefze*, *Ufer* statt *Gestade*, *Pfote* (aus nd. *pote*) statt *Pratze* oder *vermuten* statt *meinen*, *glauben*. Die von Luther gewählten Wörter haben sich in der Regel durchgesetzt, gelegentlich gibt es, wie bei *Lippe* (+ menschlich) vs. *Lefze* (+ tierisch) semantische Umstrukturierungen. Zwar wurde Luthers Neues Testament schon 1523 in das Niederdeutsche übertragen, bald darauf auch die Gesamtbibel von 1534. Der Bedarf an Bibeln in niederdeutscher Sprache hielt sich aber nur etwa einhundert Jahre, dann hatte sich das Lutherdeutsch durchgesetzt. Die letzte niederdeutsche Bibel wurde 1621 in Goslar gedruckt, dann galt die hochdeutsche Fassung auch in Norddeutschland.

Auffällig ist jedoch, dass der Sprachenwechsel vom Nieder- zum Hochdeutschen in vielen Kanzleien des östlichen Teils des niederdeutschen Sprachgebietes und in den Rand-, Nachbar- und Ausstrahlungsgebieten der wettinischen Territorien schon vor der Reformation begann. Nach Peter von Polenz' Angaben wechselt Merseburg zum Hochdeutschen um 1350, Mansfeld 1370, Zerbst und Dessau etwa um 1400, Halle 1417, sowie Eisleben 1430. In Ost- und Westpreußen schrieb man wie in Danzig zwischen etwa 1500 und 1560 je nach Empfänger zweisprachig. In Berlin vollzog sich der Wechsel 1504, in Brandenburg 1515–25. Bald nach 1500 begann auch der braunschweigische Herzogshof hochdeutsch zu schreiben. Ganz aus dem internen städtischen Schriftverkehr verdrängt wurde das Niederdeutsche schließlich in Braunschweig um 1620, in Stettin 1623 und in Schwerin 1640. Sein Verschwinden fällt mit dem Auslaufen der niederdeutschen Bibeldrucke ungefähr zusammen. Der Beginn des hochdeutschen Siegeszuges reicht aber offensichtlich schon viel weiter zurück. Der Grund für den Schreibsprachenwechsel bereits in vorreformatorischer Zeit liegt im höheren Prestige des Ostmitteldeutschen; Luther hat diesen Prozess beschleunigt und auf eine breitere sprachliche Basis gestellt, aber nicht selbst in Gang gesetzt.

Ohne Luthers Bibelübersetzung wäre die weitere Entwicklung aber vermutlich doch anders verlaufen. Aus den vorhandenen großräumigen Schriftdialekten des niederdeutschen Nordens, dann dem »gemeinen Deutsch« der noch weiter zusammenwachsenden kursächsischen, Prager und Wiener Kanzleisprachen, in deren Einzugsgebiet auch die bairisch-schwäbische Druckersprache um Augsburg und die ostfränkische Druckersprache um Nürnberg und Bamberg liegen, sowie der oberrheinischen Druckersprache um Straßburg und Basel hätten je verschiedene Schriftsprachen hervorgehen können. Unsicher vorauszusagen wäre nur, was aus den westmitteldeutschen Zentren um Köln und um Frankfurt, Mainz und Worms geworden wäre. In jedem Fall wären, aus der Perspektive des frühen 16. Jahrhunderts, durchaus mehrere überregionale deutsche Schriftsprachen möglich gewesen. Die Geschichte des Niederländischen zeigt, wie eine solche selbständige Entwicklung unter anderen politischen Rahmenbedingungen verlaufen kann.

Durch Luthers Bibelübersetzung kommt jedoch Bewegung in die relative Stabilität dieser im 15. Jahrhundert noch horizontal geschichteten regionalen Sprachlandschaften. Am Ende wird ihre Eigenständigkeit, die zu eigenständigen Schriftsprachen hätte führen können, aufgehoben. Für die Verbindung der fünf Prinzipien »Geltungsareal«, »Geltungsgrad«, »Strukturprinzip«, »Landschaftskombinatorik« und »Prestige« sind Luther und die Bibelübersetzung zudem ein besonderer Glücksfall. Luther befand sich genau an der Übergangszone zwischen Ostmitteldeutsch und dem nördlichen Oberdeutschen. Dies förderte das Zusammenwachsen dieser beiden Sprachlandschaften weiter und stärkte sie gegenüber den westlichen Sprachlandschaften um ein Vielfaches. Luthers zeitliche und landschaftliche Ausgangsposition ist also extrem günstig. Einem Luther aus Kiel oder Konstanz wäre es vermutlich sehr viel schwerer gefallen, eine sprachlich epochemachende Bibelübersetzung vorzulegen. Das große Prestige des Lutherdeutschen hat schließlich zur Folge, dass mit Hilfe der Bibelübersetzung auch der Südwesten und der westmitteldeutsche Raum in diese Gesamtentwicklung integriert werden.

So wird seine Übersetzung zu einer beispiellosen Erfolgsgeschichte. Allein Wittenberg verzeichnet von 1522 bis 1546 zehn Auflagen der Vollbibel und rund 80 Teilausgaben, vornehmlich des Neuen Testaments. Im gleichen Zeitraum kommen noch 260 auswärtige Nachdrucke und 90 Ausgaben in niederdeutscher Sprache hinzu. Schätzungsweise waren damals schon eine halbe Million Luther-Bibeln im Umlauf, ein großer Teil davon im Besitz von Laien. All dies ist ohne das neue Medium Buchdruck undenkbar. Allein die Cansteinische-Bibel-Anstalt in Halle a. d. S. legt von 1712 bis 1883 eine Gesamtbilanz von 5,8 Millionen gedruckter Bibeln vor. Das bedeutet »eine Lese-Revolution«, denn breiteste »Volksschichten werden erstmals erreicht. Der ›gemeine Mann‹ tritt in die Geschichte ein.« Die Bibel wird »lange einziges Schulbuch in den protestantischen Landen. Mit ihr lernt man buchstabieren, lesen, schreiben, Kernstellen auswendig lernen.« Es kommt »zur nationalen Aneignung der Bibel (Burdach), zur Akzeptation in Kopf und Herz des Volkes. Langzeitwirkung im Volk haben auch die Kirchenlieder und der Katechismus«, so Werner Besch.

Von diesem Ende her betrachtet, erweist sich die Zeit zwischen etwa 1350 und 1650 keineswegs als eine etwas konturlose »Übergangszeit« zwischen Mittelalter und Neuzeit, sondern als eine – durch die weltgeschichtlichen Großereignisse »Pest« und »Dreißigjähriger Krieg« verklammerte – Epoche der Konsolidierung und Ausdifferenzierung der deutschen Sprache und ihrer Varietäten. Die Einführung des Papiers und des Buchdrucks und damit einhergehend die »Verschriftlichung der Welt« und die Verlagerung der schriftsprachlichen Dominanz vom Adel auf das Stadtbürgertum, mit all den humanistisch gebildeten und an der lateinischen Schriftkultur geschulten Autoren, die ihre Fähigkeiten nun auch vermehrt auf das Verfassen deutscher Texte richten, dazu in sprachstruktureller Hinsicht die Durchsetzung der neuen Monophthonge und Diphthonge – das alles führt zu völlig neuen Bedingungen des Sprachgebrauchs. Von Luthers Bibelübersetzung gehen schließlich entscheidende Impulse für die Herausbildung einer überregionalen Schriftsprache aus. Sie setzt die Vertikalisierung des Varietätenspektrums in Gang, die dann im 17. und 18. Jahrhundert – nicht ohne weitere Brechungen und Umwege – zur neuhochdeutschen Schriftsprache führt. So wie sich aus den frühneuzeitlichen Kanzleisprachen eine juristische Fachsprache entwickelt hat, so entwickelt sich aus Luthers Bibeldeutsch eine Art theologischer Fachsprache, eine Sakralsprache.

Die herausgehoben große Bedeutung der Bibel in der Reformationszeit führte dann dazu, dass diese Sakralsprache überregionale Verbreitung fand und zu einer Art »Richtvarietät« wird. Ein Autor wie Paracelsus, der Luther in der Menge der geschriebenen Texte kaum nachstand, erreichte diese Wirkung nicht annähernd. Luther ist gewissermaßen der Schöpfer der deutschen Bibelsprache, und diese Bibelsprache steht – anders als die räumlich viel stärker gebundene medizinische und philosophische Sprache des Paracelsus – im Austausch mit der Sprachentwicklung insgesamt. Einen direkten Weg von Luthers an mündliche Strukturen angelehnter Bibelsprache zu den schriftzentrierten neuhochdeutschen Sprachnormen des 17., 18. und 19. Jahrhunderts gibt es jedoch nicht. Im 16. und beginnenden 17. Jahrhundert erfüllte die Bibelsprache alle Anforderungen einer Leitvarietät, die Vorbildwirkung des Bibeldeutschen lässt dann aber schon bald wieder nach. Es wäre auch geradezu paradox zu glauben, dass mit dem Frühneuhochdeutschen ausgerechnet diejenige Epoche, die am stärksten zentrifugal und partikularistisch ausgerichtet ist, den Weg zur ersten auf Dauer überregional verständlichen Sprachform geebnet hätte.

Etwa 60 Jahre nach Fabian Frangks ORTHOGRAPHIA und knapp 50 Jahre nach Luthers Bibelübersetzung in der Ausgabe letzter Hand unterscheidet Sebastian Helber in seinem 1593 in Freiburg im Breisgau erschienenen TEUTSCHEN SYLLABIERBÜCHL immerhin noch drei gängige hochdeutsche Schreibweisen: die »Mitter Teutsche«, also das Mitteldeutsche in der Nachfolge Luthers, die »Donawische« als die in Bayern, Österreich und Schwaben übliche oberdeutsche Schreibsprache und die »Höchst Reinische« als die alemannische Schreibsprache ohne Diphthongierung. Die Beantwortung der Frage nach der Entstehung der neuhochdeutschen Schriftsprache muss also trotz vieler neuer Impulse auf das nächste Kapitel verschoben werden.

5. Der Weg zur Standardsprache: Das ältere Neuhochdeutsch (ca. 1650–1800)

5.1 Wandel und Neuansatz im 17. Jahrhundert

Hätten diejenigen Vertreter der älteren Forschung recht gehabt, die in Luther den allein maßgeblichen Schöpfer der neuhochdeutschen Schriftsprache sahen, oder führte wenigstens ein direkter Weg vom Sprachgebrauch Luthers zur Norm unserer heutigen Standardsprache, dann könnte diese Sprachgeschichte hier aufhören. Vielleicht würde man der Vollständigkeit halber noch die barocken Sprachgesellschaften sowie einige Grammatiker und Lexikographen erwähnen, die sich in den folgenden Jahrhunderten um die weitere Kodifizierung und Pflege der deutschen Sprache – unter welchen Gesichtspunkten auch immer – verdient gemacht haben. Man würde allenfalls noch an die Sprache der »Klassiker« und an die Rolle der von Angelika Linke bekannt gemachten »bürgerlichen Sprachkultur« im 19. Jahrhundert erinnern und schließlich an den tiefen Bruch, der sich in der Sprachentwicklung durch die nationalsozialistische Rhetorik und Propaganda, vor allem aber durch die Ermordung und Vertreibung der deutsch-jüdischen Bevölkerung im 20. Jahrhundert vollzogen hat.

Alle diese hier nur kurz skizzierten Aspekte der Sprachgeschichte des Neuhochdeutschen werden in den folgenden Abschnitten besprochen. Dies ist jedoch nicht nur der Vollständigkeit geschuldet, sondern weil diese Aspekte für die Beurteilung der heutigen Sprachverhältnisse im deutschsprachigen Raum von entscheidender Bedeutung sind. Sie sind es vor allem deshalb, weil es eben keinen direkten Weg von der Bibelsprache Luthers zur neuhochdeutschen Schriftsprache gibt. Es wäre folglich ein Irrtum, wollte man Luther allein das Verdienst zuschreiben, die Regeln der deutschen Schriftsprache geschaffen zu haben. Dafür sind mehrere Gründe ausschlaggebend: Zu Luthers Lebzeiten befand sich in sprachlicher Hinsicht noch alles im Fluss, weder die Laute und ihre Verschriftlichung noch die grammatischen Formen, der Wortschatz und die syntaktischen Regeln waren eindeutig festgelegt. Die Standardisierung der deutschen Schriftsprache, die im 16. Jahrhundert im Umkreis von Luthers Bibelübersetzung begonnen hatte, wurde im 17. Jahrhundert nicht zuletzt auf Grund des Fehlens eines nationalstaatlichen Rahmens und des nur begrenzten politischen und wirtschaftlichen Aufstiegs des für die volkssprachige Entwicklung maßgeblichen Bürgertums zunächst nicht fortgesetzt. Auch die Folgen der in der frühen Neuzeit einsetzenden – und bereits besprochenen – sog. Vertikalisierung des Varietätenspektrums und die Monosemierungstendenz (Festlegung auf nur *eine* Bedeutung eines Ausdrucks) im deutschen Wortschatz machen sich im 17. Jahrhundert erst langsam bemerkbar. Wie wir zudem gesehen haben, war Luthers Bibelsprache vor allem am mündlichen Sprachgebrauch orientiert; sie war deshalb auf Verständlichkeit angelegt und ermöglichte es erstmals in größerem Umfang, Affekte und Emotionen auch schriftsprachlich auszudrücken. Luthers Grundsatz, »dem Volk aufs Maul zu schauen«, seine zeittypischen Grobianismen und expressiven Ausdrücke passten dann aber schon ein bis zwei Generationen später so gar nicht mehr zur neuen absolutistischen Repräsentationskultur des Barockzeitalters. Darauf hat zuerst Arno Schirokauer aufmerksam gemacht. Seine sicher etwas einseitige, recht negative Einschätzung der Sprache Martin Luthers wird zwar der Leistung und Wirkung des Bibeldeutschen insgesamt nicht gerecht und wurde daher im vorausgehenden Abschnitt auch nicht ausführlicher erörtert. Indem er aber einzelne Züge der Luthersprache vor allem des Septembertestaments in überzeichnender Form herausgreift, benennt er gerade diejenigen Aspekte, die der Durchsetzung des Bibeldeutschen als »Standardnorm« schon im späten 16. und erst recht im 17. Jahrhundert entgegenstanden. Luthers Bibeldeutsch ist eine »Sprache der Nähe«, die Texte der Barockzeit und der Aufklärung wird man dagegen wie schon die Kanzleisprachen der frühen Neuzeit meist eher als Formen einer »Sprache der Distanz« beschreiben können. Für den Luther-Kritiker Schirokauer – der keine protestantische oder katholische Position vertritt, sondern dem jüdisch-deutschen Bürgertum angehörte und von 1937 bis 1939 in Dachau und Buchenwald interniert war – hat Luther mit seiner an der Mündlichkeit orientierten Sprache »die Tore in die Bibel« vor allem für das »drastische, gefühlsselige Reden der Bauern« geöffnet, er selbst habe mit seiner Übersetzung »noch unter die ohnehin schon tiefe Umgangssprache« gegriffen. Er spricht vom Fehlen des »wählerischen Sinns für Ausdruckshöhe«, von mangelndem »Formsinn«, »äußerster Unempfindlichkeit für Form und Stoffe« und vor allem für das Septembertestament sogar von »realistischer Derbheit«, »Verrohung des Ausdrucks« und vom »Jargon gärender Unterschichten«.

Vergleicht man allerdings zunächst noch Luthers Wirkung mit der eines anderen wichtigen Autors der frühen Neuzeit, nämlich der des Theophrastus Bombastus von Hohenheim, genannt Paracelsus (1493–1541) aus Egg bei Mariä-Einsiedeln in der Nähe Zürichs, dann zeigen sich auffällige Unterschiede. Zwar steht Paracelsus im Hinblick auf die Zahl der veröffentlichten Schriften kaum hinter Luther zurück, gelegentlich hat man ihn auch den »Reformator der Medizin« genannt. Aber weder konnte er mit seiner westoberdeutsch geprägten Schriftsprache größere Wirkung erzielen, noch gelang es ihm, seine neue Sicht auf die Medizin – anders als Luther seine neue Sicht auf die Bibel – zur herrschenden Lehre zu erheben. Betrachten wir die Schriften beider Autoren nur im Hinblick auf ihre kommunikative Reichweite, so liegen die Vorteile klar auf Seiten Luthers. Hier macht sich nun doch der sprachliche Vorsprung im überregionalen Geltungsgrad der ostmitteldeutsch-ostoberdeutschen Schreiballianz gegenüber dem Westen des deutschen Sprachgebiets deutlich bemerkbar. Aber auch die – trotz aller Einwände beeindruckende – stilistische Leistung Luthers tritt in diesem Vergleich noch einmal sehr deutlich hervor. Zwar hat auch Paracelsus sein Stilideal in der einfachen christlichen Gebrauchsprosa gesehen, etwa wenn er begründet, dass nur die Wahrheit die rechte Rhetorik sei (DE RELIGIONE PERPETUA, 1533):

> *die rechte religion der rhetorica iſt veritas, da iſt Chriſtus ſelbs. ja ſei ja, nein ſei nein, und was du redeſt, us einfeltigem und gerechtem herzen.*

Noch mehr als die fehlende sprachliche Durchlässigkeit zwischen den westoberdeutschen und den östlichen Regionen ist für die geringe Wirkung seiner Schriften aber wohl die Tatsache verantwortlich, dass Paracelsus nicht für Anfänger, sondern für in der Medizin bereits Fortgeschrittene schreibt (VON BLATTERN, LÄHMI, BEULEN, LÖCHERN UND ZITRACHTEN DER FRANZOSEN, 1528):

> *Ich tractir ungebraucht und gebraucht arʒnei, wird villeicht manchem arʒt ʒu ſchwer ſein. und wiewol es iſt, das ichs deutſch ſchreibe, ſo ſind doch die arʒet ſo ubel gelidert, das ſie im ſelbigen kaum werden naher komen, ich geſchweig des lateiniſchen. [...] einem ieglichen ſeins gefallens ʒu ſchreiben wer unmüglich, dan ſie haben ungleich gelernet, etlich unſchuldig hinder die arʒnei komen.*

Ein solcher Text kommt – anders als die meisten Luther-Texte – ohne Übersetzungshilfe nicht aus:

> (»Ich verwende unerprobte und erprobte Arzneien, das wird vielleicht für manchen Arzt zu schwer sein. Und obwohl ich deutsch schreibe, so sind doch die Ärzte so schlecht ausgebildet, daß sie das kaum annähernd verstehen werden, vom Lateinischen ganz zu schweigen. [...] Für jeden nach seinem Verständnis zu schreiben wäre unmöglich, denn sie sind ganz unterschiedlich gebildet, einige sind ganz zufällig zur Heilkunst gestoßen.«)

Zwar gibt es durchaus auch Berührungspunkte zwischen der Luther- und der Paracelsus-Rezeption, und diese Berührungspunkte führen in den Umkreis der religiösen und philosophischen Spekulation des 17. Jahrhunderts. Ein sprachliches Weiterwirken der Paracelsischen Schriften ist damit aber nicht unmittelbar verbunden. Wenn es auch unbestritten bleibt, dass Paracelsus' deutschsprachige medizinische Schriften allein durch ihre Existenz und den Rang ihres Verfassers wesentlich zur Entwicklung von deutschen wissenschaftlichen Fachtextsorten beigetragen haben, so galt doch die konkrete sprachliche Form seiner Texte vielen als schwerfällig und altertümlich. Der Satiriker Johann Fischart kommentiert diese Art der Sprache etwas später, 1581, so: »Entweder schreib / daß man versteh / Oder des Schreibens müssig geh«. Und der maßgebliche Grammatiker des 17. Jahrhunderts, Justus Georg Schottelius, nennt den Namen Paracelsus in seinem UNVORGREIFLICHEN BERICHT VON DENEN BEKANNTEN / GELAHRTEN UND BERÜHMTEN LEUTEN KATALOG VORBILDLICHER SCHRIFTSTELLER, UND AUTHORIBUS / WELCHE [...] SONDERLICH [...] IN DER TEUTSCHEN SPRACHE ETWAS SONDERLICHES UND MERKWÜRDIGES [...] GESCHRIEBEN von 1663 gerade nicht. Anders als für den Theologen Luther war für den Mediziner Paracelsus Verständlichkeit nicht unbedingt das oberste Ziel. Für seine fachliche, gerade aber nicht für seine sprachliche Bedeutung spricht, dass bereits im 16. Jahrhundert Wörterverzeichnisse zur Erklärung seiner oft als dunkel empfundenen Terminologie erschienen sind.

Für Schottelius habe dagegen Luther »zugleich alle Lieblichkeit, Zier, Ungestüm und bewegenden Donner in die Teutsche Sprache gepflanzet«. Damit entsprach aber Luthers Bibelübersetzung als »das Sprachwerk einer Revolution« letzlich dennoch »nicht den Gegebenheiten des aufkommenden Fürstenstaates«; für Schirokauer ist es zudem »fraglich, ob seine sentimentalen und irrationalen Werte überhaupt irgendeiner standardisierenden Hochsprache als Baustoff hätten dienen können«, denn bei Luther »bewegen sich die massiven Sätze gradlinig und direkt; was hätten die Höflinge des Absolutismus damit anfangen können: sie hätten ihnen die feingliedrigen Manöver verdorben. Luther war kein Zustand, sondern ein Sonderfall, ähnlich dem Isidor-Übersetzer am Hofe Karls des Großen«.

Dabei trennen aber nicht nur Luthers mangelnder »Formsinn« und seine »realistische Derbheit« die Bibelsprache vom Deutschen des 17. Jahrhunderts. Mindestens genauso schwer wiegen diejenigen Veränderungen der deutschen Sprache, die sich im 17. Jahrhundert durch den phasenweise fast erdrückenden Einfluss des Französischen vollzogen haben. Die deutschen Fürsten standen im Bann des französischen Hofes, der in allen Fragen der Bildung und des Geschmacks als unerreichtes Vorbild galt. Als dann noch eine große Zahl von Franzosen infolge der Hugenottenkriege (1562–98) in Deutschland eine neue Heimat fand, verstärkte sich dieser Einfluss sogar noch weiter. Da die Flüchtlinge nicht nur aus dem Adel stammten, sondern aus allen Gesellschaftsschichten, verbreiteten sie ihre Sprache nun tiefer und gründlicher auch im Alltag. Nicht wenige Hugenotten waren als Sprachlehrer tätig und trugen so zusätzlich zur Verbreitung des Französischen in allen Schichten bei. Dagegen ist sicher nichts einzuwenden, im Gegenteil. Man wäre heute froh, wenn französische Sprachkenntnisse in Deutschland nur annähernd so fest verankert wären. Im Alltag blieb es aber nicht bei einer wünschenswerten Aneignung des Französischen als Zweitsprache. Beklagt wird vielmehr die Vermischung der Sprachen, aus der sich langfristig bestenfalls ein »Pidgin-Französisch« und »Pidgin-Deutsch«, etwa ein »Dösisch« im Vergleich zum heutigen »Denglisch« entwickeln konnte. Johann Michael Moscherosch schreibt 1640 im »Ala mode Kehrauß« des PHILANDER VON SITTEWALD, hier nach der zweiten Auflage von 1642:

> *Faſt jeder Schneider / will jetzund leider / Der Sprach erfahren ſein / und redt Latein: Wålſch Vnd Frantzőſiſch / halb Japoneſiſch / Wan er ist doll vnd voll / der grobe Knoll. Der Knecht Matthies / ſpricht bonå dies / Wan er gut morgen ſagt / vnd grůſt die Magd: Die wend den Kragen / thut jhm danck ſagen / Spricht Deo gratias / Herr Hippocras / Jhr bőſe Teutſchen / man ſolt eůch peůtſchen / Das jhr die Mutter-ſprach / ſo wenig acht. Jhr liebe Herren / das heiſt nicht mehren; Die Sprach verkehren / vnd zerſtőren. Jhr thut alles miſchen / mit faulen fischen / Vnd macht ein miſch gemåſch / ein wůſte wåſch.*

Mit derartigen Reflexionen über den Zustand der deutschen Sprache und den daraus hervorgehenden Normierungs- und Kodifizierungsversuchen beginnt in der Mitte des 17. Jahrhunderts ein neuer Abschnitt der Sprachgeschichte, den wir das ältere Neuhochdeutsch nennen wollen. Ja, man könnte sogar sagen, dass die »Sprachreflexion« zum wesentlichen Merkmal des neuen Sprachstadiums wird. Auch der erste Versuch einer sprachlichen Revision der Luther-Bibel im Dienste einerer grammatisch orientierten neuen Sprachkultur, 1636 begonnen durch Herzog August den Jüngeren von Braunschweig-Lüneburg, fällt genau in diese Zeit. Schon zu Beginn des 17. Jahrhunderts waren die von Moscherosch beklagten Auswirkungen des französischen Einflusses auf die deutsche Kultur und Sprache so tiefgreifend, dass sie der Aufmerksamkeit der Zeitgenossen nicht entgehen konnten. Was sich in der Mitte des 16. Jahrhunderts bei Autoren wie Sebastian Franck (GERMANIAE CHRONICON, 1538) oder Simon Roth (EIN TEUTSCHER DICTIONARIUS, 1571) schon andeutet, nimmt nun immer breitere Formen an. So klagt der Pastor Johann Sommer unter dem Pseudonym Johannes Olorinus 1609 in der Vorrede seiner ETHNOGRAPHIA MUNDI, DAS IST BESCHREIBUNG DER HEUTIGEN NEUEN WELT:

> *wie es jetzunds in Teutſchen Landen an moribus und ſitten, Religion, Kleidung und ganzem Leben eine merkliche Verånderung genommen, alſo daß ſo diejenigen, welche vor 20 Jahren Todes verblichen, jetzige Zeit wieder von den Todten aufſtunden und ihre Posteros und Nachkőmmlinge ſehen, dieſelben gar nicht kennen wůrden, ſondern meinen, daß es eitel Franzőſiſche, Spaniſche, Welſche, Engliſche und andere Vőlker weren, die doch aus ihrem Vaterland niemals kommen ſein.*

Wie konnte es aber dazu kommen? Vor allem Entlehnungen, meist französischer Herkunft, traten vielfach an die Stelle heimischer Ausdrücke. Der gelehrte Autor und Übersetzer Hans Wilhelm Kirchhof aus Kassel, im Hauptberuf zeitlebens Soldat, schreibt im vierten Buch seines WENDUNMUTH von 1602:

vorʒeiten warn die ſoldner werth.
die wurden in landtsknecht verkehrt,
denen bleib lang die meinſte ſtimm,
ietʒund gilt ſolcher nam auch nim,
dann ſoldat kompt und ihn verdringt
und was ſonst nach dem welſchen klingt.

Beklagt wird die Verdrängung von *landtsknecht* durch *soldat* »und was sonst romanisch klingt«. Dies zeigt sich früh in der Sprache des Militärwesens, dann aber auch im Vokabular der französisch inspirierten höfisch-galanten Lebensweise. Dazu ein Zitat aus dem Gedichtband SCHÖNES BLUMENFELD (1601) des Saarländers Theodor Hock (Vers 59 f., 132 f.):

Und da ich wandert alſo weit
Wolt lernen und Studieren
Das Handwerck ſo man jetʒt der Zeit
Nendt das Galaniſieren ...
Und das man vor in meinem Sinn,
Da ich noch jung bin geweſen,
Das Bůlen hieß, die Edel minn
Der Frewlein außerleſen. [...]
Frawenʒimmer ʒart,
Reden Wålſch vnd Latein nach art,
Deutsch zur Galanterey,
Nicht kleckt wie gutt es ſey.

Die beiden Ausschnitte sollen verdeutlichen, dass der fremdsprachliche Einfluss am frühesten in diesen beiden Lebensbereichen auffällig wurde. Beispiele für Entlehnungen in der Sprache der Soldaten begegnen im 17. Jahrhundert in großer Zahl. Einige von ihnen sind seit dem 16. Jahrhundert belegt, die meisten von ihnen verbreiten sich dann während der die ganze erste Hälfte des 17. Jahrhunderts durchziehenden Kriege. Dabei ist auffällig, dass ein Wort wie *landtsknecht* vor der Alamode-Zeit selbst noch in die Nachbarsprache entlehnt wurde, wie etwa in it. *lanzichenecco*, frz. *lansquenet*, span. *lansquenete*. Auf dem Gebiet des Militärwortschatzes begegnen sich die zeittypische modische Strömung der Offenheit für alles Ausländische und die Entlehnung von Bezeichnungen für technische Neuerungen, die dann zusammen mit den Gegenständen aus dem Ausland übernommen werden. Thomas Gloning hat am Beispiel von fnhd. *pedart, petarde* ›Sprengkugel zur gewaltsamen Öffnung von Toren‹, einer Entlehnung aus frz. *pétard*, nachgewiesen, dass neue, vereinzelt belegte fachsprachliche Bezeichnungen zunächst meist durch die Ende des 16. Jahrhunderts aufkommenden »Neuen Zeitungen«, die Vorläufer der Zeitungsberichterstattung, aufgegriffen und verbreitet wurden, bevor dann der neue Wissensstand mit großer zeitlicher Verzögerung auch im Fachschrifttum dokumentiert wurde. Bei diesen Termini handelt es sich fast immer um Neuentlehnungen; ein älteres, schon althochdeutsch bezeugtes lautverschobenes *pfetarāri* ›Rammbock, Schleudermaschine‹ (aus lat. *petrāria*) hatte auch in diesem Fall in der frühen Neuzeit offensichtlich keine Fortsetzung erfahren.

Die folgende Auswahl gibt nun einen ersten Überblick über die Art der Entlehnungen, die Jahreszahlen zeigen, seit wann das Wort – zumindest nach heutigem Forschungsstand – schriftlich überliefert ist. Ausgewählt wurden vor allem Lexeme mit längerer Lebensdauer, so etwa – in moderner Schreibung – als Entlehnungen aus dem Französischen:

> *Leutnant* (1522) *Munition* (1525) *Batterie* ›Geschützeinheit‹ (1528) *Regiment* (1534) *Bastion* ›Bollwerk‹ (1537) *Muskete* (1575) *Marschall* (1577) *Bataillon* (1594) *Fortifikation* ›Befestigungswerk‹, *Pedart, Petarde* (1597) *Truppen* (1603) *Kanonier, Karabiner, Kavallerie, Korporal* (1608) *Schwadron* (1609) *Bombe, Kanonade, Kommandeur, Patrouille, Pionier* (1616) *Affäre* ›kleines Gefecht‹ (1617) *Train* (1621) *Kornett* (1623) *Dragoner* (1627) *Kasematte* (1631) [unterirdisches Gewölbe im Festungsbau] *Lafette* (1634) *Musketier* (1644) *Kürassier* (1646) *Maschine* ›Belagerungsinstrument‹ (1652) *Appell, Massaker* (1664) *Kampagne* ›Feldzug‹ (1669) *Deserteur* (1676) *Grenadier* (1684) *Bajonett, Glacis* (ein Fachwort des Festungsbaus, 1695) *Kaserne* (1700) *Bombardement* (1715);

dazu Verben wie:

> *attackieren* (1607) *marschieren* (1608) *demolieren* (1614) *avancieren, massakrieren* (1616) *blessieren* ›jmdn. im Kampf verwunden‹ (1636) *fouragieren* ›Verpflegung für die Truppe beschaffen‹ (1642) *patrouillieren* (1665) *bombardieren* (1686).

Aber der Krieg bringt die Menschen auch mit weiteren Sprachen in Kontakt. Aus dem Italienischen stammen etwa: *Rakete* (1557), *Kanone* (1558), *Lazarett* (1565), *Marketender* (1568), *Galeere* (neben *Galee*, nach Vorläufern um 1440 kontinuierlich nach 1579), *Granate* (1616), *Soldateska* (1617), *Finte* ›nur vorgetäuschter Stoß, List‹ (1619) und *Kartätsche* (1672) [Schrotmunition der Artillerie]; auf spanischen Einfluss zurück gehen wohl: *Armada* ›Kriegsflotte‹ (1514), *Major* (1577), *Infanterie* (1592), *Adjutant* (1617) und *Flottille* (1720). Sprachlich kaum niedergeschlagen hat sich dagegen der Aufenthalt schwedischer Soldaten, obwohl zum Beispiel das Renchtal im Schwarzwald zur Zeit Grimmelshausens einige Jahre unter schwedischer Herrschaft stand. Aus dieser Zeit dürfte nur *Flinte* (1647), eine Entlehnung aus schwed. *flinta*, stammen. Hans Sperber nimmt jedoch an, dass schwedische Soldaten zahlreiche Entlehnungen aus dem Deutschen und den romanischen Sprachen nach dem Krieg in ihre Heimat mitgenommen und dadurch stärker das Schwedische selbst verändert haben. Wie deutlich gerade die militärische Terminologie international geprägt war, lässt sich noch im 20. Jahrhundert – trotz der 1871 einsetzenden Bemühungen um die Verdeutschung auch der Militärsprache – feststellen, etwa bei der Lektüre von Ernst Jüngers KRIEGSTAGEBUCH 1914–1918.

Aber eben nicht nur der Krieg, sondern auch gewissermaßen sein Gegenteil, die Liebe, der Flirt, das Kompliment, mit allen dazugehörigen Accessoires, stehen unter dem Einfluss der romanischen, insbesondere der französischen Kultur. Kleidung und Küche, ja das gesamte höfische Leben und der Ausdruck gesellschaftlicher Wertschätzung, all das wurde nun französisch ausgedrückt. Wer modern sein wollte, sprach französisch oder baute zumindest doch Zeichen französischer Bildung in seine Rede ein. Für den Kleidungs- und Lebensstil besonders der Zeit nach Beendigung des Dreißigjährigen Krieges bürgerte sich dafür bald der Ausdruck *à la mode* ein: In Grimmelshausens VOGELNEST (III, 352) von 1672 heißt es:

> *Er war ein ſchöner junger Kerl, ausgebutzt und ſtaffirt, wie reiche Alamode Galanen jetziger Zeit zu ſeyn pflegen.*

Der »alamodische« Wortschatz der Zeit zeigt für Entlehnungen aus dem Französischen eine Fülle von Beispielen:

> *parfumieren* (1564) *exzellent* (1572) *honett* ›ehrenwert‹ (1590, dann 1689) *Dame* (1592) *Galanterie* (1599) *Plaisir* (1600) *galanisieren* ›einer Dame den Hof machen‹ (1601) *Pomade* (1604) *Gamasche* (1615) *Mätresse, prompt, proper, resolut, Renommée* (1616) *Kompliment* (1617) *Kavalier, Puder* (1624) *Mode* (1628) *rasieren* (1632) *Musche* ›Schönheitspflästerchen‹, *nobel* (1642) *Ragout* (1650) *bizarr* ›elegant‹, *Makrone* (1652) *frisieren* (1670) *seriös* (1681)

pikant (1682) *Konduite* ›Lebensart, feine Sitte‹ (1684) *Manschette* (1685) *kapriziös, Scharm, scharmant, scharmieren* (1688) *Sofa* (1694) *Limonade* (1697) *Korsett* (1726).

Aus dem Spanischen stammen etwa: *Galan* ›eleganter, höflicher Mann von besten Manieren‹ (1601), *Grandezza* ›Würde, (nationale) Größe‹ (1615), *galant* (1660), *Gala* (1689), aus dem Italienischen bzw. durch italienische Vermittlung kommen *Brokat, Porzellan* (1598), *Baldachin* (1609) und *Kaviar* (1646).

Bis zur Jahrhundertmitte wird das Alamodewesen dann immer stärker kritisiert, kurz und lakonisch von Georg Rudolph Weckherlin 1648: »Warumb doch will ein jeder Lapp / für gut Teutsch a la mode kotzen?« (GEDICHTE 543).

Es gibt jedoch durchaus noch etwas elaboriertere Formen des Protests. So verfügen wir heute über eine Vielzahl kritischer Stellungnahmen, auch in Form von Parodien – wie etwa des Tannhäusers bereits behandelte Parodie in mittelhochdeutscher Sprache – und Klageschriften. Originale »alamodische« Texte scheinen dagegen zumindest bis etwa zur Mitte des 17. Jahrhunderts kaum überliefert zu sein; das Alamodewesen war zunächst wohl vorwiegend eine Angelegenheit der mündlichen Kommunikation, und davon hat sich naturgemäß kaum etwas erhalten. Aber auch durch die parodistisch-überzeichneten Texte der führenden Schriftsteller bekommen wir einen guten Eindruck. Georg Philipp Harsdörffer lässt Degenwert von Ruhmeck, einen verständigen und gelehrten Soldaten, in seinen FRAUENZIMMER GESPRÄCHSPIELEN von 1644–1654 (2. Teil, 35 f.) verkünden:

> *Wenn aber ſolches entretien nicht a la moderne accomodirt iſt / ſo werden gewiß die Damen einen ſchlechten guſto davon haben / und viel lieber Cavalliers discuriren hören / als ſcholaren. Der Herr perdonire meiner libertet im Reden / ich will mich candidè expectoriren: Die tratementi der Gespråch-Spiel ſind nicht wenig mit der Schulfůxerey parfumiret, und bringen vil res ſur le tapis, welche unter den Philoſophis beſſer als unter Damen können agitiret werden. Wenn man auch die terminos conſideriret, welche vor allem Scientiis in unſere vernâculum translatiret werden wollen; tribuirt man vielleicht der Teutſchen Sprach mehr zu / als nicht ihre vires vermøgen: Geſtalt ja absque contradictione [...].*

Einen unmittelbaren Einblick in den öffentlichen Sprachgebrauch der ersten Jahrhunderthälfte können die erstmals im Jahre 1609 erschienenen periodischen Wochenzeitungen AVISO und RELATION vermitteln, die in Wolfenbüttel bzw. Straßburg gedruckt worden sind. Ihr Einfluss auf die Ausbreitung überregional gültiger Schreibnormen ist einerseits wohl nicht zu unterschätzen. Andererseits passen sie mit ihrem hohen Anteil fremdsprachlicher Entlehnungen gut in das bisher gezeichnete Bild. Die Zeitungen übernehmen Berichte ihrer Korrespondenten aus den verschiedensten deutschen und den damals wichtigsten Städten Europas. Für die Anfänge des Aviso sind z. B. Köln, Antwerpen, Prag, Wien, Rom und Venedig nachgewiesen. Die regionale Herkunft dieser Korrespondenten ist meist nicht bekannt und nur anhand ihrer Texte meist auch nicht mehr zu ermitteln. Die erste Ausgabe vom 15. Januar 1609 trägt den Titel:

> *Aviſa. Relation oder Zeitung.*
> *Was ſich begeben vnd zugetragen hat / in Deutsch: vnd Welſchland / Spannien / Niederlandt / Engellandt / Franckreich / Vngern / Oſterreich / Schweden / Polen / vnnd in allen Provintzen / in Ost: vnnd West-Indien etc.*
> *So alhie den 15. Januarij angelangt.*

Den Sprachgebrauch dieser frühen Wochenzeitungen soll ein Beispiel vom 2. Januar 1610 verdeutlichen:

> *Aus Prag den 21. Martij.*
> *Obwoln der Frieden in Oeſterr beſchloſſen / ſo hat man doch nachrichtung / daß Ertzhertzog Leopolt bey einem eigenen Curier Ihr Kayſ. Mayſt. aviſirt / der König werde ſein beyſam habendes Kriegsvolck noch nicht abdancken / ſondern noch ein zeitlang aus allerhand bewegnis vnterhalten laſſen. Jedoch nicht zu Ihrer Kayſ. Mayſt. oder des Königreichs Behemb nachtheil / ſondern weil der König eo acte hab ſchlieſſen müſſen / ſo wolte ſie ſolche Handlung gern wider retractirn / wann nur Jhr Keyſ. Mayſt. jhme dazu verhůlfflich ſein wolten.*

Der Text dürfte für gebildete Zeitgenossen insgesamt verständlich sein, zumindest bestehen keine Schwierigkeiten durch regionale Unterschiede der deutschen Schriftsprache. Für die Schlüsselstellen des Textes kommt man jedoch auch hier ohne Latein- bzw. Französischkenntnisse nicht aus. Die Wörter *Curier* ›Eilbote‹, *avisiren* ›ankündigen‹, *retractiren* ›widerrufen‹ sowie die Formel *eo acte* – es folgen auf derselben Zeitungsseite noch *exercicium, Confession, protestation, Proposition, promiß* und *Resolution* – sind Zeichen für den starken fremdsprachlichen Einfluss auch in der neu entstehenden Pressesprache.

Die Kritik an der Übernahme vor allem französischer Wörter, etwa der zahlreichen Verben auf *-iren*, ist dabei in ihren Anfängen nicht gegen Frankreich gerichtet, sondern gegen die fehlende Sprachloyalität der Deutschen selbst. Dazu noch einmal Moscherosch (Philander von Sittewald, »Ala mode Kehrauß«. S. 120):

Jch lob die Poln in Jhrer Zier /
Sie bleibn bey der Alten Monier /
Bekleiden ſich nach Landes-brauch
Wie Tűrck vnd Moſcowitter auch.
Aber Jhr in dem Teűtſchen-Land
Jn Kleidung haltet kein beſtand /
Daran man eűch mit wahrem grund
Wie andre Vőlker kennen kund.
Sondern Jhr ſeit recht wie Affen /
Nach Wålſchen vnd Frantʒoſen gaffen /
So wohl nach Bőhmen und dergleichen
Die Jhrer Lande Grentʒ erreichen.
Was die an Rűſtung / Roß und Wagen /
Gebrauchen vnd am Leibe tragen /
Das műſſen Jungfraw Mann vnd Knaben
Auch allenthalben vmb ſich haben. [. . .]

Ein unbekannter Verfasser hat 1642 mit einem Flugblatt, betitelt DER TEUTSCHE MICHEL, die Kritik an der Vernachlässigung der deutschen Sprache zusammengefasst:

Ein ſchőn new Lied / genannt Der / Teutsche Michel / etc. Wider alle Sprachverderber / Cortiſanen / Concipiſten vnd Concelliſten / welche die alte teutſche Mutterſprach mit allerley frembden / Lateiniſchen / Welſchen / Spanniſchen vnd Frantʒőſiſchen Wörtern ſo vielfåltig vermiſchen / verkehren vnd ʒerſtehren / daß Sie jhr ſelber nicht mehr gleich ſihet / vnd kaum halber kan erkant werden.

Anknüpfend an Moscherosch klagt er:

[. . .] Ein faulen Haffenkåß / ein wunderſeltʒambs gfråß /
Ein gantʒes A. B. C. Ich nicht verſteh. [. . .]
6. Was iſt armiren / was auiſiren /
was avancieren / was attaquiren /
Was approchiren / archibuſieren /
was arriuiren / accordiren?
7. Was iſt blocquiren / was baſtoniren?
Benedicieren / blaterieren?
was blaſphemiren / was bucciniren /
was balſamieren / blandiren?

8. Was iſt campieren / was corteſiren /
Contribuiren / crepiren?
Was iſt citiren / was callopieren?
was convoyieren / charſchieren?
9. Was iſt Armada / was retirada /
was palliſada / ſteggada? [...]

Ohne dass wir hier auf einzelne Wörter eingehen müssen, wird doch sehr deutlich, was man Mitte des 17. Jahrhunderts unter »Sprachverderbern« verstanden hat. Die verwendeten Ausdrücke sind für die meisten Menschen unverständlich, und ihr Gebrauch kann verhindern, dass sich durchsichtige und daher besser geeignete deutschsprachige Bezeichnungen an ihrer Stelle durchsetzen.

In der Tradition dieser Art von Sprachkritik stehen auch der SPRACHVERDERBER des Memminger Arztes Christoph Schorer (in der 2. Auflage von 1644) oder Grimmelshausens TEUTSCHER MICHEL (1673), in dem es heißt:

> *Sehen wir doch taͤglich / wie geckiſch ſich theils der Unſerigen beydes in Kleidung / Sitten und Geberden ſtellen! wann ſie auß Franckreich kommen / und kaum anderthalbe Sprachen gelernet / wie wurden ſie ererſt thun / wann ſie deren noch mehr koͤnten?* (2,15)

Weitere Beispiele aus Grimmelshausens SIMPLICISSIMUS zeigen, dass der fremdsprachige Einfluss nicht auf das Militär und das galante Alamodewesen beschränkt blieb. Je nach Gegenstand in engerer oder weiterer Verbindung zur »Mutter Latein« begegnen die romanischen Sprachen nun auf Schritt und Tritt. Zunächst eine Stelle vom Anfang von Kapitel 4,4; man beachte die Markierung der als »Fremdwörter« aufgefassten Lexeme im Druckbild des Originals, die hier durch den Wechsel von »kursiv« – »nicht kursiv« wiedergegeben wird. Simplicissimus hält sich in Paris auf und wohnt bei einem Apotheker:

> *Einsmals kam ein Laquey / der ſprach meinen* Monſig. Canard *an / und bracht ihm meinetwegen ein Brieflein / eben als ich bey ihm in ſeinem* Laboratorio *ſaſſe / und* reverberir*te / (denn ich hatte auß Luſt bei meinem Doctor ſchon* perlutir*n /* reſolvir*n /* ſublimir*n /* coagulir*n /* digerir*n /* calcinir*n /* filtrir*n / und dergleichen unzehlich viel Alkůhmiſtiſche Arbeit gelernet / dadurch er seine Artzneyen zuzurichten pflegte).*

Der lateinische alchemistische Spezialwortschatz ist heute erklärungsbedürftig: *reverberieren* ›schmelzen‹, *perlutieren* ›auswaschen‹, *resolvieren* ›auflösen‹, *subli-*

mieren ›durch Hitze verflüchtigen und wiederum verdichten‹, *coagulieren* ›gerinnen machen‹, *digerieren* ›durch Stehenlassen ausziehen‹, *calcinieren* ›glühen‹ und *filtrieren* ›durchseihen‹. Bereits Paracelsus hatte diese Verben zur Beschreibung alchemistischer Prozesse in seinen deutschen Texten verwendet. Die fortgeschrittene Integration dieser Verben ins Deutsch des 17. Jahrhunderts wird nun durch die in »deutscher« Frakturschrift abgesetzten Infinitivendungen deutlich. Während darüber hinaus auch *Laboratorio* und *Doctor* als Entlehnungen markiert sind, fehlt die Kennzeichnung, vielleicht versehentlich, bei *Laquey*. Dieses Wort ist zwar bereits seit dem 16. Jahrhundert im Deutschen bezeugt, aber zunächst in der Bedeutung ›Hilfssoldat‹. Die hier gemeinte Bedeutung ›(herrschaftlicher) Diener‹ ist jünger. Auch *Artzneyen* und *Alkühmistisch* (parodistisch angelehnt an »Kuhmist«?) werden nicht gekennzeichnet. Im militärisch geprägten Kapitel 4,12 – wo mit *Guarnison* ein schon Ende des 15. Jahrhunderts aus dem Französischen entlehntes Fachwort begegnet – heißt es dann:

> *Herr / ich hab in ſeiner Guarniſon gegenwårtigen Kerl angetroffen / dem ich ſo hoch verobligirt bin / daß ich ihn in ſo nidrigem Stand / wenn ſchon ſeine Qualitåten keinen beſſeren meritirten / nit laſſen kann; Bitte derowegen den Herr Obriſten / er wolle mir den Gefallen erweiſen / und ihn entweder beſſer accomodiren / oder zulaſſen / daß ich ihn mit mir nemme / umb ihm bey der Armee fort zu helffen / worzu villeicht der Herr Obriſte hier die Gelegenheit nit hat.*

Die Unterscheidung von deutscher Fraktur und lateinischer Antiqua geht hier bis in die Wortbildungsaffixe und Flexionsendungen hinein (accomod*iren, ver*obli*girt*). Weit über die Soldatensprache hinaus findet man reichhaltige französische und italienische Einflüsse etwa auch im Bereich der Künste und im Gartenbau, die noch heute gebräuchliche oder zumindest bekannte Wörter hervorbrachten. Als Wortschatz der Baukunst begegnet von italienischer Herkunft u. a. *Galerie* ›Säulengang‹ (1524, ab Anfang des 17. Jh.s auch im Inneren von Gebäuden), *Loggia* (1627), *Pilaster* (1663), *Fresco* (1688), *Kuppel* (1711), *Korridor* (1715), *Palazzo* (1730); aus dem Französischen stammen u. a. *Balkon* (1685), *Alkoven* (1699, aus dem Arabischen), *Balustrade* (1701), *Beletage* (1714), *Mosaik* (Anfang des 18. Jh.s).

Entlehnte Wörter aus dem Bereich Gartenbau, Gartenkunst und Obstzubereitung sind u. a. – aus dem Französischen –: *Allee* (Anfang 16. Jh.), *Ananas* (1590, in Konkurrenz zu schon 1534 aus dem Spanischen entlehnten *Pinea*, vgl. engl. *pineapple*), *Marmelade* (aus dem Portugiesischen), *Fontäne* (1673), *Radieschen* (als *Radies* 1695), *Kompott* (1715), *Trüffel* (1725); direkt aus dem Italienischen wohl: *Zitrone* (als *Citron* 1574, griechischer Herkunft), *Tulpe* (1582, türkischer Herkunft), *Marillen* (1586, älter als *Ammarellen*), *Wirsing* (als *Versich* 1600), *Spalier* (1627), *Sellerie*

(1670), *Kohlrabi* (1678 als *Coulirabi*); aus dem Spanischen: *Tabak* (1560), *Kakao* (1598, mexikanischen Ursprungs) und aus dem Niederländischen: *Schokolade* (1605, mexikanischen Ursprungs, über das Spanische vermittelt), *Aprikose* (1644, arabischen Ursprungs, über das Portugiesische, Spanische und Französische vermittelt), *Rum* (17. Jh., aus dem Malaiischen).

Den Wortschatz von Musik und Tanz prägen die italienischen Entlehnungen: *Baß* (1512), *Madrigal, Partitur* (1596), *Ballett* (1601), *Koloratur* (1604), *Tempo* (1608), *Fagott* (1614), *Arie, Bariton, Capriccio, forte, Kontrabaß, Konzert, piano, Sonate, Violine* (1619), *Kantate* (1638), *allegro, adagio, Bratsche* (1677), *Oper* (1681), *Virtuose* (1700), *dacapo* (1708), *Operette* (1710), *Sopran* (1712), *Choreographie* (1717), *Solo* (1726), *Oboe* (1739, ursprünglich frz. *Hautbois*); aus dem Französischen kommen zum Beispiel: *Ballade* ›Tanzlied‹ (1575), *Ball* (1614), *Kornett* (1623), aus dem Spanischen *Gitarre* (1599) und *Kastagnette* (1618). Dagegen stammt der romanische Fachwortschatz des Theaters, mit Ausnahme der Entlehnungen von Namen aus dem Umkreis der Commedia dell'arte der Renaissance wie etwa *Harlekin* (1642), vornehmlich aus dem späteren 18. Jahrhundert.

Die meisten der hier skizzierten Entlehnungswege sind vielfach verschlungen, nicht immer lässt sich mit Sicherheit entscheiden, aus welcher Sprache ein Wort unmittelbar ins Deutsche übernommen wurde. Auch die Hinweise auf die Erstbelege sind stets unter Vorbehalt zu betrachten, denn mit jedem neuen Textfund bzw. jedem durch eine Edition neu erschlossenen Text können sich die Angaben ändern. Zudem sagt ein Erstbeleg allein noch nicht viel über die weitere kommunikative Verbreitung einer Entlehnung aus; viele der bereits im 16. Jahrhundert erstmals bezeugten Wörter haben sich erst im 17. Jahrhundert in größerem Umfang ausgebreitet, andere, vor allem die Obst- und Gemüsebezeichnungen, dürften im mündlichen Sprachgebrauch schon längst bekannt gewesen sein, bevor sie, meist im 17. Jahrhundert, verschriftlicht wurden. Sie alle haben auch deshalb ihren Platz in diesem Kapitel (präzise Angaben zu den Entlehnungswegen und Entlehnungsverläufen bietet, soweit möglich, die Mannheimer Neubearbeitung des DEUTSCHEN FREMDWÖRTERBUCHS).

Halten wir also Folgendes fest: Es besteht zunächst kein Anlass, die fremdsprachigen Einflüsse auf das Deutsch des 17. Jahrhunderts, insbesondere die Einflüsse der französischen Kultur und der französischen Sprache, wie viele der Zeitgenossen ausschließlich negativ zu sehen. Schon Grimmelshausen macht sich in seinem TEUTSCHEN MICHEL auch über einen übertriebenen Fremdwortpurismus lustig. Das französische Vorbild, an dem sich Adel und Bürger – nach dem Vorspiel der mittelalterlichen ritterlichen Kultur – in absolutistischer Zeit nun wieder orientierten, führte zum Wiederaufleben einer Schriftkultur, in der – wie in der Kunst – das Ornament, der Schmuck, also Stil und Rhetorik, im Vordergrund standen. Zudem wird der Wortschatz auf vielen Gebieten der Sachkultur durch eine erste europäische Globalisierungswelle nachhaltig erweitert. Im Verlauf des 17. Jahrhunderts wird das hohe Prestige gerade des Französischen aber vor allem deshalb doch zum Problem, weil es zunächst offensichtlich keine einflussreiche Instanz gab, die auch das Deutsche gestärkt und gefördert hätte. Die Sprache des Adels und der Höfe war überwiegend Französisch, die Sprache der Bildung und der Universitäten Lateinisch. Und die Tradition der lutherischen Bibelsprache konnte diesen Platz schon im 17. Jahrhundert, dem Zeitalter der Religionskriege, nicht mehr einnehmen. Das sprachliche Vorbild Luthers ist damit nicht weggewischt, denn hinter die Bemühungen um eine überregional taugliche Bibelsprache konnte und wollte niemand mehr zurückfallen. Aber dieses Vorbild wirkte eigentlich nur dort weiter, wo weiterhin konzeptionell mündliche und religiöse Sprachgebrauchsformen gesucht wurden. Luthers Wirkung war dort am stärksten, wo religiöse Motive, Emotionen und ein an der Mündlichkeit orientierter Sprachgebrauch im Vordergrund standen. Dies finden wir beispielsweise bei den Pietisten oder im Kirchenlied des 17. Jahrhunderts, wo die Texte eines Paul Gerhardt noch heute, von Einzelheiten abgesehen, allen Muttersprachlern gut verständlich sind; so etwa sein geistliches Lied O Haupt voll Blut und Wunden von ca. 1653. Die erste Strophe lautet in einer zeitgenössischen Fassung:

O haͤupt voll blut und wunden,
Voll ſchmertʒ und voller hon!
O haͤupt, zu spott gebunden
Mit einer dornen kron!
O haͤupt ſonst ſchoͤn geʒieret
Mit hoͤchſter ehr und zier,
Itʒt aber hoch ſchimpfiret!
Gegruͤßet ſeiſt du mir!

Vor allem in diesen Liedern findet sich nichts vom Alamode-Wesen der Zeit. Zwar handelt es sich bei *schimpfiret* um eine Entlehnung aus dem Französischen, aber das Wort war schon in mittelhochdeutscher Zeit als *schumphieren* in der Bedeutung ›beschimpfen, besiegen‹ geläufig und wurde seit dem 15. Jahrhundert an das nicht verwandte, wohl einheimische *schimpfen* angeschlossen; die Bedeutung von frz. *esconfire* ›des Ansehens berauben‹ mag dagegen bei Paul Gerhardt noch mitschwingen. Es zeigt sich weiter, dass gerade die Autoren der protestantischen, ursprünglich niederdeutschen Territorien Nord- und Ostdeutschlands – Gerhardt stammt aus Sachsen – zu einer einfachen, klaren Form finden, die zwar nicht auf rhetorische Mittel verzichtet, aber doch im Gegensatz zur barocken Rhetorik immer eine »Sprache der Nähe« bleibt. Wenn sie dabei gelegentlich ostmitteldeutsche Eigenheiten wie die umgelautete Form *Häupt* statt *Haupt* mitnehmen, so tut dies der überregionalen Verständlichkeit gar keinen Abbruch. Noch deutlicher wird die Orientierung an der mündlichen »Sprache der Nähe« im geistlichen Sommerlied GEH AUS MEIN HERTꝫ UND SUCHE FREUD, das ebenfalls zuerst 1653 veröffentlicht wurde:

Geh aus / mein hertꝫ / und ſuche freud
In dieſer lieben ſommerꝫeit
An deines Gottes Gaben:
Schau an der ſchͤonen gͤarten ꝫier,
Und ſiehe / wie ſie mir und dir
Sich ausgeſchmͤucket haben.

Zeitgenossen wie der Königsberger Dichter und Literaturhistoriker Martin von Kempe (1642–1683) nennen Gerhardts Texte in diesem Sinne »wohlklingend und ungezwungen«. Auch viele Pietisten knüpften in den folgenden Jahren an Luthers Sprachgebrauch an. In den Liedern des »schwäbischen Paul Gerhardt«, das ist der Pfarrerssohn und Kirchenlieddichter Philipp Friedrich Hiller (1699–1769) aus Mühlhausen an der Enz – am bekanntesten ist wohl sein Lied JESUS CHRISTUS HERRSCHT ALS KÖNIG –, unterscheidet sich schließlich im frühen 18. Jahrhundert auch im Südwesten die protestantische religiöse Sprache kaum noch von der nord- und ostdeutschen Bibelsprache. Das protestantische Kirchenlied und die Pietisten wirken weiter auf die Sprache der Klassik und Romantik ein und sorgen damit – unter der Oberfläche – letztlich doch für eine Entwicklungslinie von Luther bis Lessing.

Bis dahin ist es aber noch ein langer Weg; im barocken Alamode-Zeitalter gerät diese Tradition zumindest vorübergehend noch einmal stark in Bedrängnis. Zudem gab es im 18. Jahrhundert durchaus ernstzunehmende Tendenzen, im Süden Deutschlands eine regional und konfessionell eigenständige oberdeutsche Literatursprache zu etablieren. Wo immer also Luther und sein Sprachgebrauch im 17. und 18. Jahrhundert als vorbildlich bezeichnet werden, ist zumindest Vorsicht geboten. Oft wird damit weniger ein tatsächlicher Zustand, sondern eine Wunschvorstellung bezeichnet, vielfach handelt es sich um eher theologische als um sprachliche Wertungen. So überwog für viele Menschen im beginnenden 17. Jahrhundert doch bei weitem die Sorge um den Zustand der deutschen Sprache. Der bereits mit seinen zwischen 1644 und 1649 entstandenen FRAUENZIMMER GESPRÄCHSPIELEN zitierte Georg Philipp Harsdörffer versucht 1656 in seinem Teutschen Secretarius Gründe für das Alamode-Sprechen und die fehlende Sprachloyalität der Deutschen anzuführen. Ausgehend von der Frage:

> *Warumb doch die teutſche Sprache in ihrem eigenen Lande ſo verachtet / und auff viel Weise verſtimmelt und unterdrucket werde; da doch alle andere Vôlcker / und ſo gar die Tůrcken / und Moſcaviter ihre Mutterſprache lieben / ůben und sich zuerheben ſuchen?*

benennt er sechs mögliche Gründe, nämlich:

1. die Kirchen, deren Gottesdienst noch immer in lateinischer Sprache abgehalten würde;
2. die Gelehrten, die sich *mit ihrem eingeſchalten Latein / ein hohes Anſehen machen wollen*, so etwa die Juristen, die lateinische Termini verwenden, obwohl deutsche Ausdrücke zur Verfügung stehen, … *und kônnte man ſo wol ſagen Bittſchrift / als Supplication, bittlich anhalten / anmahnen / anſuchen / etc. als solicitiren, Streit befeſtigen / als litem contestiren …*;
3. der Dreißigjährige Krieg, der durch die ausländischen Truppen fremde Sprachen in allen Bevölkerungsschichten verbreitet habe;
4. die Kaufleute und Händler, die das italienische System der Buchhaltung eingeführt hätten;
5. diejenigen, die sich auf eine falsche Art und Weise mit der Sprache beschäftigen, indem sie zu viel oder zu wenig für den Spracherhalt tun: *Zu wenig thun die jenigen / welche ohne Noht die lateiniſchen Wort behalten / ſo doch wol vernemlich und ohne Zwang teutſch geben kônten: Zu viel aber thun die andern / wann ſie alles und jedes / ſo man 1. ins gemein verſtehet / 2. teutſch ſchreibet / 3. nicht fůglich dolmetſchen kan / in unſere Sprache nôthigen wollen / alsda iſt Evangelium / Sacrament / Apoſtel Natur / etc. und ſondern ſich ſolche Sprachketzer von den gemeinen Arten zu reden / daß man ſie insgemein nit verſtehen / und ſie für die geſuchte Ehre / verlacht und verachtet*;
6. die noch immer fehlende ausgewogene Sprachpflege, die der Unterstützung durch finanzkräftige adlige Gönner bedürfe.

Diese Form der aristokratischen Unterstützung hatte zwar an einigen Orten schon zu Beginn des 17. Jahrhunderts begonnen, war aber in der zweiten Jahrhunderthälfte wieder etwas in den Hintergrund getreten. Dennoch ist die Gründung der ersten barocken Sprachgesellschaften ein Meilenstein in der Geschichte der deutschen Sprache und der Sprachreflexion.

5.2 Von den barocken Sprachgesellschaften bis zur Kodifizierung der Norm

Die Sorge um den Zustand der deutschen Sprache hatte also nicht nur satirische Kommentare zur Folge. In den absolutistischen Fürstenstaaten des beginnenden 17. Jahrhunderts wurden tatsächlich Stimmen laut, die ein adeliges Mäzenatentum zur Unterstützung der Arbeit an und mit der Sprache forderten.

In dieser Atmosphäre entstanden die ersten deutschen Sprachgesellschaften und damit die ersten Formen einer öffentlichen Sprachpflege, die mehr sein will als bloße polemisch-satirische Sprachkritik. Die älteste, größte und bedeutendste der barocken Sprachgesellschaften, die wegen ihres Emblems, der Kokospalme, manchmal auch »Palmorden« genannt wird, war die 1617 durch Fürst Ludwig I. von Anhalt-Köthen gegründete »Fruchtbringende Gesellschaft«. Ihr Vorbild war die Florentiner »Accademia della Crusca«, eine Vereinigung, die sich die Pflege der italienischen Dichtung und der toskanischen Sprache zur Aufgabe gemacht hatte und die auch Fürst Ludwig zu ihren Mitgliedern zählte. Jedes Mitglied erhielt bei der Aufnahme einen Gesellschaftsnamen mit einem Motto und dazu passendem Emblem zugeteilt, Fürst Ludwig war »der Nehrende«, Herzog Wilhelm von Sachsen-Weimar »der Schmakkhafte« oder der aus Pommern stammende spätere Biograph der Gesellschaft Carl Gustav von Hille »der Unverdrossene«. Über die Gesellschaftsziele sind wir durch Hilles DER TEUTSCHE PALMBAUM von 1647 und Georg Neumarks DER NEU SPROSSENDE TEUTSCHE PALMBAUM von 1668 gut unterrichtet. Der PALMBAUM Hilles ist eine »Lobſchrift Von der Hochlo̊blichen / Fruchtbringenden Geſellſchaft Anfang / Satʒungen / Vorhaben / Namen / Sprüchen / Gemåhlen, Schriften und unverwelklichem Tugendruhm / Allen Liebhabern der Teutſchen Sprache zu dienlicher Nachrichtung, verfaſſet«. In der Satzung der Gesellschaft heißt es:

> *Gleichwie nun keine wolbeſtellte / oder viel mehr Fruchtbringende Geſellſchaft / ſich wurtʒelfeſt einſenken / oder bekleiben kan / es ſey dann Sache / daß dieſelbe mit wolgegründeten Satʒungen / welche Cicero eine Seele des Wolergehens nennet / ſich gleichſam eingeſchrenket befindet! Alſo und ebenmåſſig hat es dem ho̊chſtgeehrten Nehrenden freundlich und gnådig beliebet / daß dieſer Tugendliebenden Geſellſchaft Mitgenoſſen oder hineinʒutretten ehrenbegierigen Zweck und Vorſatʒ / auf nachfolgende beliebte Geſåtʒe ſolte und müſte gerichtet ſeyn / etc. Nemlichen / daß ein jedweder Geſellſchafter / erbar / weiß / tugendhaft / ho̊flich / nutʒlich und ergetʒlich / geſell- und måſſig ſich überall beʒeigen / rühm- und ehrlich handeln / bey Zuſammenkunften ſich gütig / fro̊lich und vertreulich / in Worten / eberden und Werken treulichſt erweiſen / und gleichwie bey angeſtellten Zuſammenkunften keiner dem andern ein widriges Wort*

> *vor ůbel aufzunemen hőchlich verboten; Alſo ſolle man auch dagegen aller ungeziemenden Reden und groben Schertzens sich zu enthalten / feſtiglich verbunden ſeyn.*

Vor allem anderen wird also sichergestellt, dass die Gesellschaftsmitglieder »ehrbar, weise und tugendhaft« sein müssen. Erst im zweiten Abschnitt der Satzung werden die Mitglieder aufgefordert:

> *unſere hochgeehrte Mutterſprache / in ihrem grůndlichen Weſen / und rechten Verſtande / ohn Einmiſchung fremder auſlåndiſcher Flikkwőrter / ſowol in Reden / Schreiben als Gedichten / aufs aller zier- und deutlichſte zu erhalten und auſzuůben; auch ſo viel můglichen / inſonderheit bey den Mitgeſellſchaftern / zu verhůten / daß dieſem in keinem nicht mőge zuwider gehandelt / vielmehr aber gehorſamlichen nachgelebt werden: wozu dann ein jedweder ſeine beywohnende Hőflichkeit / ohn das vielfåltige Anleitung geben wůrde.*

Der Verzicht auf die »Einmischung fremder ausländischer Flickwörter« in der gesprochenen und in der geschriebenen Sprache war das Ziel aller Gesellschaftsmitglieder. Von allen eintretenden Neumitgliedern wurde die Vorlage einer selbstverfassten Arbeit verlangt, deren Thema und Gattung nicht festgelegt war. Nur sollte sie dem Gesellschaftsziel – dem Verzicht auf unnötige Entlehnungen – verpflichtet sein.

In der Forschung sind die Bemühungen der Sprachgesellschaften oft kritisch kommentiert worden. Der bald nach ihrer Gründung einsetzende Dreißigjährige Krieg erschwerte die Gesellschaftsarbeit massiv, und die Gesellschaftsnamen, Rituale und manche misslungene Verdeutschungsversuche einzelner Mitglieder haben späteren Generationen Anlass zu Spott und Heiterkeit gegeben. Doch schon der Gedanke, dass alle neuen Mitglieder einen literarischen oder fachwissenschaftlichen deutschen Text im Sinne der Gesellschaftsziele vorgelegt haben sollen, konnte – bei bis zu 890 Mitgliedern – bereits viel zur Sprachpflege beitragen. Auch wenn sich die »Fruchtbringende Gesellschaft« mehrheitlich aus adligen Teilnehmern zusammensetzte, so waren es gerade die bürgerlichen Mitglieder wie Martin Opitz, August Buchner, Georg Philipp Harsdörffer, Philipp (von) Zesen, Martin (von) Kempe, Andreas Gryphius, Christian Gueintz, Kaspar (von) Stieler oder Justus Georg Schottelius, die als Schriftsteller oder Grammatiker besonders hervortraten. Einige von ihnen wurden erst auf Grund ihrer Verdienste später in den Adelsstand erhoben. Allein die Tatsache, dass Adlige und Bürger Mitglieder derselben Gesellschaft sein konnten, war etwas Neues. Beide Gruppen verband die Sorge um »das Deutsche«, hier konnte der Bürger, der sich mit der Feder um grammatische oder stilistische Fragen kümmerte, im gleichen Rang neben dem adligen Staatsmann oder Feldherrn stehen, der sich bislang vornehmlich mit dem Degen für Deutschland eingesetzt hatte. Dieses Neben- und Miteinander ist von nicht zu unterschätzendem Einfluss für die langfristige Überwindung auch der sozialen Sprachschranken. Für Kleriker war der Eintritt in die »Fruchtbringende Gesellschaft« jedoch schwierig, trotz der großen Zahl dichtender Geistlicher im 17. Jahrhundert. Georg Neumark betont in seinem PALMBAUM, dass *nicht von den ſtreittigen Glaubensſachen gehandelt werde / ſondern von Fortpflanzung der Teutſchen Aufrichtigkeit und Frömmikeit / als den Früchten unſers Chriſtenthums / ohne welche / wir alle / von unserm Seligmacher / faule Bäume genennet werden.*

Zwar waren auch Frauen an der »Fruchtbringenden Gesellschaft« kaum beteiligt – allenfalls anerkannte Künstlerinnen wie Sophie Elisabeth von Mecklenburg als »Die Befreiende« mit dem Gesellschaftsnamen ihres Mannes Herzog August (»Der Befreiende«) –, doch wurde kaum zwei Monate nach ihrer Gründung von Anna Fürstin von Anhalt-Bernburg, der Schwägerin Fürst Ludwigs I. von Anhalt-Köthen und Gattin seines Halbbruders Christian I., »des Sehnlichen«, die »Noble Académie des Loyales«, die »Getreue Gesellschaft« adliger Frauen, ins Leben gerufen, was man heute je nach Standpunkt als »Nachbildung« (Ulrich Seelbach) oder »gezielte Gegengründung« (so die Musikwissenschaftlerin Linda Maria Koldau) deuten kann. Auch der Zweitname »L'Ordre de la Palme d'Or« lässt beide Interpretationen zu; in jedem Fall bestehen aber zwischen beiden Gesellschaften enge Beziehungen. Im Mittelpunkt der »Académie des Loyales« standen anfangs vor allem die Pflege der Konversation – in mehreren Sprachen – und das gemeinsame Musizieren. Auch die Statuten waren zunächst nur in französischer Sprache abgefasst und wurden erst 1633 in einer überarbeiteten Fassung verdeutscht. Sie enthalten die Mahnung, sich – wie es sich für gebildete Frauen gezieme – unterschiedlicher Sprachen zu bedienen. Die auf 20 adlige Frauen begrenzte »Académie des Loyales« ist deshalb weniger eine »Sprachgesellschaft« im engeren Sinne; sie kann aber zur Vorgeschichte der deutschen Salons und Lesegesellschaften und damit auch zur Vorgeschichte der dann bürgerlichen Sprachkultur des 18. und 19. Jahrhunderts gerechnet werden. In diesem Sinne hatte Fürst Ludwigs Schwester Gräfin Anna Sophia von Anhalt-Köthen 1619 auch die »Tugendliche Gesellschaft« gegründet, der 73 weibliche Mitglieder des höheren protestantischen Adels angehörten. Möglicherweise unter dem Einfluss Fürst Ludwigs begannen einige der adligen Damen dieser Gesellschaft, vor allem wohl die noch jugendlichen Töchter Christians I., zwischen 1622 und 1624 in Köthen mit der Übersetzung von hundert Novellen aus dem italienischen Novellenzyklus CENTO NOVELLE ANTICHE von 1525 und haben damit im Sinne der Sprachgesellschaften versucht, einen Beitrag zur Entwicklung des deutschen Prosastils zu leisten. Auf Grund der Kriegswirren konnte die Sammlung jedoch nicht gedruckt werden und ist deshalb von der Forschung lange fast unbemerkt geblieben (unter dem Titel ERZEHLUNGEN AUS DEN MITTLERN ZEITEN ist sie erst 1985 von Ulrich Seelbach veröffentlicht worden).

Einige der übrigen Gesellschaften können hier nur noch kurz Erwähnung finden. Zu nennen sind:

- Die »Aufrichtige Tannengesellschaft«, gegründet 1633 in Straßburg durch Jesaias Rompler von Löwenhalt, mit im Unterschied zu den anderen Gesellschaften in literarischer Hinsicht eher altdeutsch-traditioneller Ausrichtung nicht an Martin Opitz und dessen bahnbrechenden Reformen in seinem BUCH VON DER DEUTSCHEN POETEREY, sondern am Meistersang und der Betonung von »Teutscher Redlichkeit« und »Aufrichtigkeit«. Ihr wohl bekanntestes Mitglied war Johann Michael Moscherosch, der mehreren Gesellschaften angehörte. Um 1660 war sie wohl schon erloschen.
- Die »Teutschgesinnte Genossenschaft«, gegründet 1643 wohl in Hamburg durch den Pfarrerssohn Philipp von Zesen. Charakteristisch ist Zesens konsequente, oft treffende, gelegentlich über das Ziel hinausschießende Fremdwortübersetzung. Seine gelegentlich »Hyperpurismus« genannten Übertreibungen wurden von späteren Generationen oft parodiert und lächerlich gemacht, so etwa durch die Schöpfung *Gesichtserker* für *Nase*, die aber gar nicht von Zesen stammt. Aber selbst seine Übertreibungen – wie *Tageleuchter* und *Dörrleiche* für *Fenster* und *Mumie* – förderten die Herausbildung eines sprachkritischen Bewusstseins. Die bereits genannten Jesaias Rompler von Löwenhalt, Georg Philipp Harsdörffer und Johann Michael Moscherosch, auch Sigmund von Birken, Johann Clajus, Martin von Kempe sowie Catharina Regina von Greiffenberg gehörten ebenfalls zu diesem Kreis.
- Der »Pegnesische Blumenorden«, gegründet 1644 in Nürnberg von Georg Philipp Harsdörffer und Johann Clajus. Auffallend ist hier das starke Interesse an Metrik, Rhetorik, dem klanglichen Potential und der Dichtung, auch gesellschaftlicher Kasualdichtung insgesamt. Unter den mehr als 100 Mitgliedern waren Justus Georg Schottelius, Johann Michael Moscherosch, Kaspar von Stieler, Philipp von Zesen, Georg von Neumark, Martin von Kempe, Frauen wie Maria Catharina Stockfleth und Elisabeth von Senitz sowie der Geistliche und Dichter Johann Rist. Mit seiner Pflege der Schäferdichtung und Geselligkeit betonte der Blumenorden wohl mehr als die anderen Gesellschaften auch das Ideal einer einfachen, »natürlichen« Sprache.
- Der »Elbschwanenorden«, gegründet wohl 1658 in Wedel an der Elbe von Johann Rist, vermutlich auf Veranlassung Herzog Augusts II.; geplant als »Pflanz-

garten« für den Palmorden mit meist norddeutschen Mitgliedern. Der Pfarrer und Pfarrerssohn Rist war der bedeutendste Vertreter des »nordwestdeutschen Frühbarock« und hat großen Anteil an der Verbreitung des Hochdeutschen im norddeutschen Raum. Auch der Journalist und Dichter Georg Greflinger gehört zu den Elbschwänen, doch nach Rists Tod 1667 löste sich der Kreis wieder auf.
– Die »Deutsche Gesellschaft« in Leipzig, gegründet 1697 als »Vertrautes Görlitzisches Collegium Poeticum«. Ab 1717 hieß sie »Teutschübende Poetische Gesellschaft«, ab 1727 programmatisch »Deutsche Gesellschaft«. Ihr berühmtestes Mitglied war von 1724 bis 1738 Johann Christoph Gottsched. Zwar noch im 17. Jahrhundert von aus Görlitz stammenden Leipziger Studenten gegründet, leitete sie zur Tradition der überregional aktiven »Deutschen Gesellschaften« des 18. Jahrhunderts über.

Die Gründungsorte dieser Gesellschaften sind meist kulturelle Zentren jener Zeit. Es ist bezeichnend, dass sich ihre »Spracharbeit« ausschließlich in einem protestantischen Umfeld entfaltet. Von diesen Gesellschaften besteht ohne Unterbrechung heute nur noch der »Pegnesische Blumenorden«. Die »Fruchtbringende Gesellschaft« wurde allerdings 2007 als »Neue Fruchtbringende Gesellschaft zu Köthen/Anhalt – Vereinigung zur Pflege der deutschen Sprache« wiedergegründet. Die beiden bedeutendsten Dichterinnen der Barockzeit, Catharina Regina von Greiffenberg und Maria Catharina Stockfleth, waren die ersten weiblichen Mitglieder der »Teutschgesinnten Genossenschaft« bzw. des »Pegnesischen Blumenordens«. Auch sie waren lutherischen Glaubens.

Fragt man nun abschließend nach der Bedeutung der Sprachgesellschaften der Barockzeit, dann erschließen sich ihre Leistungen nur vor dem Hintergrund einer neuen Wertschätzung der Sprache, die für das Jahrhundert charakteristisch ist und eine neue Epoche der deutschen Sprachgeschichte einleitet. Das Interesse an der Sprache ist darüber hinaus aber eingebettet in eine menschliche Tugendlehre, vor deren Hintergrund die Sprachgesellschaften Schauplatz einer neuen Wissens-, Verhaltens- und Geselligkeitskultur sind. Für das sprachgesellschaftliche Wirken ist daher im Anschluss an Andreas Gardt festzuhalten, dass Sprache hier nicht vorrangig als lexikalisch-grammatisches System oder als nur technisches Werkzeug der Kommunikation verstanden wird. Vielmehr gilt Sprache den Gesellschaftsmitgliedern vor allem anderen als Träger kultureller, gesellschaftlicher und politischer Werte und Überzeugungen. Zwar können auch im Rahmen der Sprachgesellschaften Fragen der Sprachstruktur, also der Normierung von Schreibungen, der Flexionsformen, der Wortbildung, Lexik oder Syntax isoliert behandelt werden. Derartige Reflexionen stehen aber nicht für sich selbst und werden nicht um ihrer selbst willen angestellt. Sie stehen stets in Verbindung mit einer politischen, gesellschaftlich-moralischen oder poetisch-ästhetischen Bewertung von Sprache. Die programmatische Verknüpfung dieser Ebenen wird so zum eigentlichen Kennzeichen der Spracharbeit im Umkreis der Sprachgesellschaften und zum Kennzeichen des älteren Neuhochdeutschen. Wenn es sich auch meist um Einzelleistungen ihrer wichtigsten – meist bürgerlichen – Mitglieder handelt, so hat Andreas Gardt doch gezeigt, dass allein schon die Korrespondenz der Mitglieder einen Rahmen setzt, in dem sich sprachtheoretische und grammatikographische Positionen ausbilden. Den Gesellschaften kommt also insgesamt eine wichtige Orientierungsfunktion für die Spracharbeit ihrer Mitglieder zu. Die enge Verknüpfung des Sprachlichen, des Ethischen und des Politischen ist Ausdruck des stark normativen Charakters dieser Arbeit: Nicht um die bloße Beschreibung der Sprache ging es den Sprachforschern, sondern um ihre Bewertung und Tauglichkeit für ein gewissermaßen höheres Ziel.

Für diese Sprachauffassung des 17. Jahrhunderts entscheidend ist also die Einheit von menschlichem Verhalten in Fragen von Kleidung und Mode, der Sitten und Gebräuche im Sinne einer tugendhaften Lebensführung und dem Sprachgebrauch. Wird eine Gesellschaft auf einem dieser Felder nachlässig und vernachlässigt die eigenen Tugenden, dann kann schnell das ganze Gemeinwesen in sich zusammenstürzen. Johann Ellinger schreibt 1629 im ALLMODISCHEN KLEYDER-TEUFFEL:

> *Ich glaube ganʒ und gar, ſo lange die allmodiſche Kleiderpracht, davon man vor ʒwanzig ja ʒehen Jahren nicht geſehen und die alten Deutſchen nichts gewußt haben, ſich nicht leget und durch die Obrigkeit abgeſchaffet wird, ſo lange iſt auch kein Friede in Deutschland nicht.*

Aus diesem Zusammenhang zwischen dem individuellen Verhalten in der Gesellschaft – zu dem auch der Sprachgebrauch gerechnet wird – und den politischen Verhältnissen bis hin zu Krieg und Frieden entwickelt sich im Verlauf des Jahrhunderts ein neues Verständnis von der Bedeutung der Sprache. Die 1648 von Christoph Schorer veröffentlichte NEWE AUSSGEPUTZTE SPRACH-POSAUN verkündet:

> *Die alten Teutſchen Sprach und Sitten kommen mir vor / wie das Palladium in der Stadt Troja / da ſolches von jhnen genommen war / muſte die gantʒe Stadt herhalten / endlich eingeåſchert / etc. Eben iſt es mit dieſer Sache auch / weil Sprache und Sitten annoch bey uns unbeflekket waren / hatten wir Teutſchen guten Frieden / weil man aber die Sprache und Sitten verfrömdet und verkehret / hat GOtt auch das Wolergehen des Teutſchlandes rechtſchaffen durchfrömdet und verkehret.*

Im selben Jahr 1648 fasst Justus Georg Schottelius im FRIEDENS SIEG zusammen:

> *Auf die Enderung der Sprache folget eine Enderung der Sitten, Verenderte Sitten pflegen gemeiniglich das gemeine Leben alſo zu enderen, daß Unglůkk und Untergang auf dem fuſſe daher folget. Jch meine man kǒnne nicht ohne Schande und groſſen Schimpf des Vaterlandes die angeborne ſo Heldenhafte und gleichſam fromme Mutterſprache ins Elend verſtoſſen.*

Die Gesellschaften sind zuallererst »Vereinigungen zur Tugendpflege«. Im Sinne des schon antiken Topos, dass Sprachverfall und Tugendverlust Hand in Hand gehen, wird von Georg Neumark 1668 für die »Fruchtbringende Gesellschaft« als Aufgabe formuliert:

> *[. . .] daß man das Teutſche Vertrauen mündlich und ſchriftlich wieder aufrichte / befǒrdere / erhalte: Die Warheit im Reden und Schreiben hervor leuchten laße / und von derſelben keines Weges abſetze, ſondern vielmehr derſelben die Larve des Betrugs abnehme [. . .]*

Der Vertrauensverlust, der wieder ausgeglichen werden muss, erklärt sich aus der Orientierung der gesellschaftlichen Eliten an der französischen Kultur und Lebensart. Und daraus erklärt sich zugleich das moralisch-sittliche Anliegen der Sprachgesellschaften. In politisch-gesellschaftlicher Hinsicht äußert sich dies in einer anti-kaiserlichen Haltung im Sinne der Ablehnung habsburgisch-katholischer Interessen und in der Regel im Bekenntnis zum protestantischen Landesfürstentum. Die Gesellschaften des 17. Jahrhunderts stehen für eine Haltung, die wir heute »Kulturpatriotismus« nennen, im Gegensatz zum »Kulturnationalismus« späterer Zeiten. Betont wird dadurch, dass Fremdes nicht abgelehnt, sondern das Eigene nur gestärkt werden soll.

Die Unterordnung der Muttersprache unter eine fremde Sprache kann aber zum Verlust der Freiheit führen: »Machst Du die Sprache zur Magd, so wirst Du werden Knecht«, heißt es 1647 bei Sigmund von Birken, dann werden – so schreibt Christoph Schorer schon 1644 in seinem SPRACHVERDERBER – die Deutschen »halbgebackene Teutsche Franzos«, und die eigene kulturelle Identität wird gefährdet. Dass man beim Ringen um diese Identität dann doch nicht ganz ohne ungerechte Seitenhiebe gegen die Nachbarsprachen auskommt, hat Ruth Römer an vielen Beispielen gezeigt. Für Justus Georg Schottelius sind es nämlich vor allem die einsilbigen Stammwörter, die das Alter und den Wert einer Sprache kennzeichnen. Das Deutsche habe etwa 2170, das Lateinische aber nur 163 und das Griechische 265 Stammwörter. Abgesehen davon, dass die Zahlen unhaltbar sind, muss er im Hinblick auf die modernen Fremdsprachen zugestehen: »In Frantʒö-ſiſcher Sprache ſind auch viele einlautende Wörter [= einsilbige Stammwörter] vorhanden«. Aber um wie vieles schlechter machen die Franzosen ihre Sache: »alles verdrehet und verʒogen / halb geredt / halb verſchwiegen / darinn gar nichts befindlich / welches einige Vergleichung der Kunſt / neben den Teutſchen Stammwörtern haben kündte«. Deshalb stehen für Ruth Römer Schottelius und viele seiner Mitstreiter, die im 17. Jahrhundert im Umkreis der Sprachgesellschaften für die Pflege der deutschen Sprache eintreten, »am Anfang des Weges, der im deutschen Sprachchauvinismus« des 19. und 20. Jahrhunderts endete. Auch der Hinweis auf Tacitus, dem zufolge die Germanen »durch Zugewanderte und Fremde wenig vermischt« seien, lässt sich in dieser Hinsicht deuten. Während Schottelius damit aber nur die Unvermischtheit der alten deutschen Sprache belegen will, soll Tacitus dann im 20. Jahrhundert als Kronzeuge für die »rassische Reinheit« der Germanen dienen. Wenngleich gerade die Sprachforscher des 17. Jahrhunderts die große Nähe zwischen Sprache, Politik und Gesellschaft betont haben, so sind aus heutiger Sicht wohl doch eher die Unterschiede zwischen ihrem Kulturpatriotismus und dem späteren Sprachchauvinismus und nicht so sehr deren Gemeinsamkeiten hervorzuheben. Man sieht aber deutlich, dass die ethisch-moralischen und politischen Dimensionen des Themas auch jetzt noch Anlass zur Diskussion geben können. Kritische Stimmen wie die von Römer oder Schirokauer – auch wenn man ihnen nicht immer folgen mag – hat es in der deutschen Sprachgeschichtsschreibung viel zu selten gegeben.

Hinter den übergeordneten Aufgaben der Tugendpflege und des Kulturpatriotismus treten viele konkrete sprachwissenschaftliche Positionen der damaligen Zeit zumindest auf den ersten Blick etwas in den Hintergrund. Aber alle Überlegungen der Sprachforscher zu den vermeintlich richtigen Schreibungen und zur Fremdwortverdeutschung sind für die Schaffung einer überregional verständlichen Sprachform, die zur Wahrung der kulturellen Identität und Einheit dienen soll, unmittelbar verwertbar. Eine der zentralen sprachtheoretischen Auseinandersetzungen der Zeit mündet jedoch in die Frage, woran sich diese überregional verständliche Sprachform eigentlich orientieren soll. Richtet sie sich nach dem bestehenden Sprachgebrauch? Und wenn ja, nach welchen Sprechern oder welcher Region? Oder sollen für diese Sprachform allgemeingültige Regeln vorgegeben werden? Aber wer stellt dann diese Regeln auf?

Diese Fragen skizzieren den Streit zwischen den sog. Anomalisten und Analogisten (wie Schottelius und Harsdörffer), die davon ausgehen, dass in der Sprache ein positives Strukturprinzip enthalten sei, das sie »Grundrichtigkeit« nennen, und die Sprache daher eigentlich schon vollkommen sei. In Analogie zu dieser Grundrichtigkeit soll man die Sprache verwenden. Dies ist vergleichbar der Sicht eines Bildhauers, der die Skulptur, die er vor seinem geistigen Auge hat, nicht eigentlich erschaffen, sondern nur aus dem Stein, in dem sie bereits enthalten sei, herausholen will. Ihnen gegenüber stehen die »Anomalisten« (wie Fürst Ludwig und Christian Gueintz), die den konkreten Sprachgebrauch mit all seinen »Anomalien« zum Vorbild nehmen wollen. Dabei verwundert es nicht sehr, dass sich die »Anomalisten« am liebsten am eigenen Sprachgebrauch, das heißt am Sprachgebrauch ihrer eigenen Herkunftsregion und ihres Standes orientieren. Und da die meisten von ihnen aus der damals politisch und kulturell führenden Region des Sächsisch-Ostmitteldeutschen stammen oder zumindest dort leben, rückt nun auch der schon von Luther herausgehobene Raum unter dem Etikett »Meißnisch« wieder ins Zentrum der Aufmerksamkeit. Der Ausdruck ist zwar zur sächsischen Stadt Meißen gebildet, steht aber nicht für die dortige ostmitteldeutsche Mundart, sondern allgemeiner für den Sprachgebrauch vorwiegend ostmitteldeutscher und protestantischer Schriftsteller und Gelehrter, die sich auf Luther und die Sprachausgleichsbemühungen des 15. und 16. Jahrhunderts berufen konnten.

Ein vermittelndes Element zwischen »Anomalisten« und »Analogisten« ist die Suche nach dem »guten Gebrauch«. Da weder die »Anomalisten« jede im Meißnischen verwendete Form gutheißen und sich etwa gegen die »Pöbelsprache« der unteren Schichten abgrenzen noch die »Analogisten« ihre Regeln gegen einen bereits üblich gewordenen Sprachgebrauch durchsetzen können, werden als zusätzliches Entscheidungskriterium wie schon in früheren Jahrhunderten »Sprachvorbilder« genannt: das sind jetzt einzelne Personen wie Martin Luther, Gruppen wie die besten Schriftsteller der Zeit und einzelne Institutionen wie die Kanzleien, der kaiserliche Hof und das Reichskammergericht, das ab 1527 in Speyer, nach dessen Zerstörung infolge des Pfälzischen Erbfolgekriegs dann von 1689 bis 1806 in Wetzlar ansässig war. Damit geraten zwar auch wieder süd- und westdeutsche Regionen in den Blick. Dieser Sprachraum hat aber nach und nach viel von seiner damaligen Bedeutung verloren. Über die tatsächliche Bedeutung dieser Vorbilder ist daher damit noch nicht sehr viel gesagt.

Aus dem bisher Skizzierten lassen sich drei bestimmende Prinzipien für die Sprachreflexion in der zweiten Hälfte des 17. Jahrhundert ableiten:

1. Die Sprachrichtigkeit
   Gemeint ist die Beschäftigung mit der Norm einer Leitvarietät, sei es aus analogistischer oder anomalistischer Perspektive;
2. Die Sprachreinheit
   Gemeint sind damit die ethisch-moralischen und politisch-gesellschaftlichen Folgen der Beeinflussung des Deutschen durch das Französische und andere Nachbarsprachen und deren Überwindung;

3. Die Sprachschönheit
   Gemeint ist damit schließlich die Übertragung dieser Prinzipien auf die Dichtung, besonders durch Martin Opitz und sein BUCH VON DER DEUTSCHEN POETEREY. Es gilt für die Dichtung als normative Regelpoetik, ist aber für die Sprachgeschichte insgesamt von größter Bedeutung: Durch die Zusammenlegung von Versmaß und Wortakzent stellt Opitz eine Verbindung von Literatursprache und Gebrauchsprosa her, die so vorher nicht bestanden hatte. Von nun an können Ausdrucksmöglichkeiten der Literatursprache unmittelbar auch der Gebrauchsprosa zugutekommen.

Die Verbindung der drei Prinzipien erleichterte damit langfristig den Weg zu einer allgemein akzeptierten Standardsprache; kurzfristig führte vor allem das Prinzip der »Sprachschönheit« in Verbindung mit der Rhetorik der barocken Kultur zu einer Art von »Überkultivierung«, die später als barocker »Schwulst« abgewertet wurde. Die barocke Schriftkultur des 17. Jahrhunderts führte deshalb in ihren meisten Ausprägungen letztlich in eine Sackgasse, weil spätere Generationen anderen Vorstellungen folgten. Dass aber überhaupt Prinzipien aufgestellt und diskutiert wurden, war neu und zeigt deutlich, dass wir uns nun tatsächlich in einer neuen Phase der Sprachgeschichte befinden. Aus der Abwehr gegen fremdsprachliche Einflüsse und aus dem Wunsch nach einer über den gesprochenen Dialekten stehenden überregionalen Schriftsprache nicht nur zum Zwecke der Verständlichkeit, sondern als Zeichen kultureller Einheit und Identität erwächst schließlich das Bedürfnis nach Sprachreflexion und Sprachkodifizierung, das die weitere Geschichte des Neuhochdeutschen prägen sollte.

Während im deutschen Sprachraum aber der »gute Gebrauch« erst ermittelt werden musste, war diese Frage im zentralisierten Frankreich viel einfacher zu beantworten. Nachdem 1635 in Paris die »Académie française« gegründet worden war und der Philologe Claude Favre de Vaugelas in seinen REMARQUES SUR LA LANGUE FRANÇOISE von 1647 als Norm für den »bon usage«, also den »guten Gebrauch« des Französischen, den mündlichen Sprachgebrauch des sich überwiegend in Paris aufhaltenden Hofadels und den schriftlichen Sprachgebrauch der »bons auteurs«, also der anerkannten, in Paris arbeitenden und in Pariser Salons verkehrenden Schriftsteller, festgesetzt hatte, bestärkte er damit den auf die Hauptstadt ausgerichteten politischen Zentralismus auch auf sprachlichem Gebiet. Durch die Akademie wurden die Normierung und der Ausbau der französischen Sprache zu einer Literatur- und Wissenschaftssprache staatlich festgeschrieben. Für die späteren deutschen Sprachnormierer Gottsched und Adelung war es demgegenüber ungleich schwieriger, das Sächsische als sprachliches Vorbild durchzusetzen.

Auch in Deutschland umfasste das Sprachkultivierungsziel der Sprachgesellschaften aber weit mehr als die Abwehr fremdsprachiger Ausdrücke und das praktische Bedürfnis nach einer überregional verständlichen Schriftsprache. Der bildungssprachliche Weg von einer überall verstehbaren zu einer »richtigen« Sprache umspannt das 17. Jahrhundert von Opitz und Schottelius bis zu den Grammatikern Johann Christoph Gottsched und Johann Christoph Adelung im 18. Jahrhundert.

In dieser Phase zeigt sich, dass eine auf der Ebene der Schreibungen einigermaßen regulierte Sprache mit dem Potential zu überregionaler Verständlichkeit noch nicht unmittelbar zu einer tatsächlich geregelten Schriftsprache führt. Die Normen dieser »richtigen« Sprache mussten mit philologischen Mitteln erst noch festgestellt und kodifiziert werden. Diese »Sprachrichtigkeitsideologie« zielte also nicht nur auf die großräumige Verständlichkeit der Schriftsprache und auf die sachlich angemessene Differenziertheit des einheimischen sprachlichen Ausdrucks. Die Sprachkultivierungsarbeit der Sprachforscher diente in erster Linie »der sozialen Notwendigkeit richtigen Sprechens und vor allem Schreibens«, der »kultivierten Handhabung der Sprache nach allen Regeln der Kunst« und damit letztlich als Mittel der »nationalsprachlichen Identifizierung« (Oskar Reichmann). Erstmals in der neueren Sprachgeschichte des Deutschen wird in größerem Ausmaß deutlich, dass die Sprache nicht nur der Kommunikation im Sinne der Verständlichkeit oder der Darstellung von Sachverhalten mit präzisen Ausdrücken dienen kann. Die Sprache lässt hier auch ihre soziale Symptomfunktion erkennen, denn in den sprachreflexiven Texten des 17. und 18. Jahrhunderts wird die Einstellung der Sprecher zum Inhalt ihrer Äußerungen als Teil ihrer nationalsprachlichen Identifizierung in besonderer Weise verdeutlicht. Durch die Betonung der Identifikationsfunktion und der Suche nach der »richtigen« Sprache, die an die oberen Schichten geknüpft wird, erklärt sich, dass die Variantenfülle und die Variantentoleranz des Frühneuhochdeutschen und der Dialekte, die durch das Wirken von Sprachgesellschaften und der mit ihnen verbundenen Sprachforscher, Sprachliebhaber, Dichter, Übersetzer und Schulreformer im 17. und 18. Jahrhundert deutlich reduziert wurde, mit einer Sprachbewertungstendenz von »oben nach unten«, also einer »Vertikalisierung«, verknüpft wurde. Mit diesem Begriff Oskar Reichmanns steht ein Erklärungsmuster für die verschiedenen Kriterien der Variantenaussonderung zur Verfügung, sei es für die Opposition von »regional und überregional«, »schreibsprachlich und sprechsprachlich«, »bildungssprachlich und alltagssprachlich«, »vornehm und pöbelhaft«, »expertenhaft und laienhaft«, »rational und emotional« oder »explizit und sprachökonomisch«. Je weiter die Variantenreduktion voranschreitet, je näher kann man der »richtigen« Sprache kommen.

Die Normierung und Kodifizierung des »richtigen« Deutschen ist aber nicht so sehr die Leistung einzelner Grammatiker und Lexikographen, denn diese Sprachforscher haben die Regeln weder willkürlich gesetzt noch erfunden. In den Grammatiken und Wörterbüchern wird zumeist das systematisiert, begründet und kodifiziert, was sich im Sinne des »guten Gebrauchs« auch in Deutschland in den gebildeten Kreisen und Institutionen im Verlauf der Sprachkultivierung – zumindest in den meisten Regionen – bereits angebahnt hatte. Für die weitere Durchsetzung dieser Normen spielen die Grammatiken und Wörterbücher dann aber eine nicht zu unterschätzende Rolle. Ein Beispiel unter vielen für den »guten Gebrauch« in stilistisch-syntaktischer Hinsicht gibt Justus Georg Schottelius in seiner AUSFÜHRLICHEN ARBEIT mit dem Satz: »*Die hohe vor Augen ſchwebende Noht und Gefahr des Tůrkiſchen Einbrechens. Dieſes lautet zierlicher / als wan man allemal umbſchreiblich ſagen wollte: Die hohe Noht und Gefahr / welche jetzund vor Augen ſchwebet.*«

Die Erfolge der Spracharbeit lassen sich exemplarisch an der Überlieferungsgeschichte des SIMPLICISSIMUS zeigen: Während die erste Ausgabe des Nürnberger Verlegers Wolff Eberhard Felßecker von 1668 den Text in Grimmelshausens südwestdeutsch geprägter Schreibsprache bietet, brachte der Frankfurter Georg Müller eine nicht-autorisierte Konkurrenzausgabe auf den Markt, die sich an den neuen Regeln der 1638 in Herzog Ludwigs Köthener Druckerei veröffentlichten DEUTSCHER SPRACHLEHRE ENTWURF von Christian Gueintz orientierte. Unter dem Namen »Der Ordnende« war der aus der Nähe von Guben in der Niederlausitz stammende Gueintz Mitglied der »Fruchtbringenden Gesellschaft«. Müllers Änderungen, etwa *fremd* statt *frembd*, *emsig* statt *embsig*; *Hütlein* und *Waldvögelein* statt *Hütl*, *Waldvögle*; *Landes* statt *Lands*, *Junge* statt *Jung*, *Tod* statt *Todt* oder *Geld* statt *Gelt* folgen den Vorschlägen Gueintz'. Auch mit seinen Fremdwortverdeutschungen (etwa *lustwandeln* statt *spaziren* nach einem Vorschlag Zesens, *bewahret* statt *depositirt* oder *anzumerken* statt *zu notiren*) liegt er ganz auf der Linie der »Fruchtbringenden Gesellschaft«. Diese Ausgabe sicherte Müller daher auch die mittel- und niederdeutschen Absatzmärkte, bis sich Felßecker im Herbst 1669 entschloss, ebenfalls eine normalisierte Neuausgabe nach Müllers Vorbild herauszubringen.

Auch der Schreibusus der vielfach pietistisch geprägten religiösen Literatur des späten 17. Jahrhunderts scheint sich überwiegend an diesen Regeln zu orientieren. Einen auffällig alamodisch geprägten Sprachstil findet man dagegen nicht. Betrachtet man einen Text wie den QUINARIUS des schlesischen Barockdichters Quirinus Kuhlmann (1651–1689), in dem der Verfasser nachweisen will, dass er der Nachfolger Jesu Christi sei, dann spielen jedoch Entlehnungen, vor allem aus dem Lateinischen, eine durchaus tragende Rolle. Auf 24 Druckseiten finden sich 6300 Wörter mit 136 Belegstellen für 90 Entlehnungen:

Academie academiſch Adept Anagramma anagrammatiſch Antichriſt Antipode Apocalypſe apocalyptiſch Apoſtel Aſtronomiſch Caſus centraliſch Centrum Combination concentrieren Concilium Concordanz Conſtellation Corpora Creatur Doctorat Doctorei Dophin Element Enthuſiaſt Epiſtel Evangeliſt Evangelium Exemplar Fabelei Facultät Fanatik figurlich Geschlechtsquinar höchſtgradiret Katheder Kryſtall Maſore Martyrer Matrix Melancholik mineraliſchmetalliſch Minute Monarch Muſe Natur Paradeiswelt Paradis paradiſiſch Paradis-tinctur Paraphraſe partheiisch Particularzeugnüſſe Pater Patriarch Pera Perle Perſonalien Phantaſt Philiſter Philologe Philosoph Pilgramſtraſſe Planet Poet Prophet prophetiſch Prophezeiung Pſalm Pſalter Quäker Rechtscorpus Religion Scribent ſectireriſch ſpatzirend Stadtbibliothek ſtudiren Summa Text tingiren Todesregiſter Triangel triumffierend turba unfix Vers Vorfigur.

Von gelegentlichen Neuschöpfungen Kuhlmanns abgesehen handelt es sich meist um eingeführte religiöse Ausdrücke, dazu kommt vereinzelt alchemistischer Wortschatz wie *höchstgradieret* ›auf die höchste Stufe geführt‹, *mineralischmetallisch, tingiren* ›herausziehen, herausdestillieren‹ oder *unfix* ›unfest‹. Ansonsten zeigt der Text die typischen sprachlichen Merkmale religiöser, vielfach pietistischer Texte der Barockzeit, etwa die Abstrakta auf *-ung, -heit, -keit* wie in *Erleuchtung, Gottesschickung, Einheit* und *Vielheit*; intensivierende Komposita wie in *Verjüngungskühlungsfrische* oder *Weisheitklugheitwissenheit*; Präfixoidbildungen, die »Intensität«, ein »Beginnen« oder »Resultativität« ausdrücken, wie in *zerläutern, zermalmen, erquikken und entblößen*; die Bedeutungspotenzierung durch *über-* wie in *übernatürlich*; *übersteigen, überströmen*; Präfixoidbildungen, die eine räumliche Dynamik erzeugen, wie in *darniederfallen, hocherleuchtet, wegwerfen, durchhellen* oder *durchlichten*; und vieles mehr. Die Tradition der Sprache der Mystik leuchtet hier an vielen Stellen auf, allerdings sind die Sätze Kuhlmanns oft so lang und so komplex, dass sie beim ersten Hören kaum verständlich sind. Ganz offensichtlich sind dies reine Lesetexte, und sie verfeinern eine sich jetzt immer weiter ausbildende »Syntax für die Augen«. Derartige Schriften zeigen, dass die Verständlichkeit eines Textes jetzt weniger von regionalen Merkmalen als von textsortenspezifischen und stilistischen Kennzeichen abhängig ist. Die überregionale Verständlichkeit ist in der Schriftsprache weitgehend erreicht. Fremdsprachliche Einflüsse prägen vor allem die verschiedenen Fachwortschätze und sind hier nicht als alamodisch-affektierte Verzierung der Sprache zu deuten.

Das gilt im Wesentlichen auch für den Wortschatz der deutschen Presse, die

1650 mit der Gründung der ersten Tageszeitung, der Leipziger EINKOMMENDEN ZEITUNGEN, und bald darauf dem Hamburger NORDDEUTSCHEN MERCURIUS von Georg Greflinger, einem Mitglied des »Elbschwanenordens«, weiter an Bedeutung zunimmt. Zwar erhöht sich laut Thomas Gloning der Anteil ursprünglich fremdsprachiger Belege am Gesamtwortschatz der Zeitungen im Verlauf des 17. Jahrhunderts leicht, nämlich von etwa 6 % 1609 auf etwa 8 % um 1650 bis zu etwa 9 % 1667. Die Mehrzahl der Entlehnungen gehört aber auch hier fachsprachlichen Kontexten an, vor allem der Sprache der Politik, des Militärs und des Finanzwesens. Ein alamodischer Sprachstil, in dem das Lehnwort eher den Bildungsgrad des Verfassers dokumentiert, als dass es für die Darstellung eines Sachverhaltes nötig wäre, findet sich abseits der Mündlichkeit am Ende des 17. Jahrhunderts vor allem noch an der Peripherie des deutschen Sprachraums. Bis dorthin scheint die Spracharbeit der Sprachgesellschaften nicht vorgedrungen zu sein.

So heißt es in der ORDINARI DONNERSTAGS POST=ZEITUNG aus Reval, heute Talinn in Estland, Nr. 2 von 1677:

Lüttich vom 19. dito. Hieſieger Magiſtrat hat ſeithero einiger Tagen mit dem Thumb-Capitel und dem Clero ſubalterno / umb das wenige von dieſem Stiffte conſerviren zu kͤnnen / unterſchiedliche Conferencen gehalten / und reſolvirt 200 Dragouner zu werben / und wird itzo deliberiret / wie die Nothwendigkeiten dazu zu erheben ſeyn. Die Frantzoſen wollen die neubegehrte Contributiones per force anticepando / und biß zu einem Heller bezahlt [. . .].

In den RIGISCHEN NOVELLEN, vom 23. Maji; Anno 1681, Nr. 35, aus Riga in Lettland, heißt es:

Warſchau / den 16. May. Von langen Zeiten her iſt kein Reichstag geweſen / der ſo lange gewåhret / und die Herren Pohlen so sehr fatiguirt, als dieſer Reichstag tuht / von welchem man noch kein Ende ſiehet / wiewohl einer von heute der ander von morgen augurirt.

In den RIGISCHEN NOVELLEN, Nr. 6, von 1697:

[. . .] ſo iſt Ordre geben worden mit Miniren *zu* Continuieren *weil man gute* Avantagie *davon zu genießen verhofft.*

DIE NARVISCHE POST-ZEITUNGEN / Mittwochs / den 23. April, von 1702 aus Narwa in Estland berichtet:

> *Stettin / vom 15. April. Aus Holland hat man die ſichere Nachricht / daß die* reſolvirte Execution *von deſſelben Eſtaats mit Engelland* concertirten meſſures, *das Kriegs-*Theatrum */ bald öffnen dörfften. Allein aus Jtalien lauten die Briefe alſo / daß durch das geſchickte* renforcement, *die Frantzoſen in dem Stande ſeyn werden / denen Kayſerl. auf die Haut zu dringen.*

An den Rändern des deutschen Sprachraums hält sich das alamodische Schreiben im öffentlichen Sprachgebrauch also erkennbar länger. Das für die Spracharbeit im Binnenland übergeordnete Ziel, die Stärkung der »nationalen Identität«, spielte im 17. und 18. Jahrhundert hier offensichtlich noch keine Rolle. Der Einfluss des alamodischen Französisch bleibt in der gebildeten deutschen Oberschicht des Baltikums länger lebendig als in den deutschen Kernländern. Die (spärliche) Forschung gibt *Kasten* ›Bordell‹ (aus frz. *chasté* ›Keuschheit‹) und *schwietig* ›nobel‹ (aus frz. *suite* ›Gefolge‹) als Beispiele für Entlehnungen, die sich nur am nordöstlichen Rand des deutschen Sprachraums bis ins 20. Jahrhundert gehalten haben. Auch der Stil dieser Zeitungen unterscheidet sich um das Jahr 1700 noch beträchtlich von unseren heutigen Tageszeitungen, und das nicht nur an der Peripherie. Erst langsam entwickeln sich die optische und die sprachliche Gestalt bis zu ihrer heutigen Form. Da es sich um Gebrauchstexte handelt, in denen Aktualität vor (sprachlicher) Schönheit geht, werden die Kriterien der »Sprachschönheit«, »Sprachrichtigkeit« und »Sprachreinheit« in der Zeitungsberichterstattung kaum berücksichtigt.

Im 17. Jahrhundert entwickelt sich aber neben der literarischen Schriftlichkeit und den Tages- und Wochenzeitungen zunehmend auch eine Kultur der privaten Schriftlichkeit. Überliefert sind zahlreiche Briefe der Liselotte von der Pfalz (1652–1722), hier als Beispiel ein Brief an ihre Halbschwester, die Raugräfin Amalie Elisabeth:

> *St. Cloud, 10. Juli 1699*
> *Herzliebe Ameliſe, vorgeſtern hab ich Euren lieben brief vom 20/30 Juni zu recht entpfangen; würde geſtern gleich drauf geantwortet haben, wenn ich nicht ein klein reiſgen 7 franzöſcher meilen von hier getan hette nach Maubiſſon, ma tante, die frau åbtiſſin, dorten zu beſuchen, welche ich, gott ſeye dank, in vollkommener geſundheit gefunden habe. […] Sie ſprechen noch gut teutſch, können perfect teutſch, franzöſch, engliſch und holländiſch. Ich habe lachen müſſen, daß Ihr Louiſe ihren tag habt verſeumen laſſen und hernach den Eurigen nicht ſedieren wollen; bin Euch darvor verobligiert, liebe Ameliſe! denn das erweiſt mir, wie lieb ihr mich habt. Es iſt kein wunder, daß ich das Franzöſche correcter weiß nach 28 jahren, daß ich in Frankreich bin, als Ihr, die nie in Frankreich geweſen. Im*

Teutſchen habe ich Euch aber in keinem einʒigen brieffehlen ſehen. Ihr trőſt mich ſehr, liebe Ameliſe, mir zu ſagen, das ich mein Teutſch noch nicht vergeſſen habe und noch correct ſchreibe, denn in wehrendem krieg habe ich wenig teutſch geſprochen, wűrde alſo gar kein wunder ſein, wenn ich etliche phraſen vergeſſen hette. Zu meiner ʒeit war es ſchon der brauch, daß man franʒőſche wőrter mit den teutschen miſchte; tue es auch etlichmal, denn man muß wohl hierinnen den brauch folgen; allein was mich verdrießen kann, iſt, wenn es aus affectation geſchicht. Dies wort kőnnte ich auch ohnmőglich anderſt auf teutſch ſagen, glaube auch nicht, das ein ander wort auf teutſch daʒu ist. Ich geſtehe auch gern, das mir alle complimenten blutſʒuwider ſein; ich kann ſie nicht ausſtehen. Alle, die meine gute ſein, denen verbiete ich die komplimenten, alſo wenn Lenor mir in ihre lange briefe complimenten ſchreiben wollte, wűrde ich brav ʒűrnen; es iſt hier der brauch gar nicht, in franʒőſchen briefen macht man keine complimenten nicht.

Liselotte von der Pfalz, die als 19-Jährige mit dem verwitweten Herzog Philipp I. von Orleans, dem Bruder Ludwigs XIV., vermählt wurde und seit 1671 in Frankreich lebte, pflegte einen »natürlichen« Briefstil und wurde von Ludwig XIV. einmal scharf gerügt, weil sie in ihren Briefen zu »frey im reden« wäre. Sie wurde vor allem in Kassel und Heidelberg und am braunschweigisch-lüneburgischen Hof erzogen und hat dort ihre sprachlichen Prägungen erhalten. Das »Natürlichkeitsideal« der Sprachgesellschaften schimmert durch ihre Briefe hindurch, und von den mindestens 50 zwischen 1680 und 1715 erschienenen Briefstellern, in denen die höfisch-galante Kunst des Briefeschreibens gelehrt wurde, hat sie offenbar keinen je gelesen. Ihre Sorge, sie könne ihr Deutsch verlieren, zeugt aber auch bei ihr von der Bedeutung der Muttersprache für die eigene Identität. Da sie in Frankreich lebt, ist es kein Wunder, dass sie Entlehnungen in die Sprache aufnimmt, sie reflektiert jedoch über ihren Sprachgebrauch: »Zu meiner zeit war es schon der brauch, daß man französche wörter mit den teutschen mischte; tue es auch etlichmal, denn man muß wohl hierinnen den brauch folgen«. Sie weist zudem auf ein neues Übel hin, das in Deutschland um sich greife: das Komplimentieren. Gemeint ist damit die sprachliche Umwerbung einer hochgestellten Persönlichkeit unter sorgfältiger Beachtung ihres Ranges und ihrer individuellen Neigungen und Abneigungen, wie sie jetzt in Deutschland in der Umgebung der Höfe und im Bürgertum, das sich diesem Sprachgebrauch anpasst, üblich geworden ist. Mit seiner ETHICA COMPLEMENTORIA hatte Georg Greflinger den ersten Ratgeber speziell für das richtige Komplimentieren in deutscher Sprache bereits 1645 vorgelegt. Durch diese Mode drohen dem Deutschen in manchen Textsorten nun durch exzessive Übertreibungen neue Gefahren, die vom Ideal der Sprachrichtigkeit, Sprachreinheit und Sprachschönheit wegführen. Als Angehörige der nun schon älteren Generation will Liselotte dieser Mode aber nicht mehr folgen. Es ist zudem erhellend, dass sie selbst durchaus eine Vorstellung von »richtigem« Deutsch zu haben scheint: »Ihr tröst mich sehr, liebe Amelise, mir zu sagen, das ich mein Teutsch noch nicht vergessen habe und noch correct schreibe, denn in wehrendem krieg habe ich wenig teutsch gesprochen, würde also gar kein wunder sein, wenn ich etliche phrasen vergessen hette.« Man geht aber wohl nicht fehl, wenn man vermutet, dass sie diese »Richtigkeit« vor allem auf den richtigen sprachlichen Ausdruck und korrekt eingesetzte Redewendungen bezieht. Schreibungen und Grammatisches wird sie kaum im Sinn gehabt haben. Das geht auch aus einem anderen Brief an Amalie hervor, in dem sie über den richtigen sprachlichen Ausdruck nachdenkt:

> *Gezwungenheit iſt contrainte undt nicht affectation, aber daß rechte wort hirvon auff teůtſch weiß ich nicht. Habt ihr niemandes von der fruchtbringenden geſelſchafft zu Franckfort, dem mans fragen kőnnte?*

Liselotte geht also nicht nur davon aus, dass es ein passendes, richtiges Wort gibt, sondern dass man es auch irgendwo erfragen können müsste.

Es sollten aber nun nicht allein Sprachproben der oberen Schichten aus verschiedenen Räumen, sondern möglichst aus allen verschiedenen sozialen Schichten untersucht werden. An die Sprache der meist schriftlosen »kleinen Leute« des 17. und 18. Jahrhunderts kommt man aber nur noch schwer heran. Zu den wenigen Ausnahmen gehört der Bericht eines einfachen Soldaten über sein bewegtes Söldnerleben im Dreißigjährigen Krieg. Mit einer kurzen Ausnahme in schwedischen Diensten gehörte er der Armee der katholischen Liga an. Über den Autor, vermutlich ein Peter Hagendorf, sowie seine Herkunft und soziale Stellung – vielleicht der Sohn eines Bäckers oder Müllers – ist wenig bekannt. Im September 1634 schreibt er:

> *[...] von turlach auff pfordtze Alhir habe Ich auch ein Iunges medges herausgefuhret. Aber Ich habe ſie laſſen wieder hinein gehen, den ſie hatt mir muſt, weiſzeug herraus tragen, welches mir offt Iſt leit geweſen, den Ich hate auff dies mal kein weieb, von hir ſindt wir gezogen auff hedelbergk, In der Vnterpfals, das haben wir eingenommen, die ſtat, aber das ſchlos nicht, dies Iſt geſchehen den 19 nouember deſſen 1634 gars wir ſindt ſtargk geweſen mit 4 Regemedtern zu fus, vndt 3 zu pferdt Johan de Werth hat vns commandiret, den wir waren zu ſchwag, alſo muſten, wir die ſtat wieder verlaſſen, vndt gegangen bis nach pfordtze, Alhir ſindt noch. 9. Regemendtern zu vns kommen ſambt den graffen, von grons feltt, vndt wieder nach hedelbergk. die ſtadt wieder eingenommen, dain gelegen 14 tage*

vndt haben das ſchlos beschoſſen, vnd wollten es zu ſprengen, Als nun alles Iſt fertieg geweſſen, 24 tonnen polffer, vnter dem ſchlos, da Iſt die franzo̊ſieſſe Arme Ankommen, 30 tauſend man ſtargk, vnd nimbt vns die ſchanſſe ein, da. 7. groſſe ſtug In ſtunden, ehe wir es gewar wurden, den es war ehben vmb wacht zeit, ſo haten vnſer leute vormeinet es wehre die wacht, vndt wollte ablo̊ſen, also leſt vns der franzo̊ſieſſe general abziehen mit 9 Regemeter zu fus [. . .] mit ſag vndt pagk.

Der Text ist nicht ganz leicht zu verstehen, weil die Sätze nicht klar strukturiert sind, sondern dem vorläufigen Fluss der Gedanken folgen. Man wird also hier kaum sagen können, dass die mündliche, ungeformte Rede den sprachlichen Verhältnissen der Zeit näherstünde als die schriftlichen Textzeugnisse. Auch die ungeregelten Schreibungen sind zumindest für heutige Leser schwierig. Aus dem Text wird immerhin deutlich, dass die Sprengung des Heidelberger Schlosses, die offenbar von den bayerischen Truppen unter Johann von Werdt mit »24 tonnen polffer« beabsichtigt war, nur durch ein Missverständnis verhindert wurde, denn die Soldaten hätten die französischen Truppen mit der von ihnen gerade erwarteten Wachablösung verwechselt und deshalb die Kanonen und das Pulver kampflos übergeben.

Es ist charakteristisch, dass die Herkunftsregion des Autors, der als Söldner viele Landschaften durchzogen hat, durch seine Sprache nicht eindeutig erkennbar ist. Einige Kennzeichen des gesamten Textes deuten auf das Rheinland. Dass der Autor mündlichen Konventionen folgt, sieht man schon an den Schreibungen der Ortsnamen für Durlach, Pforzheim und Heidelberg. Daneben begegnet militärischer Fachwortschatz wie *Regimenter* (zum Teil der deutschen Aussprache angepasst als *Regemedter*), *kommandieren*, *Pulver* (angepasst als *polffer*), *Armee*, *Schanze* (als *schansse* wohl zu ital. *scanso* ›Abwehr‹) und *General*, der zum Alltag des Soldaten gehörte. Nur für das sonst seit dem 16. Jahrhundert bezeugte *Kanone* (aus ital. *cannone*) verwendet er noch das einheimische Alltagswort *Stück*. Ebenso vorhanden sind alltagssprachliche Redewendungen wie: *mit Sack und Pack*. Von einem durchaus vorhandenen schriftsprachlichen Einfluss zeugen aber zumindest die wohl hyperkorrekten Schreibungen wie *gar* statt *jar* ›Jahr‹, *medges* ›Mädchen‹ und *schwag* ›schwach‹.

Eine weitere Annäherung an die Sprachverhältnisse einfacher Leute bietet eine Lebensbeschreibung vom Jahre 1730, mit der Christoph Crusius, Pfarrer im sorbischen Drehna, einem seiner Schäfchen ein Denkmal gesetzt hat: DER NIEDER-LAUSITZISCHE METHUSALAH: D. I. DENCK- UND GLAUBWÜRDIGE LEBENS-BESCHREIBUNG EINES MANNES, WELCHER ZU DREHNA UNWEIT LUCKAU IN DER NIEDER-LAUSITZ HUNDERT UND SIEBZEHN JAHR ALT WORDEN, WIE SOLCHES IN EINEM AUFFERBAULICHEN GESPRÄCH ZWISCHEN DEM

147 JÄHRIGEN ERTZ-VATER JACOB UND DEN 117 JAHR ALT GEWORDENEN MARTIN KASCHKEN, NEBST DER DIESEM MANNE GEHALTENEN LEICHEN-PREDIGT UND PARENTATION, Guben 1730. Hier ein Auszug; zunächst gibt Martin Kaschke naheliegenderweise Ratschläge für ein langes Leben:

> *Wenn mirs am beſten ſchmeckte, hörete ich auf, und wie ich mäßig in Eſſen und Trincken war, alſo thate ich der Liebe auch nicht ʒu viel; Wenn ich mich erʒürnte, ſo ſtellete mich von auſſen böſer, als ich in der That war, nur damit diejenigen ſich vor mir fürchteten, mithin ihre Schuldigkeit thaten, welche ich ſonst als ein Voigt daʒu anhalten muſte.*

An diesem Text, der in der Heimatregion von Christian Gueintz entstanden ist, dürften die damaligen Sprachnormierer anders als vielleicht bei Peter Hagendorf wenig auszusetzen gehabt haben. Es versteht sich dabei von selbst, dass wir nicht wissen können, wie stark der Pfarrer Crusius über die Schreibungen hinaus selbst in den Text eingegriffen hat. In einem weiteren Textausschnitt erinnert sich Martin Kaschke an seine Erlebnisse im Dreißigjährigen Krieg:

> *Alls der Schwedische General Banner Torgau eingenommen, wollte man mich mit aller Gewalt bey Paſſierung der Elb=Brücke zum Soldaten machen, ich aber verſprach in der Noth um nur der Werbung zu entgehen bey der Rückkunft Dienſte, ob gleich ſehr ungerne, ʒu nehmen. Nachhero kehrte ich meinen Rock um, der zum Unterfutter mancherley Farbe hatte, gieng ſehr geduckt und gebückt als ein alter elender ungeſunder Bettler, der mit einem ſchweren Huſten beladen, mitten durch das Kriegs=Volck hindurch gantʒ glücklich über die Elb=Brücke ʒurücke, ohne daß jemand ferner einen Anſpruch an mich machte.*

Kaschke berichtet mit großem zeitlichem Abstand von Ereignissen aus der Mitte des 17. Jahrhunderts. Und er tut das fast ohne Rückgriff auf Entlehnungen aus anderen Sprachen. *General* und *mancherley* sind Ausdrücke, die schon eine lange Tradition haben und kaum mehr auffallen. Es bleibt mit *Passierung* ein einziges Lehnwort mit einheimischer Weiterbildung übrig. Von einer Gefährdung des Deutschen kann hier also keine Rede sein. Mit *nachhero* gibt es stattdessen wieder ein kanzleisprachliches Merkmal. Es ist nicht zu entscheiden, ob diese Bezeichnungen von Kaschke oder Crusius stammen, einen breiten Raum nehmen sie jedenfalls nicht ein. Auffälliger sind da fast die neuen Komposita *Elb-Brücke* und *Kriegs-Volk*, deren Neuartigkeit – anders als bei *Rückkunft* – noch graphisch durch den gedoppelten Bindestrich angezeigt wird. Es sind die Komposita, meist aus kanzleisprachlicher Tradition, die jetzt viel mehr als die Entlehnungen die deutschen Gebrauchstexte prägen. Was die Frequenz der Lehnwörter betrifft, so gewinnt man den Eindruck, dass sich im Einflussgebiet der langlebigeren Sprachgesellschaften von Weimar bis Hamburg und Leipzig bis Nürnberg eine gewisse Normalisierung durchgesetzt hat. Nur an der Peripherie und bei zweit- und drittklassigen Schreibern war die exzessive Alamode-Sprache vielleicht noch üblich.

Zur Verbesserung der Darstellungsfähigkeit in der deutschen Sprache haben sich, das zeigt selbst dieser halbwegs alltagssprachliche Text von Kaschke-Crusius, nicht zuletzt durch die intensive Übersetzungsarbeit in der Tradition der Sprachgesellschaften, besonders aber durch die Verwaltungsarbeit in den Kanzleien, mehr und mehr neue Komposita herausgebildet. Da ihre massenhafte Verwendung im Umkreis der Verwaltungsaufgaben der Kanzleien entstand, genügt ein Blick auf die Komposita mit dem ersten Bestandteil *Kanzlei*, die im Deutschen Rechtswörterbuch verzeichnet sind. Ihre vollständige Auflistung würde den Umfang dieser Sprachgeschichte sprengen: Von *Kanzleiabbreviatur*, *Kanzleiabkürzung*, *Kanzleiabschied*, *Kanzleiabschrift* bis *Kanzleizeit*, *Kanzleizeremoniell*, *Kanzleizettel*, *Kanzleizinslehen*, *Kanzleizitation* und *Kanzleizollstube* bucht das Rechtswörterbuch insgesamt 371 verschiedene Substantive und Adjektive. Darunter sind so schöne Wörter wie *Kanzleiinterimsverordnung*, *Kanzleisekretinsigel* und *Kanzleinotdurftskosten*, aber auch *Kanzleideutsch*, *Kanzleigrammatik*, *Kanzleiorthographie*, *Kanzleisprache*, *Kanzleiort* und *Kanzleiwörterbuch*. Der Wortbildungstyp Komposition, der in dieser Häufung in den älteren Sprachstadien des Deutschen nicht vorhanden war, wird von jetzt an geradezu zum Markenzeichen der deutschen Sprache.

Als Wissenschaftssprache des gelehrten Bürgertums war das Deutsche damit jedoch noch längst nicht etabliert. Zentrale Texte des 17. und beginnenden 18. Jahrhunderts, die am Anfang der Geschichte vieler noch heute wichtiger Fachgebiete stehen, wurden – wenngleich im deutschen Sprachraum verfasst – in lateinischer Sprache gedruckt. Zu nennen wären Forscher wie: Hermann Conring (1606–1681) als Begründer der deutschen Rechtsgeschichte mit seinen Werken De origine iuris Germanici von 1643 und De finibus imperii Germanici von 1654; der Rechtsgelehrte und Altertumsforscher Johann Schilter (1632–1705), etwa mit seiner Praxis juris romani in foro germanico, zuerst Jena 1698, der Literaturhistoriker Daniel Georg Morhof (1639–1691) mit seinem Hauptwerk Polyhistor, Literarius, Philosophicus Et Practicus, zuerst Lübeck 1688, der daneben auch auf Deutsch publiziert hat, oder dann bereits im 18. Jahrhundert der Naturforscher und Weltreisende Engelbert Kaempfer (1651–1716) mit Amoenitatum exoticarum politico-physico-medicarum fasciculi v, quibus continentur variae relationes, observationes & descriptiones rerum Persicarum & ulterioris Asiae, multâ attentione, in peregrinationibus per universum Orientum, collecta, Lemgo 1712. Zu den für diese Schrift benutzten Werken gehörte unter anderem auch eine in Batavia (heute Jakarta) entstandene Abhandlung des niederländischen Pfarrers Hermann Buschoff über asiatische Therapieverfahren, die zuerst 1675 in niederländischer Sprache und dann 1677 unter dem Titel Das genau untersuchte und auserfundene Podagra in Breslau auf Deutsch gedruckt wurde. Die Grenzen zwischen Latein und den Volkssprachen waren also fließend und vom Thema abhängig. Auch der Chemiker und Mediziner Georg Ernst Stahl (1659–1734) publiziert zunächst lateinisch, bringt seine meisten Werke aber später auch auf Deutsch heraus. Ein größeres internationales Fachpublikum konnte man aber nach wie vor nur mit der lateinischen Sprache erreichen, frühere volkssprachige Versuche, etwa von Albrecht Dürer oder Johannes Kepler, hatten gezeigt, dass deren wissenschaftliche Anliegen nur in der jeweiligen lateinischen Textfassung rezipiert worden sind. Eine Ausnahme bilden wohl nur medizinische Rezeptsammlungen wie die der Eleonore von Hessen-Darmstadt, deren Sammlung im Jahre 1600 unter dem Titel Sechs Bůͤcher / Ausserlesene Artzney vnd Kunst Stück / fast vor alle dess Menschlichen Leibes Gebrechen vnd Kranckheiten / aus vielen beschriebenen Artzneybůͤchern [...] zusammen getragen in Torgau gedruckt wurde. Eleonores Name wird allerdings nicht auf dem Titelblatt, sondern erst in der Vorrede genannt.

Keine öffentliche Verbreitung fanden die ältesten volkssprachig-alemannischen Wetterbeobachtungen des Renwart Cysat. Hier ein Beispiel, aufgezeichnet am 16. Oktober 1611:

> *Oktober vnglych wetter, vnluſtig, wintrig mitt ſchnee bis ʒ'boden, bis jns mittel den 15 die erſte gfrőͤrne, darnach bis gegen dem end herrlich guott, ſchőͤn, luſtig, warm ſommerwetter; 12 tag regen aber klein bis den letʒten, der war tråͤff ynd yngeſtůͤm, ouch ettliche ſcharpffe ryffen.*

Im deutschen Sprachraum sind es in der zweiten Hälfte des 17. Jahrhunderts dann nicht Männer, sondern eigentlich nur Frauen, die mit einer allgemeinverständlichen und zugleich systematisch genauen Wissenschaftssprache hervorgetreten sind. Zunächst zu nennen sind die Astronomin und Mathematikerin Maria Cunitz aus Schlesien (1610–1664) mit ihrem lateinisch-deutschen Compendium zur Berechnung der Umlaufbahnen der Planeten Urania Propitia sive Tabulæ Astronomicæ [...] das ist Newe und Langgewůͤnschete / leichte Astronomische Tabelln / durch derer Vermittelung auff eine sonders behende Arth aller Planeten Bewegung nach der Låͤnge / ... fůͤrgestellet wird von 1650 und die Zoologin Maria Sibylla Merian aus Frankfurt am Main (1647–1717). Maria Cunitz' Veröffentlichung in der Volkssprache war nicht ganz ungefährlich, denn ihre Ansichten verstießen zumindest gegen die Lehrmeinung der katholischen Kirche. Ihre ausführliche Rechtfertigung im Vorwort versucht, derartige Vorwürfe von vornherein zu entkräften. Schließlich war nur wenige Jahre zuvor in Italien Galileo Galilei wegen seiner volkssprachlichen Arbeit über die Planetenbahnen in Konflikt mit der Kirche geraten. Dass gerade Frauen zur deutschen Wissenschaftssprache griffen, liegt dennoch nahe. Da sie vom Universitätsstudium ausgeschlossen waren und daher keinen unmittelbaren Zugang zur lateinischen Bildungs- und Gelehrtenkultur hatten, konnten einzelne, besonders begabte Frauen, wenn Sie von ihren Elternhäusern oder Ehepartnern unterstützt wurden, herausragende Beiträge zur Förderung der Wissenschaft nur in der deutschen Wissenschaftssprache leisten. In diesem Punkt war das 17. Jahrhundert offensichtlich liberaler als spätere Zeiten. Schon Anfang des 19. Jahrhunderts wird nämlich wie selbstverständlich über Maria Cunitz berichtet, dass ihr Mann, Elias von Löwen aus Pitschen, »mit ihr eine sehr unglückliche Ehe führte. Denn sie vernachlässigte ihr Hauswesen, blieb ganze Nächte auf, um die Gestirne zu beobachten und verschlief dagegen die Tage.« Elias von Löwen soll sogar aus »Verdruss über dieses Unwesen« gestorben sein.

Zu den beiden gelehrten Frauen Maria Cunitz und Maria Sibylla Merian gesellte sich dann mit Eleonora Maria Rosalia, Herzogin zu Troppau und Jägerndorf noch einmal eine Bearbeiterin und Herausgeberin eines deutschsprachigen Arzneibuchs. Es ist reich überliefert und kann allein schon durch die Gestaltung des Titels einen Einblick in die Sprachform an der Wende vom 17. zum 18. Jahrhundert geben. Die wichtigsten Kennzeichen sind stets eine gewisse Weitschweifigkeit, die für heutige, eilige Leser manchmal schwer erträglich ist, verbunden mit einem ehrerbietigen Komplimentierstil. Der Vergleich zweier Ausgaben, Wien 1699 (nach der wohl nicht erhaltenen Erstausgabe Wien 1695) und Leipzig 1709, wirft zudem noch einmal ein helles Licht auf die unterschiedlichen Schreib- und Flexionskonventionen in den beiden maßgeblichen Zentren des deutschsprachigen Raumes. Wien 1699:

> *Freywillig-auffgeſprungener Granat-Apffel / Deß Chriſtlichen Samaritans. Oder: Auß Chriſtlicher Lieb deß Naͤchſten eroͤffnete Gehaimbnuß Viler vortrefflichen / ſonders bewaͤhrten Mitteln und Wunderhaylſamen Artzneyen / wider unterſchidliche Zuſtaͤnd und Ubel deß Menschlichen Leibs / und Lebens; Welche mit ſonderbahrem Fleiß und auff das Hayl des Naͤchſten allzeit nachdencklicher Sorg / auff viler Artzney Erfahrner / und beruͤhmter Leib-Artzten oder Medicin-Doctorn, lang gepflogener Erfahrenheit / von Der Durchleuchtigen Hertzogin / hochgebohrnen Fuͤrſtin / und Frauen Frauen* ELEONORA MARIA ROSALIA,

> *Hertzogin zu Crummau und Fůrſtin zu Eckenberg / Des Hayl. Rôm. Reichs Gefůrſten Grâfin zu Gradiſca und Grâfin zu Adelsberg / Gebohrnen Fůrſtin von Liechtenſtain Hertzogin zu Troppau und Jâgerndorff. Zusamen getragen / in offentlichen Druck verfertiget / und zu allgemainen Trost / Nutz und Hůlff aller Beschwârt- und ſo wol Rath- als Mittelloſen armen in Erinnerung deſſen [...] gemacht [...] worden. Wienn in Oeſterreich / gedruckt und zu finden bey Leopold Voigt / cad. Buchh. 1699.*

Dagegen die Ausgabe Leipzig 1709:

> *Freywillig aufgeſprungener Granat-Apffel des chriſtlichen Samariters. Oder: Aus chriſtlicher liebe des nâchſten erôffnete Geheimniſſe vieler vortrefflicher bewâhrter artzneyen, aus berůhmter leib-ârtzten, oder Medicin-Doctorn, lang gepflogener Erfahrenheit von Der Durchlauchtigen Hertzogin, Fůrſtin und Frauen, Frauen ELEONORA MARIA ROSALIA, Hertzogin zu Troppau und Jâgerndorff, gebohrner Fůrſtin zu Lichtenſtein etc. zusammen getragen. Samt einer Diæt, wie ſich bey ieder Krankcheit in eſſen und trincken zu verhalten; Wie auch einem neuen Koch- Buch, In welchem allerhand rare und denen patienten zu verschiedenen kranckheiten ersprießliche ſpeiſen vorgeſchrieben werden. Leipzig, bey Thomas Fritſchen, 1709.*

Man vergleiche nur *Gehaimbnuß* und *Viler* (Wien) gegenüber den uns heute vertrauten Formen *Geheimnisse* und *vieler* (Leipzig) oder die süddeutschen Formen *Zuständ* und *Sorg* in Wien, die in Leipzig *Zustände* und *Sorge* lauten würden. Grundsätzliche Verständnisprobleme sind mit diesen unterschiedlichen Schreibkonventionen aber anders als noch im 16. Jahrhundert nicht mehr verbunden. Darüber hinaus ist auch die Dichte des Kompliments in der Leipziger Ausgabe zumindest etwas reduziert worden. Da sich medizinische Texte dieser Art stets nicht nur an Gelehrte, sondern auch an den »gemeinen Mann« wenden, sei es nun als Patienten, sei es als Verantwortlichen für ein Hauswesen, sind solche Arzneibücher am ehesten der Ort für die Entwicklung einer deutschen allgemeinverständlichen Fachprosa. Die Sprache der Medizin bildet deshalb eine Ausnahme im Kreise der Wissenschaftssprachen.

Die Möglichkeiten und Grenzen volkssprachiger Fachtexte hatte in Italien Galileo Galilei bereits Mitte des 17. Jahrhunderts erkunden können. Solange er seine Kritik am alten ptolemäischen Weltbild nur in lateinischen Texten äußerte, konnte er mit den Vertretern der katholischen Kirche über seine kopernikanischen Thesen diskutieren. Erst als er seine Erkenntnisse über die Planetenbahnen 1632 im DIALOGO SOPRA I DUE MASSIMI SISTERNI auf Italienisch publizierte, um seine Ideen über den Kreis der Wissenschaftler und Kleriker hinauszutragen, griff die Inquisition ein. Sein 1633 in der Verbannung geschriebenes physikalisches Hauptwerk, DISCORSI E DIMOSTRAZIONI MATHEMATICHE erschien daher zuerst 1635 als SYSTEMA COSMICUM in Straßburg in lateinischer Sprache. Die Episode verdeutlicht die Bedeutung volkssprachiger Texte für die Verbreitung neuer Gedanken im Bürgertum über die Wissenschaft und Geistlichkeit hinaus.

An den deutschen Universitäten – beispielhaft untersucht von Jürgen Schiewe für Freiburg – vollzieht sich erst im 18. Jahrhundert der Sprachenwechsel vom Lateinischen zum Deutschen als ein Zeichen eines gesellschaftlichen Funktionswechsels hin zu Praxisbezug und Fortschrittsglaube, meist in einem protestantischen Umfeld, in dem das scholastisch und lateinisch geprägte ältere Wissenschaftsverständnis überwunden werden sollte. Die Berliner Akademie der Wissenschaften wechselt bei der Wahl ihrer Verhandlungssprache erst 1786 vom Französischen zum Deutschen über. Nichtsdestoweniger haben einzelne Naturwissenschaftler wie der Mathematiker Johann Carl Friedrich Gauß (1777–1855) ihre Fachtexte zeitlebens in lateinischer Sprache verfasst. Die Kultivierung der deutschen Sprache erreichte viele Wissenschaftler und Wissenschaften offenbar erst verspätet. Dies mag ein Grund dafür sein, dass verständliche und dennoch niveauvolle Wissenschaftsprosa noch heute oft einen schweren Stand hat.

Aus dem Kreis der gelehrten Wissenschaftler in Deutschland reagierte vor allem der Leipziger Gottfried Wilhelm Leibniz auf die Mängel der deutschen Wissenschaftssprache. In seiner Schrift DE OPTIMA PHILOSOPHI DICTIONE von 1670 forderte er eine konsistente und eindeutige Terminologie, die an den Alltagswortschatz angebunden sein sollte. Er war sich der mangelhaften Eignung des herkömmlichen deutschen Wortschatzes und der Fachsprachen vor allem im Bereich abstrakter Begriffe bewusst. In seiner wohl 1697 geschriebenen, aber erst 1717, also ein Jahr nach seinem Tod veröffentlichten Abhandlung UNVORGREIFFLICHE GEDANCKEN, BETREFFEND DIE AUSÜBUNG UND VERBESSERUNG DER TEUTSCHEN SPRACHE beklagt er das Fehlen vor allem von Bezeichnungen der »Gemütsbewegungen«, der »Regierungskunst«, der Wissenschaften und der bürgerlichen »Lebens- und Staats-Geschäfte«. Er forderte daher eine systematische Sammlung und Klassifikation des deutschen Fach- und Bildungswortschatzes, die in ein großes deutsches Wörterbuch münden sollte. Dabei stand für ihn nicht das barocke sprachpuristische Anliegen der Fremdwortverdeutschung, sondern die lexikographische Beschreibung des Vorhandenen und ggf. die Wiederbelebung und Terminologisierung älterer Wortbestände im Vordergrund. Auch wenn seine Wörterbuchpläne gescheitert sind und er selbst vor allem auf Lateinisch publizierte, sollte seine Bedeutung für die deutsche Sprachkultur und für die Sprachreflexion nicht unterschätzt werden. Schon in seiner 1696 erschienenen Schrift

DISSERTATIO DE ORIGINE GERMANORUM erwies er sich als ein früher Germanist, der als Erster beispielsweise die sprachwissenschaftliche Bedeutung von Gewässernamen für die Ermittlung der Urheimat der germanischen Völker erkannt hat. Damit hatte Leibniz ein Thema angestoßen, das bis heute diskutiert wird. Da er einmal über sich selbst gesagt haben soll: »Beim Erwachen hatte ich schon so viele Einfälle, dass der Tag nicht ausreichte, um sie niederzuschreiben«, ist es wohl kein Wunder, dass er auf vielen Gebieten mehr ein Anreger und weniger ein praktischer Ausarbeiter war.

Diese Rolle sollte eine Generation später Johann Christoph Gottsched zufallen, der im ersten Jahr des neuen Jahrhunderts als ostpreußischer Pfarrerssohn das Licht der Welt erblickte. Gottsched war im Unterschied zu Leibniz kein Universalgelehrter, aber er wurde wegen seiner einflussreichen Rolle als Dichter und Philosoph, Literaturhistoriker und Sprachforscher, zeitweiliger Rektor der Leipziger Universität, Theaterreformer und Zeitungsherausgeber von vielen als ein neuer »Praeceptor Germaniae«, als »Lehrer Deutschlands«, betrachtet. Von nicht zu unterschätzender Bedeutung für Gottsched ist der französische Frühaufklärer Pierre Bayle (1647–1706), denn Gottscheds Wissenschaftsverständnis wurde durch dessen DICTIONNAIRE HISTORIQUE ET CRITIQUE von 1697, das er als HERRN PETER BAYLENS HISTORISCHES UND CRITISCHES WÖRTERBUCH zwischen 1741 und 1744 übersetzt hatte, nachhaltig beeinflusst. Unter Gottscheds Vorsitz wurde die Leipziger »Deutsche Gesellschaft« nach und nach zum Zentrum des literarischen Lebens und der Sprachnormendiskussion in Deutschland. Dabei war er durchaus kein origineller Sprachwissenschaftler, sondern profitierte auch auf diesem Gebiet von seiner Stellung und seinem Einfluss in der Öffentlichkeit. In grammatischer Hinsicht fußte er auf seinen Vorgängern Ratke, Gueintz, Schottelius, Bödiker und Freyer. Da sich ein aufgeklärter Rationalist wie Gottsched ohnehin in der Rolle des »Zuschauers« oder »Beobachters« sah, der von einem festen »Gesichtspunkt« oder »Standpunkt« das Objekt seines Interesses betrachtet, war es nur folgerichtig, dass auch er seine Rolle in der Ordnung und Einteilung des bereits Vorhandenen findet. Doch indem er einen Zusammenhang zwischen einem »richtigen« Sprachgebrauch und einer vernunftgemäßen Lebensführung herstellte, wurde der Umgang mit der Sprache in den Zirkeln der Frühaufklärung und den literarischen Salons durch ihn zu einem aktuellen Modethema. Unter einem anderen Vorzeichen wurde damit die Tradition der Überlegungen der Barockzeit zu Sprache, Sitten und Moral neu belebt. In der Gottsched-Zeit dienten solche Überlegungen aber nicht mehr vorrangig zur Abgrenzung von den Nachbarsprachen, sondern sie werden jetzt geradezu entscheidend geprägt nicht nur von der französischen, sondern darüber hinaus von der Tradition auch der englischen Aufklärung. In diesem Umfeld entstehen Schriften wie die ABHANDLUNGEN

ÜBER DEN EINFLUSS DER SITTEN AUF DIE SPRACHE UND DEN GUTEN GESCHMACK (Berlin 1768) des Leipzigers Friedrich Gotthard Findeisen, der einige Jahre später von Dorpat aus auch die Französische Revolution begrüßte.

Selbst der Ausdruck *Aufklärung*, der zum Begriff einer Epoche wird, dürfte vom englischen Verb *to enlighten* und dem Partizip *enlightened* ausgegangen sein, die bereits fest im englischen Vokabular des 17. und 18. Jahrhunderts mit den Bedeutungen ›Verständnis schaffen‹ und ›aufgeklärt‹ im Sinne von »über eine Sache erhellend informiert sein« verankert waren. Die nach diesem Vorbild gebildeten deutschen Ausdrücke *aufklären* und *Aufklärung* sind jünger und werden erst in der zweiten Jahrhunderthälfte gebräuchlicher. Ein weiteres Schlagwort wie *Freidenker* wird 1715 direkt aus dem Englischen übersetzt. In diesem Umfeld beginnt – nach Vorläufern im 17. Jahrhundert – der Einfluss der englischen Sprache auf das Deutsche, von dem später noch ausführlicher zu handeln sein wird. Es fällt auf, dass nach *Renaissance*, *Reformation* und *Barock* der neue Epochenbegriff immerhin kein Lehnwort, sondern im weitesten Sinne nur noch eine Lehnübersetzung ist. Erst der Ausdruck »Sturm und Drang«, eine Prägung des Schweizers Christoph Kaufmann, kommt dann ganz ohne ausländisches Vorbild aus.

In seinen »Moralischen Wochenschriften«, etwa DIE VERNÜNFTIGEN TADLERINNEN (1725–27), die der englischen Zeitschrift THE TATLER (engl. ›der Plauderer‹) nachgebildet ist, oder DER BIEDERMANN (1727–29), bewegt sich Gottsched in sprachlicher Hinsicht noch in den Bahnen der Sprachgesellschaften des 17. Jahrhunderts. Kritisiert werden Sprachvermischung und Romanismen, auch ein nachlässiger ungepflegter Sprachgebrauch im Alltag. Ein vermutlich von Gottsched verfasster fiktiver Brief einer jungen Frau aus Leipzig erscheint in DIE VERNÜNFTIGEN TADLERINNEN vom 6. Mai 1725. Hier nur der Anfang:

> *Werdeſte Frau Mume,*
> *MJr han lange uf en Schreiben aus den lieben Halle kewart, mit kraußen ſchmertʒen. Maine Mama Moͤchte krån wiſſen Ab ſe och Noch fain keſunt ſain ſe kummen Jo keen Einʒich mahl hår, und Mir han ihn doch niſcht ůbels getaan. Mir ſind hieben noch alle wolloff nur Der kleene Pruder iſt en piſsgen Mallate [...].*

Gottsched nennt diese Sprache mit monophthongierten Formen wie *keen* statt *kein*, entrundeten Formen wie *hieben* statt *hüben*, dem anlautenden *p* in *Pruder* statt *Bruder* »pöbelhaft«. Damit karikiert er eine regional geprägte Aussprache, die das Gegenteil der von ihm geschätzten überregionalen und vornehmen Sprachform ist.

Einen Einblick in den sprachlichen Alltag gibt auch Christopher Wells mit einigen Schreibungen aus privaten Briefen König Friedrich Wilhelms I., des Vaters

Friedrichs des Großen, aus der ersten Jahrhunderthälfte. Hier begegnen Schwankungen wie *jejaget, gegaget, iegaget* (statt *gejagt*), Formen wie *sehr guhng* (statt *sehr jung*), *die jünjen Herren* (statt *die jungen Herren*); Schreibungen wie *Kannalge, allihirten, artilgerie, Campange, Battalge*; nicht lautverschobene Formen wie *Perde, Plaster, Paffen, Plicht, 3-Pünderkanonen, Kop, Schnupen, appell*; dagegen hyperkorrektes *pfeldr, pfahren, pfertig, anpfang*; sowie sehr häufige s-Plurale wie *angers, apostels, arbeitters, Barons, Bataillons, Bürgers, deuffels, docktors, jägers, junckers* und er-Plurale wie *gelegenheiter, Rebeller, hander* und *brücher*.

Ein Auszug aus Gottscheds VERSUCH EINER CRITISCHEN DICHTKUNST von 1730 macht aber deutlich, dass es ihm bei der Kritik an diesem Sprachgebrauch keineswegs nur um Äußerlichkeiten der Aussprache und Schreibungen geht, denn er stellt fest,

> *daß es in der Schreibart hauptſächlich auf die Art zu denken ankomme; und daß ein Scribent in ſeinen Schriften, wo nicht ſeine Gemůthsbeſchaffenheit, zum wenigſten doch die Fåhigkeit ſeines Verſtandes abſchildere [...]. Der Kopf muß erſt recht in die Falten gerůcket, von Unwiſſenheit, Irrthůmern und Vorurtheilen befreyet, mit Wiſſenſchaften, Liebe der Wahrheit und Erkenntniß des Guten erfůllet werden: ſo wird hernach die Feder ſchon von ſich selbst folge.*

Hier wird der Zusammenhang von Vernunft und Sprachgebrauch begründet. Auch die Leipziger »Deutsche Gesellschaft«, der Gottsched ja vorstand, greift ab 1732 mit der Zeitschrift BEYTRÄGE ZUR CRITISCHEN HISTORIE DER DEUTSCHEN SPRACHE, POESIE UND BEREDSAMKEIT in die Diskussion ein. In Gottscheds eigentlichem sprachwissenschaftlichen Hauptwerk von 1748, der GRUNDLEGUNG EINER DEUTSCHEN SPRACHKUNST, NACH DEN MUSTERN DER BESTEN SCHRIFTSTELLER DES VORIGEN UND JETZIGEN JAHRHUNDERTS ABGEFASSET [...], das bis 1778 in fünf Auflagen und einem Nachdruck verbreitet wurde, gibt er schließlich Regeln vor, denen »die Feder folgen« soll. Er greift hier jene Vorschläge zur Sprachnormierung auf, die er schon im zitierten Ausschnitt »Werdeſte Frau Mume« und vielen weiteren Beiträgen für die »Moralischen Wochenschriften« entwickelt hatte. Er wendet sich damit nicht zuletzt gegen solche Varianten der sächsischen Umgangssprache, die zum Zusammenfall unterschiedlicher Wörter führen. Es soll vor allem nicht *Leder* für *Leiter*, *reißen* für *reisen* oder *hieben* für *hüben* gesprochen bzw. geschrieben werden. Auch der Unterschied von *-m* und *-n* zur Abgrenzung von Dativ- und Akkusativformen wird betont, ebenso erhebt er Einwände gegen die im Süden üblichen *e*-losen Formen der femininen Substantive wie *Gnad* und *Güt* statt *Gnade* und *Güte*, wie sie auch im AUFGESPRUNGENEN GRANATAPFEL zu finden waren.

Gegen diese Schwankungen und Zweifelsfälle gerade im sächsischen Sprachgebrauch wendet er sich deshalb, weil er die ostmitteldeutsch-obersächsische Sprache der »besten Autoren«, der Gebildeten und der Höfe zum Vorbild für den gesamten deutschsprachigen Raum erheben will. Die Sprache dieser – heute fast durchweg völlig vergessenen – Schriftsteller will er weiter verbessern und dann konservieren. Es deutet sich hier schon an, dass eine derart statische Sprachauffassung, die Normen zudem nicht beschreiben, sondern festsetzen will, bei kreativen Köpfen auf Widerstand stoßen wird. Zunächst war ihm mit der Berufung auf die Sprache der »besten Autoren« aber ein geradezu genialer Schachzug gelungen. Zwar betont er in seiner AUSFÜHRLICHEN REDEKUNST von 1736 als norddeutscher Pfarrerssohn Luthers Vorbildwirkung für seine Predigttheorie und die »philosophische Predigt«, in seiner SPRACHKUNST grenzt er sich aber von der bereits archaischen Lutherbibel ab und wird dadurch auch für das katholische Süddeutschland interessant. Da Gottsched zudem gegen die weitschweifige Kanzleisprache und den Komplimentierstil und damit auch für eine klare Syntax eintritt, tolerant gegenüber Entlehnungen ist und mit den »Moralischen Wochenschriften« und durch die Unterstützung für seine schreibende Ehefrau Luise Adelgunde Victorie zur Stärkung der Rolle der Frauen in der Gesellschaft beiträgt, war er für einige Zeit der personifizierte Ausdruck eines aufgeklärten, modernen Mannes. Übersetzungen der DEUTSCHEN SPRACHKUNST ins Lateinische (1753), Russische (1753), Französische (1753), Polnische (1753), Niederländische (1772) und Ungarische (1784) sowie Kurzfassungen für den Schulgebrauch von 1753 bis 1777 in acht Auflagen trugen zu seiner weit über den deutschen Sprachraum hinausreichenden Ausstrahlung bei. Dass seine Ansichten im Detail voller Widersprüche waren und er viele Bereiche der Grammatik wie die Wortstellung oder Tempus und Modus gar nicht behandelt hatte, fiel demgegenüber zunächst kaum ins Gewicht. Auch die nur in lateinischer Sprache gehaltenen Universitätsreden nahm man ihm nicht weiter übel. Aber sein Ruhm sollte schneller verblassen, als man es vorhersehen konnte: Da er sich in Stil und Sprache vor allem an der Antike und der klassizistischen französischen Literatur orientierte, stand er plötzlich nicht mehr auf der Seite der Neuerer, sondern der Tradition. Seine Sprachnormenreform – Gottsched förderte nämlich keinen Sprachwandel, sondern einen Sprachnormenwandel – hatte jedoch Maßstäbe gesetzt, hinter die eine große Mehrzahl der gebildeten Sprachbenutzer nicht mehr zurückfallen wollte. Möglich war dies vor allem deshalb geworden, weil auch der Süden Deutschlands nach und nach zu den Gottschedischen Regeln überwechselte.

Vor allem in den katholischen Regionen des heutigen Süddeutschlands, im Elsass und im habsburgischen Österreich hatte sich nämlich seit dem 16. Jahrhundert eine Schreibsprache herausgebildet, die zumindest ansatzweise als überregionale, zusammenfassende Variante der alemannischen, bairischen und fränkischen Varietäten des Raumes verwendet werden konnte (nicht zuletzt beim Vergleich der Wiener und der Leipziger Fassung des AUFGESPRUNGENEN GRANATAPFELS ist dies schon deutlich geworden). Zwar war die Verbreitung der Lutherbibel auch im größtenteils katholischen Süden zunächst eine Erfolgsgeschichte, im Zuge der Gegenreformation begannen aber auch katholische Geistliche in der süddeutschen Sprache des Volkes zu predigen. Neben theologischen Texten erschienen nun Theaterstücke und Lieder, die in einer dem alemannischen und bairischen Süden gemäßen Sprachform verfasst worden waren. Dabei dürften durchaus auch aufklärerische Motive eine Rolle gespielt haben, denn man wollte auf diese Weise die geschriebene süddeutsche Sprache möglichst eng an die gesprochenen Mundarten anpassen und den Menschen so einen leichteren Zugang zum Bildungswissen ermöglichen. Diese oberdeutsche Schreibsprache wurde vom oberdeutschen Klerus, allen voran von den einflussreichen Jesuiten, und auch vom Benediktinerorden zudem als Gegenmodell zu dem im Süden als protestantisch empfundenen ostmitteldeutschen »Lutherdeutsch« aufgebaut.

Als Vorläufer können die oberdeutschen regionalen Kanzleisprachen, etwa die der Wiener Kanzlei Kaiser Maximilians und die oberdeutschen Druckersprachen, angesehen werden. In sprachlicher Hinsicht unterschieden sich beide Varianten zunächst durch ihren unterschiedlichen regionalen Schwerpunkt, der verschiedene, auf den unterschiedlichen Dialekten beruhende regionale Besonderheiten mit sich brachte. Zudem lehnte man in den katholischen Gebieten einheimische Wortneuschöpfungen eher ab und verwendete die lateinischen, französischen und italienischen Entlehnungen – der Klerus war schließlich lateinisch- und deutschsprachig – eher unbedenklich weiter. Ganz offensichtlich war die Muttersprache in den katholischen Territorien weit weniger stark durch die Nationalsprachen-Ideologie beeinflusst als in der überwiegend protestantischen Nordhälfte. Das macht die oberdeutsche Schreibsprache aus heutiger Sicht tendenziell eher europäisch und weltoffen; aus der Sicht der sich als fortschrittlich verstehenden – norddeutsch-protestantischen – Kräfte des 17. und 18. Jahrhunderts wirkte sie durch ihre Bindung an den Katholizismus und ihre Konkurrenz zum »Meißnischen« eher rückständig und provinziell.

Man findet Texte in oberdeutscher Schreibsprache im ganzen 17. und bis tief ins 18. Jahrhundert hinein. Zwischen 1744 und 1772 wurden dann sogar acht Grammatiken und Orthographielehren in 27 bekannten Auflagen für Jesuitenkollegien und -akademien in Süddeutschland, Österreich und Böhmen veröffentlicht, die sich der oberdeutschen Schreibvariante bedienten. Zu einer völlig einheitlichen süddeutschen Sprachform, die mit Gottscheds Regeln hätte wirklich konkurrieren können, ist es aber trotz aller Versuche nicht gekommen.

Ein schönes Beispiel für die oberdeutsche Schreibsprache ist die sog. Steirische Völkertafel von etwa 1720/30. Dabei handelt es sich um ein Ölgemälde, das eine personifizierte Zusammenstellung europäischer Völker zeigt. Die Überschrift der »Völkertafel«, nämlich »Kurʒe Beſchreibung der In Europa Befintlichen Vőlckern Und Ihren Aigenſchafften«, zeigt bereits einige charakteristische sprachliche Merkmale. Das gilt auch für die Schreibung der Völkernamen, nämlich: *Spanier, Frantʒoß, Wålisch* [= Italiener], *Teutſcher, Engerlånder, Schwőth* [= Schwede], *Bolăck* [= Pole], *Unger, Muſkawith* [= Moskowiter, Russe] und *Tirk* [= Türke] *oder Griech.* Die dort im Folgenden zum Ausdruck gebrachten Bewertungen der verschiedenen Völker sind nach heutigen Maßstäben nicht immer besonders freundlich und sollen hier nicht vertieft werden. Sie sind hier nur in sprachlicher Hinsicht von Interesse. So finden sich unter den 17 aufgeführten Kriterien für die Beschreibung der benachbarten Völker unter anderem Ausdrücke wie: *Natur Und Eigenſchaft, Lieben, Klaidung, Krigs Tugente, Gottesdienſt, Vergleichung Mit denen Thiren* und *Ihr Leben Ende.* So sterbe schließlich ein Spanier *Jn Bőth*, ein Franzose *Jn Krieg*, ein Italiener *Jn Kloſter*, ein Deutscher *Jn Wein*, ein Engländer *Jn Waſſer*, ein Schwede *Auf der Erd*, ein Pole *Jm ſtall*, ein Ungar *beym ſåwel* (also mit dem Säbel), ein Russe *Jn ſchnee* und ein Türke oder Grieche *Jn betrug.*

Der »Völkertafel« kann man zumindest einige typische sprachliche Merkmale entnehmen. So wird für ein lang ausgesprochenes /iː/ nicht ⟨ie⟩, sondern ⟨i⟩ geschrieben, etwa in *Thiren* statt *Tiere.* Die Graphie ⟨ie⟩ steht vielmehr für den in den bairischen und alemannischen Dialekten typischen Diphthong. Also muss ⟨ie⟩ in *Krieg* als Diphthong, etwa /kriag/ gelesen werden. Das Zeichen ⟨ö⟩ ist in der oberdeutschen Schreibsprache als helles geschlossenes [e] zu lesen, wie zum Beispiel in *bőth* ›Bett‹ oder *Schwőth* ›Schwede‹. Die Umlaute von /o/ und /u/ werden entweder als ⟨ő⟩ bzw. ⟨ů⟩ geschrieben, oder aber es wird gleich die in den meisten oberdeutschen Dialekten heute noch übliche entrundete Aussprache auch schriftlich umgesetzt, wie in *Tirk* statt *Türke.* Auch wird »der Russe« unter dem Stichwort »Gottesdienst« als *Ein Abtriniger*, also als ein orthodoxer »Abtrünniger« beschrieben. Diese entrundeten Umlaute werden im Anlaut auch oft als ⟨y⟩ verzeichnet, in anderen Texten etwa *ybel* ›übel‹ oder *ybrig* ›übrig‹.

Charakteristisch für die oberdeutsche Literatursprache ist weiter die Unterscheidung zwischen ⟨ai⟩ und ⟨ei⟩, die wir bereits in frühneuhochdeutschen Texten kennengelernt haben. Auch die »Völkertafel« differenziert zwischen *Vergleichung* (zu mhd. *gelîch*) und *Klaidung* (zu mhd. *kleit*). Die Graphie ⟨ei⟩ steht also in Wörtern, die im Mittelhochdeutschen ein langes /îː/ enthielten, die Graphie ⟨ai⟩ setzt mhd. /ei/ fort. In den mitteldeutschen Varianten sind diese Laute im Zuge der neuhochdeutschen Diphthongierung zusammengefallen und werden nicht mehr voneinander unterschieden. Im Oberdeutschen sind diese Laute jedoch nicht zusammengefallen. Dazu kommt der Abfall der Graphie ⟨e⟩ im Auslaut, hier in den meisten Völkernamen sowie in *Auf der Erd*. Damit berühren wir bereits grammatische Unterschiede, die etwa auch in der Flexion des Artikels in *Vergleichung Mit denen Thiren* oder in der mitunter unscharfen Trennung von Dativ und Akkusativ deutlich werden.

An die Konventionen der oberdeutschen Schreibsprache hielt sich auch der im Jahre 1693 verstorbene Christoph Andreas Hörl bei seiner Übersetzung – genauer gesagt: einem Plagiat – des in lateinischer Sprache verfassten einzigen Romans UTOPIA des Jesuiten und Dramatikers Jacob Bidermann (1578–1639). Hans Ulrich Schmid hat in seinem Buch »Bairisch« auf diesen Text aufmerksam gemacht. Hier ein kurzer Auszug:

> *Da gieng es an / der Kellermeiſter lieffe vmb Wein dem Keller ʒu / die Koͤchin der Kuchel / die Huͤner wurden erwuͤrgt / die Voͤgel abgetoͤdt / Haaſen und Koͤnigel abgeſchlagen / es gronete im Stall das Sponfaͤckel / in den Huͤnerſtuben floderten die Huͤner / es ſchnaderten die Gaͤnß und Endten / niemand iſt da muͤſſig / jedermann war ſtarck in der Arbeit. [. . .] Es wolt Abend werden / vnd fieng an die liebreiche Sonn vnterʒugehn / da kam ein armer Student / welcher auß Mangel deß Geldts vmb ein Weegʒehrung vmbſahe / ʒu dises obgemelten Herrn Hauß / klopffte an der Thuͤr an / vnd batte vmb Gottes willen vmb die Nachtherberg / vnd ein Stuͤckel Brodt / der Thorwaͤrtel / so in Mainung obgedachten Schreiber zuempfangen / mit Frewden herbey geloffen / als er diſen Geſellen erſehen / vnd ſich erinnert / daß er niemand frembden einlaſſen ſolle / macht ein ſaures Geſicht vnd hieß jhn abtretten.*

Einige der eben schon benannten Merkmale begegnen hier wieder, unter anderem ⟨ai⟩ in *Mainung* oder das fehlende ⟨e⟩ in *Gänß, wolt, Sonn, Nachtherberg* statt *Gänse, wollte, Sonne, Nachtherberge*. Dazu kommt die Schreibung ⟨e⟩ am Wortende dort, wo sie etymologisch gesehen eigentlich nicht hingehört, etwa in *lieffe, vmbsahe, batte* statt *lief, umsah, bat*. Typisch ist auch die Schreibung der Doppelvokale wie in *Haasen* und *Weegzehrung*. Der Text zeigt auch oberdeutsche lexikalische Eigenarten, einige Wörter wie *Kuchel* ›Küche‹, *Königel* ›Kaninchen‹, *abschlagen* ›erschlagen‹, *Sponfäckel* ›Spanferkel‹, *flodern* ›flattern‹, *gronen* ›grunzen‹, *Stückel* ›Stückchen‹ sind weiterhin im Dialekt gebräuchlich, nicht aber in der heutigen deutschen Standardsprache.

Der bedeutendste Vertreter der oberdeutschen Literatursprache im 17. Jahrhundert ist vermutlich der katholische Hofprediger Abraham a Sancta Clara (1644–1709), ein wortgewaltiger Streiter gegen Völlerei, Trunksucht und Habgier und für Treue, Redlichkeit und Liebe. Geboren in einfachen Verhältnissen bei Meßkirch im Badischen, mit bürgerlichem Namen eigentlich Abraham Megerle, schlug er als Prediger und Schriftsteller Zuhörer und Leser durch kurzweilige Erzählungen und derbe Späße in seinen Bann. Vor allem während der Pestepidemie und der türkischen Belagerung Wiens ist seine Sprachgewalt ein wichtiges Propagandainstrument gewesen. Auf einer Internetseite der Erzdiözese Freiburg befindet sich daher der – allerdings befremdliche – Satz: »Literaturwissenschaftler sehen in dem Ordensmann den eigentlichen Begründer der deutschen Schriftsprache.« Natürlich kann Abraham a Sancta Clara weder »eigentlich« noch »uneigentlich« die deutsche Schriftsprache begründet haben. Schließlich verwendet auch er die oberdeutsche Schreibsprache, und die bisher schon gesammelten Merkmale – die eben nicht die Kennzeichen der heutigen deutschen Schriftsprache sind – zeichnen auch seine Texte aus. In der Geschichte der deutschen Schriftsprache spielt er also, wie der im vorigen Kapitel erwähnte Paracelsus, wegen seiner oberdeutschen Literatursprache gerade keine Rolle. Über die Qualität seiner Texte ist damit natürlich wie im Falle des Paracelsus nichts ausgesagt. Stattdessen können wir darüber hinaus ein weiteres wichtiges sprachliches Kennzeichen der oberdeutschen Literatursprache, das noch nicht erwähnt wurde, dem etwas seltsamen Titel eines von Abraham a Sancta Clara 1685 veröffentlichten Wallfahrtsbüchleins für das Kloster Taxa im Landkreis Dachau entnehmen. Er lautet: GACK, GACK, GACK, GACK A GA EINER WUNDERSELTSAMEN HENNEN. Während die mitteldeutschen Varianten des Deutschen aus dem bereits beschriebenen weitgehenden Zusammenfall der Flexionsendungen der Substantive ein neues Paradigma »Singular *die Henne* – Plural *die Hennen*« gebildet haben, das, indem es den Unterschied von Singular und Plural hervorhebt, also den Numerus profiliert, löst das Oberdeutsche das Problem anders: hier orientieren sich alle Kasusformen an der ursprünglich pluralischen n-Form, und alle starken Feminina auf -e werden ebenfalls zu schwachen Substantiven gemacht. Es heißt also *oa wiesn, zwoa wiesn* und *oa hennen, zwoa hennen.*

Da sich 1722 in München mit dem »Parnassus Boicus« schließlich sogar eine der Leipziger »Deutschen Gesellschaft« vergleichbare gelehrte Sozietät gebildet hatte, deren gleichnamige Zeitschrift Texte in Gestalt der oberdeutschen Schreibsprache veröffentlichte, war nun eigentlich auch ein institutioneller Rahmen vorhanden, in dem sich die süddeutsche Variante des Hochdeutschen als Schrift- und Bildungssprache entfalten konnte. Die Zeitschrift klagte zunächst noch über das Fehlen einer bedeutenden und umfangreichen süddeutschen Literatur: »wie sich nun in vnſrem Teutſchland / katholiſchen Antheils / vnſres Wiſſens noch nichts dergleichen hervorgethan / dahingegen es bey den Uncatholiſchen in jhren Buch-Låden von derley Art Schrifften wimmlet.« Im »Parnassus Boicus« wurde nun ganz bewusst die oberdeutsche Schreibsprache verwendet. Damit wollte man sich vom protestantischen Norden abgrenzen und zeigen, dass nicht nur das meißnische Deutsch als Schrift- und Wissenschaftssprache geeignet sei.

Zunächst erschien die Zeitschrift unter Anteilnahme zahlreicher Wissenschaftler; es beteiligten sich nicht nur katholische Gelehrte, sondern auch einige Lutheraner aus dem süddeutschen Raum. Neben Artikeln zur bayerischen Geschichte, zur Geographie verschiedener Länder, zur Mathematik und Chemie gab es Buchbesprechungen und auch eine frühe Form germanistischer Forschungen, etwa den Abdruck der Schwurformeln der althochdeutschen STRASSBURGER EIDE und des ST. GALLER PATERNOSTERS sowie der ersten Strophe des mittelhochdeutschen ANNOLIEDES. Vor allem der Dinkelsbühler Augustinerpater Gelasius Hieber, einer der Gründer dieses bayerischen Musenberges, gab dem Projekt der oberdeutschen Schreibsprache in sprachkritischen Aufsätzen zudem eine grammatische und – gegen Opitz gerichtete – poetologische Grundlage. Dabei vertrat er die Auffassung, dass nicht die Mundart eines einzigen »Volcks oder Nation der Teutschen« als vorbildlich gelten solle, also auch nicht das vermeintlich durch Luther verbreitete Ostmitteldeutsche, sondern dass – eher im Sinne von Schottelius – »gantz Teutschland Anteil« an der Schaffung einer für alle deutschsprachigen Territorien verbindlichen Sprache haben müsse. Allerdings tragen auch seine Schriften einen stark konfessionellen Zug, so etwa sein Angriff auf das Luther-Deutsch. Luther habe in seiner

> *Teutſchen Affter-Bibl / wie leichtlich abzumercken / keine andere Abſicht gehabt / als seiner Ober-Såchſiſchen Teutſchen Sprach die univerſal Monarchi in dem Hoch-Teutſchen einzuraumen / wie dann ihme seine Lands-Leuthe in ſolcher Meynung noch heut zu Tag nachahmen / ja was unvertråglich wohl gar auch ein und andere auß uns Catholiſchen / wann ſie ein dergleichen Proteſtantiſches Lufft-Wort erſchnappen / ſich / weiß nit wie / breit zu machen ſuchen.*

In Sachsen und Schlesien wurde das Projekt – wie nicht anders zu erwarten und nicht zuletzt von Gottsched – eher misstrauisch beobachtet und vor allem als katholische Konkurrenz betrachtet. Die starke konfessionelle Prägung war allerdings auch unter den »Gelehrten und Vornehmen« in Bayern umstritten, zumal man sich ja in gewissen Grenzen ebenfalls als Teil der Aufklärung verstand. So blieb der bayerische Musenberg zwar insofern fruchtbar, als die 1758 gegründete »Bayerische Gelehrte Gesellschaft«, die 1759 als »Churbaierische Akademie der Wissenschaft« offiziell anerkannt wurde, auf den »Parnassus Boicus« zurückgeht und die Sprache der Akademie von Anfang an Deutsch war. Dass aber die oberdeutsche Schreibsprache gewählt wurde, war für Gottsched nicht hinnehmbar. In einem Brief an den Akademiegründer Johann Georg Lori schrieb er am 23. August 1759:

Daß man in Deutscher Sprache die Schriften der Akademie abfaſſen und ans Licht ſtellen will, iſt ſehr ʒu loben; und E. Hochedlg. werden ſtandhaft bey dieſer Satʒung beharren. Daß aber der Parnassus Boicus zum Gewåhrsmann dieſer vortrefflichen Anſtalt, oder doch ʒu ihrem Vorlåufer erklåret worden, håtte mir faſt ein lautes Glåchter abgedrungen. Um Gottes Willen! gedenken doch E. Hochedlg. dieſes Parnassus Boicus nicht mehr, wenn ſie nicht alle ihre Bemůhungen bey dem gr͛ößten Theile von Deutschland låcherlich machen wollen.

Immerhin zeigt der polemische Ton, dass Gottsched sich über den Verweis auf den Parnassus geärgert hat. Gegen Gottsched gerichtet waren zudem nicht nur die Bemühungen um eine oberdeutsche Schreibsprache bayrischer Prägung, auch im Südwesten wollten sich nicht alle an das meißnische Deutsch anschließen. Hier war es der Gengenbacher Benediktinermönch Augustin Dornblüth, der, in seinem Ton nicht weniger heftig als Gottsched, die Gegner anführte. Der Titel seiner 1755 in Augsburg gedruckten Streitschrift gegen Gottsched lautet:

OBSERVATIONES oder Grůndliche Anmerckungen über die Art und Weiſe, eine gute Uberſetʒung, beſonderß in die teutſche Sprach zu machen. Wobey die Fehler der biſherigen teutſchen Uberſetʒungen ſamt denen Urſachen ſolcher Fehleren, und daraus erfolgten Verkehrung der teutſchen Sprach, aufrichtig entdeckt werden. Nebſt einer ʒu diſem Vorhaben unentpårlichen Critic über Herrn Gottſchedens ſogenannte Redekunſt, und teutſche Grammatic, oder (wie er ſie nennt) Grundlegung ʒur teutſchen Sprache. Aus patriotiſchem Eyfer ʒur Verhůtung fernerer Verkehrung und Schåndung der auslåndischen Bůcheren, ans Tagliecht gegeben.

Sein Protest gegen ostmitteldeutsche, dem Südwesten fremde Regionalismen und viele seiner logisch und etymologisch begründeten Verbesserungen, etwa die Bevorzugung von *ausreuten* gegenüber *ausrotten* (weil dies nichts mit *Rotte* ›Schar‹ zu tun habe), *erleuchtet* statt *erlaucht* oder *schmeicheln* statt *schmäucheln* leuchten noch heute ein. Seine ostmitteldeutschen Gegner, vor allem Gottsched, warfen ihm aber vor, eine veraltete, »altfränkische« Hofsprache zu verwenden, und lagen damit auch nicht völlig falsch. Anderen, wie dem schwäbischen Prämonstratenserprediger und Schriftsteller Sebastian Sailer, der heute als Begründer der schwäbischen Mundartdichtung gilt – er hat 1743 in einem Singspiel die biblische Schöpfungsgeschichte in die Welt der oberschwäbischen Bauern versetzt –, gingen seine Vorschläge dagegen gar nicht weit genug. Und im alemannischen Raum waren es die Schweizer Bodmer und Breitinger, die sich gegen Gottscheds sprachlichen Alleinvertretungsanspruch zur Wehr setzten. So nannte denn auch der Züricher

Johann Jakob Bodmer in seiner 1746 veröffentlichten Schrift LOB DER MUNDART Gottsched einen »tyrannischen Sprachrichter aus Sachsen«. Bodmer und Breitinger übernahmen von Gottsched die Kodifizierung der Schrift, nicht aber die Kodifizierung des Stils, wenn dies zum Verbot von Neologismen, Regionalismen und Archaismen führen sollte. In ihren Augen könne Gottsched mit seinen starren Normvorstellungen zwar im Sinne der Rhetorik belehren und erfreuen, nicht aber Gefühle erregen und bewegen. Die rhetorischen Wirkungsarten »docere« (›lehren‹) und »delectare« (›unterhalten‹) seien also bei ihm gegeben, nicht aber das »movere« (›bewegen, beeindrucken‹).

Dennoch wurde dieser letzte große innerdeutsche Sprachenstreit in der zweiten Hälfte des 18. Jahrhunderts zugunsten des ostmitteldeutschen »Meißnischen« entschieden. Der Makel des Konfessionellen, des Rückständigen auf der einen, die Verbindung der Gottschedischen Normen mit Fortschritt und Aufklärung auf der anderen Seite gaben den Ausschlag. Das endgültige Aus für die oberdeutsche Schreibsprache erfolgte schließlich 1774 durch die Einführung der allgemeinen Schulpflicht in den habsburgischen Erblanden, die in Preußen bereits seit 1717 galt. Da die politische Position der Habsburger nach dem verlorenen Siebenjährigen Krieg (1756–1763) geschwächt war, schien auch ein oberdeutscher sprachlicher Sonderweg nicht mehr möglich. Als Teil der dringend notwendigen Modernisierung des Landes entschied sich Maria Theresia – nach durchaus heftigem Streit unter den Gelehrten in Wien – für die Einführung der »modernen« Gottschedischen Variante als sprachliche Norm. Die neue Schulordnung wurde von ihrem Berater, dem aus Niederschlesien stammenden Augustiner-Chorherrn Johann Ignaz Felbiger (1724–1788), der sich die Reform des katholischen Schulwesens zur Lebensaufgabe gemacht hatte und bereits in Schlesien erfolgreich war, ein- und durchgeführt. Seine Vorschläge und Schulbücher wirkten bis nach Ungarn und Russland, wo sie von Johann Georg Schwarz, seit 1779 Professor für deutsche Sprache an der Universität Moskau, umgesetzt wurden. In Felbigers System übernimmt erstmals der Staat die Leitung und Überwachung aller Bildungsinstitutionen von der Kirche. Sein einheitliches Konzept von Lehrinhalten und Lehrbüchern, mit Schwerpunkten in den Bereichen Mathematik, Naturwissenschaft, Ökonomie, Mechanik und Architektur sollte im ganzen Reich gelten und es nachhaltig modernisieren. 1780 wurde diese Entscheidung noch einmal von Maria Theresias Sohn, Kaiser Joseph II., bestätigt. Felbiger selbst verlor jetzt zwar an Einfluss, die neue Sprachnorm wurde aber nun auch für alle Beamten der kaiserlichen Verwaltung verpflichtend eingeführt. Sogar Orts- und Personennamen passte man dem neuen Standard an. Die anderen süddeutschen Staaten, etwa Bayern und das Erzbistum Salzburg, die bis dahin noch unentschieden gewesen waren, zogen nun nach. Auch die Gründer und ersten Redakteure der neuen, großen sprach- und meinungsbildenden deutschsprachigen Zeitungen im südöstlichen Europa, etwa Karl Gottlieb Windisch mit der 1764 gegründeten PRESSBURGER ZEITUNG, waren meist Anhänger Gottscheds. Die Gleichsetzung von »modern« und »meißnisch« hatte sich überall durchgesetzt. Den durchaus vernünftigen Versuchen einiger süddeutscher Grammatiker wie Heinrich Braun oder Carl Friedrich Aichinger, zwischen beiden Varianten zu vermitteln, war damit letztlich auch der Boden entzogen.

Da sich das moderne Meißnische im Laufe des 18. Jahrhunderts auch im niederdeutschen Norden als Schriftsprache überall ausgebreitet hatte, gilt das Hochdeutsche im Prinzip nun im gesamten deutschen Sprachraum. Für den Rückgang des Niederdeutschen macht Renate Herrmann-Winter auch auf die Bedeutung des Militärdienstes aufmerksam. Sie verweist auf den pommerschen Theologen Johann David Jäncke, der schon 1730 bemerkte: »Auch die Bauren, ſobald ſie unter die Soldatesque genommen werden, nehmen einen Oberl**å**ndiſchen Dialect an.« Sie meinten, »niemand könne ein rechtſchaffener Soldate ſeyn, ohne ein Hochdeutſches Maul zu haben«.

Ein zweiter, bisher ebenfalls noch zu wenig beachteter Faktor für die sprachliche Standardisierung sind die bereits mehrfach erwähnten Wochenzeitungen. Im Nordosten scheint sich vor allem in der Provinz Westpreußen vergleichsweise früh eine recht vielfältige Zeitungslandschaft entwickelt zu haben; in Danzig erscheinen bereits von 1618 bis 1625 die WÖCHENTLICHE ZEITUNG, von 1629 bis 1643 die DANZIGER AVISEN, von 1630 bis 1637 die BERICHTE AUS/DURCH POMMERN, ab 1678 DIE WOCHENTLICHE ORDINAR ZEITUNG und dann wieder ab 1796 die DANZIGER ZEITUNG. Danzig gehört damit nach Straßburg, Wolfenbüttel und Berlin zu den ersten Städten überhaupt, in denen deutschsprachige Zeitungen erscheinen. Auch in Stettin werden schon ab spätestens 1636 die POST-ZEITUNG, ab 1656 die EUROPÄISCHE ZEITUNG, dann ab 1706 der STETTINISCHE RELATIONSPOSTILLON, ab 1724 die STETTINISCHE ORDINAIRE ZEITUNG und ab 1755 die KÖNIGLICH PRIVILEGIERTE STETTINISCHE ZEITUNG herausgegeben. In mittelgroßen Städten wie Thorn stößt man immerhin schon seit Mitte des 18. Jahrhunderts mit den THORNISCHEN WÖCHENTLICHEN NACHRICHTEN (1760–1772) auf Beispiele für periodisch erscheinende Zeitungen. Obschon in einzelnen Regionen wie in Hinterpommern die regionale Presse erst etwas später eingeführt wird, so dient sie doch auch dort noch bis ins 19. Jahrhundert hinein der langfristigen Stabilisierung des Hochdeutschen als Schriftsprache.

5.3 Zwischen Gottsched und Adelung

Auf dem Höhepunkt der Kodifizierung und der Durchsetzung der von Gottsched vertretenen Sprachnorm wuchs aber zugleich der Widerstand nicht nur der Gegner, sondern auch derer, die diese Normierung in ihrem Kern für durchaus richtig halten. Selbst die Schweizer hatten sich ja nicht grundsätzlich gegen Gottsched gestellt und seine graphischen und stilistischen Neuerungen sogar begrüßt. Nur den Alleinvertretungsanspruch des »Meißnischen« und die Stigmatisierung der oberdeutschen regionalen Varianten wollten sie bekämpfen. Es wurde weiter oben schon angedeutet, dass sich gerade Schriftsteller gegen Gottscheds starre, nicht immer ausreichend begründete Normen stellten. Gerade ihnen fehlte auch weiterhin ein Wörterbuch, das den Bedürfnissen gebildeter Sprachbenutzer im 18. Jahrhundert gerecht werden konnte. Zudem waren die aufklärerisch-vernünftigen Regeln Gottscheds noch keineswegs überall in der Schreibpraxis angekommen, besonders der schon von Liselotte von der Pfalz kritisierte Komplimentierstil brachte vielerorts noch bizarre Blüten hervor. In Friedrich Carl Mosers Abhandlung von Ahndung fehlerhaffter und unanständiger Schreiben, nach dem Gebrauch der Höfe und Canzleyen, Frankfurt 1750, ist eine Fülle von Beispielen angeführt, in denen die Außerachtlassung des komplimentierenden Briefzeremoniells Anstoß erregt und hin und wieder sogar zu diplomatischen Verwicklungen geführt habe. Hans Sperber hat bereits 1929 in seinen Bemerkungen »Zur Sprachgeschichte des 18. Jahrhunderts« auf solche Fälle hingewiesen. Sie zeugen von der ungebrochenen Lebendigkeit dieses höfischen Stils, in dessen Ablehnung Gottsched und die meisten seiner Kritiker einig waren.

> *Eine uralte Reichs-Stadt hat gegen einen groſsen Koͤnig die Courtoiſie: »Unterdienſtwilligſt-ergebenſte« gebraucht, es iſt aber ſolches uͤbel genommen und dannenhero an einen gewiſſen Magiſtrat, der unter hoͤchſtgedachten Königs Bottmaͤßigkeit ſteht, folgender Geſtalt reſcribieret worden: »Ihr wollet dem Rathe zu N. N. hiervon Nachricht ertheilen, ſelbigen auch ihr an uns abgelaſſenes Schreiben, um das ſie darinnen bei der Unterſchrift die uns unanſtaͤndige Courtoiſie: unterdienſtwilligſt-ergebenſte etc., dergleichen auch wohl unter Privatperſonen gewoͤhnlich, gebraucht, mit der ausdruͤcklichen Bedingung, daß, im Falle ſolches nicht geändert, von ihnen hinfuͤro kein Schreiben allhier angenommen werden ſolle, in Originali hinwieder ʒuruͤckʒuſenden. Datum … am 10. April 1717.«*

Im Unterschied zu Texten aus dem 17. Jahrhundert sind es nicht die wenigen Entlehnungen, die dieses Schreiben kennzeichnen, sondern eher die formellen Ausdrücke *dannenhero, hinfüro, selbigen* oder *allhier*, die aus der kanzleisprachlichen Tradition stammen und einen jeden Text umständlich und schwerfällig erscheinen lassen. Für uns ist aber vor allem wichtig, dass Moser seine Leserschaft hier vor den Folgen eines falsch eingesetzten Kompliments warnen will. Weil »unterdienstwilligst-ergebenst« auch im privaten Schriftverkehr üblich sei, beschwert sich der angeschriebene »große König« über diese nach seiner Meinung zu geringe Ehrerbietung und droht Konsequenzen an. Schutz vor den Gefahren eines »falschen Compliments« versuchen Ratgeber wie Adam Friedrich Glafeys ANLEITUNG ZU EINER WELTÜBLICHEN TEUTSCHEN SCHREIBART, hier nach der 3. Auflage Leipzig 1747, zu geben. Glafey erklärt, dass eine gute Schreibart »nicht allzu lange noch allzu kurtze Periodos leidet«, und macht seinen Lesern Hoffnung, sie werden mit Hilfe seiner Anweisungen imstande sein, »einen Periodum von etlichen Bogen in guter und natürlicher Verbindung zu machen«. Weitere Beispiele für diese – nicht nur für heutige Leser – nervenaufreibende Schreibart mit »Periodos von etlichen Bogen« Papiers möchte ich mir hier ersparen. Selbst Glafeys Beispiele für den brieflichen Verkehr unter Freunden sind eine Fundgrube für – nach heutigem Geschmack – übersteigerte Höflichkeitsphrasen. So empfiehlt er etwa die Übersendung eines Päckchens Tee an einen »Freund von gleichem Stande« mit einem Schreiben zu begleiten, in dem unter anderem zu lesen ist:

> *Nachdem ich keines Glückes begehre theilhafftig zu ſeyn, darinn ich nicht zugleich ſo einen hochgeſchätzten Freund wünſchen ſollte; als bin ich ſo getroſt geweſen, und habe was zu einer geringen Probe mit dieſer Gelegenheit überſenden wollen. Bitte nur alles nach meiner guten und aufrichtigen Intention anzunehmen, und ſich zu verſehen, daß ich niemals maniquiren werde Mittel und Wege zu finden, darauff ich fernerweit den Namen verdienen kann, als etc.*

Gottsched parodiert diesen Stil in den VERNÜNFTIGEN TADLERINNEN, wo folgende – hoffentlich fiktive – Glückwunschformel dargeboten wird:

> *Eure Excellence werden pardonieren, daß ich, als Dero Client, mir die Permiſſion ausgebeten, zu dem mit aller Proſperité angetretenen neuen Jahre, mit gehorſamſten Reſpecte und tiefſter Submiſſion zu gratuliren, und ſincérement zu wünſchen, daß der Höchſte Eure Excellence in allem contentement dieſes und viele Jahre conſerviren wolle, damit ich eheſtens occaſion habe, meine temoignage zu bezeigen.*

Nicht nur solche Parodien, sondern durchaus auch der normale alltägliche Umgangston sind – zumindest aus heutiger Sicht – von einer geradezu unbegreiflichen Weitschweifigkeit geprägt. Hans Sperber zitiert dafür aus Christian Fürchtegott Gellerts PRAKTISCHER ABHANDLUNG VON DEM GUTEN GESCHMACKE IN BRIEFEN von 1751, wo es heißt:

> *Indeſſen hoffe ich, Sie werden verſichert ſeyn, daß ich an ihrem Glůck das grőßte Theil nehme, und von Herzen wůnſche, daß Sie nebſt Ihrer Frau Gemahlin alles erſprießliche Vergnůgen bis in die ſpäteſten Zeiten genießen mőgen.*

Gellert bezeichnet diese Wendung als »eine Formel, die man tausendmal gehört hat«, die aber eben deshalb im täglichen Leben für den Briefstil schon zu wenig vornehm sei. Zwar haben die Dichter des »Sturm und Drang« gerade den Lustspiel- und Fabeldichter Gellert bald nach seinem Tode 1769 zu einem eher mittelmäßigen, moralinsauren Dichter »für Landpastorentöchter« herabgewürdigt, aber noch Jakob Michael Reinhold Lenz bewegte sich 1780, wenngleich in schwierigen Lebensumständen, ganz in dieser Welt des Kompliments. In einem Brief an den aus Herford stammenden Forschungsreisenden und Moskauer Staatsrat Gerhard Friedrich Müller, in dem er für die Vermittlung einer möglichen Anstellung als Erzieher dankt, schreibt er:

> *Hochwohlgeborner Herr Staatsrath*
> *Insbeſonders hochzuverehrender Gőnner und Wohlthåter!*
> *Der von Ew. Hochwohlgebornen mir geſchehene Vorſchlag mich morgen beprůfen zu laſſen, um eine Information in einem vornehmen ruſſiſchen Hauſe zu übernehmen, verdient meinen ererbietigſten Dank, da Ew. Hochwohlgebornen mich mit Dero wirkſamen Empfehlungen zu unterſtůtzen verſprechen. Darf ich es aber wagen, Ew. Hochwohlgebornen vorher noch eine gehorſamſte Bitte zu thun. Dieſelben wiſſen [. . .].*

Zumindest in der privaten Schriftlichkeit sind bis zum Ende des Jahrhunderts Komplimentier- und Kanzleistil auch bei Schreibern vom Format eines Jakob Michael Reinhold Lenz noch die Regel. Die baltische Baronin Budberg kündigt 1752 einem anderen Hauslehrer – Johann Georg Hamann – dagegen brieflich mit den Worten:

> *Herr Hamann,*
> *da die Selben ſich gahr nicht bey Kinder von Condicion zur information ſchicken, noch mir die ſchlechte Briefe gefallen wor in Sie Meinen Sohn ſo auf eine gemeine und niederträchtige Ahrt abmahlen vielleicht kennen Sie nicht anders Judiciren als nach Ihrem Eugenem Pohtré, ich Sehe Ihnen auch nicht anders an als eine*

Seuhle mit vielen Bůchern umbhangen welches noch gahr nicht einen Geſchickten HoffMeister aus macht, und mir auch ſchreiben Ihre Freuheit und GemůthsRuhe ʒu lieb haben ſie auf eine Anʒahl von Jahre ʒu verkauffen, ich will weder Ihre ſo vermeinte Geschicklichkeit noch Ihre Jahre verkauft in meinem Hause ſehen, ich verlange Ihnen gar nicht bey meinen Kindern machen Sie sich fertig Monntag von hier ʒu reußen.
B. H. V. Budberg.

Die Dame von Adel kann im Gespräch mit dem Bürger Hamann auf jedes Kompliment verzichten, das über ein einfaches »Herr« und die Großschreibung der Pronomen hinausgeht. Sie hat es auch nicht nötig, mit vielen Entlehnungen auf ihre vermutlich ohnehin nicht sehr tiefgehende Bildung zu verweisen. Der Text ist aber hinsichtlich der Syntax, der Flexion und der Schreibungen so uneinheitlich, dass er auch von Gottsched nicht besser hätte parodiert werden können. Und wenn Hamann, der selbst vergleichsweise klarer schreibt, dies seinem Vater nur so kommentieren kann: »Die kurländischen Edelleute piquiren sich [also »bilden sich etwas darauf ein«] alle Barons zu seyn«, dann zeigt sich, dass auch Mitte des 18. Jahrhunderts neben dem Kompliment der französische Wortschatz immer noch ein wesentliches Merkmal der Schriftsprache ist. Dies soll noch einmal verdeutlichen, dass Gottscheds Sprachreform nötig und willkommen war. Nur mit seiner meißnischen Einseitigkeit und seinem pedantischen Absolutheitsanspruch stieß er auf Widerstand.

Vorgetragen wurde diese Gottsched-Kritik nun vor allem von Schriftstellern, Dichtern und Philosophen, die sich weit mehr als heute an der Diskussion um den richtigen Sprachgebrauch beteiligt haben. Das »Bio-bibliographische Handbuch zur Sprachwissenschaft des 18. Jahrhunderts«, das für diese Zeit annähernd alle verfügbaren Daten zur Sprachwissenschaft im deutschsprachigen Raum enthält, nennt immerhin 14 Dichter und Schriftsteller, die sich zu sprachwissenschaftlichen Fragen geäußert haben. Dabei geht es oft um Themen, die unmittelbar mit der Tätigkeit des Schreibens verbunden sind, also um Fragen der Orthographie, der Reimbildung, der Akzentuierung und des »guten Stils«.

Am bekanntesten sind hier die Arbeiten Friedrich Gottlieb Klopstocks geworden. Für ihn war die Rechtschreibung »ein Ding fürs Ohr und nicht fürs Auge«. Daher gelte: »Di Aussprache ist geredete Sprache, und das Schreiben geschribene Aussprache.« Seine radikalen, an der Aussprache orientierten orthographischen Vorschläge haben seine Zeitgenossen jedoch überfordert. Und dies nicht ganz zu Unrecht, denn seine Regeln nahmen – wie auch Reformen in neuerer Zeit – keine Rücksicht auf die zwar unvollkommenen, aber historisch gewachsenen Konventionen und Traditionen.

Die Überlegungen einiger anderer Autoren, etwa eines Lenz, Gotthold Ephraim Lessing, Johann Karl Wezel oder Karl Philipp Moritz, gehen dann noch weiter über das praktische Interesse eines Schriftstellers an der Sprache hinaus. Die grammatischen Schriften des Karl Philipp Moritz waren allerdings – wie Ludwig M. Eichinger gezeigt hat – ihrer Zeit in sprachwissenschaftlicher Hinsicht so weit voraus, dass sie kaum rezipiert wurden. Populär sind jedoch seine aus ihrem sprachtheoretischen Kontext herausgelösten praktischen Ratschläge geworden, etwa die ANWEISUNG, DIE GEWÖHNLICHSTEN FEHLER IM REDEN ZU VERBESSERN NEBST EINIGEN GESPRÄCHEN von 1781. Hier werden häufige »Fehler« aufgeführt, etwa das ausdrücklich als »pöbelhaft« gekennzeichnete niederdeutsche – Moritz stammte aus dem niedersächsischen Hameln – *ik, ikke* statt *ich* oder *wat* für *was* und *dat* für *das*.

Bekannt geworden ist neben Lessings Bemühungen um ein neues deutsches Wörterbuch vor allem Wielands Beitrag zur Diskussion um das richtige Hochdeutsch von 1782. In diesem – noch nicht genügend untersuchten – Text ÜBER DIE FRAGE WAS IST HOCHDEUTSCH? UND EINIGE DAMIT VERWANDTE GEGENSTÄNDE profiliert er sich als einer der schärfsten Kritiker Gottscheds und ebenso Johann Christoph Adelungs, dessen GRAMMATISCH-KRITISCHES WÖRTERBUCH DER HOCHDEUTSCHEN MUNDART zwischen 1774 und 1786 erschienen ist. Die den Aufklärern vom Schlage Gottscheds und Adelungs vor allem wichtige Verständlichkeit eines Textes sei, so Wieland, »nicht die einzige Absicht der Sprache«. Für verschiedene Anlässe und Stillagen benötige man verschiedene Wörter und verschiedene Schreibarten. Der Auffassung Friedrichs II., vertreten 1780 in einem in französischer Sprache abgefassten »Literaturbrief«, dass es in Deutschland sowohl an Sprache als auch an Geschmack mangele und die Gelehrten daher weiterhin in fremden Sprachen schreiben müssten, haben Lenz, Wezel und Wieland energisch widersprochen.

Aber auch Lessing verfasste schon 1748 in der BERLINISCHEN PRIVILEGIRTEN ZEITUNG eine Besprechung zu Gottscheds SPRACHKUNST, kritisierte scharf den altmodischen Schreibstil des seinerzeit viel gelesenen Philologen und Herausgebers der DEUTSCHEN BIBLIOTHEK DER SCHÖNEN WISSENSCHAFTEN (1767–72) Christian Adolph Klotz, den Gerstenberg »Gottsched der Zweite« nannte, und veröffentlichte selbst 1759 zusammen mit Carl Wilhelm Ramler als Beispiel für einen klaren Schreibstil Friedrich von Logaus SINNGEDICHTE. ZWÖLF BÜCHER. MIT ANMERKUNGEN ÜBER DIE SPRACHE DES DICHTERS.

Die Grundlagen für eine substantielle Kritik an der aufklärerischen Sprachwissenschaft Gottschedischer Prägung sind vermutlich durch Albrecht von Haller gelegt worden, der vielen als der letzte europäische Universalgelehrte gilt. Haller, der u. a. Mediziner ist, behandelt im dritten Band seiner ELEMENTA PHYSIO-

LOGIAE von 1761 als Summe seiner medizinischen Anschauungen die Physiologie des menschlichen Körpers und damit aus medizinischer Sicht die Atmung, die menschliche Stimme und Sprache sowie die menschliche Sprachfähigkeit. Aus der Naturforschung und Medizin ist ihm deshalb der damals noch umstrittene Gedanke der Ontogenese vertraut, also das Wissen um die Geschichte des strukturellen Wandels einer jeden lebenden Einheit. Es ist nun auffällig, dass Haller zugleich ein vehementer Kritiker Gottscheds ist und dessen statische Positionen strikt ablehnt. Als Herausgeber der damals wichtigsten Rezensionszeitschrift, der GÖTTINGISCHEN GELEHRTEN ANZEIGEN, veröffentlicht auch er schon 1749 eine Besprechung von Gottscheds SPRACHKUNST, die er möglicherweise selbst geschrieben, zumindest aber ausdrücklich gebilligt hat. Mit dem Gedanken des Wandels und der Entwicklung lässt sich Gottscheds Festschreibung eines als ideal gedachten Sprachzustandes nämlich gerade nicht vereinbaren. Deshalb lehnt ihn Haller ab. Auch Herders Schrift VOM URSPRUNG DER SPRACHE von 1771 ist in diesem Kontext zu sehen.

Wir sind damit schon fast am Ende des 18. Jahrhunderts und mit Herder auch im Zeitalter des »Sturm und Drang« angekommen, dessen Protagonisten sich allesamt gegen feste Regeln und Normen à la Gottsched zur Wehr setzen. Auch Adelungs GRAMMATISCH-KRITISCHES WÖRTERBUCH DER HOCHDEUTSCHEN MUNDART in der 1. Auflage von 1774 bis 1786 will nun nicht mehr Normen setzen, sondern den Sprachgebrauch beschreiben. Das Ziel einer überregional akzeptierten und allgemeinverständlichen Standardsprache war aber jetzt nicht mehr in Gefahr, nur über die Einzelheiten konnte es noch Auseinandersetzungen geben. Aber auch die sollten es in sich haben.

6. Im Zeichen bürgerlicher Sprachkultur: Das jüngere Neuhochdeutsch (ca. 1800–1950)

6.1 Literatursprache und bürgerliche Sprachkultur

Die aus dem Umkreis des protestantischen Pfarrhauses des 18. Jahrhunderts stammenden Schriftsteller wie Christian Fürchtegott Gellert, Christoph Martin Wieland, Gotthold Ephraim Lessing, Georg Christoph Lichtenberg oder Matthias Claudius entwickeln in ihren Texten einen neuen Prosastil, in dem viele der von Gottsched propagierten aufklärerischen Normen der Schriftsprache und die gesprochene Umgangssprache zusammenfließen. Sie haben großen Anteil daran, dass sich die mündlich geprägte Traditionslinie vom Minnesang über die Mystiker, Luther und die Pietisten, die Sprache der Predigten und der Kirchenlieder nun mit der Tradition der schriftlichen gehobenen Literatursprache verbindet. Der maßgebliche Philosoph der Aufklärung, der deutsch schreibende Breslauer Christian Wolff, ist von der Atmosphäre des Pfarrhauses ebenso geprägt wie der aus einer Quedlinburger pietistischen Familie stammende Friedrich Gottlieb Klopstock, dessen MESSIAS die Literatur des 18. Jahrhunderts revolutionierte und der mit seiner empfindsamen Sprache noch in Goethes WERTHER weiterwirkte. Auch die durch Klopstock und die Schweizer Bodmer und Breitinger vermittelte englische Dichtersprache des protestantischen Republikaners John Milton wirkt auf die deutschen Schriftsteller ein.

So kommt es am Ende des Jahrhunderts in einem europäischen Kontext nun erstmals zu einer direkten Verbindung der schriftsprachlich-gehobenen »Sprache der Distanz« mit der an der Mündlichkeit orientierten volkstümlichen »Sprache der Nähe«. Im protestantischen Pfarrhaus und bei seinen schreibenden Pfarrerssöhnen entsteht die »Sprache der Klassik« und beginnt eine neue Blütezeit der deutschen Sprache und Literatur. Die heutige deutsche Standardsprache hat hier ihre Wurzeln, Pfarrerssöhne wie Friedrich Nietzsche, C. G. Jung, Gottfried Benn oder Hermann Hesse haben auf ganz unterschiedliche Weise auch im 19. und 20. Jahrhundert an dieser Sprachform weitergearbeitet. Und wir haben bereits am Ende des vorausgehenden Abschnitts gesehen, wie intensiv sich gerade die Schriftsteller des 18. Jahrhunderts an der Lösung der sprachlichen und sprachwissenschaftlichen Probleme ihrer Zeit beteiligt haben.

Erst in dieser Konstellation konnte Adelungs neues großes deutsches Wörterbuch wirken, das von den Klassikern und gebildeten Bürgern – bei aller Kritik im Einzelnen – mit Gewinn benutzt wurde. Denn es ist eine glückliche Fügung, dass der dafür besonders geeignete Pfarrerssohn Johann Christoph Adelung versuchte, den tatsächlichen Sprachgebrauch (zumindest der oberen Stände Obersachsens) seiner Zeit abzubilden und – anders als Gottsched – keine neuen künstlichen Normen durchsetzen wollte. Adelungs Wörterbuch wurde zur Orientierung und zum Maßstab, wenn auch nicht überall geliebt. So schreibt denn auch Wieland über Adelung: »Meine Frau muß es bezeugen, wie oft ich täglich diesen Hund nachschlage, aus Angst, ein undeutsches Wort zu schreiben.«

Zwar haben dem Oberschwaben Wieland sicher die Vorschläge des schwäbischen Pfarrerssohns und Sprachgelehrten Friedrich Karl Fulda (zuerst: UEBER DIE BEIDEN HAUPTDIALECTE DER TEUTSCHEN SPRACHE, 1773), der noch einmal die Bedeutung der oberdeutschen Gelehrtensprache hervorhebt, nähergelegen, aber Fulda selbst war sich darüber im Klaren, dass sich Adelungs Hochdeutsch auf meißnisch-obersächsischer Grundlage, das von der geographischen Mitte Deutschlands aus nach allen Seiten ausstrahlte, bereits etabliert hatte.

Die Bedeutung der Verbindung von Mündlichkeit und Schriftlichkeit, die sich in der meißnisch-obersächsisch geprägten Literatursprache vollzogen hat, betont auch Thomas Steinfeld in seinem »Sprachverführer«: »Was, bei Goethe selbst und in seinen Kreisen, mit der deutschen Sprache geschah, dieses Umschlagen von Mündlichkeit in Schriftlichkeit, oder genauer: von einem Ideal der Mündlichkeit in Schriftlichkeit, vom Auge ins Ohr ins Auge, kann im selben Bild«, dem Bild des Eisläufers in Goethes Wintergedicht, »aufgehen: Man wagt sich hinaus auf das Eis, probiert ein paar Schritte, und plötzlich ist da eine Festigkeit und eine Gewandtheit, wo man weder das eine noch das andere hätte erwarten können«. Dabei könne man sich »das Neue gar nicht neu, gar nicht genial genug vorstellen«: Ein Franzose aus dem späten 18. Jahrhundert »hätte Lessings Angriffe gegen den Hallenser Hofrat Klotz und dessen ›Papiersprache‹ schlicht nicht verstanden, so unzugänglich wäre ihm gewesen, dass die geschriebene gesprochene Sprache über der Schriftsprache hätte stehen sollen«. Das neue Deutsche sollte nun aber »nicht vornehm, sondern wahr sein. Die Rede muss Schrift werden, damit ein neues Deutsch entstehen kann. Und man braucht, allem Enthusiasmus des unverstellten Ausdrucks zum Trotz, ein starres Gerüst, damit sich flüchtige Gedanken daran festsetzen, Reize zu Erfahrungen verdichten, gärende Einfälle zu klaren Gedanken läutern können.«

Dieses Gerüst und damit die Sicherheit, auch überregional und über alle Schichten hinweg verstanden zu werden, verdankt die deutsche Schriftsprache den Bemühungen der Grammatiker und Lexikographen wie Gottsched und Adelung. Den »Enthusiasmus des unverstellten Ausdrucks« machen jedoch die Dichter des »Sturm und Drang« in der Schriftsprache salonfähig, auch wenn Adelung als Vertreter der älteren Generation ihnen vorwarf, dass sie gegen den »guten Geschmack« – Ende des 18. Jahrhunderts eine zentrale, intersubjektive Kategorie – verstoßen und damit die gerade erst erreichte Einheitlichkeit der Schriftsprache mutwillig zerstören würden. Doch diese Dichter, deren erste Lebensjahre wie bei Heinrich Wilhelm von Gerstenberg, Heinrich Leopold Wagner, Johann Wolfgang Goethe, Jakob Michael Reinhold Lenz, Friedrich Maximilian Klinger oder Friedrich Schiller in die Zeit des »Siebenjährigen Krieges« (1756–63) fielen, lehnten sich gegen jede Autorität von Staat, Kirche und Familie auf und suchten für ihren Protest eine neue Sprache. Schon Hans Sperber hat in seiner Sprachgeschichte betont (und Peter von Polenz ist ihm darin gefolgt), dass »die leidenschaftliche Auflehnung« der Nachkriegsgeneration als »Grundstimmung der Sturm- und Drangliteratur« sich »in einer Ablehnung jedes grammatischen Zwangs« widerspiegelt. So wie das unmittelbare Gefühl die Worte eingibt, so werden sie hervorgestoßen, »unbekümmert um jede Regel, oft selbst um die Rücksicht auf die einfachsten Forderungen der Verständlichkeit. Ausrufe, Beteuerungen, Flüche werden maßlos gehäuft. Drängt sich, während man einen Gedanken ausspricht, ein zweiter vor, so lässt man den ersten unvollendet oder nimmt ihn erst später wieder auf.« Als Beispiel diente schon Sperber und von Polenz eine Stelle am Ende der ersten Szene des dritten Akts aus Jakob Michael Reinhold Lenz' Stück DER TUGENDHAFTE TAUGENICHTS von 1775:

> *Wenn ich ihrer ſpotte, Herr – hier haben Sie meinen Hirſchfånger* [Dolch] – *ſo ſchinden Sie mich lebendig.*

Dagegen schmelzen die nicht bedeutungstragenden, die grammatischen Funktionswörter auf ein Minimum zusammen, statt *dem Turm* heißt es *'m Turm*, statt *auf den* heißt es *aufn*, statt *wie es* nur *wie's*, auch statt *zerschmettern* nur *schmettern*. Am deutlichsten tritt das Gefühl der leidenschaftlichen Auflehnung in den unzähligen Kraftausdrücken der Sturm-und-Drang-Zeit hervor: Es wird nicht *geschrien*, sondern *gewettert*, *geheult*, *gedonnert* und *gebrüllt*. Ein Reiter wird nicht auf Kundschaft *ausgeschickt*, sondern *ausgejagt*, man *zerschlägt* nicht, sondern *zerschmeißt*. Einen charakteristischen Eindruck gibt ein kurzer Auszug aus einem der heute weniger bekannten Stücke, Friedrich Maximilian von Klingers DIE NEUE ARRIA von 1776:

> JULIO. *Solina! necke mich nicht, ich bitte, ſchone! Verflucht, daß es ſo iſt! Stell nur ein Rom her, wie's war, du ſollſt ſehen, wie ich von unten hinaufſteig. Dir ſelbſt ſoll's ſchwindlen, Stolze!*
>
> SOLINA. *Ha! ha! mir ſchwindlen, mein kleiner Jupiter!*
>
> JULIO. *Das ſoll's! Spotte nicht! reize mich nicht ſchårfer. Wenn ich dem Luft geben kønnte, was in mir ſtůrmt und brauſt himmelan! Es ſei ſo, die Welt iſt ſo, und alle unſre Verfaſſung drůcke und zwånge. Ich muß einen Geiſt mit mir*

herumſchleppen, der ſich alle Augenblicke überwirft. Ich knirſch mit den Zåhnen, nag mir's Herʒ ab, verfluch alles, mȯcht die Welt in Brand ſtecken, um aus dem Schutt neue hervorʒuʒiehn. Raſend war's, als ich mich in Rom das erſtemal vor Cåsars Säule hinwarf. Wie iſt's Wunder, daß ſich ſo ein Menſch vor einen Gott hielte, wenn er alles unter ſich gebracht hat, ſeinen Thron aufſchlågt; Er, der alleinige! geſchaffen der Gȯttliche, von Millionen Jetʒtlebenden und Nachkommen angeſtaunt ʒu werden. Und dem das ſtolʒe, gewiſſe Selbſtvertrauen, das Bewuſstſein ohne Eitelkeit, ohne Streben der eignen innren Grȯße. Grȯßer, als alle, die er ſieht. Wie ſie alle ſchwinden vor ihm, er ſagen kann: Ich allein! ich bin's! ich vermag's! Hier lebte ein Cåsar, hier war jedem die Bahn offen ſich hinauf ʒuſchwingen. Was iſt dieſe Welt? Was tut man hier, wo alles Ziel hat, kurʒ und beſchrånkt? Stell mir ein Rom her, wie's war, laß mir meinen jetʒigen Rang, du ſollst ſehen, wie ich von unten hinaufſteig. Solina, ich tu genug, wenn ich mich erhalt. Beug meinen Geiſt, anſtatt ihn zu reiʒen. Gib ihn Tauſenden, du wirſt ſehen, wie ſie darniedertaumlen.

SOLINA. *Ich fühl den Gott, der aus dir redt. Weiter! Mein Geiſt iſt verwandt mit dir. Deine Blicke! – Da hab ich Sonne. Du getrauteſt dir alſo hinanʒuſteigen, oder willſt du lieber ſpringen.*

JULIO. *Wie's kåme! genug ich müſste hinan.*

Durch die Anlehnung an den mündlichen Sprachgebrauch wird das Urwüchsige und Unmittelbare betont, die Sprache ist nicht harmonisch und gleichmäßig, wie von Gottsched gefordert, sondern (zumindest in damaliger Sicht) wild und ungezwungen. Auch der innovative Verzicht auf das Dativ-e dürfte dem mündlichem Sprachgebrauch folgen; Schiller beendet sein Drama DIE RÄUBER nämlich 1781 mit den Worten »Dem Mann kann geholfen werden« und nicht mit »Dem Manne kann geholfen werden«, wie es erst nachträglich durch eine älteren Normen folgende konservative Grammatikschreibung propagiert wurde und in den deutschen Zitatenschatz einging. Darüber hinaus führt die Begeisterung der Stürmer und Dränger für die deutsche Vergangenheit zur Wiederbelebung bis dahin verschollener altdeutscher Wörter wie *Minne, Verließ, Feme, Fehde, Hort, Gau, Märe, Recke, anheben, Aar* oder *küren.* Bereits Leibniz wies 1679 auf die Möglichkeit der »Wiederbringung vergessener und verlegener, aber an sich selbst guter Worte und Redens-Arthen« hin, und seine oben erwähnte Ausgabe der SINNGEDICHTE Friedrich von Logaus sollte den Schriftstellern seiner Zeit helfen, ältere Wörter richtig zu verwenden. Sie erweisen sich trotz Adelungs Einspruch in seiner Untersuchung ÜBER DEN DEUTSCHEN STYL von 1785 als lebensfähig, nicht zuletzt deshalb, weil die Romantiker sie aufgreifen und weiter verwenden werden.

Da die Dichter des »Sturm und Drang« zudem auch einfache Menschen auf die Bühne bringen, verwenden sie zu deren Darstellung nicht allein Reflexe gesprochener Sprache wie die geschilderten Satzbrüche, Kontraktionen (Zusammenziehungen) und Kraftausdrücke, sondern sogar eine möglichst lebensechte dialektal gefärbte mündliche Umgangssprache. So begegnen etwa im Drama DIE KINDERMÖRDERIN des Straßburgers Heinrich Leopold Wagner, den jeweiligen sozialen Rollen der Figuren zugeordnet schon auf den ersten Seiten nicht nur viele französische Wörter und Wendungen wie *beau monde* ›vornehme Gesellschaft‹, *des flambeaux* ›die Kerzenleuchter‹, *le diable m'emporte, c'est charmant! c'est divine!* ›der Teufel soll mich holen, das ist bezaubernd, das ist göttlich!‹, sondern auch elsässische Sprachmerkmale wie *Fusthammer* für hochdt. *Fausthammer*, in Straßburg für den Gerichtsdiener, Henkersknecht (»… wir werden abber Fusthämmer, nit Bettelvögt tittlirt«):

1\. FAUSTHAMMER. *Gott lob! do gitts doch widder a paar ſechs ſchili Bieſßlä* [kleines Geldstück, frz. *pièce* + *-lein*] *ʒe verdinå!*
2\. FAUSTHAMMER. *Vergiß jetzt widder d' Kunſign* [Kennzeichen], *håſchts gho̊rt!*
1\. FAUSTHAMMER. *Dreck uf dien Nas. I waiß gewiß nimmi? – a bunne rung* [frz. *bonnet rond*, eine Art Baskenmütze], *unn a Mantel mit brunem Bodå, unn – unn – o's iſt mer ʒinn I ſeh ſie ſchunn.*

Die regionale Färbung prägt allerdings nicht nur die Sprache der einfachen Leute in den Sturm-und-Drang-Dramen. Auch die meist um 1750 geborenen Dichter waren noch in einer weitgehend dialektal und regionalsprachlich geprägten Welt aufgewachsen und daher selbst noch keineswegs immer standardtauglich. Goethes bereits zitierter Reim »ach neige, du Schmerzensreiche«, der nur in hessischer Aussprache funktioniert, ist dafür nur ein Beispiel unter vielen. Im 6. Buch von DICHTUNG UND WAHRHEIT – geschrieben 1812 – erinnert sich Goethe an die ersten Wochen seiner Studentenzeit 1765 in Leipzig und die nicht zuletzt sprachlich bedingten Schwierigkeiten der Eingewöhnungszeit: »Jede Provinz liebt ihren Dialect: denn er ist doch eigentlich das Element, in welchem die Seele ihren Athem schöpft.« Das von Gottsched geprägte meißnische Deutsch habe ihn im »Innersten paralysiert«. Die emphatische Sprache des »Sturm und Drang« wurde daher zur Gegenbewegung einer ausschließlich vernunftorientierten, das Regionale verleugnenden Sprache der Aufklärungszeit. Zu dieser etwas blutarmen Sprache wollte und konnte man nun nicht mehr zurück. Ein allgemein gültiges neues Stilideal war damit jedoch noch nicht gefunden, denn als alltäglicher Prosastil war die Sprache der Stürmer und Dränger kaum geeignet.

Das Ideal musste also irgendwo zwischen diesen beiden Polen zu suchen sein.

So war es vor allem die zunächst zwar vom »Sturm und Drang« geprägte, dann aber später klassisch-gemäßigte Literatursprache Goethes und Schillers, die diese Lücke ausfüllte und damit eine gewaltige Wirkung auf die Zeitgenossen und vor allem auf spätere Generationen ausgeübt hat. Goethe und Schiller haben zwar nicht wie die schon genannten Schriftsteller des 18. Jahrhunderts selbst in die Diskussionen um das »richtige Hochdeutsch« eingegriffen. Ihr Interesse zielte vielmehr allein auf die Literatur und die Funktion der Sprache in ihren literarischen Werken selbst. Der Inhalt der literarischen Kunstwerke wirkte sich aber unmittelbar auf ihren Sprachgebrauch aus. Da Goethe und Schiller in ihrer klassischen Epoche humanistischen Idealen wie dem Weltbürgertum, dem Harmoniestreben, der Persönlichkeitsbildung und der Nachahmung der Antike verpflichtet waren, versuchten sie, auch die sprachliche Gestalt ihrer Werke diesen Idealen anzupassen.

Bei Goethe lässt sich die Wandlung von der Sprache des »Sturm und Drang« zur Sprache der »Klassik« besonders gut verfolgen, da er für die erste Gesamtausgabe seiner Schriften, die zwischen 1787 und 1791 im Leipziger Verlag Georg Joachim Göschen erschien, seine Jugendwerke sprachlich überarbeitet hat. Goethes wachsende Skepsis gegenüber den politischen Folgen der Aufbruchsstimmung, die nicht nur die Sturm-und-Drang-Dichter, sondern schließlich große Teile Europas ergriffen hatte und die ab 1789 in die Französische Revolution einmündete, mag einen Anteil daran gehabt haben, dass die Texte jetzt auch sprachlich ruhiger und gesetzter werden. Die achtbändige Ausgabe war dennoch (oder auch deshalb?) ein finanzieller Misserfolg.

Peter Ernst hat in seiner Sprachgeschichte einige Beispiele für Goethes Art der Überarbeitung zusammengestellt: Die individuellen Ausdrücke der Jugendzeit, meist geprägt durch seinen Frankfurter Dialekt, werden nun unter Verwendung des Adelungschen Wörterbuchs einer in diesem Sinne überregionalen Norm angepasst, etwa *jetzt* statt *izt*, *vergoldet* statt *vergüldet*, *quellet* statt *quillet*, *trauernd* statt *traurend*. Zudem werden die aus der oberdeutschen Literatursprache bekannten e-losen Formen der Substantive dem ostmitteldeutschen Standard gemäß beseitigt, also heißt es jetzt auch bei Goethe *das Böse* statt *das Bös* oder *Hoffnungsfülle* statt *Hoffnungsfüll*. Die für die konzeptionell mündliche Sturm-und-Drang-Sprache typischen Synkopen wie *in ihr'n Schoß* werden durch *in ihren Schoß* ersetzt, statt *nauf* heißt es *hinauf*, vermeintlich übertrieben gehäufte Negationen werden beseitigt und fehlende Artikel eingefügt, etwa *im* (= in dem) *Mutterleib* statt *in Mutterleib*, *zum* (= zu dem) *Griffel* statt *in Griffel*. Auch gekürzte Flexionsendungen werden wieder eingesetzt: *langes Gras* statt *lang Gras*. Schließlich werden auch viele der dreigliedrigen, offenbar nun als zu kühn empfundenen Neologismen gekürzt. So heißt es jetzt *Nebeldüfte* statt *Wolkennebeldüfte* oder *Blütenträume* statt *Knabenmorgenblütenträume*.

Für die Forderung nach einem einheitlichen Sprachgebrauch hat Goethe Verständnis, wirklich zu interessieren scheint ihn das Thema aber nicht. Noch 1812 heißt es in einem Brief: »Ein Wort schreibe ich mit dreierlei Orthographie, und was die Unarten alle sein mögen, deren ich mich recht wohl bewußt bin und gegen die ich auch nur im äußersten Notfall zu kämpfen mich unter winde.« Wenn es aber nun einmal den »Adelung« gibt, dann sollen seine Regeln im Zweifelsfall auch angewendet werden. So rät er seinem Verleger Göschen 1787: »Im Ganzen ist die Absicht, der Adelungischen Rechtschreibung vollkommen zu folgen; ein sorgfältiger Korrektor wird also bei jedem zweifelhaften Fall sich nach derselben zu richten haben.« Man nimmt das sprachliche Gerüst der Schreibungen und grammatischen Formen nicht sonderlich ernst, schreibt auf dreierlei Art und ist wohl auch nicht sicher, ob es »deren ich mich bewußt bin« oder »mir bewußt bin« heißen soll. Doch man erkennt auch an, dass orthographische und grammatische Regeln dem angestrebten klassischen Ideal durchaus angemessen sind. Aber noch Karl Philipp Moritz beschreibt 1790 in seinem autobiographischen Roman ANTON REISER, wie er erst durch das Erlernen der lateinischen Sprache Einblick in die Regeln der deutschen erhielt:

> *Denn binnen einem Jahre kam Reiſer dadurch ſo weit, daß er ohne einen einzigen grammatikaliſchen Fehler Latein ſchrieb und ſich alſo in dieſer Sprache richtiger als in der deutſchen ausdrückte. Denn im Lateiniſchen wußte er, wo er den Akkuſativ und den Dativ ſetzen mußte. Im Deutschen aber hatte er nie daran gedacht, daß mich z. B. der Akkuſativ und mir der Dativ ſei.*

Das Bewusstsein für die Bedeutung grammatischer Regeln gerade für die Muttersprache setzte sich nun aber immer weiter durch, und auf dieser Grundlage konnte sich die kreative Kraft der Literatursprache entfalten. Sie zeigt sich in unzähligen Wortneuschöpfungen und Wortbildungen, und hier liegt daher auch eine besondere Leistung der Klassiker. Schon am Beispiel der Kanzlei-Komposita hatten wir die Reichhaltigkeit der Wortbildung des Neuhochdeutschen kennengelernt. Es überrascht nicht, dass in der Literatursprache gerade die Suche nach ausdrucksstarken Neologismen – die nicht selten durch ungewohnte und neue Kombinationen von Wortarten entstehen – zum Zwecke origineller sprachlicher Bilder besonders auffällig ist. Zwar beginnt dies nicht mit den Klassikern; ein frühes Beispiel ist das Kompositum *Wissensdurst*, das vermutlich Ewald Christian von Kleist geprägt hat, der schon 1749 in seinem Gedicht FRÜHLING wünschte, »daß tiefe Bäche der Weisheit [...] des Geistes Wissensdurst stillen«. Aber jetzt werden solche Neuschöpfungen zum Programm. Goethe bildet *einsgeworden*, *flügeloffen*, *junghold*, *krummeng*, *neugiergesellig*, *raschgeschäftig*, *selbstverirrt*, *sterngegönnt*, *tagverschlossen, vielverworren, wellenatmend; Lächelmund, Lagequell, Wallestrom, Werdelust* oder *Wimmelschar*, auch kühne Attributgruppen wie *gewirkte Ruinen, sturmatmende Gottheit* oder *siegdurchglühte Jünglinge*. Auch bei Schiller zeigt sich eine gewisse Vorliebe für seltene und ungewöhnliche Wörter wie *machtumpanzert; Ambradüfte, Blumenschwelle, Gaukelbund, Silberton, Traumeskelch, Viehmaskierung* oder *Zitternadel*. Alles in allem wählt Schiller aber vor allem das typisierende, naheliegende, vom Leser geradezu erwartete und ihn begrifflich überzeugende, aber zugleich auch stilistisch intensivste, höchstmögliche Wort und prägt damit – wie sie Hans Sperber nennt – »unübertreffliche Gedankenformeln«: *ewiges Feuer, schöne Gefühle, edle Einfalt, köstliche Habe, tüchtige Hausfrau, fleißige Hände, grünender Wald, blühende Au, säuselnde Linde, geschäftige Biene, länderverknüpfende Straße*. Das Vorbild der Sprache Homers und des französischen Klassizismus ist unverkennbar.

Vor allem Goethes Neuschöpfungen beschränken sich nicht nur auf die Ausdrucksseite der Sprache. Für ihn ist charakteristisch, dass er gebräuchliche Ausdrücke in zwar bekannten, aber doch ungewöhnlichen Sonderbedeutungen verwendet, so etwa *abneigen* als ›abbringen, ablenken‹, *aneignen* als ›anpassen‹, *ausgespart* als ›seltsam‹, *Bedingung* als ›bedingendes Hindernis, Schranke‹, *beherzigen* als ›eingehend betrachten‹, *rein, reinlich* als ›frei von Flecken der Stofflichkeit‹, *schmächtig* als ›von schmachtender Gesinnung‹, *sonst* als ›früher‹ oder *tüchtig* als ›fest und solide im Gegenwärtigen und in den Pflichten des Lebens wurzelnd‹. Man kann sich gut vorstellen, dass ohne Kenntnis dieser Wortbedeutungen manche Textstelle heute falsch verstanden wird. Hier gibt das große »Goethe-Wörterbuch« oft genaueren Aufschluss, doch leider wird es viel zu selten verwendet. Dabei sind es nicht nur die Sonderbedeutungen, die das Verständnis eines »klassischen« Textes heute erschweren. Auch zahlreiche damals ganz allgemein übliche Wortbedeutungen und Verwendungsweisen haben sich seit der Goethezeit geändert, zwar oft nur leicht, aber doch ausreichend, um heute Missverständnisse zu erzeugen. Wenn Goethe etwa in der Novelle FERDINAND in den UNTERHALTUNGEN DEUTSCHER AUSGEWANDERTEN schreibt: »Die Gelegenheit ist eine gleichgültige Göttin, sie begünstigt das Gute wie das Böse«, dann meint er nicht, dass hier alles im heutigen Sinne gleichgültig, also egal sei. Vielmehr ist die Gelegenheit unparteiisch, sie macht zwischen Gut und Böse keinen Unterschied, alles ist ihr »gleich gültig«, »gilt ihr gleich«. So handelt auch Gottsched in seiner GRUNDLEGUNG EINER DEUTSCHEN SPRACHKUNST von »gleichgültigen Wörtern« und meint damit Synonyme. Und auch Adelungs Buchtitel UMSTÄNDLICHES LEHRGEBÄUDE DER DEUTSCHEN SPRACHE (Leipzig 1782) wäre heute missverständlich, denn wer würde gern ein »umständliches« Lehrbuch zur Hand nehmen? Adelung meint es aber wieder ganz wörtlich, nämlich »alle Umstände behandelnd«. Auch Ferdinand soll in den »Unterhaltungen« einen »umständlichen Bericht abstatten«.

Sodann werden um 1800 *vor* und *für* noch nicht unterschieden (»das hat viel vor sich«), *widerlich* ist schwächer und meint eher ›unfreundlich, missvergnügt‹, *wirksam* ist ›eifrig, tätig‹ (»wirksames Genie«, Schiller), *grün* ist nicht nur Farbbezeichnung, sonder meint ›frisch, jung‹, daher: »Grau teurer Freund, ist alle Theorie / Und grün des Lebens goldner Baum«. In diesem Sinne muss man bestimmte Ausdrücke Goethes, die sich zu Leitbegriffen klassischer Vorstellungen herauskristallisieren, in ihrer ursprünglich gemeinten Verwendungsweise verstehen. Ulrich Knoop hat an Beispielen aus Goethes FAUST verdeutlicht, dass selbst vermeintlich einfache Wörter wie *entzücken, schnippisch* oder gar *Fräulein* nur im Kontext der Zeit um 1800 gedeutet werden können. So meint denn auch *Heiterkeit* nicht eine vergnügte Stimmung oder den Anlass zu schlichtem Vergnügen, sondern – wie noch in Hermann Hesses GLASPERLENSPIEL – eine harmonische Stimmung der ausgeglichenen Gemütsruhe. Ebenso dient *Klarheit* als Bezeichnung für das oberste Ziel der Klassik, für Goethe wohl sogar ein Lieblingswort, oft kombiniert mit Beiwörtern wie *heilig* und *hoch*. Zu den schon genannten *heiter, artig, wunderlich* tritt eine Reihe ähnlicher Ausdrücke wie *erfreulich, löblich, redlich, schätzbar, geschätzt, trefflich, würdig*, etwa in den halbfesten Formeln: *redliches Bemühen* oder *löbliches* (*redliches, unbedingtes*) *Streben*.

Trotz des Strebens nach »Reinheit« und »Klarheit« scheuten sich weder Goethe noch Schiller, Wörter aus anderen Sprachen ins Deutsche zu integrieren. Der Sprachnationalismus des 19. Jahrhunderts war ihnen noch fremd. Unter den Dichtern war es vor allem Jean Paul, der sich in seiner letzten Schaffensphase systematisch darum bemühte, Entlehnungen zu verdeutschen. Im Vorwort zur 3. Auflage des HESPERUS von 1819 gibt er an, dass er versucht habe, anstelle der griechischen, lateinischen, französischen und italienischen »Fremdwörter« der Fassungen von 1794 und 1797 deutsche Wörter zu verwenden. Damit trägt er auch wesentlich zur Verbreitung des erst wenige Jahre zuvor geprägten und von ihm aufgegriffenen Begriffs *Fremdwort* – statt etwa »Gastwort« – bei.

Auch der Aufklärer Joachim Heinrich Campe (1746–1818) versuchte, mit mehr oder weniger großem Erfolg, aus anderen Sprachen übernommene Wörter durch im deutschen Sprachsystem bereits verankerte, durchsichtige und damit auch Ungebildeten verständliche Wörter zu ersetzen. Damit, so hoffte er, wären diese Ungebildeten nicht mehr vom politischen Geschehen ausgeschlossen. Campe bezweckt also nicht vorrangig den Erhalt sprachlicher »Reinheit«, sondern die Schaffung von etwas, das später »Öffentlichkeit« heißen sollte. Erinnert sei an *Hemmstöpsel* für *Ventil* oder *Bauchkrampf* für *Kolik*. Aber auch *Hochschule* für *Universität*, *Feingefühl* für *Takt* oder *Streitgespräch* für *Debatte* zeugen von seinem Sprachgefühl. Zwei Verdeutschungen, die sich neben Hunderten anderen nicht durchgesetzt haben, zeugen aber auch für seine »Weltanschauung«: *Zwangsgläubiger* für *Katholik* und *Freigläubiger* für *Protestant*: Man sieht hier sehr deutlich die »semantischen Kämpfe« um das richtige Wort und damit die Probleme, die auch mit Campes demokratisch und sozial gesinnten Verdeutschungsbestrebungen verbunden sind.

Bei Goethe und Schiller, die den sprachpuristischen Neigungen im Umkreis Campes und der »Deutschen Gesellschaften« nicht folgen, findet man dagegen zuhauf Substantive und Adjektive wie *Antizipation, Billet, Deputat, Gage, Imagination, Intuition, Ragout, Signatur, Subsidien*; *apart, hermaphroditisch* oder *pragmatisch*. Vor allem die damals zahlreichen entlehnten Verben sind heute meist ganz ungebräuchlich: *ennuyieren* ›langweilen, ärgern, anöden‹, *inkommodieren* ›belästigen‹, *paralysieren* ›handlungsunfähig machen‹, *reüssieren* ›Anerkennung finden‹, *revidieren* ›korrigieren‹, *spondieren* ›einen akademischen Grad verleihen‹, *transpirieren* ›heimlich bekannt werden, durchsickern; ausdünsten‹. Da es kein Wörterbuch für den historischen, heute ungebräuchlichen sog. Fremdwortschatz des Deutschen gibt, sind die Bedeutungen dieser Wörter nicht immer leicht zu ermitteln und wie im Fall von *transpirieren* sehr oft missverständlich. Gerade Schillers Briefstil gilt als reich an heute untergegangenen fremdsprachlichen Wörtern; nicht selten prägt aber auch er treffende Lehnübersetzungen, wie *inhaltsschwer* für *prägnant, Fehlschlag* für *faux-coup, Gaukelbild* für *Illusion* und *Phantom* oder *schlagfertig* für *prompt*. Das Streben nach Klarheit führt nicht nur zu einer – bei Goethe und Schiller unabhängig von der Wortherkunft – bewussten Wortwahl, in der Syntax fördert es den Abbau von komplizierten Hypotaxen (Satzgefügen) und eine latente Neigung zu Parataxen (gleichgeordneten Sätzen). Und durch Klarheit und Beschränkung kommt das Individuum schließlich zu *Besonnenheit, Ehrfurcht, Entsagung* und *Mäßigung*. Weitere semantisch markante Termini sind in diesem Zusammenhang: *anschauen, anschauend, Anschauung, fördern, Förderung, Mühe, steigern, Steigerung, stetig, Stetigkeit, streben* oder *tätig, Tätigkeit*.

Bei Schiller zeigt sich – wie bei Campe –, dass Klarheit auch Zuspitzung bedeuten kann. Seine Vorliebe für moralisierende Sentenzen ließ besonders sein dramatisches Werk zur fast unerschöpflichen Zitatenquelle des Bildungsbürgertums werden: »Die Axt im Hause erspart den Zimmermann« (WILHELM TELL); »Der brave Mann denkt an sich selbst zuletzt« (WILHELM TELL); »Mit der Dummheit kämpfen Götter selbst vergebens« (JUNGFRAU VON ORLÉANS); »Schnell fertig ist die Jugend mit dem Wort« (WALLENSTEIN) oder »Ernst ist das Leben, heiter ist die Kunst« (WALLENSTEIN). Während Goethe die Sprache folgender Generationen mehr durch Wortneubildungen und Umdeutungen geprägt hat, war Schillers Einfluss also bedeutend größer auf dem Gebiet der Sinnsprüche, die zu »geflügelten Worten« wurden. Der außerordentliche Erfolg dieser Zitate liegt, abgesehen von der prägnanten Zusammenfassung eines Sachverhalts, vor allem darin, dass ihre Verwendung den tatsächlichen oder zumindest vorgetäuschten Bildungsstand des Benutzers demonstrieren kann. Ein Lexikon, das solche Redewendungen zusammenfasst, konnte sich im Bürgertum eines großen Interesses sicher sein. Es sollte aber noch bis zum Jahre 1864 dauern, bis Georg Büchmann, ein Berliner Lehrer, sein Buch GEFLÜGELTE WORTE. DER CITATENSCHATZ DES DEUTSCHEN VOLKES herausbrachte. Die Sammlung fand so lebhaften Anklang, dass anfangs jährlich eine Neuauflage erforderlich war. Büchmann hatte insgesamt 1900 Einträge ausgewählt und erläutert. Nach seinem Tode wurde das Werk von seinem langjährigen Mitarbeiter Walter Robert-tornow fortgeführt, der 730 neue Zitate hinzufügte. Bis in die 1960er Jahre fand man eine Ausgabe des »Büchmann« wohl fast in jedem bürgerlichen Bücherschrank, noch heute erscheinen gelegentlich neue Auflagen.

Die Kenntnis der Klassikerzitate – neben Schiller gehören zum bildungssprachlichen Soziolekt des 19. und beginnenden 20. Jahrhunderts vor allem Zitate aus den Werken Lessings, Shakespeares, Luthers und auch Goethes – beruht dank des »Büchmann« nicht immer auf eigener Textlektüre. Die Verfügbarkeit einer fast unbegrenzten Menge mehr oder weniger passender Zitate ebnet der bürgerlichen Gesellschaft den Weg vom Kunstzitat zum bloßen Bildungszitat in einem allgemeinen Zitatenfundus. Hier deutet sich bereits an, dass selbst ein allseits anerkanntes sprachliches Vorbild bei permanenter Reproduktion auf lange Sicht viel von seinem Glanz einbüßen kann. So wie heute in der sprachwissenschaftlichen Forschung große digitale Textkorpora mit Suchfunktionen vielfach die Lektüre originaler Texte ersetzen, so konnte man sich damals mit Hilfe des »Büchmann« mit Klassikerzitaten schmücken, ohne die Klassiker selbst gelesen zu haben.

In der deutschen Literatur des 19. und 20. Jahrhunderts sind zunächst noch starke Einflüsse der klassischen Sprachform vor allem bei den Dichtern auszumachen, die sich wie Christian Dietrich Grabbe, Franz Grillparzer oder in gewisser Weise Paul Heyse als Nachfolger Goethes und Schillers verstanden. Von viel größerer Bedeutung für den öffentlichen Sprachgebrauch insgesamt ist aber die Vorbildwirkung des klassischen Sprachideals im deutschen humanistischen Gymnasium. Hier wurden die Grundlagen gelegt für die Wertschätzung der Klassiker durch das deutsche Bildungsbürgertum bis zur Zeit des Zweiten Weltkrieges und der unmittelbaren Nachkriegszeit. Die Sprachgestaltung Goethes und Schillers wirkte sich mehr oder weniger intensiv auch deshalb auf den Sprachgebrauch des 19. und 20. Jahrhunderts aus, weil sie von den normativen Grammatikern aufgegriffen und zu einem Vorbild erklärt wurde, dem von allen Angehörigen der Sprachgemeinschaft nachzueifern sei. Diese Grammatiker greifen jedoch stets nur Einzelnes heraus, der klassische Sprachgebrauch Goethes und Schillers wird nicht vollständig als standardsprachliche Norm umgesetzt. Nicht weiter verfolgt werden etwa die Experimente Goethes, die klassische Sprache in Anlehnung an das Ideal der Antike gewissermaßen zu »antikisieren«, etwa wenn er schreibt »Hermes der leichte« (RÖMISCHE ELEGIEN), »laß des Glückes, des lang erflehten« (IPHIGENIE) oder »gut nimmt das Kütschchen sich aus, das neue« (HERMANN UND DOROTHEA). Diese Bildungen sind direkt beeinflusst von der Homer-Übersetzung des Johann Heinrich Voß, also von Homerischen Wendungen nachgebildeten Wortfolgen wie »stets vom Schilde beschwert dem beweglichen«. Im Mittelhochdeutschen war diese Nachstellung des Adjektivs nach dem Substantiv möglich und üblich, schon Opitz und Gottsched haben sie aber entschieden abgelehnt, und um 1800 konnte man dieses Muster dann wieder für einen archaisierend-antikisierenden Sprachstil einsetzen. In Goethes Gedicht HEIDENRÖSLEIN, das während seines Studienaufenthaltes in Straßburg um 1770 entstand und das er erstmals 1789 veröffentlichte – hier die erste Strophe nach der Ausgabe letzter Hand von 1827 – heißt es:

Sah ein Knab ein Rőslein ſtehn,
Rőslein auf der Heiden,
War ſo jung und morgenſchőn,
Lief er ſchnell, es nah ʒu ſehn,
Sah's mit vielen Freuden.
Rőslein, Rőslein, Rőslein rot,
Rőslein auf der Heiden.

Das Gedicht basiert auf dem Lied SIE GLEICHT WOHL EINEM ROSENSTOCK, dessen Text 1602 in Deventer in der Sammlung BLUM UND AUSSBUND ALLERHANDT WELTLICHER, ZÜCHTIGER LIEDER UND RHEYMEN des Paul von der Aelst erschienen war. Das nachgestellte Adjektiv in *Röslein rot* findet sich bei Goethe von Anfang an, im Ausgangstext aber nicht. Der Normverstoß hat hier eine expressiv-stilistische Funktion, die Wiederbelebung der Konstruktion wird von den Grammatikern nicht als Teil der Standardsprache akzeptiert.

Auch eine andere, in der Sprache der Klassik recht häufige syntaktische Konstruktion war aus der Mode gekommen. 1796 konnte Lessing aber eine seiner ästhetischen Schriften noch problemlos WIE DIE ALTEN DEN TOD GEBILDET nennen, und in Goethes WAHLVERWANDTSCHAFTEN heißt es: »indem Charlotte die Nutzung dieses Fleckes der Pfarre zusichern lassen«. Heute würden wir sagen: »Wie die Alten den Tod gebildet *haben*« und »indem Charlotte die Nutzung dieses Fleckens der Pfarre *hatte* zusichern lassen«. In einem Brief Lessings vom Jahre 1766 findet man den schönen Satz: »… und auch Plinius, wie ich schon angemerkt, sagt nicht, daß der Gebrauch, den Nero von seinem Smaragde gemacht, der nehmliche gewesen, den man von dergleichen Steinen zu Spiegeln zu machen gepflegt.« Hier werden der Reihe nach *habe, hat, sei* und wieder *habe* ausgespart. Es geht also um die sog. afiniten Konstruktionen, die deshalb »afinit« heißen, weil ihnen die Hilfsverben fehlen.

Dieses Muster hatte seinen Höhepunkt im 17. Jahrhundert, aber es ist deutlich älter und wird auch in der Sprache der Klassiker und vereinzelt noch darüber hinaus weiter gepflegt. So heißt es im TONIO KRÖGER: »Aber dann, nachdem er sich eingeschifft, hatte er, wie als Knabe, zuweilen mit seinem Vater, dem Verladen der Waren zugesehen«. Selbst Thomas Bernhard verwendet diese Konstruktion, etwa: »… aber als der Burgschauspieler schon mehr getrunken gehabt hat, als ihm im Grunde zuträglich, war er aufeinmal interessant geworden durch seine Veränderung« (HOLZFÄLLEN. EINE ERREGUNG). Weil Hilfsverben dann, wenn sie gehäuft auftreten, sehr schwerfällig wirken, schrieb Goethe 1813 an seinen späteren Sekretär Friedrich Wilhelm Riemer: »Besonders verdrießen mich die unglücklichen Auxiliarien aller Art«, und Jean Paul nannte sie »abscheuliche Rattenschwänze der Sprache«. Daher werden sie in der klassischen Literatursprache häufig und vereinzelt auch später fortgelassen, obgleich schon Gottsched dies eine »Unart« nennt und auch die Grammatiker und Sprachkritiker des 19. Jahrhunderts die Konstruktion scharf ablehnen. Der Dresdener Sprachkritiker Gustav Wustmann, ein Bastian Sick des 19. Jahrhunderts, bezeichnet sie in seinen ALLERHAND SPRACHDUMMHEITEN von 1891 sogar als eine »grauenhafte Verwilderung und Verrohung« der Sprache. Der aggressive Unterton rührt offensichtlich daher, dass die afinite Konstruktion dem Deutlichkeitsideal der aufklärerisch-rationalistischen Sprachwissenschaft nicht entsprach. Es wird etwas ausgelassen, was eigentlich zum eindeutigen Verständnis einer Aussage gehört. Man sollte den Kritikern aber entgegenhalten, dass sie zugleich auch ein stilistisches Mittel ist, um die Sprache leichter und eleganter zu machen – man vergleiche etwa den möglichen, aber schwerfälligen Satz: »… nachdem er sich eingeschifft *hatte*, hatte er, wie als Knabe […], dem Verladen der Waren zugesehen«. Die afinite Konstruktion kann durch den Regelverstoß zudem eine Aussage besonders betonen und hervorheben. Die österreichische Schriftstellerin Alma M. Karlin, einst für den Literaturnobelpreis vorgeschlagen, verwendet häufig expressive Sätze wie: »Durch Mißerfolge zermürbt, durch Kampf und Not und Krankheiten gebrochen, durch die freudlose Rückkehr verbittert, sah ich durch den dichten Trauernebel zunächst alles als Verlust und Untergang, was in Wahrheit doch Sieg gewesen« (ERLEBTE WELT. DAS SCHICKSAL EINER FRAU, 1938). Bei Joachim Maass heißt es: »Mag ich mich auch gefühlig schelten, es [= das Licht des Weihnachtsbaums] bleibt doch das schönste Licht, das meine Augen je gesehen« (DAS MAGISCHE JAHR, 1944), und bei Theodor Plievier: »Aber was gewesen, was sich vor seinen Augen abgespielt, was sein Ohr an Schreien und Erschütterungen berührt hatte, sein Bewußtsein hat es nicht treffen können« (STALINGRAD, 1945). Noch heute begegnen in Traueranzeigen Sätze des Typs »Wer ihn gekannt, weiß, was wir verloren«. Seit der klassischen Literatursprache ist diese Konstruktion beispielhaft für die Frage nach der Gewichtung der Faktoren »stilistische Prägung« und »sprachliche Deutlichkeit«. Die Dichter haben hier oft anders entschieden als Grammatiker und Sprachkritiker vom Schlage Wustmanns. Solche Merkmale der klassischen Literatursprache, die dem Deutlichkeitsideal zuwiderlaufen, wurden später aus dem Kanon der neuhochdeutschen Schriftsprache ausgeschieden. Derartige Konstruktionen verschwinden dann aber offenbar nicht spurlos, sondern können immer wieder neu ausgebildet werden.

Es ist Zeit für ein kurzes Zwischenfazit: Die Durchsetzung der Normen der klassischen Literatursprache stellt eine beeindruckende Erfolgsgeschichte dar. Die Wiederbegegnung von mündlichen und schriftlichen Traditionen im Umkreis des protestantischen Pfarrhauses hatte auf den Theaterbühnen der Weimarer Klassik einen neuen Sprachstil hervorgebracht. Daran hat auch der heute fast vergessene Dramatiker und Theaterintendant August Wilhelm Iffland (1759–1814) einen großen Anteil. Die hochdeutsche Sprache war um 1800 zum Medium einer in ganz Europa anerkannten Literatur und mit dieser nach und nach zur Grundlage eines geistig-kulturellen Zusammengehörigkeitsgefühls unter den politisch erst spät geeinten Deutschen geworden. Nach der noch folgenlos gebliebenen mittelhochdeutschen Dichtersprache aus der Zeit um 1200 wurde jetzt erstmals die Sprache der Literatur – von einigen wenigen expressiven Wortbildungen und grammatischen Konstruktionen abgesehen – zur Norm des gesamten öffentlichen Sprachgebrauchs erhoben. Mit Klaus Jürgen Mattheier lässt sich feststellen, dass »seit dem Beginn des 19. Jahrhunderts [...] die Norm der deutschen Standardsprache nirgends mehr infrage gestellt« wird. Die großen Veränderungen auf den sprachlichen Ebenen der Laute, Formen und der Syntax scheinen vollzogen zu sein. In Zweifelsfällen kann man sich in Grammatiken, Wörterbüchern und Sprachratgebern Hilfe suchen. Durch die Einführung von »Deutsch« als Studienfach an den Universitäten und die Stärkung des Deutschunterrichts an den Schulen ist nun auch eine Basis für die Verbreitung und Verfestigung dieser Norm gegeben. Die Norm der Literatursprache wird zur Gebrauchsnorm der Schriftsprache überhaupt. Eine überregional verständliche Schriftsprache ist vorhanden und stünde, würde es keine Bildungsschranken geben, allen Sprecherinnen und Sprechern gleichermaßen zur Verfügung. Die Durchsetzung dieser literatursprachlichen Gebrauchsnorm konnten aber Dichter und Grammatiker selbst nicht leisten. Von nicht zu unterschätzender Bedeutung, obwohl dies oft vergessen wird, ist dafür der Einfluss der frühen Zeitungen, etwa der BERLINISCHEN PRIVILEGIRTEN ZEITUNG (nach Vorläufern ab 1617 so ab 1721) oder des HAMBURGISCHEN CORRESPONDENTEN (nach Vorläufern ab 1724), die vor allem im norddeutschen Raum einen entscheidenden Beitrag zur Verbreitung der neuen Schriftsprache im Alltag geleistet haben.

Auf dem Höhepunkt des Erfolges zeichnen sich aber bereits verschiedene Probleme ab. Als Erstes fällt auf, dass um 1800 eben noch längst nicht alle Menschen Zugang zu dieser Norm haben und sie daher auch nicht anwenden können. Man muss sich nur einige Sätze beispielsweise von Goethes späterer Ehefrau Christiane Vulpius anschauen, deren Vorfahren Akademiker und Handwerker waren, um sich davon zu überzeugen. In einem in Weimar verfassten Privatbrief von 1798 schreibt sie:

> *Izo gehen bey uns die winder Freuden am und ich will mir ſie durch nichts laſſen verleidern. Die Weimarer dåden es gerne aber ich achte auf nichts ich habe dich lieb und gans allein lieb ſorge für mein Půbgen und halte mein haußweßen in ornug und mache mich luſtig. Abes ſie kőnn ein gar nicht in Ruhe laſſen vor geſtern in Commedi komd Meißel und fracht mich ſonne Umſtånde ob es wahr wåhr daß du heueraths du ſchafftes dir ja ſchon Kuſſe und Pehrde am ich wurde dem auchenblick so bőſſe daß ich ihm ein recht Maliefieſes amword gab und bin über zeugt der fracht mich nicht wieder [. . .].*

Auch Goethes Mutter ist noch 1807 weit von der neuen Norm entfernt und ist sich dessen auch bewusst.

> *Daß das Buſtawiren und gerade Schreiben nicht zu meinen ſonſtigen Talenten gehőrt – můſſt Ihr verzeihen – der Fehler lage am Schulmeiſter.*

Auch einzelne Zeugnisse männlicher »ungeübter Schreiber« haben sich aus dem 19. Jahrhundert erhalten. So schreibt der etwa 26-jährige Christian Lenz, der nach Indiana/USA ausgewandert war, im August 1849 seiner Familie in der alten Heimat:

> *[. . .] als ich 6 Monate gearbeitet hate bekam ich das Fieber wo ich nun 3 Monate krank war Gott ſei dank das ich eine Frau hate wenn ich in Koſt geweſen wäre ich klaube ich lebe nicht mir aber meine Frau hat ihr beſtes an mir getan ſie iſt den ganzen Tag vor dem Beette geſtanden u mit auf gewart.*

Die Sprache der »ungeübten Schreiber« und »kleinen Leute«, hier eines Amerika-Auswanderers nach der gescheiterten Revolution von 1848, ist also selbst noch Mitte des 19. Jahrhunderts standardfern und ganz anders als etwa die in der klassischen Literatur nachempfundene Sprache der Emigranten in Goethes UNTERHALTUNGEN DEUTSCHER AUSGEWANDERTEN von 1795 (darauf hat auch Stephan Elspaß in letzter Zeit wiederholt hingewiesen).

Es ist aber fraglich, ob es wirklich nur das Versagen der »Schulmeister« war, das den Ausschlag für die fehlenden Kenntnisse der älteren Generation – wie bei Goethes Mutter – und der nicht akademisch gebildeten jüngeren – wie bei Christiane Vulpius oder Christian Lenz – gab. Man findet nämlich schon früh durchaus auch kritische Stimmen, denen (so der zweite Punkt) die Annäherung der Schriftsprache an die Mündlichkeit noch nicht weit genug ging. Die Hürden vor dem Erlernen der schriftsprachlichen Norm waren auch deshalb für die ungeübten Schreiberinnen und Schreiber weiterhin sehr hoch. Von der Tauglichkeit der Klassiker als sprachliches Vorbild allein waren Anfang des 19. Jahrhunderts also noch keineswegs alle Sprachkritiker überzeugt. Die Norm galt wegen ihrer – trotz aller mündlichen Einflüsse – Schriftlastigkeit für ungeübte Schreiber weiterhin als zu schwer und alltagsfern. So beklagt etwa Adam Heinrich Müller in seinen sprachkritischen Vorträgen ZWÖLF REDEN ÜBER DIE BEREDSAMKEIT UND DEREN VERFALL IN DEUTSCHLAND (gehalten 1812 in Wien, gedruckt 1816 in Leipzig), dass es in Deutschland im Vergleich zur französischen Sprachkultur an einer »lebendigen Rede« fehle. Während man in England, Frankreich und Italien auf natürliche Weise spreche, werde in Deutschland das Sprechen auf einer Ebene mit anderen Tätigkeiten betrieben: Jene würden leben, »um zu sprechen«; die Deutschen hingegen nur sprechen, um zu leben. Im Gegensatz zu anderen Ländern Europas gebe es in Deutschland aber auch »kein Ganzes, keine Gemeinde, keine Stadt, keine Nation, die wie mit Einem Ohre den Redner anhörte.« Da die Alltagssprache noch immer in unzählige Dialekte zerfallen sei, verliere sie ihre das Volk verbindende Kraft. Auch wenn angemerkt werden muss, dass die gesprochene Alltagssprache diese Kraft in überregionaler Hinsicht nie besessen hat, so ist Müllers Einsicht doch richtig, dass Goethe und Schiller allenfalls die »Strahlen dieser zerstreuten Sprache wie in einen Brennspiegel versammeln.« Die ganze Nation aber würde sie nicht hören. Ohnehin lerne man weniger aus »dem Papier« und der »toten Schrift« als aus der gesprochenen Sprache. Daher sei die gedruckte Literatursprache auch in Deutschland nicht zu einer lebendigen Tradition für das ganze Volk geworden. Für eine das ganze Volk verbindende lebendige Rede bedürfe es zudem eines freiheitlichen Rahmens, wie er vor allem in einer Republik möglich sei. Die Beredsamkeit gedeihe gerade dort aber nicht nur deswegen, weil jeder mitreden dürfe, sondern auch früh daran gewöhnt werde, in die »freie Gesinnung, in das Ohr des Nachbarn«

einzugehen. Es ist keine Überraschung, dass der Tübinger Rhetorikprofessor Walter Jens den Redner – und Katholiken – Müller wegen seines Eintretens für das gesprochene Wort in die Tradition der Rhetorik, der Kanzel und der Predigt stellt.

Auch der deutschbaltische Jurist und Publizist Carl Gustav Jochmann verbindet in seinem Hauptwerk ÜBER DIE SPRACHE von 1828 die Analyse der politischen Zustände in Deutschland mit dem Zustand der Sprache. Diese Verbindung kommt uns aus der Zeit der Sprachgesellschaften durchaus bekannt vor. Wie Müller bindet er den Zustand der deutschen Sprache an das Fehlen einer – bei ihm allerdings stärker politisch pointierten – Debattenkultur, wie er sie in den publizistisch und eben deshalb politisch fortgeschrittenen Staaten Frankreich und vor allem England verwirklicht sieht. Demgegenüber sieht er in Deutschland eine Dominanz der poetischen Sprache, die er für ursächlich für die politische Rückständigkeit der deutschen Verhältnisse erklärt. Das Fehlen von »Freiheit« und »Republik« sei verantwortlich für die einseitige Orientierung an der bürgerlichen Gelehrtenkultur und verantwortlich für den großen Abstand zur allgemeinverständlichen Alltagskultur. Statt die Alltagssprache auf die Bühne zu bringen, hätten die Versuche der deutschen Dichter zu einem »Vertrocknen« der Sprache »zu einer Bühnensprache« geführt.

Es gibt also gute Gründe dafür, warum sich die klassische Literatursprache zunächst nicht über die Kreise des gebildeten Bürgertums hinaus durchsetzte und auch noch immer grundsätzliche Unterschiede in den Vorstellungen vom besten Hochdeutsch und seiner zukünftigen Ausrichtung bestanden. Das Bürgertum hielt aber ungebrochen an dem einmal liebgewonnenen Ideal der Klassiker-Sprache fest, nicht zuletzt deshalb, weil sie eine sprachliche Einheit vorgab, die es im politischen Leben nicht gab. Orientieren konnte man sich – die notwendige Bildung vorausgesetzt – an der ab 1827 beim Stuttgarter Verleger Johann Friedrich Cotta erscheinenden Gesamtausgabe der Werke Goethes, der VOLLSTÄNDIGEN AUSGABE LETZTER HAND. Die sprachliche Überarbeitung seiner Werke überließ Goethe seinem in Breslau aufgewachsenen Sekretär Riemer, der für eine sichere und konsequente Orthographie auf meißnisch-ostmitteldeutscher Grundlage bekannt war. Bei Cotta erschien auch die ALLGEMEINE ZEITUNG, ab 1807 als AUGSBURGER ALLGEMEINE ZEITUNG, deren erster Chefredakteur in Tübingen 1798 (damals noch unter dem Titel NEUESTE WELTKUNDE) Friedrich Schiller hätte werden sollen. Auch die ALLGEMEINE ZEITUNG – Friedrich Engels nannte sie »die deutsche Times« – trug mit Unterstützung namhafter Korrespondenten wie Heinrich Heine, Friedrich Hebbel, Ludwig Börne oder Karl Gutzkow jetzt auch im Süden zur Verbreitung des bürgerlichen Sprachideals bei. Wenn der Schriftsteller Gutzkow allerdings 1859 anlässlich der Gründung der »Deutschen Schillerstiftung«, die notleidende Autoren unterstützen sollte, den Stiftungszweck mit den Worten umreißt, sie solle »literarischen Talenten tatkräftig Beistand leisten sowie Schriftstellern im Falle schwerer Lebenssorge helfen, [...] Mangel vom Herde der Dichter abwehren, vielversprechenden Talenten Muße zur Vollendung poetischer Werke und den im Dienste der Musen Ergrauten ein sorgenfreies Alter« verschaffen, dann klingt diese Sprache nun fast schon wieder so feierlich-steif wie die Prosa Gottscheds einhundert Jahre zuvor. Die Abwehr des Mangels »vom Herde« der »im Dienste der Musen Ergrauten« taugt vielleicht für Sonntagsreden, nicht aber für einen lebendigen öffentlichen Sprachgebrauch. Die Gebrauchsnorm, die sich im 19. Jahrhundert aus der Literatursprache der Weimarer Klassik entwickelt hatte, schien bereits wieder zu erstarren. Durch die endlose Wiederholung des klassischen Sprachstils in Abituraufsätzen, Sonntagsreden und Briefen musste diese literatursprachliche Gebrauchsnorm ihren Glanz verlieren. Dem literatursprachlichen Gestus droht der Abstieg ins Triviale, so wie in der Welt der Literatur selbst jetzt etwa auf WILHELM MEISTERS LEHR- UND WANDERJAHRE die von Johanna Spyri für ein breiteres Publikum verfassten HEIDI'S LEHR- UND WANDERJAHRE folgen.

Diese Literatursprache Goethes und Schillers, die im 19. Jahrhundert zur allgemeinen Gebrauchsnorm wurde und daher auch in der Festrede Karl Gutzkows Anwendung fand, prägte das bürgerliche Sprachempfinden im gesamten 19. Jahrhundert und wurde trotz der hier schon anklingenden kritischen Töne von den meisten Zeitgenossen als vorbildlich betrachtet und möglichst genau nachgeahmt. Angelika Linke hat für diese Form des Sprachgebrauchs den Begriff »bürgerliche Sprachkultur« geprägt und gezeigt, auf welche Weise das bürgerliche Lebensgefühl sprachlich ausgedrückt wurde. Es liegt auf der Hand, dass eine etwas einseitig nur an den grammatischen Strukturen einer Sprache interessierte Sprachwissenschaft zur »sprachlichen Kodierung bürgerlichen Lebensgefühls« nichts beitragen kann. Die Sprachgeschichte des Neuhochdeutschen stellt die Forschung folglich vor ganz andere Aufgaben. Und es scheint so zu sein, dass sich das Lebensgefühl der bürgerlichen Gesellschaft im 19. Jahrhundert in einigen wenigen Redewendungen und Ausdrücken so verdichtet, dass sie zu Kennwörtern einer ganzen Epoche werden. Sehr zu Recht hat Linke die Redeweise vom »Sich-amüsiert-Haben« hervorgehoben, die meist noch durch das Adjektiv *köstlich* verstärkt wird. Die Quellen für die Untersuchung des bürgerlichen Sprachgebrauchs sind heute in erster Linie Tagebücher, man findet aber manches dieser Art auch in Privatbriefen, der zeitgenössischen Literatur und in den zeittypischen Anstandslehren, in denen meist vermittelt werden sollte, wie man besser nicht spricht oder welche Formulierungen man besser vermeidet. Ob nun die neunjährige Anna Heyne – die Belege stammen aus den Sammlungen Angelika Linkes – am 16. Juli 1880 ihrer Mutter schreibt:

Liebe Mama.
Wir sind alle geſund und munter. Wir haben uns ſehr amüſiert. – Dienſtag waren wir bei Müllers auf Beerdgung eines Vogels und der Vogel bekam ſehr viele Blumen zum Begräbnis und auch zwei Mirtentöpfchen. Donnerſtags waren wir bei Öſes im Sommertheater wo wir uns auch gut amüſiert haben. Kurt Paga und ich laſſen dich grüßen
Deine dich liebende Tochter Anna Heyne

oder der Musiker Weygoldt 1858 nach einem Whistabend unter Herren in sein Tagebuch notiert:

Ein unbedeutender Wortwechsel zwischen dem Hauptmann und Schröter ausgenommen, war der Ton ein ſehr gemütlicher und wir amüſierten uns alle prächtig –

immerzu ist davon die Rede, dass man sich »amüsiert« habe. Angelika Linke ergänzt, dass auch eine Einladung zu einem einfachen »Gerichte aus Kartoffeln und Heringen« im Hause des erwähnten Hauptmannes ausreichender Anlass war, um sich immerhin, wenn auch nicht prächtig, so doch recht gut amüsiert zu haben. Und auch in gehobenen Kreisen wurde bei Salonabenden und Tee-Einladungen eine bestimmte Form der Geselligkeit gepflegt. Bei einem »ästhetischen Thee« amüsierte man sich »trefflich«, so Wilhelm Hauff, der seit Januar 1827 auch Redakteur des Cotta'schen MORGENBLATTES FÜR GEBILDETE STÄNDE war, in seinen MITTHEILUNGEN AUS DEN MEMOIREN DES SATANS von 1825/26. Abgelehnt werden in den Sprachratgebern allerdings Ausdrücke wie *kolossal, pyramidal, famos* oder *tip-top*, die im gesellschaftlichen Verkehr vermieden werden sollten, also vermutlich häufig verwendet wurden. Der Gebrauch der als vorbildlich anerkannten Sprachform wird nun vor allem vom Lesen der richtigen Bücher und Zeitungen abhängig gesehen, bleibt auf vornehme Bürger beschränkt und zugleich von der Sprache der einfachen Leute und der Landbevölkerung abgehoben. Der bürgerlichen Sprachkultur wird das höchste Prestige zugeschrieben.

Nicht genug, dass die einfachen Leute kaum Zugang zur sprachlichen Norm haben; Normverstöße dienen jetzt mehr und mehr der sozialen Abgrenzung. Die Sprache erweist sich hier also nicht nur als ein einfaches Zeichensystem und Kommunikationsmittel, sie ist weit mehr. Wer im 19. Jahrhundert kein »perfektes« Standarddeutsch schreibt, findet keine gesellschaftliche Anerkennung und hat keinerlei berufliche Aufstiegsmöglichkeiten. In diesem Kontext entsteht die Vorstellung von der richtigen Schreibung und richtigen Aussprache als Intelligenztest, mit dem Generationen von Schülern gequält wurden. Die Lehrbücher zur Aneignung der Orthographie und Hochlautung von Konrad Duden und Theodor Siebs, die den Lernerfolg wesentlich erleichtern konnten, erscheinen aber bezeichnenderweise erst am Ende des 19. Jahrhunderts. Isa Schikorsky beschreibt eindrucksvoll die mehrfach literarisch verarbeitete Geschichte des Dienstmädchens Elise Egloff (1821–1848), die durch ihre Heirat mit einem großbürgerlich-liberalen Heidelberger Medizin-Professor im Jahre 1846 – eingebettet in ein »Bildungsexperiment zur Erlangung von Gesellschaftsfähigkeit« – zwar sozial aufstieg, dem bürgerlichen Sprach- und Stilideal aber nie ganz genügen konnte. Dies zeigt einmal mehr, dass sich die literatursprachlich geprägte Gebrauchsnorm mehr und mehr in einen elitären bildungsbürgerlichen Soziolekt verwandelt hatte. Für weite Teile des Bürgertums wurde der Umgang mit der Norm zu einer Gratwanderung, die jederzeit zum Absturz führen kann. Als beispielsweise 1878 ein sozialdemokratischer Abgeordneter in einer Reichstagsrede *mir* und *mich* im Sinne der Norm verwechselt, reagieren die Zuhörer mit höhnischem Gelächter. Aus einer stilistisch zunächst relativ unmarkierten Variante, die aus dem norddeutsch-niederdeutschen Gebrauch stammt, wird in relativ kurzer Zeit eine negativ bewertete, sozial differenzierende Sprachgebrauchsform. Friedrich Engels erinnert daher ganz zu Recht in einem Brief an August Bebel daran, dass sich die Norm nur langsam durchsetzt:

> *Wenn ein Arbeiter im Reichstag auch einmal Mir und Mich verwechſelt, ſo brauchen wir nur ʒu fragen: wie lange iſt es her, daß die Hohenʒollern Mir und Mich unterſcheiden können, von den Feldmarſchällen gar nicht ʒu reden.*

Nicht nur Reden und Privatbriefe, auch offizielle Geschäftsbriefe sind eine Fundgrube für die Schwierigkeiten, in grammatischer und stilistischer Hinsicht den richtigen Ton zu treffen. Im 19. Jahrhundert steigt daher die Zahl sog. Briefsteller, die Anweisungen zum richtigen Briefeschreiben und Musterbriefe enthalten. Der populärste dieser Ratgeber trägt den Titel: UNIVERSAL-BRIEFSTELLER ODER MUSTERBUCH ZUR ABFASSUNG ALLER IM GESCHÄFTS- UND GEMEINEN LEBEN, SO WIE IN FREUNDSCHAFTLICHEN VERHÄLTNISSEN VORKOMMENDEN AUFSÄTZE. Er enthält neben den Musterbriefen auch eine Grammatik und eine kurze Geschichte der deutschen Sprache, eine allgemeine Abhandlung über den Briefstil und einen Anhang, »enthaltend: Deutsche Classiker. Praktisches Lehrbuch zum Declamiren und Unterricht über alle Formen der Dichtkunst«. Als Verfasser erscheint Otto Friedrich Rammler, wohl ein Pseudonym des seinerzeit sehr bekannten Verlegers Otto Wigand, der ein CONVERSATIONS-LEXIKON FÜR ALLE STÄNDE in 15 Bänden herausgab, Werke von Marx, Engels und Feuerbach druckte und in dessen Verlag auch der Briefsteller erschien. 1843 erlebte das Buch bereits die 10. Auflage, im Jahre 1900 kam – mit nur leicht verändertem Titel – sogar schon die 70. Auflage auf den Markt, was darauf hindeutet, wie gefragt ein solcher Ratgeber zu dieser Zeit war. Auch Elise Egloff dürfte ihn dankbar benutzt haben, etwa den Musterbrief für die Antwort auf eine wiederholte Einladung zum Besuche.

> *Es wäre ſehr unrecht von mir, wenn ich mein Verſprechen, Sie bald zu beſuchen, leichtſinnig vergeſſen hätte; ſo aber haben mich wichtige Gründe von der Erfüllung desſelben abgehalten. Künftige Woche können Sie aber nun mit Beſtimmtheit auf meinen Beſuch rechnen, und da denke ich mich wegen des langen Aufſchubes desſelben vollkommen bei Ihnen zu rechtfertigen. Ich bin, wie allezeit, Ihr unveränderlicher Freund N. N.*

In der Abhandlung über den »Briefstyl« finden sich zudem für die Sprachgeschichte aufschlussreiche Beobachtungen, die zeigen, dass sich der Verfasser gegen die früher üblichen Komplimente und langen Satzperioden wendet und für die »Natürlichkeit« in der Sprache des Briefes eintritt. Im Übrigen wird von der Verwendung »eines reinen, weißen und ordentlich beschnittenen Papiers, so wie einer guten schwarzen Tinte« über die Verwendung von Titulaturen bis zur Berücksichtigung aller persönlichen Verhältnisse des Empfängers einschließlich der Vermögensverhältnisse alles genau geregelt. Es folgt ein Beispiel für den von Rammler/Wigand vorgeschlagenen Stil:

> *Herrn N. N. in N.*
> *Leipzig, den 1. Januar 1843*
> *Ich gebe mir hierdurch die Ehre, Ihnen die heute erfolgte Begründung meines hieſigen Geſchäfts in Colonialwaren anzuzeigen und um Ihre gefälligen Aufträge zu bitten, welche ich bemüht ſein werde mit aller Sorgfalt und Pünktlichkeit zu vollziehen. Meine zeitherige Stellung als Geſchäftsführer des Hauſes Walter und Comp. und der Beſitz der nöthigen Fonds laſſen mich hoffen, daß mein eifriges Beſtreben für das Intereſſe meiner verehrten Geſchäftsfreunde von Erfolg und gegenſeitigem Nutzen begleytet ſeyn werde.*
> *Indem ich Sie alſo erſuche, Ihre gütigen Befehle in meine Hände zu legen, bin ich ſo frei, um die Bemerkung meiner Unterſchrift ergebenſt zu bitten und Ihnen hierbei meinen Preis-Courant zu überreichen, der Sie hoffentlich veranlaſſen wird eine Beziehung von mir zu machen. Sollte Ihnen über meine Solidität irgend eine Auskunft wünſchenswerth ſeyn, ſo ſind die genannten Herren Walter und Comp. gern bereit, Ihnen eine ſolche zu ertheilen. Inzwiſchen empfehle ich mich Ihrem geneigten Wohlwollen*
> *mit Hochachtung und Ergebenheit*
> *Carl Emmerling*

Heutigen Lesern wird zuerst und vor allem der Komplimentierstil ins Auge fallen. Aber auch einige kleine Unterschiede zum heutigen Sprachgebrauch, etwa die »zeitherige Stellung«, sind auffällig. Für die kleinen Schritte des Sprachwandels im 19. Jahrhundert bemerkenswert sind auch die Änderungen, die der Bearbeiter der 67. Auflage von 1897 vorgenommen hat. Er ändert – beginnend mit Zeile 1 –: *Begründung* in *Gründung; Colonialwaren* in *Kolonialwaren; mit aller Sorgfalt und Pünktlichkeit ʒu vollʒiehen* in *mit aller Sorgfalt und Pünktlichkeit auszuführen; verehrten Geſchäftsfreunde* in *geehrten Geſchäftsfreunde; Preis-Courant* in *Preiscourant; eine Beziehung von mir ʒu machen* in *in Verbindung mit mir zu treten; Carl Emmerling* in *Karl Emmerling.* Ein eingehenderer Vergleich der beiden Auflagen könnte noch manches zum Sprachwandel im 19. Jahrhundert zutage fördern. Das auffälligste Merkmal bleibt aber doch das Kompliment. Und nur für den Fall, dass dem geneigten Leser von heute trotz der im Musterbrief angestrebten »Natürlichkeit« die Komplimente noch immer zu stark und auch die Sätze noch immer zu lang sind, folgt hier zur Erinnerung an den Briefstil des 18. Jahrhunderts ein beispielhafter Geschäftsbrief aus dem Jahre 1749. Es handelt sich um ein Antwortschreiben auf die Anzeige einer Geschäftseröffnung, das Alfred Schirmer in seinem WÖRTERBUCH DER DEUTSCHEN KAUFMANNSSPRACHE von 1911 in Antiqua-Schrift abdruckt.

> *Frankfurt a. M., den 24. Mai 1749.*
> *Hochgeehrter Herr*
> *Aus dero Sehr angen. vom 19. Finiente ersehe mit Lieb, dass sich E. E. entschlossen haben, ein eigenes Negotium für sich selbst unter dero eigenen Namen zu errichten, gleich wie ich nun zu diesem neuen Etablissement von herzen gratulire und zu allen dero Unternehmungen guten Evento und Gottes reichen Segen aufrichtigst apprecire, also bleibe für annectirte dero Höflichste dienst Offerten Schönstens verbunden, mit versiecherung dass bey vorfallenden Incontrj nicht ermanglen werde zu dero favori zu ricorirren; Hingegen exhibire E. E. meine gleichfallss Bereitwillige dienste Bestens und Lasse mir angenehm fallen, wenn in zu Kunft ein beyderseits nützl. Carteggio zwischen uns errichtet und pr. continuo fortgepflantzet werden könne. Begleithende zudehm ende apede diesses Preiss Courr. Meiner führenden waaren zu Befr. dero Specolation, worauf geneigte Befehle Erwarthe. [...].*
> *E. E. D. W. D.*
> *Johann Daniel Städel*

Der Kaufmannsstil des aus Straßburg stammenden Gewürzhändlers Johann Daniel Städel (dessen Sohn Johann Friedrich einer der berühmtesten Frankfurter

Bürger werden sollte) ist noch ganz von den Fachwörtern des Handels geprägt, von denen viele aus dem Italienischen stammen: *Finiente* ›des zu Ende gehenden Monats‹, *guten Evento* ›Erfolg‹, *bei vorfallendem Incontj* ›bei auftretenden Schwierigkeiten‹, *zu dero favori* ›zu dessen Gunsten‹ oder *Carteggio* ›Kartell‹ (= Preisabsprache): Dazu kommen floskelhafte Abkürzungen wie »pr. continuo« für *pro continuo* oder »Aus dero Sehr angen. vom ...«, wo nicht nur *angenehm* abgekürzt, sondern sogar das zentrale Substantiv *Nachricht* oder *Brief* ausgelassen wird. Weggelassen wird in der Regel auch das Pronomen in der ersten Person: »ersehe mit Lieb« statt »ersehe ich mit Lieb« (= Freude). Der Briefvorschlag in Rammlers Briefsteller macht deutlich, was nun Mitte des 19. Jahrhunderts unter »Natürlichkeit« verstanden wird. Er enthält all das nicht, was Johann Daniel Städels Geschäftsbrief als Dokument des 18. Jahrhunderts auszeichnet.

Man darf daraus allerdings nicht den Schluss ziehen, dass Rammlers Muster die Realität des 19. Jahrhunderts abbildet. Hätte sich der vergleichsweise nüchterne und klare Briefstil im Geschäfts- und Privatleben bereits durchgesetzt, wäre die Nachfrage nach »Briefstellern« nicht so groß gewesen. Ein echter kaufmännischer Brief ist weiterhin von einem schwer verständlichen fachsprachlichen Jargon geprägt und zeigt noch immer deutlich den Einfluss der Geschäftsbriefe des 18. Jahrhunderts. Dafür liefert ein anderer Autor noch 1914, am Ende des (nach Eric Hobsbawm) »langen 19. Jahrhunderts«, ein eindrucksvolles Beispiel. Der Autor heißt Julius Kähler und war, wie er neben seinem Namen angibt, Kaufmann in Hamburg. Sein 85 Seiten starkes Büchlein, 1914 in 4. Auflage erschienen, heißt VORSCHLÄGE ZUR VERBESSERUNG DES KAUFMÄNNISCHEN BRIEFSTILS. Es fand zu seiner Zeit großes Interesse und zeigt allein dadurch, wie es um das »Kaufmannsdeutsch« noch immer bestellt war. In der BADISCHEN LANDESZEITUNG wird dieser »kaufmännische Briefsteller« sehr positiv besprochen. Es heißt dort: »Denn sie [die Kaufmannssprache] misshandelt nach wie vor tagsüber in der schauderhaftesten Weise unsere gute deutsche Sprache und schimpft abends am Biertisch über das Juristendeutsch.«

Kähler bringt ein schönes Beispiel, das er an den Anfang seines Briefstellers stellt, um es analysierend zu bekämpfen. »Als Abteilungsleiter in einer Hamburger Firma erhielt ich einmal zur weiteren Ausbildung einen jungen Lehrling zugewiesen, der schon ein halbes Jahr in einer anderen Abteilung unseres Geschäftes unterrichtet worden war. Um festzustellen, was er gelernt hatte und wes Geistes Kind er sei, beauftragte ich ihn, der Firma X. auf ihre Anfrage zu antworten, dass wir ihr in den nächsten Tagen schreiben würden. Sein Entwurf lautete:

Bekenne mich zum Empfang Ihres geschätzten Gestrigen und teile ich Ihnen antwortlich desselben höfl. mit, dass ich Ihnen in der fraglichen Angelegenheit in ehester Bälde ausführlich nähertreten werde. Indem ich Sie bitte, sich noch solange gedulden zu wollen, zeichne ich, mich Ihnen besten empfohlen habend, Hochachtungsvoll

Jeder Mensch, so meinte Kähler, »der seine Zeit für ein wertvolles Gut hält, von dem er nicht gern kostenlos etwas abgibt, fragt verwundert: Hat der Kaufmann so unendlich viel Zeit, dass er so viele unnötige Worte machen kann? Genügt es nicht vollkommen, zu sagen: Auf Ihren gestrigen Brief erwidere ich Ihnen, das ich Ihnen in einigen Tagen berichten werde.«

Im Brief des Lehrlings zeigen sich manche Charakteristika des kaufmännischen Stils, die wir schon aus dem 18. Jahrhundert kennen. Abgekürzte Floskeln wie »höfl.«, Wendungen mit Superlativ wie »in ehester Bälde« und das Partizip Präsens: »mich Ihnen besten empfohlen habend«. An Kählers Kommentar wird aber auch deutlich, dass der alte Stil nicht mehr zum Lebensgefühl der Stadtbürger in der modernen Welt passt. Zeit ist nun Geld und daher »ein wertvolles Gut«, von dem man »nicht gern kostenlos etwas abgibt«. Ein weiteres Merkmal, die Inversion nach *und* (»und teile ich Ihnen antwortlich desselben höfl. mit«), ist typisch für den Briefstil, aber auch in anderen Textsorten weit verbreitet. Kähler beanstandet die Inversion besonders in den üblichen Schlussformeln von Handelsbriefen, etwa: »Wir werden Ihnen in ehester Bälde mit äusserster Offerte näher sein und zeichnen wir, uns Ihnen bestens empfohlen habend« – und nennt sie »Ausdruck der Unterwürfigkeit«. Auch bei der Kritik an der seinerzeit nicht weniger als die »Kaufmannssprache« umstrittenen Sprache der Tageszeitungen muss sie als Merkmal einer vergangenen Zeit herhalten. In einer kleinen Parodie auf das Zeitungsdeutsch, die der Jurist, Journalist und Schriftsteller Ernst Löbl 1892 in der ZEITSCHRIFT FÜR DEUTSCHE SPRACHE veröffentlichte, heißt es: »Der Selbstmörder hatte sich mit einem einzigen, wohlgezielten, Schusse durch die Schläfe getödtet und eilte sofort in Folge der Detonation das Stubenmädchen herbei, welches jedoch nur mehr eine Leiche antraf.« Bei Liselotte von der Pfalz (»… höre ich gar gern undt werde ich bey ma tante eine dancksagung ablegen«) sind solche Inversionen noch üblich, auch Goethe kann noch in einem Brief schreiben: »Wir wollen fort und soll die Hasenjagd angehen«. Möglich war der Typ deshalb, weil *und* in älterer Sprache nicht nur im heutigen Sinne ›und‹ bedeuten konnte. Möglich waren u. a. auch der Ausdruck adversativer, temporaler oder konsekutiver Bedeutungsverhältnisse, so dass *und* hier immer im Sinne von *und* + Konjunktionaladverb wie *und trotzdem*, *und schließlich* oder *und deshalb* gelesen werden muss. In Teilsätzen, die mit Konjunktionaladverbien eingeleitet sind, steht auch heute das finite Verb vor dem Subjekt. Da in der Tradition der Grammatik der Aufklärung die Bedeutung von *und* eindeutig auf die koordinierende Funktion festgelegt werden sollte, verblassten die adverbialen Bedeutungen nach und nach. Die Konstruktion hielt sich aber vor allem im Briefstil als Zeichen der Höflichkeit, weil das Subjekt durch die Inversion im Satz weiter nach hinten gerückt werden konnte.

Der von Kähler beklagte »Ausdruck der Unterwürfigkeit« hat sich dann wohl vor allem in der Kombination mit den abgekürzten Höflichkeitsfloskeln und den stereotypen Briefanfängen und Briefschlüssen mit ihren unangebrachten Superlativen sowie den Anreden und Titulaturen wie etwa »Hochgebietender Herr«, »Euer Wohlgeboren«, »Hochwohlgeboren« u. a. eingestellt. Noch 1843 rät Rammlers UNIVERSAL-BRIEFSTELLER: »Unter die gewöhnlichen Ausdrücke, deren man besonders am Schlusse sich bedient, gehören: *Ich ersterbe in tiefster Ehrfurcht, Ich empfehle mich Ihrer Gnade, Ich habe die Ehre, mich Dero Gewogenheit bestens zu empfehlen, Ich habe die Ehre, mit der größten Hochachtung mich zu unterschreiben.*« Im kaufmännischen Briefstil des 19. Jahrhunderts wird also die durchaus angebrachte und heute gelegentlich schmerzlich vermisste Höflichkeit bis zur Unterwürfigkeit gesteigert. Gerade die kleinen Kaufleute waren auch deshalb am Ende des Jahrhunderts nicht mehr besonders geachtet. Ihr untertänigster Briefstil rückte sie in die Nähe von Betrügern, von Leuten, die zu etwas Unlauterem überreden wollen, indem sie mit übermäßiger Höflichkeit auftreten, obwohl sie doch nur etwas verkaufen und ihren Gewinn machen wollen. Vieles von diesem Stil ging auch in die private Schriftlichkeit ein, selbst Klagen und Beschwerden begannen mit Anreden wie »Sehr geehrte Herren« und konnten »mit vorzüglichster Hochachtung« oder »mit ergebensten Grüßen« enden, obwohl man den Adressaten keineswegs zu »ehren« oder »ergebenst zu grüßen« gedachte. Die Formeln sind sinnentleert und wurden zu bloßen Floskeln.

Nur der aus anderen Sprachen entlehnte Fachjargon findet sich im Briefentwurf des Kaufmannslehrlings nicht, aber das ist eher untypisch, denn die Fachsprache des Bank- und Handelswesens ist seit der frühen Neuzeit vom Italienischen geprägt: alt sind *Bank* und *Bankrott* (eigentlich ›zerstörte Bank‹), auch *Bilanz, brutto, Million, Provision, Prozent*, seit dem 17. Jahrhundert *Diskont* ›Vorzinsen‹, *Giro, Skonto* ›Preisnachlass bei Barzahlung‹; um 1900 gelten fachsprachlich zudem *Firma, Inkasso, Limito, Manko, Ristorno, Storno, stornieren, Skadenza* ›Verfallszeit‹ und *Supporto* ›Verzugszinsen‹.

Kähler selbst bringt zudem zahlreiche Beispiele aus anderen Briefen, die voller Lehn- und Fachwörter sind, die er allesamt tilgen möchte. Damit steht er auf der Seite der sprachpuristischen Verdeutschungsversuche im Umkreis des »Allgemeinen Deutschen Sprachvereins«, von dem im Folgenden noch zu handeln ist. Dagegen wird selbst ein Satz wie:

Per Abendpost remittieren wir Ihnen unter eingeschriebenem Couvert Conossement in triplo, Assecuranz-Certificat und offizielles Inspections-Attest über per Steamer N. N. verladene Waren, welche Dokumente Sie nur gegen promptes Accept der ihnen attachierten, dagegen valedirenden Tratte La ... de M. ... an die Trassaten ... ausliefern wollen

von Alfred Schirmer, dem Verfasser des WÖRTERBUCHS DER DEUTSCHEN KAUFMANNSSPRACHE, nicht grundsätzlich verworfen, weil er als Kaufmannssohn die fachsprachlichen Bedeutungen der Wörter und ihren Nutzen kennt. Aber auch nach seiner Einschätzung sei der Satz »heute«, also 1911, zumindest »schon nicht mehr gut möglich«.

Auch wenn der Gebrauch von Entlehnungen im alltäglichen und privaten Sprachgebrauch nicht mehr die Rolle spielte, wie wir sie für das 17. und 18. Jahrhundert festgestellt haben, so war das Thema doch noch lange nicht erschöpft. Zwar waren die kulturpatriotischen Sprachreflexionen der Sprachgesellschaften und ihrer Nachfolger nicht ohne Wirkung geblieben und wurden im Zuge der napoleonischen Besetzung und der Befreiungskriege von 1813–15 ein deutsches Nationalbewusstsein und Einheitsgedanken gestärkt, die einen kritischeren Umgang mit Entlehnungen zur Folge hatten. Es waren aber weiterhin vor allem bestimmte Fachgebiete, wie eben Wirtschaft und Handel mit der italienisch geprägten Kaufmannssprache, der öffentliche Verkehr mit dem Bahn- und Postwesen oder das Militär, die von Entlehnungen geprägt wurden. Dabei machte sich auch mehr und mehr, wie im zuletzt zitierten Satz schon durch das Beispiel *Steamer* sichtbar, das Englische bemerkbar. Auf die neue Rolle des Englischen verwies Theodor Fontane – ein aufmerksamer Beobachter des Sprachwandels – wiederholt, etwa 1897 im STECHLIN:

»Und wenn solche zwei Weltverbesserer zusammen sind, da können Rex und Czako warten, und da kann selbst ein warmes Frühstück warten. Sagt man noch Déjeuner à la fourchette?« »Kaum, Papa. Wie du weißt, es ist jetzt alles englisch.«

Bereits im 18. Jahrhundert waren einige Wörter wie zum Beispiel *Bowle, boxen, Frack, Golf, Klub, Mob, Spleen* (engl. *spleen* ›Zorn, Wut‹, auch ›Milz‹, aus lat. *splēn*, also eigentlich ›durch Erkrankung der Milz hervorgerufener Missmut‹) entlehnt worden, *Parlament* und *Pudding* sind sogar schon seit Ende des 17. Jahrhunderts bezeugt. Im 19. Jahrhundert folgten dann *Baby, Boykott* (aus einem Personennamen), *Bunker* (zunächst nur im Sinne von ›Container‹), *chartern, Clown, Detektiv, Express, fair, Farm, Film* (zuerst für ›dünne Schicht‹), *Gentleman, Globetrotter, Humbug, Klosett, Komfort, konservativ, Lift, Partner, Rowdy, Safe, Scheck, Snob,*

Sport, Streik, Trick, Veranda und einige mehr. Besonders die Sprache des Sports ist stark vom Englischen beeinflusst, heute oft nur indirekt erkennbar durch Lehnübersetzungen wie *abseits* (aus engl. *offside*) oder *Halbzeit* (aus engl. *half-time*). Häufig gebrauchte Lehnübersetzungen aus anderen Lebensbereichen sind auch *Leitartikel* (aus engl. *leading article*) oder *weltweit* (aus engl. *worldwide*).

Trotz der nicht unwesentlichen Hindernisse – wie die Schwierigkeiten beim Erlernen der Norm für ungeübte Schreiber, was noch dadurch verschärft wurde, dass Bürgertum und Pädagogik orthographische Fragen in den Rang eines Intelligenztests erhoben, sowie der richtige Gebrauch von Entlehnungen und die Trivialisierung der literatursprachlichen Gebrauchsnorm durch ihre massenhafte Verwendung –: es breitet sich wohl nicht zuletzt dank der Ratgeberliteratur die Kenntnis von der bürgerlichen Sprachkultur und ihren Normen bis zum Ende des 19. Jahrhunderts zumindest in den bürgerlichen Schichten bis in die hintersten Winkel des deutschsprachigen Raumes aus. Dies sei am Beispiel eines kurzen Auszugs aus den Lebenserinnerungen der 1855 geborenen Helena Anna Geyer aus Lodz demonstriert. Ihre Familie lebte bereits seit vielen Generationen in der deutschen Sprachinsel um Lodz, nur der Großvater mütterlicherseits war seinerzeit aus der Nähe von Berlin zugewandert. Als Witwe eines der großen Textilfabrikanten aus der polnischen Industriemetropole Lodz, das in der zweiten Hälfte des 19. Jahrhunderts das »Manchester des Ostens« war, musste sie schon früh die Leitung des Unternehmens übernehmen. 1914 notierte sie ihre Geschichte »für meine Kinder«.

> *Auf meinem Elterngut Skęczniew am 27. October im Jahre 1855 geboren, ſoll ich ein ſehr kräftiges und heiteres Kind geweſen ſein. Mit zwei Jahren, erkrankte ich ſehr ſchwer an der roten Ruhr und wurde durch meinen Vater aufopfernd gepflegt, da gerade zu der Zeit mein Bruder Boleſław geboren wurde. Meine Eltern machten mit mir ſchwere Wochen des Kummers und der Sorge durch. (Ich weiß dies durch oftes erzählen meines Vaters.) Ich wurde nach der Krankheit ſo elend, das ich durch ein halbes Jahr gar nicht gehen konnte und wieder in ein Tragkleid geſteckt wurde, damit ich mich nicht erkälte. Um das Kleidchen wurde mir eine dicke weiße Schnur mit Quaſten gebunden, wie es die Mönche tragen, und wurde daraufhin von meinem Onkel ›Kriſchna‹ (Mönch) benannt und behielt den Beinamen viele Jahre.*

Der Text enthält nicht eben viele sprachliche Auffälligkeiten, und das gilt auch für das gesamte knapp 70-seitige Manuskript. Dies aber entspricht exakt den Erwartungen, denn ein Text sollte zu Beginn des 20. Jahrhunderts dialektfrei und überregional verständlich sein. Nur selten begegnet einmal ein Satz, durch den die polnisch-deutsche Zweisprachigkeit der Region hindurchschimmert: »Mitunter waren es recht traurige und einsame Zeiten, die wir auf dem Lande verbrachten. Heute ist das ganz anders denn es ist in der Nähe Bahnverbindung.« Da das Polnische eine artikellose Sprache ist, verwendet sie solche Konstruktionen ganz vereinzelt auch im Deutschen. Wie eng jedoch die Verbindung zwischen Polen und Deutschstämmigen gewesen sein muss, zeigen schon die im Textauszug verwendeten Namen des elterlichen Gutes und ihres jüngeren Bruders. Zumindest zwei Wörter sind aber im Vergleich zur heutigen Gegenwartssprache auffällig: das Wort *Tragkleid* und die Verwendung von *oft* als flektiertes Adjektiv. Der eigentliche Zweck des »Tragkleides« ist – was das Verständnis zusätzlich erschwert – zudem nicht der Schutz vor Kälte. Weil man davon ausging, dass nach einer langen Krankheit die Beine den Körper nicht mehr tragen, wollte man verhindern, dass sie durch die Schwere des Körpers krumm würden, und wickelte die Kinder deswegen fest ein. Nach älterer medizinischer Auffassung galt die Regel: Je schwächer der Körperbau eines Kindes ist, desto länger muss es gewickelt werden. Heute ist mit der Sache auch die Bezeichnung untergegangen. Verlorene Wörter stehen hier für verlorene Welten, die nur durch die Lektüre älterer Texte – und eben auch des Neuhochdeutschen – rekonstruiert werden können. Selbst im DEUTSCHEN WÖRTERBUCH der Brüder Grimm findet sich das Wort nicht. Als partielle Synonyme gebraucht werden konnten vermutlich *Steckkissen*, was im Grimmschen Wörterbuch allerdings unter Verweis auf *Steckbettchen* als eine »bettchenhafte zurichtung, in welche ein säugling hineingesteckt wird, damit er sich bequemer tragen lasse«, wohl nicht ganz richtig gedeutet wird, sowie *Windelkissen* (hier verzichtet das Wörterbuch ganz auf eine Bedeutungsangabe). Auch bei Adelung kommen diese Alltagswörter nicht vor. Die Kulturtechnik und ihre Bezeichnungen waren entweder nur recht kurz im Gebrauch oder haben in älterer Zeit keine Aufnahme in schriftliche Texte – und damit in die Wörterbücher – gefunden. Demgegenüber hat der Gebrauch von *oft* als Adjektiv eine etwas längere Geschichte. Im 16., 17. und 18. Jahrhundert war diese Verwendungsweise durchaus üblich. Aber schon aus dem 19. Jahrhundert bietet das DEUTSCHE WÖRTERBUCH keinen Beleg mehr an. Man kann hier jedoch davon ausgehen, dass sich an den Rändern des deutschen Sprachgebietes auch solche Verwendungsweisen noch konserviert haben, die im Binnendeutschen bereits veraltet waren.

Diese und weitere kleine Eigenarten der Schreibung und Interpunktion unterscheiden Helena Geyers Lebensbeschreibung von einem Text der Gegenwart. Den Normen der Zeit um 1900 entsprach er aber durchaus. Auch als ungeübte Schreiberin, weitab von den Zentren der deutschen Sprachkultur, bediente sie sich einer überregionalen Schriftsprache, die keine Ähnlichkeit mit den regionalen Dialekten und der mündlich gebrauchten polnisch-deutschen Mischsprache der Lodzer

Stadtbevölkerung hat. Sie kann dies tun, weil sie die Grundsätze der »bürgerlichen Sprachkultur« gewissermaßen mit der Muttermilch aufgesogen hat. Und sie kann dies auch deshalb tun, weil die Textsorte »Lebenserinnerung« im 19. Jahrhundert Konjunktur hatte und sicher auch in ihrem Haus derartige Texte in Buchform vorhanden waren. So entstanden Muster, auf die auch eine ungeübte – bürgerliche – Schreiberin zurückgreifen konnte. Welche Bedeutung solche Textmuster, also die Traditionen des Schreibens über ein festumrissenes Thema haben, wird besonders dort deutlich, wo gerade keine Muster zur Verfügung stehen. Helena Geyer beginnt ihre Aufzeichnungen nämlich nicht mit der Beschreibung ihrer Kindheit, sondern stellt noch eine kurze Passage voran:

> *Ich will verſuchen ſoweit es mir gelingt, meine Lebensgeſchichte aufzuſchreiben, trotzdem es wohl ziemlich ſchwer fallen wird, denn ich bin heute ſchon 59 Jahre alt und mein ganzes Nervenſyſtem, durch den vielen Kummer und Sorgen, die ich durchgemacht habe – ſehr zerrüttet. Außerdem beſitze ich nicht die Spur ſchriftſtelleriſches Talent, aber ich will es doch verſuchen, ſo gut es eben geht. Ich ſchreibe dieſes Buch ja nur für meine Kinder.*

Für diesen Texteingang ist ihr offensichtlich aus der autobiographischen Literatur kein brauchbares Muster bekannt. Diesen Anfang formuliert sie allem Anschein nach frei, ohne Vorbild. Daher entgleitet ihr schon der erste Satz. Die Fähigkeit ungeübter Schreiber – auch aus bürgerlichen Kreisen – zur Beherrschung der Norm der neuhochdeutschen Schriftsprache steht also auch am Anfang des 20. Jahrhunderts hier und da noch auf tönernen Füßen. Man kann dies als eine Folge der in der Geschichtswissenschaft beschriebenen »Entkonturierung« des Bürgertums betrachten. Seit der Mitte des 19. Jahrhunderts ist am Schreibprozess und der Verwendung des Hochdeutschen nicht mehr überwiegend nur das Bildungsbürgertum beteiligt. Es entstehen neue Varietäten und ein breiteres Textsortenspektrum, um den Bedürfnissen aller bürgerlichen Schichten gerecht zu werden. Die Differenzierung des Textsortenspektrums führt zur Entstehung von Pressetextsorten, politischen Reden, Verwaltungstexten und verschiedenen Fachsprachen (die Entwicklung einer neuen Fachsprache, den Weg zu einer Fachsprache der Psychiatrie, hat Britt-Marie Schuster beispielhaft und mustergültig beschrieben). Die Zahl der ungeübten oder noch etwas weniger geübten Schreiberinnen und Schreiber stieg also beständig an. Daher ist vorgeschlagen worden, die Zeit um 1850/70 als einen Epocheneinschnitt in die deutsche Sprachgeschichte zu beschreiben. Aus der Sicht der neu entstehenden Varietäten des Deutschen ist dies sehr plausibel, nicht so sehr aber aus der Perspektive der bürgerlichen Standardnorm, die sich selbst im Verlauf des 19. Jahrhunderts nur sehr langsam wandelte. Die zur Begründung herangezogenen Faktoren wie die Reichsgründung und der Beginn der Industrialisierung, die sich auch sprachlich auswirken, sind sicher von großer Bedeutung. Doch geschah dies zeitversetzt, der Untergang der bürgerlichen Sprachkultur und Standardnorm fällt vielmehr zusammen mit dem Untergang der alten europäischen Ordnung im Verlauf des Ersten Weltkrieges. Im 19. Jahrhundert standen sie – trotz der genannten Hindernisse – noch in voller Blüte. Und daran hatte auch die Sprachwissenschaft – als Teil der Sprachbewusstseinsgeschichte – einen nicht unerheblichen Anteil.

6.2 Das Jahrhundert der Sprachwissenschaft

Im Verlauf des 19. Jahrhunderts entfaltete sich die bürgerliche Gesellschaft im deutschsprachigen Raum zu einer Nation. Eine solche, auf alle Schichten übergreifende politische Verdichtung beruht nach Ansicht des Historikers Michael Erbe grundsätzlich auf der Entwicklung eines »Eigenbewusstseins«, das auf dem Bewusstsein einer gemeinsamen Vergangenheit, der Entwicklung einer eigenen Kultur und einem eigenen kulturellen Bewusstsein – zu dem eine gemeinsame Sprache und eine gemeinsame Religion gehören – sowie gemeinsamen ökonomischen Interessen, einem gemeinsamen politischen System und einer erfolgreichen Außenpolitik aufbaut. Genau diese Faktoren sind auch für die deutsche Geschichte im 19. Jahrhundert gegeben. Die Entwicklung wurde vom deutschen Bürgertum getragen und durch die bürgerliche Sprachkultur mit ihrer Standardnorm als Sozialsymbol und später als Nationalsymbol repräsentiert.

Einher mit der Entstehung dieses bürgerlichen nationalen Bewusstseins ging nicht ohne Grund ein beispielloser Aufschwung der Sprachwissenschaft in Deutschland. Sie wurde ein ganz wesentlicher Bestandteil des bürgerlichen kulturellen Bewusstseins und Lebensgefühls. Der seinerzeit viel gelesene Schriftsteller Georg Hermann (*1871–1943 in Auschwitz, genannt der »jüdische Fontane«) weist auf ihre Bedeutung in seinem um 1840 in Berlin spielenden Roman JETTCHEN GEBERT, wenn er eine der Hauptfiguren über ihr Leben nachdenken lässt:

> *Ich bin Soldat gewesen ... Sie kennen ja den Schwindel von Begeisterung, Vaterland, Freiheit und welscher Knechtschaft ... Ich bin Kaufmann gewesen, habe von Reichtümern und Welthandel geträumt und dabei mein Geld nach Argentinien verloren, – ich habe Philosophie bei Hegel gehört [...]. – Ich habe bei Gervinus Geschichte gehört, ich habe bei Bopp Sanskrit getrieben und glaubte damit, bis zur Wiege der Menschheit vorzudringen.*

Politik und Ökonomie, Philosophie, Geschichte und Sprache werden hier als die Grundpfeiler des bürgerlichen Strebens noch einmal aufgerufen. Georg Hermann erwähnt aus unserer Disziplin mit Franz Bopp den Begründer der historisch-vergleichenden indogermanischen Sprachwissenschaft, der ab 1821 in Berlin lehrte. Mit seiner Schrift ÜBER DAS CONJUGATIONSSYSTEM DER SANSKRITSPRACHE IN VERGLEICHUNG MIT JENEM DER GRIECHISCHEN, LATEINISCHEN, PERSISCHEN UND GERMANISCHEN SPRACHE, die 1816 in Frankfurt a. M. erschienen war, hatte er die historisch-vergleichende Sprachwissenschaft als Studienfach etabliert. Bopp leistet mit seinen Analysen erstmals eine systematische Beschreibung der Verwandtschaftsverhältnisse innerhalb der indogermanischen Sprachfamilie und ordnet das Deutsche in diesen Sprachenkreis ein. Das eröffnete die faszinierende Einsicht, dass die meisten – zumindest der in Europa gesprochenen – Sprachen auf einen gemeinsamen Ursprung zurückführen und dass diese »Ursprache« durch den Vergleich dieser Einzelsprachen vielleicht genau bestimmt werden könnte. Dies war in groben Zügen zwar schon Ende des 18. Jahrhunderts in Europa bekannt geworden – besonders durch Beobachtungen des in Kalkutta als Richter tätigen britischen Kolonialbeamten William Jones, der 1786 in einem Vortrag vom gemeinsamen Ursprung zunächst des Sanskrits, Griechischen und Lateinischen sowie auch des Altpersischen, Keltischen und germanischen Gotischen ausgeht –, aber noch nicht genau begründet und in seiner Tragweite erkannt. Bopp fordert im weiteren Verlauf eine »Naturbeschreibung der Sprache«, die »naturhistorisch die Gesetze« der Sprache benennt. Andreas Gardt erinnert daran, dass Bopp durch seine Orientierung an naturwissenschaftlichen Methoden zwar die Qualität der strukturellen Sprachbeschreibung erheblich verbessert hat, andererseits aber der Erklärung sprachlicher Phänomene aus ihren gesellschaftlichen, historischen und kulturellen Bedingungen heraus nur wenig Raum gibt. Die Hoffnung der Romanfigur Jason Gebert, durch das Studium bei Bopp bis zur Ursprache, also »bis zur Wiege der Menschheit vorzudringen«, schien in gewisser Weise berechtigt, da man doch durch das Sanskritstudium bis in das zweite Jahrtausend vor Christus und durch den Sprachenvergleich noch weit darüber hinaus hinabsteigt. Aber die strenge Methode der historisch-vergleichenden Sprachbeschreibung war nicht ohne weiteres leicht zu erlernen, führte über die Einzelheiten hinaus kaum einmal zu einem Gesamtbild und eignete sich daher wenig als Gegenstand populärer öffentlicher Diskussion. Im Roman heißt es daher – bezogen auf alle dort genannten Wissenschaften:

> *Es ist alles Stückwerk! Es sind Schrauben ohne Ende, Dinge, die uns doch ihren letzten Sinn verbergen. Es sind Scheinwahrheiten, und es ist nur ein kurzes Scheinglück, das sie bieten. Und vielleicht liegt der wahre Sinn des Lebens ganz woanders [...].*

Dies soll an dieser Stelle nicht weiter kommentiert werden. Mit Bopps systematischen Erkenntnissen war jetzt aber eine Grundlage entstanden, von der aus auch die von Gardt angemahnten gesellschaftlichen, historischen und kulturellen Bedingungen der Sprachgeschichte genauer in den Blick genommen werden konnten. Sie eröffnen jetzt auch neuen Begründungszusammenhängen eine wissenschaftliche Basis. Während nämlich noch bis weit ins 18. Jahrhundert hinein die geschichtliche Entwicklung in Europa meist innerhalb zweier manchmal konkurrierender, manchmal verschmelzender Traditionslinien gedeutet wurde, nämlich der griechisch-römischen Antike und der jüdisch-christlichen Welt der Bibel, traten seit etwa der Mitte des Jahrhunderts zusätzlich nationale Geschichtsdeutungen und Begründungsgeschichten hinzu. Hier versuchte nun in diesem Sinne die neue philologische Disziplin »Germanistik«, eine bis ins Mittelalter und darüber hinaus zurückreichende gemeinsame Sprache und Literatur zu rekonstruieren, deren Glanzlichter wie das NIBELUNGENLIED und die nordische EDDA als vermeintlich im Volk entstandene »nationale« »Ur-Texte aus mythischer Vorzeit« gedeutet wurden. Sie wären dann Zeugnisse einer gemeinsamen weit zurückreichenden deutschen Geschichte.

Wesentlich geprägt und wissenschaftlich seriös ausgearbeitet wurde diese kulturwissenschaftliche Perspektive von den Brüdern Grimm, die selbst noch nicht Germanistik oder Sprachwissenschaft studieren konnten, sondern über ihr Interesse an der Rechtsgeschichte und alten deutschen Rechtstexten zur Germanistik kamen. Schon als Jura-Student empfing Jacob Grimm von seinem Lehrer Savigny die Anregung zu seiner Volks- und Sprachbetrachtung, in der Recht, Sprache, Sitte, Verfassung »nur einzelne Kräfte und Tätigkeiten des einen Volks, in der Natur untrennbar verbunden und nur unserer Betrachtung als besondere Eigenschaften erscheinend« sind. In der Tradition der Romantik, aber auf breiter empirischer Grundlage, unternahm er einen Versuch, um – in seinen Worten – »der Geschichte unseres Volkes das Bett von der Sprache her stärker aufzuschütteln«. Auf dem Wege des ständigen Vergleichens der Sprachen auf gleicher Stufe und des Fortschreitens von der ältesten Zeit bis zur Gegenwart erkannte er Zusammenhänge und Entwicklungen, die man zuvor noch nicht hatte sehen können, darunter etwa die von ihm so bezeichneten Erscheinungen »Ablaut« (vgl. *nehmen – nahm – genommen*) und »Umlaut« (vgl. *Gast – Gäste*); und es ist charakteristisch, dass er die ablautenden Verben, die in der bisherigen deskriptiven Grammatik die »unregelmäßigen« hießen, als die ursprünglichen und der Formenfülle der flektierenden Sprachen gemäß die »starken« nennt, die »regelmäßigen« aber die »schwachen«, die ihre Vergangenheitsformen nicht aus sich selbst heraus, sondern nur mit Hilfe eines angehängten -t – das wohl ein Reflex des Hilfsverbs *tun* ist – bilden können. Eine strikte Beschreibung des gerade aktuellen Sprachgebrauchs, so wie sie Adelung angestrebt hatte und wie sie uns heute Bestandteil einer modernen Sprachauffassung zu sein scheint, lag also nicht in der Absicht der Grimms.

Während die Sammlung der deutschen Volksmärchen Einblicke in die sonst verschlossene mündliche Tradition der kulturellen Überlieferung bieten sollte, konzentrierte sich die zweite große Aufgabe der Grimms, die Schaffung des schon genannten Wörterbuchs, das heute nicht umsonst meist nur als DEUTSCHES WÖRTERBUCH bezeichnet wird, auf die Erfassung der schriftlichen Überlieferung. Das Wörterbuch war – auch wenn sog. Fremdwörter kaum berücksichtigt wurden – derart breit angelegt, dass es erst 1954, nach mehr als 100 Jahren, fertiggestellt werden konnte. Zum Zeitpunkt des Todes von Jacob Grimm im Jahre 1863 war die Buchstabenstrecke ›A – Frucht‹ bearbeitet, Jacob Grimm soll über der Abfassung des Artikels »Frucht« gestorben sein. Nur der Buchstabe D wurde von Wilhelm Grimm bearbeitet, der bereits 1859 gestorben war. Danach ging das Wörterbuch an verschiedene Wissenschaftler über, nach der Fertigstellung in 32 Bänden und einem mehr als 25 000 Titel umfassenden Quellenverzeichnis wurde mit einer Neubearbeitung der ältesten Bände begonnen (da man heute den kulturellen Wert eines solchen gedruckten Wörterbuches nicht mehr so deutlich zu sehen scheint, ist seine Zukunft derzeit nicht gesichert).

Über die damaligen lexikographischen Intentionen unterrichtet Jacob Grimms programmatisches Vorwort zum ersten Band. »Mit großer Konsequenz etabliert Grimm darin einen Ton, der das sprachliche Anliegen fast untrennbar mit einem kulturellen – ansatzweise sogar einem ethnischen – und einem politischen Anliegen verbindet« (so Gardt):

> *Was ist eines wörterbuchs zweck? nach seiner umfassenden allgemeinheit kann ihm nur ein groszes, weites ziel gesteckt sein. Es soll ein heiligthum der sprache gründen, ihren ganzen schatz bewahren, allen zu ihm den eingang offen halten. Das niedergelegte gut wächst wie die wabe und wird ein hehres denkmal des volks, dessen vergangenheit und gegenwart in ihm sich verknüpfen. Die sprache ist allen bekannt und ein geheimnis. Wie sie den gelehrten mächtig anzieht, hat sie auch der menge natürliche lust und neigung eingepflanzt.*

Die Deutung der Stelle folgt ebenfalls Gardt. Was vielleicht heute zuerst ins Auge springt, sind die Sakralisierung (»Heiligtum«) und Mystifizierung (»Geheimnis«) der deutschen Sprache, die gar nicht mehr eigens begründet werden müssen. Dazu kommt die Vergegenständlichung der Sprache zu einer organischen Größe (»sie wächst wie eine Wabe«) und der Anschluss des Sprachlichen an das Konzept des Volkes (»Sprache als Denkmal des Volkes«). Im weiteren Verlauf blendet Grimm die Konzepte von Volk und Sprache immer wieder übereinander, spricht von »der empfänglichkeit des volks für seine muttersprache«, fordert seine Landsleute auf, in die »allen aufgethane halle« ihrer »angestammten uralten sprache« einzutreten. Volk und Sprache sind »beide eins«. Solche gewissermaßen vergegenständlichenden bzw. personifizierenden Beschreibungen haben wir in den sprachpatriotischen Kontexten des 17. und 18. Jahrhunderts bereits kennengelernt. Und nicht selten, wie auch bei Jacob Grimm, begegnen Anklänge an die idealistische und in der Romantik auf zugespitzte Weise formulierte Vorstellung, dass die Muttersprache das Denken und Empfinden ihrer Sprecherinnen und Sprecher geradezu konstituiert, zumindest aber nachhaltig zu beeinflussen vermag.

Neben das ethnisch-kulturelle Anliegen der Verknüpfung von Sprache und Volk tritt bei Grimm – so Gardt – ein politisches Vorhaben. Denn seit den Befreiungskriegen sei in allen Bereichen der Nation »sehnsucht entsprungen nach den gütern, die Deutschland einigen und nicht trennen«. Die deutsche Sprache spiele dabei, vor allem nach dem »gewitter von 1848«, der bürgerlichen Revolution, eine hervorragende Rolle. Zugleich wecke und stärke sie die Liebe zur deutschen Literatur und zur eigenen Geschichte. Wenn es nun einmal in den Jahren vor der Reichsgründung noch keine politische Einheit gab, dann sollte sie wenigstens in Literatur und Sprache gefunden werden. Auf diese Weise entsteht die Germanistik als Nationalphilologie aus dem Geist der Romantik. Sie konzentriert sich auf das Mittelalter, aber darüber hinaus als »Germanische Altertumskunde« besonders auch auf die germanische, im heutigen Sinne »vor-deutsche« Frühzeit und erfreut sich großer öffentlicher Aufmerksamkeit.

Der bereits im Zusammenhang mit der Entstehung der neuhochdeutschen Schriftsprache erwähnte Germanist Karl Müllenhoff rechtfertigte in seiner DEUTSCHEN ALTERTUMSKUNDE (5 Bände, Berlin 1870–1908) einen ausführlichen Exkurs über die *origo Germanorum* in der GERMANIA des Tacitus damit, dass dieser »die wichtigste überlieferung für die geschichte unseres volkes behandelt«. Demzufolge entfaltet sich »deutsche« Geschichte hier in einem »germanischen« Zeugnis eines »römischen« Historikers. Dieser Abschnitt sei nicht nur der wichtigste und inhaltsreichste der GERMANIA, er sei auch für die ganze Geschichte des deutschen Volkes und die Entwicklung seines Stammes bedeutsam und gebe für die Altertumskunde erst »den kern her«. Diese Tradition der Gleichsetzung von »deutsch« und »germanisch« reicht in die Zeit des Humanismus zurück, sie wird aber im 19. und 20. Jahrhundert durch die historische Sprachwissenschaft aktualisiert und für die sich mehr und mehr entfaltende völkisch-nationale Ideologie instrumentalisiert. Heinrich Beck weist darauf hin, das Jacob Grimm »auf dieser Basis das Adjektiv *deutsch* steigern und unterschiedliche Grade der ›Deutschheit‹ erkennen« konnte. Die höchste Stufe des »Deutschen« war für ihn da gegeben, wo der »germanische« Sprachgeist zum Durchbruch kam, im »Deutschen« das »Germanische« wieder aufschien. Die Kontinuität des deutschen Volkes wird in die Römerzeit zurückprojiziert, und man gewinnt den Eindruck, als seien es die Deutschen gewesen, die – damals noch »Germanen« genannt – unter Arminius die römischen Legionen des Varus vernichtet hätten, und als seien es ebenso die Deutschen gewesen, die – damals noch Alemannen und Franken genannt – den Untergang des römischen Reiches herbeigeführt hätten. Die Entfaltung der deutschen Sprachforschung, die sich in Verbindung mit einem Kulturbegriff entwickelte, der Sprache, Stamm und Nation in eins setzt, führte zu einer germanisch-deutschen Vergangenheitsrekonstruktion von ungeahnter historischer Tiefe und Breite.

Es soll hier allerdings nicht – wie dies oft geschieht – der Eindruck erweckt werden, als habe die wissenschaftliche Beschäftigung mit der deutschen Sprache erst mit den Grimms oder zumindest erst im 19. Jahrhundert begonnen und als könnten alle älteren Sprachforscher als »vorwissenschaftlich« abgetan werden. Die Sprachwissenschaft des 19. Jahrhunderts ruht vielmehr bereits auf einer langen Tradition, neu sind nur ihre Institutionalisierung an den Universitäten und eben ihre wachsende gesellschaftliche Bedeutung. Mit Schottelius und Gueintz, Leibniz, Gottsched und Adelung wurden schon einige ihrer wichtigsten Vorläufer genannt. Ausführlicher erwähnt werden müssten noch die lexikographischen Vorgänger der Grimms, etwa die beiden ältesten deutschen Wörterbücher der Neuzeit, verfasst von den Medizinern Georg Henisch (1549–1618) und Christoph Ernst Steinbach (1698–1741). Auf Leibniz und Lessing und auf Adelungs die Weimarer Klassiker begleitendes Wörterbuch wurde schon hingewiesen. Auch der wichtigste Konkurrent der Grimms, der liberal-aufklärerische Daniel Hendel Sanders (1819–1897), der sich in der Tradition Adelungs am Sprachgebrauch orientierte, sei hier wenigstens kurz erwähnt. Aber selbst die Erschließung regionaler Sprachformen in großen Wörterbüchern reicht wie im Fall von Johann Andreas Schmellers (1785–1852) BAIRISCHEM WÖRTERBUCH ins 18., manchmal sogar bis ins 17. Jahrhundert zurück, etwa mit dem GLOSSARIUM BAVARICUM von Johann Ludwig Prasch (1637–1690), das in seiner DISSERTATIO ALTERA DE ORIGINE GERMANICA LATINÆ LINGUÆ, Regensburg 1689, enthalten ist. Für den norddeutschen Raum sei als Wörterbuch des 18. Jahrhunderts exemplarisch auf das BREMISCH-NIEDERSÄCHSISCHE WÖRTERBUCH hingewiesen, das von der »Bremischen Teutschen Gesellschaft« in fünf Bänden von 1767 bis 1771 herausgegeben worden war. Man erkennt daran, dass auch die »Deutschen Gesellschaften« des 18. Jahrhunderts, von denen im Zusammenhang mit Gottsched schon die Rede war, praktische sprachwissenschaftliche Arbeiten angeregt und durchgeführt hatten. Sie haben aber bis heute nicht genügend Beachtung gefunden, so etwa die nicht verwirklichten Wörterbuchpläne eines Cölestin Flottwell (1711–1759), der einer »Königlich deutschen Gesellschaft« in Königsberg angehört hat. In der noch nicht geschriebenen Geschichte der gescheiterten Wörterbuchpläne wäre etwa auch an den Plan eines »Allgemeinen Deutschen Wörterbuchs« zu erinnern, den Friedrich Nicolai, Moses Mendelssohn und Gotthold Ephraim Lessing 1754 in Hamburg entwickelt hatten.

Neu und anders ist aber im 19. Jahrhundert nun vor allem die Tatsache, dass die Konstruktion einer gemeinsamen, auf das Mittelalter abzielenden und noch darüber hinausreichenden germanisch-deutschen Sprach-, Literatur- und Kulturgeschichte den Forschungen einen Bezug und Rahmen gibt, der ein breites öffentliches Interesse anspricht und damit einen direkten Zugang zum kollektiven Sprachbewusstsein der Deutschen eröffnet. Der liberale Historiker Franz Schnabel (1887–1966), der unter den Nationalsozialisten seinen Lehrstuhl verlor, beschreibt in seiner DEUTSCHEN GESCHICHTE IM 19. JAHRHUNDERT die Bedeutung von Mittelalter und Frühzeit für das deutsche Bürgertum ganz im Geist des 19. Jahrhunderts:

> *Achim von Arnim oder Fouqué, die Wortführer des märkischen Adels, verherrlichten das Rittertum mit seinem Begriff der Ehre als eine Schöpfung des christlich-germanischen Geistes, die Träger der bürgerlichen Bewegung wie Ludwig Tieck fanden im Bilde der Zünfte das Ideal der Arbeitsgemeinschaft, jene altdeutsche Strenge und fromme Tüchtigkeit, die sie besonders in Hans Sachs vorgebildet fanden. Immer aber war es die gleiche Grundstimmung; man fühlte sich eins mit jenem Heldenalter, das derselbe deutsche Volksgeist geschaffen hatte, der jetzt schlummerte und der Erweckung bedurfte durch die Macht des Willens. Als aber mit dem alten deutschen Reiche auch noch der letzte überkommene Zeuge der mittelalterlichen Welt dahingegangen war und das Vaterland in der Not der Fremdherrschaft ganz zu versinken drohte, da hat die deutsche Romantik im Mittelalter vornehmlich die nationale Größe verwirklicht gesehen, die nun verloren war und wiederum erneuert werden mußte.*

Es sei

> *zuerst die Heidelberger Romantik gewesen, die neben das Idealbild der christlich-germanischen Einheit die Erinnerung an die alte deutsche Vorherrschaft gesetzt hat, damit aus dem Bewusstsein der historischen Sendung des Deutschtums ein kraftvolles deutsches Wesen und der Wille der Erneuerung geweckt werde.*

Das Nachdenken über Geschichte und Literatur, über Sprache und Sprachgeschichte wurde im 19. Jahrhundert weit über den Kreis der Romantiker hinaus ein untrennbarer Bestandteil des bürgerlichen Sprachbewusstseins und damit auch ein Teil der Sprachgeschichte des 19. Jahrhunderts. Die Popularisierung sprachwissenschaftlicher Themen durch Beiträge in den großen Tageszeitungen, zum Beispiel in der Augsburger ALLGEMEINEN ZEITUNG, leistete dazu einen nicht unerheblichen Beitrag. Nicht weniger wichtig für die Verbreitung eines bürgerlich-nationalkonservativen Sprachbewusstseins wurde schließlich der »Allgemeiner Deutsche Sprachverein«, in dem sich noch einmal Fachwissenschaft und Öffentlichkeit im Dienste der »Pflege« der deutschen Sprache vereinen. Nach der Einigung Deutschlands im Jahr 1871 eröffneten sich zudem für Sprachpuristen viele neue Betätigungsfelder, da »reichseinheitliche« Normen für die nun zentralisierten Behörden Post und Fernmeldewesen, für den Eisenbahnverkehr und die Gesetzgebung, auch für das Militär gesucht werden. Staatliche Behörden führten nun Neuerungen ein wie *eingeschrieben* für *recommandiert*, *postlagernd* für *poste restante*, *Abteil* für *Coupé*, *Bahnsteig* für *Perron*. Manchmal haben sich beide Formen erhalten wie bei *Briefumschlag* und *Couvert/Kuvert*, *Anschrift* und *Adresse*, *Fahrschein* und *Billet*. Österreich und die Schweiz behielten dagegen häufig ausschließlich ihren alten, meist auf dem Französischen beruhenden Amts- und Fachwortschatz bei, während man im Deutschen Reich mehrheitlich der Ansicht war, der Sprachpurismus in den Amtssprachen symbolisiere einen »berechtigten« Nationalstolz. Dieser Nationalstolz zeigt sich besonders im Wirken des »Allgemeinen Deutschen Sprachvereins«, der 1887 ca. 7000 Mitglieder in 91 Zweigvereinen, 1910 30 090 Mitglieder in 324 Zweigvereinen und 1932 ca. 35 000 Mitglieder hatte. Er animierte die Bevölkerung durch Wettbewerbe für die Eindeutschung von Entlehnungen zum Mitmachen und zeichnete beispielsweise eingesandte kuriose Vorschläge wie *Rauchrolle* für *Zigarre* (1889) und *das Aut* für *Auto* (1901) mit Preisen aus. Viele seiner Anhänger waren Lehrer, die dann im Sinne des Vereins unterrichteten. Nicht unerheblich war auch sein Einfluss auf national gesinnte Politiker und Germanisten. Die Glanzzeit des Vereins erreichte bis zum Ausbruch des Ersten Weltkrieges, auf der Woge anti-französischer und anti-britischer Gefühle, ihren Höhepunkt. Selbst Firmen und Restaurants änderten nun ihre Namen.

Eine große Ausnahme ist der Germanist Sigmund Feist, der sich sogar noch 1916 für sprachliche Veränderungen im Französischen interessiert und sie ganz neutral beschreibt, ja die Ausbreitung von *boche* statt *allemand* und die Ableitungen *bochesse* ›die Deutsche‹, *surboche* ›Überdeutscher‹, *la bocherie* ›deutsche Art‹, *le bochisme* ›deutsches Wesen‹, *proboche* und *bochophile* ›deutschfreundlich‹ sowie *antiboche* ›deutschfeindlich‹ in Anlehnung an Hans Sperber als in Frankreich aufkommende »lustbetonte« Verwendungsweisen bezeichnet.

6.3 Von Weimar nach Buchenwald: Der Untergang der bürgerlichen Sprachkultur

Die Instrumentalisierung der deutschen Sprach- und Literaturgeschichte für die Ideologie einer deutschen Nationalphilologie macht die deutsche Sprachgeschichte des 19. und 20. Jahrhunderts aber vor allem deshalb zu einer politischen Geschichte, weil die ideologische Überfrachtung des »Deutschen« – wie nicht zuletzt am »Allgemeinen Deutschen Sprachverein« deutlich wurde – zu einem zentralen Bestandteil des bürgerlichen Sprachbewusstseins geworden war. Und sie konnte auch ganz ernste politische Folgen haben, die weit über den Sprachpurismus des Sprachvereins hinausgingen. Die schon skizzierte Überblendung der Attribute »deutsch« und »germanisch« etwa in Jacob Grimms Grammatik (1819–1837) hatte unter anderem dazu geführt, dass er seine Grammatik der verschiedenen germanischer Sprachen, mit der er sich auch gegen die Regeln der normativen Grammatiker wendete, als »Deutsche Grammatik« bezeichnen konnte. Eigentlich geht es aber um eine grammatische Beschreibung der germanischen Sprachen auf all ihren historischen Stufen; also ausgehend vom Gotischen als ältester überlieferter germanischer Sprache in vier Bänden eine Darstellung des Althochdeutschen, Mittelhochdeutschen und Neuhochdeutschen, Altsächsischen und Mittelniederdeutschen, Mittelniederländischen und Neuniederländischen, Angelsächsischen, Mittelenglischen und Neuenglischen, Altfriesischen, Altnordischen, Schwedischen und Dänischen.

Im Verständnis dieser Sprachgeschichte sind die von Grimm behandelten Sprachen und Sprachstadien mit Ausnahme des Alt-, Mittel- und Neuhochdeutschen nicht Teil der deutschen Sprachgeschichte. Grimms Leistung liegt aber in der Erkenntnis, dass zwischen all diesen germanischen Sprachen ein systematischer Zusammenhang besteht, den er durch eine wissenschaftlich fundierte Beschreibung ihrer lautlichen Entwicklungen sichtbar macht. Dass er sein Werk »Deutsche Grammatik« und nicht »Grammatik der germanischen Sprachen« genannt hat, möchte man ihm heute nachsehen. Die Überblendung ist aber als Teil des bürgerlichen Sprachbewusstseins schon bald ganz volkstümlich geworden, man findet etwa in der 67. Auflage vom schon genannten »Otto Friedrich Rammlers [jetzt: Deutscher Reichs-] Universalbriefsteller«, Leipzig 1897, Auskünfte wie: »Die Sprache der Deutschen gehört mit jenen der vor ihnen nach Europa eingewanderten Griechen, Römer und Kelten zu einer und derselben großen Familie, dem indogermanischen Sprachstamm« – was richtig ist –, gefolgt von: »Wann die Deutschen aus Asien auswanderten, ist ungewiß«, und: »Im Gotischen hat sich die älteste Gestaltung der deutschen Sprache erhalten.« Mit gleichem Recht könnte man dann heute sagen, im Altitalienischen etwa sei die älteste Form des Französischen bewahrt.

Auch in der maßgeblichen deutschen Sprachgeschichte des beginnenden 20. Jahrhunderts, in Otto Behaghels GESCHICHTE DER DEUTSCHEN SPRACHE. GRUNDRISS DER GERMANISCHEN PHILOLOGIE, in 3. Auflage 1911, begegnet die inzwischen fachsprachlich gewordene Gleichsetzung von »deutsch« und »germanisch«. Sie führt aber, wie an Rammlers Briefsteller zu sehen ist, in der Öffentlichkeit zu Irrtümern und Missverständnissen. Wenn Behaghel zum Beispiel über »die Grenzen, die die Deutschen von ihren Nachbarn im Westen und Süden scheidet«, schreibt und insbesondere über die Westgrenze der deutschen Sprache festhält: »Diese Grenze bedeutet mehrfach einen Rückgang des Deutschen gegenüber dem Stand früherer Jahrhunderte. Im Norden reichte das deutsche Sprachgebiet im 17. Jahrh. noch über Boulogne hinaus: im Beginn des 18. Jahrh. lag die Sprachgrenze vor den Toren von Calais; in Lille, Tournay, Douai, Cambrai, Valenciennes wurde auch im 18. Jahrh. von einem Teil der Bevölkerung flämisch gesprochen«, dann verwendet Behaghel hier ganz offensichtlich – wie schon Jacob Grimm – »deutsch« in der älteren Bedeutung als germanisch und meint gar nicht »deutsch« im Sinne von hochdeutsch, sondern – wie er ja auch schreibt – »flämisch«. In der vierten Auflage von 1916, möglicherweise unsicher geworden oder mit gestärktem politischen Problembewusstsein, ergänzte er daher den Satz der dritten Auflage um einen präzisierenden Einschub: »Die Grenzen, die die Deutschen (einschl. des Ndl.) von ihren Nachbarn im Westen und Süden scheidet …« Wo Behaghel aber weiterhin von einem »Rückgang des Deutschen« spricht, ist nun nach wie vor ein Rückgang der germanischen Sprachen insgesamt gemeint, hier zuungunsten des Niederländischen. Die Sprachgrenze zwischen dem Deutschen und Französischen gilt dagegen heute wie zu Behaghels Zeiten als seit dem 10. Jahrhundert stabil.

Der vermeintliche »Rückgang des Deutschen« (statt der germanischen Sprachen) im Westen wird dann von völkisch-ideologischen Kräften von Anfang an als eine Steilvorlage für ihr revanchistisches Gedankengut genutzt. In Hitlers MEIN KAMPF von 1925 heißt es:

> *Solange der ewige Konflikt zwischen Deutschland und Frankreich nur in der Form einer deutschen Abwehr gegenüber französischem Angriff ausgetragen wird, wird er niemals entschieden werden, wohl aber wird Deutschland von Jahrhundert zu Jahrhundert eine Position nach der anderen verlieren. Man verfolge das Wandern der deutschen Sprachgrenze vom zwölften Jahrhundert angefangen bis heute, und man wird wohl schwerlich mehr auf den Erfolg einer Einstellung und Entwicklung bauen, die uns bisher schon soviel Schaden gebracht hat.*

Das – wenn man so will – Missverständnis liegt also darin, dass Behaghel »deutsch« in der sprachwissenschaftlich üblichen Bedeutung verwendet und die Lesart »hochdeutsch, Sprache des deutschen Reiches« gar nicht gemeint ist. Es gibt keinen Nachweis, dass Hitler Behaghels Sprachgeschichte gekannt hat, aber es steht außer Frage, dass die ideologische und zugleich fachsprachliche Gleichsetzung von »deutsch« und »germanisch« bei Hitler und seinen Anhängern fatale Folgen nach sich zog. Es wurde ein Gebietsverlust der deutschsprachigen Bevölkerung angenommen, der ausgeglichen werden müsse, obwohl er so nie stattgefunden hat.

Schon dieses Beispiel zeigt, dass die Geschichte der deutschen Sprache im 19. und 20. Jahrhundert nicht ohne das Wissen um die nationalsozialistische Ideologie und Barbarei und damit auch nicht ohne den Holocaust gedacht und geschrieben werden kann. Da die Menschen, die vor diesem tiefen Einschnitt in die menschliche Zivilisation gelebt haben, nicht von Anfang an sehen konnten, worauf das nationale Denken hinausläuft, sollte man zwar mit Schuldzuweisungen zurückhaltend sein. Die deutsche Geschichte und Sprachgeschichte insgesamt führen aber nun einmal »von Weimar nach Buchenwald«, auch wenn viele einzelne Erscheinungen und Entwicklungen damit direkt nichts zu tun haben. Doch dominiert anstelle von Jacob Grimms Bestimmung eines Volkes als »Inbegriff von Menschen, welche dieselbe Sprache sprechen«, in Deutschland auf längere Sicht eine ideologisch motivierte Rassenlehre, die, wie Ruth Römer dargestellt hat, eng mit der Sprachwissenschaft verbunden ist.

Am Ende des 19. Jahrhunderts treten also die Schattenseiten der bürgerlichen Sprachkultur mit ihrer mehr und mehr nationalen Sprachideologie, aber auch die Probleme der Erhebung der literatursprachlichen Norm zur Gebrauchsnorm der allgemeinen Schriftsprache immer deutlicher hervor. Die Erfolgsgeschichte zeigt erste größere Risse. Die Normen sind für wenig geübte Schreiberinnen und Schreiber weiterhin kaum zu beherrschen, wer gegen die Norm verstößt, wird vom Bürgertum ausgegrenzt und sozial abgewertet. Und während sich die kleinen Leute vergeblich um die Norm bemühen, haben die geübten Schreiber schon längst genug von ihr. Der Überdruss am ewig gleichen Sprachstil und der grundsätzliche Zweifel, mit dieser Sprachform mehr als nur alltägliche bürgerliche Konversationsgegenstände zum Ausdruck bringen zu können, führen zu Sprachskepsis und münden in die sog. Sprachkrise um 1900. Zu den bereits am Beispiel Jacob Grimm und Otto Behaghel beschriebenen Folgen der bürgerlichen Nationalsprachideologie gesellen sich Traditionen antidemokratischen und antisemitischen Schreibens, die Abwehr alles »Fremden« auch in der Sprache, die »Fremdwortjagd« und Deutschtümelei des »Allgemeinen Deutschen Sprachvereins« und seiner Sympathisanten.

Zentrale Hilfsmittel, die den weniger geübten Schreiberinnen und Schreibern beim Erwerb der Standardnorm helfen konnten, waren neben der Schule zunächst nur populäre Schriften wie Rammlers »Universalbriefsteller«. Vergleichsweise spät kommen für diesen Zweck erste praktisch ausgerichtete Früchte der germanistischen Sprachforschung hinzu, vor allem Konrad Dudens Rechtschreibwörterbuch, zuerst 1872, und Theodor Siebs' DEUTSCHE BÜHNENAUSSPRACHE von 1898 für das gesprochene Deutsch. Erst durch diese beiden normativen Texte gab es am Ende des 19. Jahrhunderts eine für alle Menschen verfügbare einheitliche Norm zumindest für die äußere Form des Deutschen.

Dabei wollte Konrad Duden mit seiner DEUTSCHEN RECHTSCHREIBUNG vor allem die Regeln der Orthographie vereinfachen, um auch den bildungsferneren Schichten das Schreiben zu erleichtern. Man müsse die Regeln auf dem Gymnasium und auch in den Volksschulen lehren und erlernen können. Sein VOLLSTÄNDIGES ORTHOGRAPHISCHES WÖRTERBUCH DER DEUTSCHEN SPRACHE von 1880 gilt als »Urduden« der bis heute bestehenden und stark erweiterten Reihe. Für nachahmenswert hielt Duden die italienische Rechtschreibung, weil sie nach dem Prinzip »Schreib, wie du sprichst« aufgebaut sei. Er nannte sie daher »entschieden demokratisch«, da sie im echten Sinne »Gemeingut des ganzen Volkes« sei. Die englische Orthographie bezeichnete er demgegenüber als »aristokratisch« und rückwärtsgewandt, sie sei »eine Plage«. Auch Konrad Duden betreibt hier, wenn er von »demokratischer« und »aristokratischer« Rechtschreibung spricht, politische Sprachwissenschaft. Er knüpft damit an die Ideale seiner Studienzeit der Jahre um 1848 an, die ihn auf lange Sicht stärker sozial und demokratisch prägten als die nationalen Ideen seines Bonner Lehrers Ernst Moritz Arndt. In der zweiten Orthographischen Konferenz von 1901 wurde dann schließlich auf der Grundlage seiner Vorschläge eine modifizierte einheitliche Rechtschreibung für das ganze deutsche Sprachgebiet verwirklicht.

Tatsächlich waren aber bis tief ins 20. Jahrhundert hinein noch immer große Teile der Bevölkerung weit davon entfernt, der Norm gemäß fehlerfrei zu schreiben. Da deren Texte meist nicht aufbewahrt oder beachtet werden, sondern aus dem 19. und 20. Jahrhundert in der Regel nur Texte von ästhetischem oder historischem Gehalt überdauert haben, herrschen heute über die Schreibkompetenz einfacher Leute, die sich kaum ein Rechtschreibwörterbuch oder einen Briefsteller haben leisten können, meist ganz falsche Vorstellungen. Einige wenige Beispiele aus der ersten Hälfte des 20. Jahrhunderts mögen hier genügen. Zunächst der Brief der Ehefrau eines Patienten, der sich in der medizinischen Krankenakte ihres Mannes erhalten hat:

An den Oberarzt Dr. Wagner der Nerven-Heilanstalt, Giessen.
Jch die unterzeichnete Ehefrau des Maurers Heinrich W[.] stehe in sehr gedrückter Lage. Jch habe 6 Kinder von Jhm geboren und bin in der 7. Schwangerschaft habe einen schweren Herzfehler und sehr schwache Nerven. Das älteste Kind ist 10 Jahre und das jüngste 1 Jahr. Mein Mann ist seit dem 1 November Holzhauer im Engelbacher Staatswald. Bis Neujahr war ich sehr zufrieden mit ihm aber von da an ist es ganz schrecklich mit ihm. Vor 14 Tage wurde er krank an Krippe ich dachte er würde sich bessern & die Nerven können wieder in die Ruh aber es ist nicht der Fall es sind Zeiten die sind ganz entsetzlich. Wie er noch in den Wald ging da hat er oft das Meßer aufgemacht und ist auf seine Mitarbeiter los gegangen. Mich hat er schon oft geschlagen und auch mit dem Meßer gedroht den Kinder droht er dauernt mit solchen Sachen und will Sie zu Krippeln schlagen. Das Haus anstecken und solche Sachen machter. Jch schlafe eben getrennt mit ihm er kam die Nacht 2–3 mal hatte keine Ruhe vor ihm. Sein Lebenslauf wird Euch noch bekannt sein er ist schon 3 mal bei Euch in der Anstalt gewesen. Sein Geburtsort ist K[.] im Jahre 1907–14 und 1919 warer dort in der Anstalt. Er ist auch für unheilbar erklärt. Es sind ja Stunden die gehen mit ihm darauf gibt es auch welche die nicht zum Aushalten sind. Drum möge ich Sie innigst bitten die Sache zu ordnen dieweil noch kein Unglück geschehen ist. Dr. Wagner zu Biedenkopf hatte ihn in Behandlung. Er will auch mit Jhnen reden. Jch setze mein Vertrauen auf Gott er hat mich noch nie verlassen er wird es auch in dieser schweren Zeit nicht tun, Er wird Jhnen ein weiches Herz geben dass eine Frau mit 6 Kinder Ruh und Frieden erlangt.
Hochachtungsvoll Ehefrau Heinrich W[.], Kath. geb Wi[.], E[.], den 21.2.1927

Die orthographische Leistung ist alles in allem ordentlich, nur manchmal machen sich Einflüsse der gesprochenen Sprache (*dringent*), insbesondere des hessischen Dialekts (*Krippe*, *Krippeln*) bemerkbar. Aber eine halbwegs gelungene Rechtschreibung führt offensichtlich noch nicht zu einem gelungenen Text im Sinne der bürgerlichen Sprachkultur. Die Schreiberin setzt hochsprachliche Versatzstücke und Muster (*stehe in sehr gedrückter Lage, für unheilbar erklärt, Jch setze mein Vertrauen auf Gott, Er wird Jhnen ein weiches Herz geben*) neben Mündlich-Umgangssprachliches (*Das Haus anstecken und solche Sachen machter, Es sind ja Stunden die gehen mit ihm darauf gibt es auch welche die nicht zum Aushalten sind*). Es zeigen sich also im Hinblick auf eine überall verbreitete Standardnorm durchaus noch einige Probleme. Für wenig geübte Schreiber sind es meist existentielle Ausnahmesituationen, wie etwa die Krankheit eines Angehörigen, die zum Verfassen eines Textes nötigen. Bei Männern ist diese Ausnahmesituation zudem oft der Krieg und der Wunsch, auch an der Front mit Eltern, Geschwistern oder der Freundin im Gespräch zu bleiben. Aus dieser Textgruppe ein zweites Beispiel eines unbekannten Soldaten, das Walter Kempowski in seinen ECHOLOT-Bänden, dankenswerterweise in Originalschreibung, unter dem 10. Dezember 1941 abgedruckt hat:

> *Liebe Frieda Waldi u. Günter.*
> *Heute komme ich dazu, Euch wieder einmal ein Briefchen zu schreibe, denn jetzt hatte ich alle Tage keine Zeit, wir sind alle Tage marschiert, und da kommt man nicht dazu. Heute sind wir den ersten Tag wieder mal in Ruhe, ob es morgen wieder weiter geht, wissen wir nicht, es geht auch manchmal nach hinten, denn hier bei Moskau ist der Teufel los, hier setzen die Russen alles ein, jetzt kommen auch viele Russenflieger, die machen uns waß zu schaffen, die schießen die Pferde vom Wagen weck, und ein Beifahrer ist auch Tod [...]. Wir liegen heute in ein Dorf, daß sieht aus, alles durcheinander, da haben unsere Flack die Russen übernhaufen geschossen, da liegt Pferde und Wagen und Auto und Menschen haufenweise und von uns sind auch welche gefallen [...]. Wenn doch blos erst dieser Krieg ein ende haben wollte, und wir gesund wieder Heim können, es ist nicht zu beschreiben, wie es hier zu geht, bei uns das zweite Batalion ist von den Banzer ganz überfahren worden, da hätte ich nicht wollen dabei sein, hoffenchich [?] beschütz mir der Liebe Gott weiter, damit wir wieder uns in der Heimat wiedersehen. Diese Weihnacht wird ja eine elende Weihnacht sein, wenn nicht noch ein Wunder geschied. Jetzt ist es wieder kälter geworden und Schneien dut es auch wieder, und da müssen die noch Krieg machen [...].*
>
> (Walter Kempowski: Das Echolot. Barbarossa '41. Ein kollektives Tagebuch. München: Knaus, 2002. S. 386 f. –)

Und der »Soldat Martin« schreibt, abgedruckt im ECHOLOT zum 11. Januar 1943:

> *Meine liebe Muttel und Kinder!*
> *Ich will Dir schnel wieter mal schreiben, da ich noch gesund und munter bin was ich von Dir liebe Muttel u. liebe Kinder hoffe. Da wir wieter ein paar schwere tage haben hir und müßen die Nächte zu hin schlagen denn der Russe hat uns wieder mal wolle überraschen aber es ist ihm nicht gelungen, denn er wollte uns fein aufreiben und uns vernichten und da Heist es Augen auf und die Kugeln Pfeiffen aber uns um den Kopf aber man hat immer noch Glück das noch nichts basiert ist u. wollen das beste hoffen. Und mach dir keinen Kummer um mich blos das Essen ist so gnab, und hoffe das ich bald mal ein Päckchen bekomme. Liebe Muttel und Kinder ich habe nicht viel Zeit zum Schreiben und es mus schnel gehen den wir mü-*

ßen jeden Augenbligg wieder in die Schützenlöcher zur verteidiegung, und auch das wird wieder vorüber gehen, u. er Schießt auch heute viel mit Artlerie un unse Schlucht wo wir liegen, und hoffen alles gutes, und werte schließen und viele Grüße an Rudi und Hildegart, Es grüßt Dich herzlich Daußendmal Dein guter Mann Martin.

(Walter Kempowski: Das Echolot. Ein kollektives Tagebuch Januar und Februar 1943. München: Knaus, 1993. S. 473. – © 1993 Albrecht Knaus Verlag, München, in der Verlagsgruppe Random House GmbH.)

Auch diese Texte orientieren sich, über weite Strecken erfolgreich, an einem mündlichen Duktus, zeigen aber für die Schriftsprache ebenfalls noch einige deutliche orthographische, auch grammatische Unsicherheiten. In Friedenszeiten hätten viele dieser jungen Soldaten wohl kaum längere Briefe geschrieben, so aber wird deutlich, dass auch in der Mitte des 20. Jahrhunderts die Norm noch längst nicht in allen Bevölkerungsschichten stabil war. In Einzelfällen wird aber sicher auch die schwierige Schreibsituation einen Einfluss gehabt haben.

Auch das nächste und letzte Beispiel stammt aus Kempowskis ECHOLOT. Es handelt sich hier um einen Ausschnitt aus einer kleinen Anzahl von Texten aus dem Widerstand gegen den Nationalsozialismus. In einer am 13. September 1940 durch Verrat sichergestellten Postkarte heißt es:

Deutsche Past auf! Last Euch nicht Dicktatorisch unter kriegen was sind wir noch! daß Stumme Vieh! Gegen diese Fesseln müssen wir uns wehren sonst ist es zu spät! ist es jetzt noch ein ehrlicher Krieg! Nein eine brutale Vernichtung wird von unserer Regierung geführt. wir werden es genaus so verspüren wie alle anderen Staaten es ist nicht mehr ehrlich wenn Göring schwersten Kalieber auf Arbeiter fallen läst ist doch gleich wo es ist! Nieder mit dem Vernichtungs Sistem! Verachtet jede Straßensammlung!

(Walter Kempowski: Das Echolot. Ein kollektives Tagebuch. Januar und Februar 1943. Bd. 4: 16. bis 28. Februar 1943. München: Knaus, 1997 S. 354. – © 1997 Albrecht Knaus Verlag, München, in der Verlagsgruppe Random House GmbH.)

Über die Widerstandsgruppe um Elise und Otto Hampel ist vergleichsweise wenig bekannt, sieht man einmal davon ab, dass Hans Fallada ihr Schicksal in seinem Roman JEDER STIRBT FÜR SICH ALLEIN verarbeitet hat. Über das mutige Berliner Ehepaar, das die Verbreitung von über 200 regierungskritischen Postkarten und Flugblättern mit dem Leben bezahlt hat, mit Schweigen hinwegzugehen lag wohl vor allem deshalb für viele nahe, weil es noch immer eine weitverbreitete Ansicht ist, dass Menschen, die nicht normgerecht schreiben, nicht recht ernst zu nehmen seien. Diese ganz und gar unangemessene Verknüpfung von Rechtschreibung und Intelligenz, eine Folge der Aufwertung der Hochsprache zum Sozialsymbol, wirkt offensichtlich bis heute weiter. Von Otto Hampel wissen wir aus den Prozessunterlagen, dass er in Posen und Berlin die ersten drei Volksschulklassen besucht hat und dann Hilfsarbeiter war. Elise Hampel hat in Stendal die erste Volksschulklasse besucht und dann bis zur Heirat als Hausmädchen gearbeitet. Ihre sprachlichen Schwächen haben also ausschließlich etwas mit ihrer Ausbildung, jedoch nichts mit Bildung oder Intelligenz zu tun.

Den geübten und gut ausgebildeten Schreibern hatten sich demgegenüber am Ende des 19. Jahrhunderts ganz andere Probleme eröffnet. Grundsätzliche Zweifel an den Möglichkeiten des Menschen, die sinnliche Welt mit Hilfe der Sprache überhaupt angemessen darstellen zu können, haben sich in den Jahren um 1900 so sehr verdichtet, dass man in der Forschung von einer um sich greifenden Sprachskepsis, ja von einer Sprachkrise spricht. Theoretisch begründet wurde die Sprachskepsis vor allem durch die sprachphilosophischen Überlegungen Friedrich Nietzsches und Ludwig Wittgensteins. Hugo von Hofmannsthal, neben Fritz Mauthner und Karl Kraus eine der Schlüsselgestalten dieses Diskurses, erklärt in seinem 1902 veröffentlichten fiktiven Brief des Lord Chandos an Francis Bacon durch den Briefschreiber: »Es ist mir völlig die Fähigkeit abhanden gekommen, über irgend etwas zusammenhängend zu denken oder zu sprechen«. Es geht letztlich um die Frage, ob es zwischen der wahrnehmbaren Welt, dem erkennenden menschlichen Geist und der darstellenden Sprache überhaupt eine »sachlogische« Übereinstimmung gebe (Weiterführendes zu den Manifestationen der Sprachkrise und zu ihren Überwindungsversuchen findet sich in Helmuth Kiesels Geschichte der literarischen Moderne).

Über dieses zentrale erkenntnistheoretische Problem hinaus hatten speziell im deutschen Sprachraum viele Menschen das Gefühl, dass die Moderne mit der auf die Klassiker zurückgehenden gültigen literatursprachlichen Gebrauchsnorm in keinem Fall mehr angemessen sprachlich dargestellt werden kann. Für Schriftsteller wie Hofmannsthal, Stefan George und Rainer Maria Rilke konnte eine neue »poetische Sprache« als »Sondersprache« der Welterfahrung ein möglicher Ausweg sein; andere sahen, gerade im Hinblick auf die modernen Zeiten mit Technik, Industrie und Großstadtleben in Dadaismus, Expressionismus und Futurismus neue Ausdrucksmöglichkeiten. Auch wenn sich diese Sprachkrise kaum auf eine große Zahl der Sprecherinnen und Sprecher des Deutschen ausgewirkt hat, so ist doch unverkennbar, dass die bürgerliche Sprachkultur nicht nur durch die Normverstöße der ungeübten Schreiber »von unten«, sondern auch durch Sprachskepsis und Sprachkrise gewissermaßen »von oben« aufgeweicht wurde. So klagt denn auch Hugo von Hofmannsthal noch 1927 in seinem Aufsatz WERT UND EHRE DEUTSCHER SPRACHE in langer Tradition, dass es im Deutschen an einer »mittleren Sprache« der Geselligkeit fehle, über welche die anderen Nationen verfügten.

Und schließlich wurde die Sprachkultur auch noch von einer dritten Seite bedrängt. Die Politisierung der Sprache im Gefolge des Ersten Weltkriegs und der Weltwirtschaftskrise, die Sprache des Sports und der Massenpresse – das alles hatte nur noch wenig mit der bürgerlichen Sprachkultur des 19. Jahrhunderts zu tun. Wo es Konrad Duden und auch dem »Fremdwortverdeutscher« Joachim Heinrich Campe noch um demokratische Prinzipien und die Verständlichkeit von Sprache und ihren Regeln ging, machten sich nun Fremdenfeindlichkeit und »Fremdwortjäger« breit. Diese Sprachreflexion als Medium kollektiver Identitätsstiftung führt nicht zwangsläufig, aber sie führte in den Sprachnationalismus. So ist es nur folgerichtig, dass Campe von Vertretern des Sprachvereins als ein vermeintlich nationalistischer Fanatiker vereinnahmt wurde, der »für die Reinheit der Muttersprache auf den Kampfplatz getreten« sei. In der ZEITSCHRIFT DES ALLGEMEINEN DEUTSCHEN SPRACHVEREINS hieß es 1918 zu seinem 100. Todestag: »Ihm und seinen Zeitgenossen fiel die schwere Aufgabe zu, im deutschen Volk die Liebe zur Muttersprache zu wecken, während es unter dem Joch der Fremdherrschaft seufzte. Mit umso größerer Achtung stehen wir daher vor diesem Manne des 18. Jahrhunderts.« Damit waren zwar Campes Intentionen nicht getroffen, aber umso mehr die Absichten und das Selbstverständnis des Sprachvereins im 20. Jahrhundert. Der deutschen Gesellschaft war es auch diesmal nicht gelungen bzw. es fehlte der Wille, die fremdsprachlichen Einflüsse, zum Beispiel die zahlreichen Entlehnungen aus dem Englischen, die im 20. Jahrhundert untrennbar zur Sprache der Moderne gehören, in das Deutsche zu integrieren. Die alte »bürgerliche Sprachkultur« hatte sich zwar überlebt, zugleich war die Orientierung an der Sprache der Klassiker in den 1920er und 1930er Jahren nicht mehr ausreichend, um den neuen Machthabern wenigstens sprachlich etwas entgegenzusetzen.

Auch der nationalsozialistische Sprachstil der neuen Machthaber entstand nicht im leeren Raum. Er greift auf Formen des antidemokratischen und antisemitischen Schreibens und Sprechens zurück, die bis weit ins 19. Jahrhundert zurückreichen. Am Beispiel der »Dolchstoßlegende«, der zufolge der Erste Weltkrieg nur durch Verrat in den eigenen Reihen bzw. in der Heimat verlorengegangen sei, zeichnet Anja Lobenstein-Reichmann die Konstruktion eines sprachlichen Mythos nach, der bereits seit der Bismarckzeit eingesetzt wurde, um die Schuld für militärische Niederlagen den politischen Gegnern, etwa Sozialdemokraten, Juden, Katholiken oder Freimaurern anzulasten. Ihre Untersuchung der Schriften

Houston Stewart Chamberlains (1855–1927), eines Schwiegersohns Richard Wagners, hat darüber hinaus in sprach-, diskurs- und ideologiegeschichtlicher Hinsicht gezeigt, wie sich eine von Nationalismus und Antisemitismus geprägte Weltanschauung konstituierte, die vieles von dem vorwegnahm, was später auch von der NSDAP vertreten wurde. Zentrale Lexeme wie *Rasse*, *Arier*, *Künstler*, *Persönlichkeit* oder *Jude* erfahren schon hier eine charakteristische ideologische Bedeutungsverschiebung. Mit ihrer Wirkung auf die Massen überwinden Joseph Goebbels als Minister für Propaganda und Hitler dann die moderne Sprachskepsis schließlich auf ihre Weise: mit Hilfe von Propaganda und Rhetorik. Zwar gibt es einige typische Neologismen wie *Abstammungs-* und *Ariernachweis*, *Endlösung*, *Sonderbehandlung* und *entartet*, die zu Kennwörtern des nationalsozialistischen Sprachstils werden und die Cornelia Schmitz-Berning in ihrem VOKABULAR DES NATIONALSOZIALISMUS zusammengestellt hat. Auch viele Bezeichnungen für Ämter und Institutionen sind darunter wie *Gauleiter*, *Pimpf* (eigentlich ›kleiner Furz‹), *Reichsarbeitsdienst*, *Reichsführer* und *Volksgerichtshof*, für die es nach 1945 zum Glück keine Verwendung mehr gab, ebenso für die vielen Abkürzungen wie *BDM* (»Bund Deutscher Mädel«), *Gestapo* (»Geheime Staatspolizei«), *HJ* (Hitlerjugend), *KdF* (»Kraft durch Freude«) oder *SS* (»Schutzstaffel«).

Aber die »Sprache des Nationalsozialismus« als Sprachstil der NSDAP und ihrer Anhänger ging noch weit darüber hinaus. Es sind nämlich keineswegs nur solche Wörter, die meist unmittelbar mit der nationalsozialistischen Organisation der Gesellschaft und dem Holocaust verbunden waren und daher neu geschaffen werden mussten. Viel häufiger ist die semantische Umdeutung von bereits vorhandenen Wörtern. Meist wird die Verwendung dieser Wörter dann auf bestimmte, mit dem Nationalsozialismus verbundene Kontexte eingeschränkt, so dass es den Anschein hat, die Wörter hätten selbst etwas mit dem Nationalsozialismus zu tun. Jede Ansprache »des Führers«, jeder Parteitag, auch jede sportliche oder technische Leistung eines »Volksgenossen« wird nun als *historisch* bezeichnet, ständig ist von »der deutschen Mutter«, »der deutschen Wissenschaft« oder dem »deutschen Wesen« die Rede. Ein Geschäft wirbt für eine Tapete »fürs neue deutsche Kinderzimmer«, in der Werbung für einen Fotoapparat heißt es: »SIDA ist das deutsche Photowunder. [Sie] ist wirklich die ideale deutsche Kleinbildkamera« (DAS DEUTSCHE MÄDEL, 1936). Der Komponist Heinrich Spitta textete 1933 für sein Lied ERDE SCHAFFT DAS NEUE«: »Wille schafft das Neue, / Wille zwingt das Alte, / deutscher heil'ger Wille, / immer jung uns halte; / himmlische Gnade / uns den Führer gab, / wir geloben Hitler / Treue bis ins Grab.« Die fortwährende Wiederholung solcher Wortpaare »deutsch + Substantiv« machen sie so eingängig, dass man »deutsches Wesen«, »deutscher Wille« oder »deutsche Mutter« – falls man darüber nicht weiter nachdenkt – für feste Verbindungen, also für Kollokationen halten könnte. So dürfte auch der Titel des Rechenheftes VÖLKISCHES RECHNEN eines Karl Pietzker von 1934 zu verstehen sein.

Gelegentlich wird ein zunächst nur in fachsprachlichen Kontexten gebrauchtes Wort wie *Überfremdung*, im Jargon der Betriebswirtschaft für die Aufnahme zu viel fremden Geldes im Zahlungsverkehr, umgedeutet und dann auf das »Eindringen Fremdrassiger« bezogen. Manchmal, wie im Falle von *Objektivität*, wird ein ehemals positiv gemeintes Wort später in abwertendem Sinne gebraucht, oft durch den Zusatz *sogenannte Objektivität*. In genau anderer Richtung verläuft die Umwertung bei *fanatisch*, denn hier wird ein ehemals negativ besetztes Wort positiv konnotiert, Gleiches gilt für *rücksichtslos*. Goebbels sprach von »fanatischem Eifer«, »fanatischer Entschlossenheit« und »fanatischer Selbstbehauptung«, selbst vom »heiligen Fanatismus«. Da sich der Nationalsozialismus auf Fanatismus gründet, ist diese Bedeutungsentwicklung kein Wunder, sie greift bald auch über das Politische hinaus auf andere Bereiche des Lebens über und ist daher ein Beispiel für einen tiefgreifenden – wenngleich vorübergehenden – Wandel: »Pfitzners Violinkonzert in h-Moll betonte den Ernst, der ins Schweifen gerät, nicht weniger als das fast polternde Rütteln, dem das schwärmende Tongefühl standhält und dem Max Strub als Solist in fanatischer Virtuosität nachging«, hieß es in einer Konzertkritik in »Das Reich« vom 14. Januar 1945. Heute ist die Sprachgemeinschaft wieder zur alten, negativen Bewertung von *fanatisch* zurückgekehrt (obwohl es natürlich – direkt aus dem Englischen entlehnt – das Wort *Fan* gibt). Solche Umdeutungen haben sich im nationalsozialistischen Sprachstil meist langsam vollzogen und haben sich dann vor allem nach 1933 unter den überwiegend der jüngeren Generation angehörenden Funktionsträgern der NSDAP durchgesetzt, von wo aus sie dann in den öffentlichen Sprachgebrauch hineinwirkten. Noch 1923 hatte Chamberlain in einem Brief an Hitler allein die alte, negative Bedeutung im Sinn: »Sie sind überhaupt nicht der Fanatiker, als welcher Sie mir beschrieben worden sind. [...] Ein Fanatiker entflammt den Geist, Sie wärmen das Herz. Ein Fanatiker will die Menschen mit Worten überwältigen; Sie wollen überzeugen, nur überzeugen, und das ist der Grund, warum Sie erfolgreich sind.«

Nur auf den ersten Blick ist es verwunderlich, dass gerade Adjektive wie *fanatisch*, ebenso *gigantisch*, *radikal* oder *total* zu den meistverwendeten Wörtern gehören, obwohl sie im herkömmlichen Sinne gerade nicht »deutsch«, sondern Lehnwörter sind. Anders als es der »Allgemeine Deutsche Sprachverein« erwartet hatte, wollten die nationalsozialistischen Redner jedoch nicht auf den Gebrauch solcher Wörter verzichten. Deutlich wurde das auch an der Auseinandersetzung um den Gebrauch von *Unfruchtbarmachung* – wie es der Sprachverein forderte – oder dem offiziellen Terminus *Sterilisation*. Die Bedeutung solcher Ausdrücke ist für die meisten Menschen nie ganz genau festzumachen, es haftet ihnen etwas

Vages an, und genau das war ganz im Sinne der offiziellen Rhetorik und Propaganda. Überhaupt gehörte das Vage und Verschleiernde zu den besonderen Kennzeichen des offiziellen Sprachgebrauchs, etwa auch in den Wehrmachtberichten mit Ausdrücken wie *Absetzbewegung* und *Frontbegradigung*, die stets auf Rückzug und militärische Niederlagen hinwiesen, ohne dies je offen auszusprechen.

Für die Charakterisierung des öffentlichen Sprachgebrauchs während der Herrschaft der Nationalsozialisten ergibt sich insgesamt folgendes Bild: Der nationalsozialistische Sprachstil ist über das schon Benannte hinaus vor allem geprägt von Wiederholungen und Redundanzen, von Verschleierung und Vagheit, auch durch Euphemismen wie *Endlösung* und *Konzentrationslager*, durch den maßlosen Gebrauch von Superlativen, die in Syntagmen wie *größtes Wunder* und *höchstes Gut* oder *opfervollster Kampf* noch pathetisch übersteigert werden. Einfache Komparative wie *größer, höher, besser, weiter* wurden zur Grundform, die Superlative zur gewöhnlichen Steigerungsform. Von diesem grammatischen Superlativ unterscheidet Christian Braun den semantischen Superlativ, den er dort erkennt, wo etwas gesteigert wird, was eigentlich nicht weiter gesteigert werden kann: so etwa *total* und *totaler*, *grundlegend* und *grundlegender*, *unerschütterlich* und *unerschütterlicher*.

Immer wieder begegnet auch eine durch Zahlenangaben ausgedrückte vermeintliche Größe und Genauigkeit. In Sätzen wie Rosenbergs: »Es erschien der germanische Mensch in der Weltgeschichte. Er umschiffte die ganze Erde; er entdeckte Millionen Welten«, werden mit den Zahlen keine Informationen verbunden. Braun kommentiert: »Was sich groß anhört, muß groß sein; superlativische Zahlen verstärken den Ausdruck, sie können dazu dienen, Sachverhalte zu verschleiern, aufzublähen oder zu relativieren – dieselbe rhetorische Strategie also, wenn etwa von einer *historischen Auseinandersetzung* die Rede ist.« Im »Übermaß der Zahl« sah auch der Zeitzeuge Victor Klemperer ein Kennzeichen des nationalsozialistischen Sprachgebrauchs. Dieser Sprachstil, der in Reinform wohl vor allem in politischen Reden erscheint, wirkt durch diese steigernden Merkmale wie ein Motor, der ständig heißläuft. Einige dieser charakteristischen Merkmale finden sich in einem Artikel des VÖLKISCHEN BEOBACHTERS, den der Justizangestellte Friedrich Kellner daher ausgeschnitten und 1943 in sein Tagebuch geklebt hat.

⟨16.12.43.⟩
»Der deutschen Mutter« – Fünf Jahre Ehrenkreuz

Vor nunmehr fünf Jahren, am 16. Dezember 1938 erging eine Anordnung des Führers, deren wesentlicher Inhalt in einem einzigen Satz besteht: »Als sichtbares Zeichen des Dankes des deutschen Volkes an kinderreiche Mütter stifte ich das Eh-

renkreuz der deutschen Mutter.« Die Verehrung des Muttertums, die im deutschen Wesen tief wurzelt, die insbesondere auch ein festes Band inniger Verbundenheit von Front und Heimat bildet, erhielt damit zum ersten Male in der Geschichte unseres Volkes weithin sichtbare Sanktion durch das Reich.

Das Ehrenzeichen, ein längliches Kreuz, blau emailliert mit weißem Bande, ist inzwischen zum festen Begriff in unserer Volksgemeinschaft geworden. Auf rundem weißem Schilde trägt es das schwarze Hakenkreuz und darum einen Metallrand mit der Aufschrift »Der deutschen Mutter«. Die Rückseite zeigt das Datum der Stiftung, den 16. Dezember 1938, und den Namenszug des Führers. Für Mütter von vier und fünf Kindern wird die dritte Stufe, in Bronze, für Mütter von sechs und sieben Kindern die zweite, in Silber, und für Mütter von acht und mehr Kindern die erste, in Gold, verliehen. Voraussetzung ist, daß die Eltern der Kinder deutschblütig und erbtüchtig, die Mütter der Auszeichnung würdig und die Kinder lebendig geboren sind. Die Vorschläge auf Verleihung des Ehrenkreuzes werden vom Bürgermeister von Amts wegen oder auf Antrag des Ortsgruppenleiters der NSDAP. oder des Kreiswarts des Reichsbundes Deutsche Familie aufgestellt. Bei einer dieser drei Stellen kann die Verleihung auch von einem Familienangehörigen angeregt werden. Jede Mutter erhält bei Aushändigung des Ehrenkreuzes ein vom Staatsminister und Chef der Präsidialkanzlei des Führers gegengezeichnetes Besitzzeugnis.

Es sind nun in den ersten fünf Jahren, bis 1. Oktober 1943, insgesamt 4 975 845 Ehrenkreuze verliehen worden, davon eigenartigerweise fast ebensoviel goldene wie silberne, nämlich 1 277 768 bzw. 1 280 591, während die bronzenen mit 2 414 486 wieder fast der Summe der goldenen und silbernen entsprechen. Die hohe Gesamtzahl erklärt sich aus der Tatsache, daß die Verleihungen zunächst bei vielen alten Müttern nachzuholen waren, während nun im wesentlichen nur die jungen, eben kinderreich gewordenen Mütter in Betracht kommen: sie können die drei Stufen nacheinander erhalten. Gewaltig war das Echo des Dankes und der Freude zu dieser ausdrucksvollen Führerehrung des deutschen Muttertums. Es findet seinen Niederschlag in vielen Tausenden von Briefen an den Führer, die zahlreiche umfängliche Bände in der Präsidialkanzlei füllen. Eine mit dem goldenen Ehrenkreuz beliehene Mutter, Frau Antonie L. aus A., mag hier für alle sprechen, wenn sie in ihrem Dankbrief schreibt:

»Geliebter Führer!... Meine Freude darüber ist so groß, daß ich sie in Worten nicht genug auszusprechen vermag. Darum wünsche ich, daß die junge Generation sich ein Beispiel an uns kinderreichen Müttern nehmen möge. Dann wird auch unser Großdeutsches Reich groß und stark bleiben ...« Der schlichte Dank dieser Mutter ist eine verpflichtende Mahnung an die noch Kommenden. Sie auszusprechen sind gerade im Kriege die fünf Millionen Trägerinnen des Mutter-EK.

berufen. Denn sie haben sich um die Voraussetzungen des Sieges ebenso verdient gemacht wie ihre Gatten und Söhne, die sich mit der Waffe in der Hand das soldatische EK. erwarben. Neben der unerläßlichen allgemeinen Kräftigung der Volksstärke sind im übrigen gerade aus dem deutschen Kinderreichtum in auffallender Zahl Genies und hervorragende Männer erwachsen. So war Friedrich der Große das vierte von zehn Kindern, Bismarck das vierte von sechs, Blücher das siebente von sieben, Richard Wagner das neunte von neun, Werner von Siemens das vierte von vierzehn, Kant das vierte von elf, der U-Boot-Held Otto Weddigen das achte von elf, und Schlageter das sechste von sieben Kindern.

Für die Analyse von Gebrauchstexten aus der Zeit des Nationalsozialismus hat Utz Maas ein Modell entwickelt, mit dessen Hilfe die Besonderheiten nationalsozialistischer Rhetorik und Propaganda herausgearbeitet werden können. Zu beschreiben sind – hier in leicht verkürzter Form wiedergegeben – folgende Aspekte:

1. Die Darstellung des Inhalts
2. Die Darstellung der sprachlichen Inszenierung
3. Die Darstellung des Sinns der Inszenierung
4. Die Aufhellung der »Botschaft unter der Oberfläche«.

Dieses Analyseschema, das von Maas für Leserinnen und Leser entwickelt wurde, die den Nationalsozialismus nicht selbst erlebt haben – entspricht ziemlich genau dem, was auch der Zeitgenosse Friedrich Kellner mit seinen Tagebucheinträgen und den Zeitungsausschnitten bezweckt und erreicht. Am 30. Dezember 1943 erläutert er in seinem Tagebuch zunächst den Inhalt des Zeitungsartikels: »Das Ehrenkreuz soll ein Zeichen des Dankes des deutschen Volkes an kinderreiche Mütter sein.« In einem zweiten Schritt beschreibt er den Sinn der Inszenierung so: »Die Erfinder und Stifter dieses Ehrenkreuzes denken gar nicht daran, etwa die Mutter zu ehren, nein, sie wollen nur erreichen, daß ehrgeizige Mütter nach dem Ehrenkreuz streben und dadurch die Zahl der Kinder erhöht wird. Sie brauchen Kinder als Kanonenfutter. Das ist der einzige Sinn und Zweck der Auszeichnung kinderreicher Mütter.« Schließlich dringt Kellner in einem dritten Schritt zur Aufhellung des eigentlichen Sinns vor, zur – nach Maas – »Botschaft unter der Oberfläche«, indem er schreibt: »Kinder sind eine Voraussetzung für eine imperialistische Politik. Kinderreichtum führt unfehlbar zum Krieg. Das Motto heißt dann: ›Volk ohne Raum‹.« Und er bietet abschließend sogar noch einen Kommentar dieser Botschaft: »Millionen Mütter verlieren in einem Krieg ihre Söhne, Millionen Frauen ihre Männer. Das ist die Kehrseite des Mutterkreuzes!« Damit löst Friedrich Kellner bereits als Zeitgenosse in souveräner Form die zentralen Anforderungen an eine kritische Textanalyse ein. Ausgespart bleibt nur die – nach Maas – »Beschreibung der sprachlichen Mittel der Inszenierung«, die nicht in Kellners Blickfeld lag und die eine Aufgabe für die heutige Forschung ist. Auf einige der Merkmale wurde oben bereits hingewiesen.

Darüber hinaus entnehmen nationalsozialistische Redner und Schreiber charakteristische Bilder aus den verschiedensten Lebensbereichen und setzen sie in einen neuen, ideologischen Kontext ein. Die Bilder transportieren dann etwas bereits Bekanntes aus den Bereichen Technik (*gleichschalten, formen, prägen* in Bezug auf Menschen), Sport (*boxen, ringen*), Militär (*Einsatz, Arbeitsfront*) oder den Naturwissenschaften (*Bakterien, Infektion, Organismus, Parasiten, Schmarotzer, Volkskörper, Wirtsvolk*), um damit auch den neuen, nationalsozialistisch infizierten Kontext der Bilder vertrauter, und damit vermeintlich harmloser erscheinen zu lassen. Goebbels schreibt 1943 in der Wochenzeitung DAS REICH: »Wie die Sieger eines großen Fußballkampfes in einer anderen Verfassung das Spielfeld verlassen, als sie es betreten haben, so wird auch ein Volk wesentlich anders aussehen, ob es einen Krieg beendet oder damit beginnt [...]. Wir kämpften ausschließlich im gegnerischen Strafraum.« Das Beispiel *Strafraum* zeigt, dass es meist nicht einzelne Wörter allein sind, die auffallen, sondern ihre Verwendungsweisen in bestimmten Kontexten. Es ist zudem lehrreich, dass im nationalsozialistischen Sprachstil mit Technik, Sport und den Naturwissenschaften solche Bereiche im Vordergrund stehen, die durchaus Teile des modernen Lebens sind. Auch der Versuch einer Orthographiereform und die NSDAP-intern verfügte Umstellung von der »deutschen« Fraktur-Schrift auf die in Europa sonst übliche Antiqua-Type gehört ja in das Umfeld der Modernisierungen. Neben modernen Elementen stehen dann aber auch Ausdrücke religiöser (*Glaube an den Führer, Heil, Unsterblichkeit*) und pseudo-mystischer, archaisierender Herkunft (*Ahnen, Arier, Maid, nordische Männer, Sippe*), die eher als antimodern oder rückwärtsgewandt bezeichnet werden können. Zusammengenommen kennzeichnen sie die schwer durchschaubare, oft von gegenläufigen Tendenzen geprägte Ideologie des Nationalsozialismus.

Auch die Sprache der Klassiker gehört zu den Bereichen, aus denen sich die Sprache der neuen Machthaber bedient. Nationalsozialistische Autoren konnten auf diese Weise wahlweise Volksnähe oder Bildungswissen demonstrieren. So nehmen etwa in den Reden nationalsozialistischer Parteiführer Zitate aus den Werken Schillers, die oft entstellt oder formelhaft eingesetzt werden, aber doch erkennbar bleiben, eine merkwürdig herausgehobene Position ein. Die Kenntnis der Klassikerzitate beruht auch in dieser Zielgruppe in den seltensten Fällen auf eigener Textlektüre. Sie schöpft weiterhin aus Georg Büchmanns berühmter Zitatensammlung, die – wie wir bereits gesehen haben – schon für die bürgerliche Sprachkultur unverzichtbar geworden war. Die nationalsozialistischen Redner reihen sich in diese Tradition ein. Sehr deutlich erkennbar wird dies in der 1942 erschienen Auflage des »Büchmann«, die im Register auch einige Hinweise auf Zitate »aus der Kampfzeit des Nationalsozialismus (1918–1933)« enthält.

Klassikerzitate, Sprichwörter und sprichwörtliche Redewendungen werden jedoch gleichzeitig für ein bildungsbürgerlich geprägtes Publikum zu einer Möglichkeit des (sprachlichen) Widerstandes. Im Gegensatz zur Schiller-Dominanz in nationalsozialistischen Reden und Veröffentlichungen zeigt sich zum Beispiel im Tagebuch Friedrich Kellners eine etwas andere Verteilung. Zwar spielen Schiller-Zitate auch bei ihm eine große Rolle, aber sie erscheinen oft in verfremdeter Form. So verändert er Wallensteins Ausspruch: »Schnell fertig ist die Jugend mit dem Wort, / Das schwer sich handhabt, wie des Messers Schneide / Aus ihrem heißen Kopfe nimmt sie keck / Der Dinge Maß, die nur sich selber richten« in: »Schnell fertig sind die Nazis mit dem Wort« und erinnert, indem er *Jugend* durch *Nazis* ersetzt, an das vergleichsweise jugendliche Alter der meisten nationalsozialistischen Aktivisten. Ein unbearbeitetes Zitat wie: »Gegen Dummheit kämpfen Götter selbst vergebens« (DIE JUNGFRAU VON ORLÉANS), das Kellner gleich auf den ersten Seiten des Tagebuchs verwendet, zeigt darüber hinaus deutlich, dass sich Schiller-Zitate von jedem in fast jeder Lebenslage verwenden lassen. Annähernd gleich häufig wie Schiller zitiert Friedrich Kellner Goethe, ebenfalls verarbeitet werden – wenngleich in sehr viel geringerer Zahl – Shakespeare, Sebastian Brant, Märchen und antike Autoren. Nur Lessing scheint nicht mehr im Kanon der häufig zitierten Autoren enthalten zu sein. Die Sprache der Klassiker ist aber insgesamt noch in der Mitte des 20. Jahrhunderts so dominant, dass neue, aktualisierte »Spruchweisheiten« formuliert werden, die dem klassischen Versmaß nachempfunden sind. Kellners Leitsatz »Vernebelt, verdunkelt sind alle Hirne« liest sich im selben Rhythmus wie Goethes »Vom Eise befreit sind Strom und Bäche«. Diese Art von »Volks-Daktylus« ist vielleicht die am weitesten gehende Form der »kenntlichen Entstellung« klassischer Zitate. Auf dem Weg zum Anti-Sprichwort ist dagegen die Umdeutung von Hans Grimms unsäglichem »Volk ohne Raum« zum Kellnerschen »Volk ohne Hirn«. Auch zwei Heinrich-Heine-Zitate aus dem »Buch der Lieder« sind eingestreut. Der zentrale Unterschied zum offiziellen Sprichwort-Gebrauch liegt aber in der Verwendung von Bibelzitaten. Ihre Zahl ist den Aussprüchen der klassischen und antiken Autoren ebenbürtig. Kellner, der selbst keiner christlichen Religionsgemeinschaft angehörte, stellt ihre Bedeutung im ersten Tagebuch selbst heraus. Am 15. April 1940 schreibt er: »Das deutsche Volk muß in seiner Gesamtheit wie ein kleines Kind belehrt werden.« Und die Art der Belehrung illustriert er durch acht sprichwörtliche Redewendungen, von denen allein fünf biblischer Herkunft sind: »Unrecht Gut gedeihet nicht«, »Was du nicht willst was man dir tu, das füg' auch keinem andern zu«, »Begehre nicht deines

Nächsten ...«, »Du sollst nicht töten«, »Du siehst den Splitter in des Nachbarn Augen, aber nicht den Balken im eigenen« und schließlich – als spätere Ergänzung, durch den Dichter Friedrich Rückert vermittelt – »Bleibet im Lande und nähret Euch redlich«. Dazu stellt er zwei Zitate aus dem Umkreis der deutschen Aufklärung und Klassik: »Der Krug geht solange zum Brunnen bis er bricht« und – ebenfalls als spätere Ergänzung – Goethes »Edel sei der Mensch, hilfreich und gut«. Nimmt man diese kleine Sprichwörtersammlung Kellners zum Maßstab, dann sind es die ethisch-moralischen Grundsätze des Christentums, ergänzt durch Einsichten der deutschen Aufklärung, die das bürgerliche Rüstzeug zum Widerstand gegen den Nationalsozialismus bereitstellen sollten. Ein ausschließlich auf Klassik und Humanismus ausgerichtetes Bildungsideal allein, das ist wiederholt bemerkt worden, immunisiert gegen den Nationalsozialismus aber nicht.

Wie mühsam die Überwindung liebgewordener Aussprüche auch aus dem nationalsozialistischen Umfeld war, zeigt die 50. Auflage des Büchmann vom Jahr 1950. Zwar wurden die meisten der nationalsozialistisch geprägten Redensarten nach Angaben des Verlags aus dem Band entfernt, auf eine Reihe geflügelter Naziworte konnte aber auch diese Ausgabe offensichtlich nicht verzichten. Weiterhin im Stichwortregister aufgeführt sind von Adolf Hitler »Ich aber beschloß, Politiker zu werden«, »Kraft durch Freude« sowie »Und ihr habt doch gesiegt!«; von Hermann Göring »Kanonen statt Butter«, das dem Gewerkschafter August Winnig zugeschriebene »Blut und Boden« oder auch besagtes »Volk ohne Raum« von Hans Grimm. Erst in der Auflage von 1958 fehlen sie dann endgültig.

Bekannter als die Aussagen Friedrich Kellners, dessen Tagebücher auch erst vor wenigen Jahren aufgefunden wurden, sind die Reflexionen einiger weiterer Zeitzeugen der nationalsozialistischen Diktatur. Dolf Sternberger hat im WÖRTERBUCH DES UNMENSCHEN, Victor Klemperer in seiner LINGUA TERTII IMPERII, also der »Sprache des Dritten Reiches« eine Reihe weiterer, damals ideologisch verwendeter Ausdrücke von *groß aufziehen* bis *betreuen* festgehalten, von denen uns heute viele ganz unbedenklich erscheinen, die aber damals Teil einer bestimmten »Weltanschauung« waren. Schon Klemperer hat zudem gezeigt, dass es nicht nur Wörter allein sind, die den nationalsozialistischen Sprachstil ausmachen, selbst wenn er sich in einzelnen Ausdrücken verdichtet. Auch die Inszenierung von Aufmärschen und Parteitagen gehört mit ihrer sprachlichen Gestaltung selbstverständlich dazu. Siegfried Jäger hat Klemperer daher zu Recht einen frühen Vertreter der modernen Diskursanalyse genannt. Der Romanist Klemperer, der durch seine »arische« Ehefrau zwar vor sofortiger Deportation geschützt war, wegen seiner jüdischen Abstammung aber sein Amt und Haus verlor und später interniert wurde, hat am eigenen Leibe erfahren, wie die »Sprache des Dritten Reiches« so tief ins Alltagsbewusstsein eindrang, dass er selbst als Opfer des Regimes gegen diesen Sprachgebrauch nicht völlig immun war. Bestimmte Redeweisen waren den Menschen innerhalb kürzester Zeit in Fleisch und Blut übergegangen, der nationalsozialistische Sprachstil drang also weit über das Politische hinaus auch in das Privatleben der Menschen ein. Klemperer sprach von einem Gift, das man unbemerkt aufnimmt: »Worte können sein wie winzige Arsendosen: sie werden unbemerkt verschluckt, sie scheinen keine Wirkung zu tun, und nach einiger Zeit ist die Giftwirkung doch da. Wenn einer lange genug für heldisch und tugendhaft: fanatisch sagt, glaubt er schließlich wirklich, ein Fanatiker sei ein tugendhafter Held, und ohne Fanatismus könne man kein Held sein.« Von Sprachwissenschaftlern der Nachkriegszeit ist er dafür heftig kritisiert worden, weil man glaubte, mit dieser Metapher würde ein Teil der deutschen Schuld verdrängt oder verleugnet, weil das Gift ja »unbemerkt« aufgenommen würde. Verdrängung war aber gar nicht Klemperers Absicht, sondern er wollte zeigen, wie sich der nationalsozialistische Sprachstil immer weiter im Alltag ausbreiten konnte und wie er dazu beitrug, die Menschen an eine bestimmte Art des Denkens zu gewöhnen. Ein gutes Beispiel ist der nach von Polenz »typisierende Singular für stereotype Gruppenbegriffe« wie *der Jude, der Russe, die deutsche Frau*. Mit solchen Formulierungen, die eine lange Tradition haben, im nationalsozialistisch geprägten Alltag aber besonders häufig sind, wird dem Einzelnen jede Individualität zugunsten generalisierender Vorstellungen abgesprochen.

Wenn auch Verfolgte und Gegner des Nationalsozialismus vom nationalsozialistischen Sprachstil beeinflusst werden konnten, so lohnt sich durchaus ein Blick auf deren sprachliche Überlieferung insgesamt. Die Germanistik hat sie bisher verstärkt aus einer literaturwissenschaftlichen Perspektive betrachtet. Aber viele der Texte der Opfer des Nationalsozialismus können Aufschlüsse auch über den Sprachgebrauch unter extremen Lebensumständen geben. Man findet unter den Bedingungen der häuslichen Isolation etwa Victor Klemperers idealistische Sprachkritik, unter den Bedingungen des Exils Versuche wie die des bereits erwähnten Schriftstellers Joachim Maass, der in seinem Roman DAS MAGISCHE JAHR von 1944 die sprachliche Situation im Exil dadurch abbildet, dass seine Beschreibung einer Vorkriegskindheit in Hamburg nicht in Hamburg, sondern im amerikanischen Exil einsetzt und zudem durch englischsprachige Dialoge und Reflexionen aktualisiert wird, während draußen vor der Tür Unwetter und Schneestürme toben. Die Sprachmischung in der Emigration kennt Maass vermutlich bereits aus der New Yorker Emigrantenzeitung »Aufbau«, für die auch Carl Zuckmayer arbeitete, in dessen Haus Maass 1944 wohnte.

Noch eindrücklicher als bei Klemperer und Maass, weil in noch weitaus furchtbareren Verhältnissen entstanden, können die erhaltenen Texte und Sprachzeugnisse aus den nationalsozialistischen Konzentrationslagern und Gettos Aufschlüsse über den Sprachgebrauch und die Sprachfunktionen unter extremen Lebensumständen geben. So haben etwa einige im Getto Lodz-Litzmannstadt unter unmenschlichen Bedingungen internierte Journalisten, Schriftsteller und Wissenschaftler neben Tagebüchern, Reportagen über das Gettoleben und einer fragmentarischen GETTO-ENZYKLOPÄDIE, einer Art Sachwörterbuch des Gettos, auch und vor allem eine umfangreiche mehrjährige Chronik hinterlassen, in der sie nicht nur die Ereignisse eines jeden Gettotages aufzeichneten, sondern durch eine feste Textstruktur und die Anknüpfung an die Sprache der Klassiker eine Gegenwelt zum deprimierenden »Gettoalltag« schafften. Auch wenn die Chronisten den Holocaust nicht überlebt haben, so haben sie mit der »Chronik« doch ein bleibendes Beispiel gesetzt, wie mit Sprache neue Wirklichkeiten geschaffen werden können und das Leben – vielleicht – wenigstens für einige Jahre etwas leichter wurde. Die bürgerliche Sprachkultur leuchtet in diesem Text – gerade im Kontrast zum nationalsozialistischen Sprachstil der Bewacher und Machthaber – noch einmal sehr hell auf.

Die Sprachgeschichte der zweiten Hälfte des 20. Jahrhunderts gibt Anlass zu der Vermutung, dass mit der Ermordung der jüdisch-deutschen Bevölkerung und insbesondere des jüdisch-deutschen Bürgertums gerade die Bevölkerungsgruppe ausgelöscht worden ist, die seit den Tagen von Emanzipation und Assimilation an die deutsche »Leitkultur« in sprachlicher Hinsicht traditionell am stärksten normorientiert war. Helmuth Kiesel fasst die Bedeutung der Sprache im Kapitel »Moderne und Judentum« in seiner Literaturgeschichte so zusammen: einerseits waren die europäischen Juden »dazu prädestiniert, eine Modernisierungselite zu werden – aber nicht etwa aufgrund ›rassischer‹ Anlagen, sondern aufgrund sozialer Erfahrungen und kultureller Gepflogenheiten.« Andererseits sorgte der »religiöse Intellektualismus« dafür, »daß die Juden (und zumal auch die jüdischen Frauen) in einem weit höheren Maße als die übrige Bevölkerung gebildet waren: alphabetisiert und in der deutschen Sprache oft besser geübt als die Mehrzahl der Deutschen«. Man muss seine Meinung nicht teilen, aber es passt in diesen Zusammenhang, dass der Schriftsteller Maxim Biller auch für die deutsche Nachkriegsliteratur einen massiven Qualitätsverlust konstatiert, seit auch die letzten jüdisch-deutschen Schriftsteller wie Elias Canetti verstorben sind.

Ob es nach 1945 eine »Stunde null« gegeben habe, ist viel diskutiert worden; in seinen Auswirkungen auf die sprachliche Entwicklung des Deutschen ist der Holocaust sicher lange Zeit unterschätzt worden. Der große Erfolg des französisch-jüdischen Pantomimen Marcel Marceau (1923–2007) im Nachkriegsdeutschland, der deshalb auch 1954 mit einem Porträt in der Zeitschrift DER SPIEGEL geehrt wurde, verdeutlicht ein Bedürfnis nach Stille und Schweigen, das bei vielen Menschen als Reaktion auf den Lärm der Nazi-Propaganda folgte. Es änderte sich auch die Einstellung zur Sprache, es breitete sich eine neue Sprachskepsis, insbesondere eine Rhetorik-Skepsis aus. In der Sprachwissenschaft war die Rezeption der Überlegungen Ferdinand de Saussures, gegen die im Sinne einer Methoden-Diskussion nichts einzuwenden ist, eine gute Möglichkeit, sich von den belasteten Verbindungen von »Sprache und Geschichte« abzuwenden. Aber auch die Veränderung des Sprachraums und neue Einflüsse von außen wirkten auf den Sprachgebrauch. Flucht und Vertreibung führten zu einer veränderten Zusammensetzung des deutschen Varietätenspektrums; Dialekte gingen unter oder vermischten sich neu. Der sich stetig verstärkende Einfluss des amerikanischen Englischen sowie die neuen Sprachstile der Computerwelt und zuletzt der neuesten Medien tun ein Übriges. Diese neuen Einflüsse konnten sich aber wohl nur deshalb so leicht durchsetzen, weil es die bürgerliche Sprachkultur als Norm und Vorbild nicht mehr gibt. Anne Betten hat durch ihre Auswertung von Interviews mit nach Israel ausgewanderten deutschen Juden eindringlich gezeigt, wie tief das normgerechte Sprechen auch nach Jahrzehnten in dieser Bevölkerungsgruppe noch verwurzelt war. »Vielleicht sind wir wirklich die einzigen Erben der Weimarer Kultur«. Der Pädagogikprofessor und langjährige Direktor des Leo Baeck Instituts in Jerusalem, Joseph Walk (1914–2005), umschreibt mit diesem Satz das besondere Verhältnis seiner aus den deutschsprachigen Ländern eingewanderten Generation zur deutschen Sprache und Kultur. Hier scheint noch einmal der Weg vom Weimar Goethes und Schillers bis zur Weimarer Republik und zur Machtübernahme der Nationalsozialisten auf, der für viele, auch gerade der sprachlich einflussreichsten Menschen in die Emigration oder nach Auschwitz und Buchenwald führte.

7. Ein Ausblick zum Schluss

Die Zeit nach 1945 gehört im weiteren Sinn zur deutschen Gegenwartssprache und ist daher nicht mehr Teil dieser Sprachgeschichte. Sie ist bestimmt von Phasen des Wandels und des Neubeginns, die Heidrun Kämper treffend als »sprachliche Umbrüche« bezeichnet hat. In der Nachkriegszeit erscheinen als Umbrüche vor allem der »Schulddiskurs« in der Konstituierungsphase der beiden deutschen Staaten etwa im Zeitraum von 1949 bis 1955 und der »Protestdiskurs« der 1968er Generation, der als »Demokratisierungsdiskurs« gedeutet werden kann. Innerhalb der verschiedenen Diskurse ist die neuere Sprachgeschichte wesentlich geprägt von »semantischen Kämpfen«, in denen Sprache als Medium zur Durchsetzung bestimmter Sichtweisen auf umstrittene Sachverhalte in unterschiedlichen Lebensbereichen eingesetzt wird. Ekkehard Felder hat an vielen Beispielen gezeigt, wie Sprache noch vor der Konstituierung der Sachverhalte die jeweils spezifischen Wissensrahmen strukturiert, wie also Wissen – das wichtigste Kapital in der Neuzeit – durch Sprache entsteht. Und auch ganz grundsätzlich verändert vor allem der wachsende Einfluss der Medien die deutsche Sprache sehr. Der dort zu beobachtende Übergang von einer literaturgeprägten Schriftsprache zu eher sprechsprachlichen Stilen, den man »Oralisierung« oder »Vermündlichung« genannt hat, breitet sich rasant aus. Damit ist ein weiter Bogen gespannt von den Bemühungen benediktinischer Mönche um die erste Verschriftlichung des bis dahin nur mündlich gebrauchten Deutschen bis zu der Neu-Orientierung an den mündlichen Sprachformen auch in der Schrift, die unseren heutigen Alltag bestimmen.

Die deutsche Gegenwartssprache hat einen stabilen lexikalischen Kern seit althochdeutscher Zeit, wir finden ihre syntaktische Struktur im Mittelhochdeutschen weitgehend ausgebildet vor, und sie ist in lautlicher Hinsicht seit der frühen Neuzeit auf dem Weg zu einer einheitlichen Norm, die sich im 18. und 19. Jahrhundert verfestigt und durchgesetzt hat. Diese Norm umfasst bei weitem nicht nur Rechtschreibung und Aussprache, sondern auch die Idee eines literatursprachlichen Stils, in dem Elemente der Schriftlichkeit und der Mündlichkeit in immer wieder unterschiedlicher Weise zusammenkommen.

Grundlegend geändert haben sich aber darüber hinaus die Vorstellungen von der Bedeutung der Sprachen für die menschliche Zivilisation insgesamt, und damit auch der Geltungsgrad und die Einschätzung der deutschen Sprache. Kaiser Karl V. (1500–1558) wird ein Ausspruch zugeschrieben, der in mehreren Fassungen überliefert ist; ich folge hier Eugenio Coseriu: Karl V. (bzw. Carlos I.), »dieser Beherrscher eines europäischen und überseeischen Reiches, in dem ›die Sonne nicht unterging‹, der vier europäische Sprachen verhältnismäßig gut beherrschte, soll einmal gesagt haben, er spreche Spanisch mit Gott, Italienisch mit den Männern, Französisch mit den Frauen und Deutsch mit den Pferden.« Spätestens seit dem Beginn der Neuzeit werden in Europa Sprachen also nicht mehr nur als schlichte Kommunikationsmittel eingestuft, sondern mit Funktionen und Wertungen verbunden, die über die Unterscheidung in »heilige Sprachen« oder »nicht heilige Sprachen« hinausgehen. So wie sich im deutschen Sprachraum die beschriebene »Vertikalisierung des Varietätenspektrums« vollzogen hat, so hat sich auch in Europa insgesamt das Wertegefälle zwischen den Sprachen verschoben. Das Prestige der einzelnen Sprachen und ihre Stellung auf der imaginären vertikalen Achse verschieben sich allerdings von Epoche zu Epoche. Auf die mittelalterliche und frühneuzeitliche Bildungssprache Latein, die Karl V. aber schon gar nicht mehr erwähnt, folgte im 17. und 18. Jahrhundert das Französische als Sprache der höfischen Kultur und der eleganten Konversation. Nun galt Französisch als Sozialsymbol. Abgelöst wurde es um 1800 vom Deutschen als Sprache der Wissenschaften. Das Deutsche war vielleicht nicht so elegant, aber es war genau und konkret. Mit der Moderne trat nach dem Ersten Weltkrieg nach und nach das Englische an seine Stelle, begünstigt durch Wirtschaft und Handel und den Aufschwung der Populärkultur. Im Englischen konnte man alles schneller, kürzer und direkter ausdrücken. Es spricht jedoch einiges dafür, dass der Aufstieg des Englischen nun langsam an seine Grenzen stößt. Zwar sieht es nicht so aus, als könnte eine andere Sprache an seine Stelle treten, aber vermutlich werden sich die größeren Sprachen Europas in Zukunft ihre Domänen wieder etwas gleichmäßiger untereinander aufteilen. In einer Welt, in der »Entschleunigung« zu einem neuen Schlagwort wird, gibt es gute Gründe für die Annahme, dass das etwas langsamere und »alle Umstände beleuchtende« Deutsche wieder eine größere Rolle spielen könnte. Sprachpurismus oder Kampf gegen »Fremdwörter« sind dabei ganz untaugliche Mittel. Vielmehr muss eine Gesellschaft stets neue Anreize schaffen, damit die Sprecher ihre Sprache lieben und sorgfältig gebrauchen. Es muss sich für Nicht-Muttersprachler auch aus literarischen und wissenschaftlichen Gründen lohnen, Texte in deutscher Sprache zu lesen. Es gehört zu den Aufgaben der Sprachgeschichtsschreibung, diese Texte – alte wie neue – zu beschreiben und für das kulturelle Gedächtnis einer Sprachgemeinschaft und ihre Identitätsbildung zu erhalten.

Abkürzungsverzeichnis

abulg.	altbulgarisch
Adj.	Adjektiv
Adv.	Adverb
aengl.	altenglisch
afrz.	altfranzösisch
ahd.	althochdeutsch
Akk.	Akkusativ
altruss.	altrussisch
Anf.	Anfang
arab.	arabisch
as.	altsächsisch
atschech.	altschechisch
Cgm.	Codex Germanicus Monacensis
Dat.	Dativ
engl.	englisch
fnhd.	frühneuhochdeutsch
frz.	französisch
Gen.	Genitiv
germ.	germanisch
got.	gotisch
griech.	griechisch
hochdt.	hochdeutsch
Hs.	Handschrift
ital.	italienisch
jem.	jemand
jmdm.	jemandem
jmdn.	jemanden
Kap.	Kapitel
Kop.	Kopie
kroat.	kroatisch
kum.	kumanisch
lat.	lateinisch
Lkr.	Landkreis
mhd.	mittelhochdeutsch
mittelnd.	mittelniederdeutsch
mittelnl.	mittelniederländisch
nd.	niederdeutsch
neuengl.	neuenglisch
nhd.	neuhochdeutsch
nl.	niederländisch
Nom.	Nominativ
Pl.	Plural
poln.	polnisch
r.	recto
schles.	schlesisch
schwed.	schwedisch
serb.	serbisch
sog.	sogenannt
span.	spanisch
Subst.	Substantiv
tschech.	tschechisch
v.	verso
vs.	versus

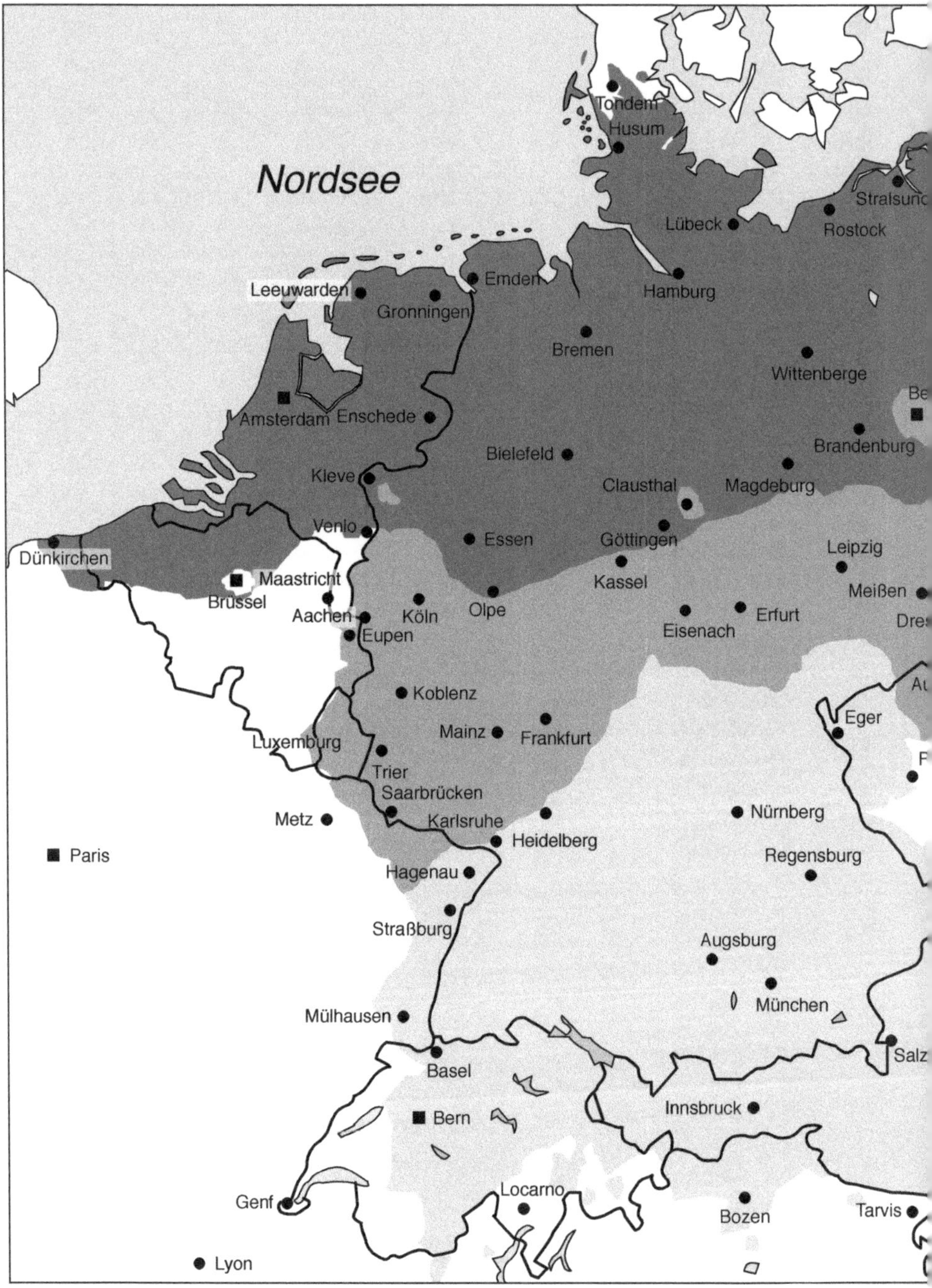

Der historische deutsche Sprachraum

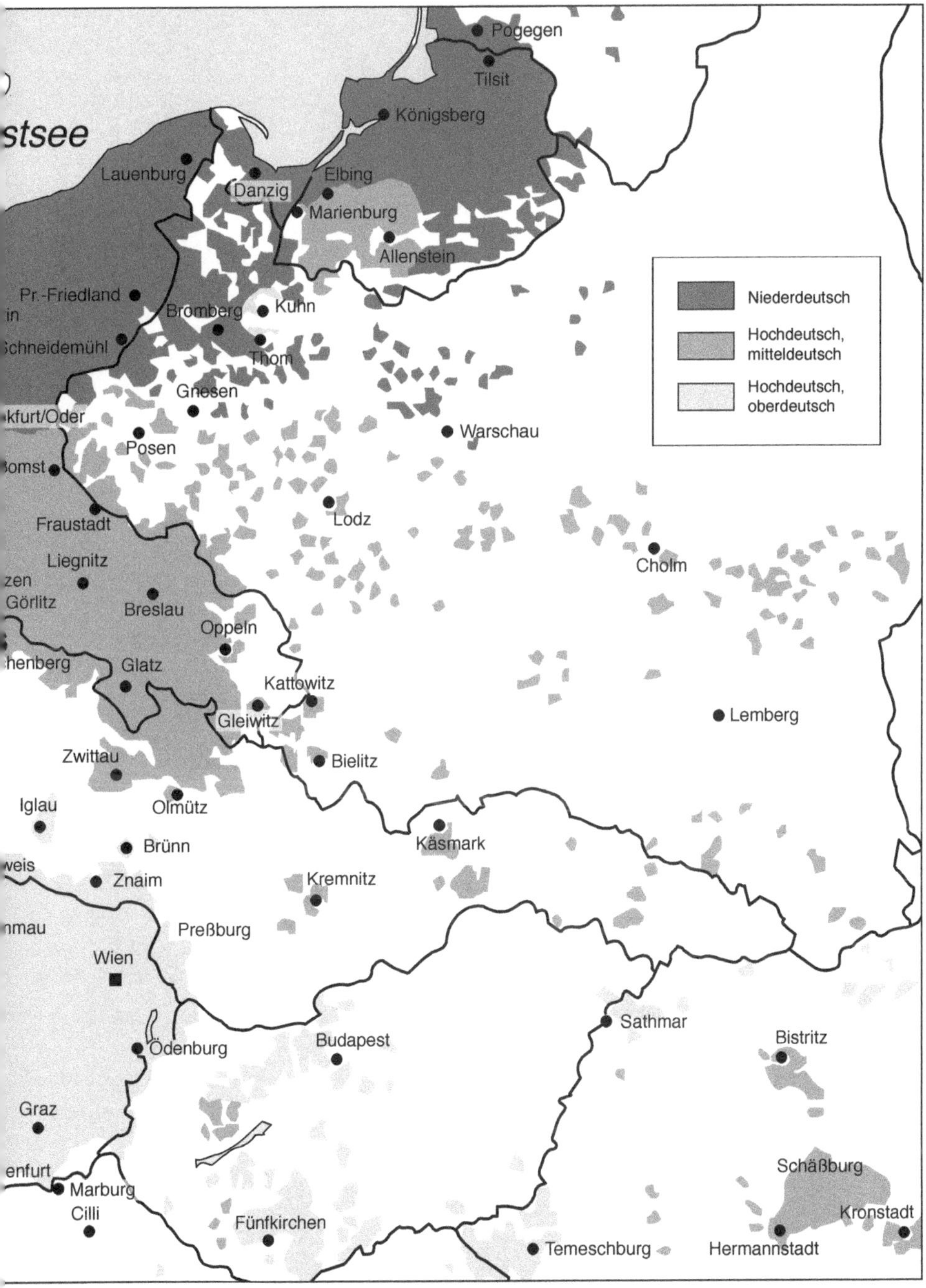
stsee
Pogegen
Tilsit
Königsberg
Lauenburg
Danzig
Elbing
Marienburg
Allenstein
Pr.-Friedland
Bromberg
Kuhn
Schneidemühl
Thorn
Gnesen
kfurt/Oder
Posen
Warschau
Bomst
Lodz
Fraustadt
Liegnitz
Cholm
Görlitz
Breslau
Oppeln
Glatz
Kattowitz
Gleiwitz
Lemberg
Zwittau
Bielitz
Iglau
Olmütz
Käsmark
Brünn
Znaim
Kremnitz
Preßburg
Wien
Sathmar
Bistritz
Ödenburg
Budapest
Graz
Schäßburg
Marburg
Cilli
Fünfkirchen
Kronstadt
Temeschburg
Hermannstadt
Niederdeutsch
Hochdeutsch, mitteldeutsch
Hochdeutsch, oberdeutsch

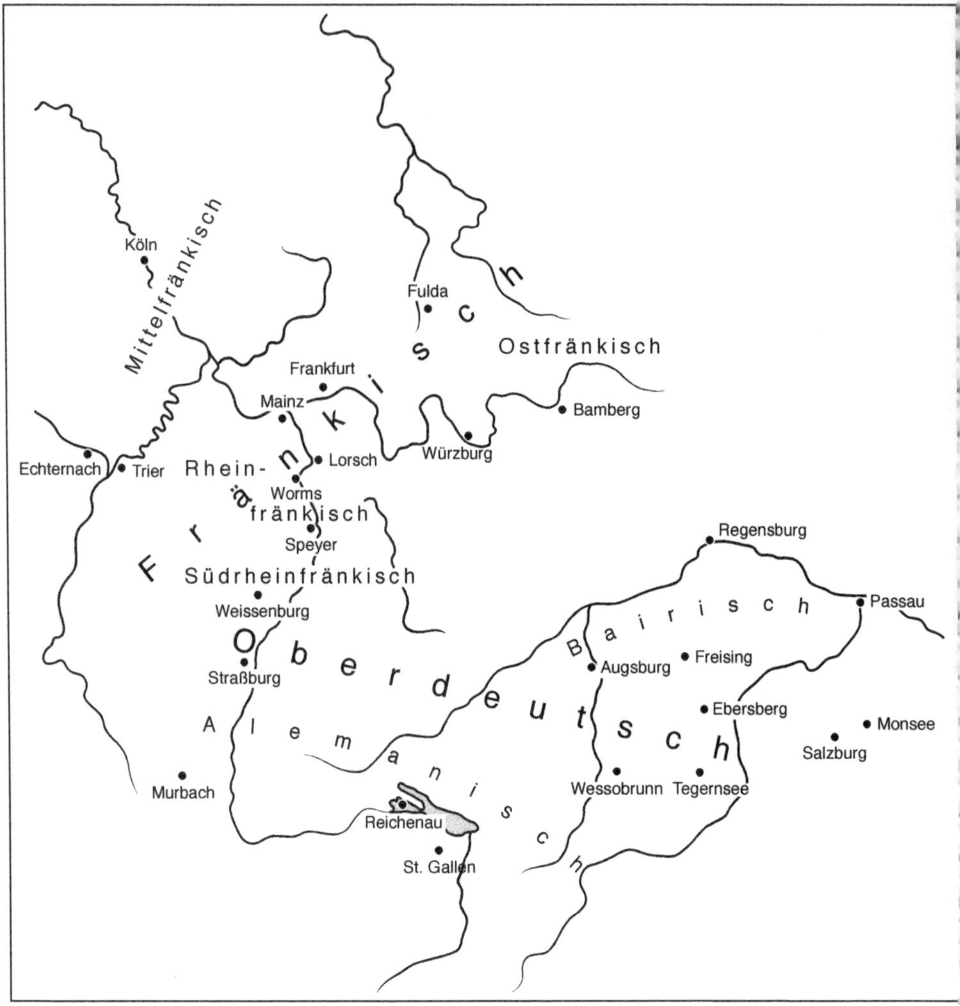

Schreiborte und Sprachräume des Althochdeutschen

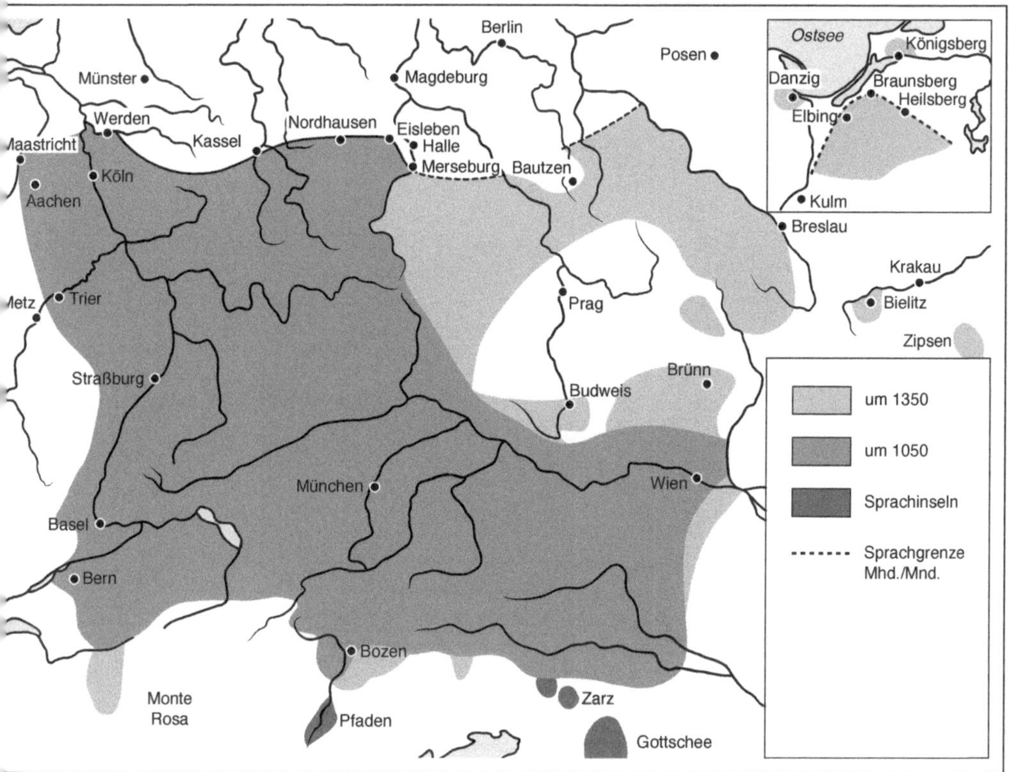

Sprachraum des Mittelhochdeutschen

Sprachraum des Frühneuhochdeutschen

Literaturverzeichnis

Das Verzeichnis enthält die im Textverlauf verwendete Literatur sowie darüber hinaus in Auswahl auch weiterführende Titel.

1. Literatur zur Einleitung und kapitelübergreifende Literatur

Hans Ahrens: Sprachwissenschaft. Der Gang ihrer Entwicklung von der Antike bis zur Gegenwart. 2 Bde. Freiburg i. Br. / München 1969.

Jochen A. Bär (Hrsg.): Historische Text- und Diskurssemantik. Berlin/Boston 2021. (Jahrbuch für Germanistische Sprachgeschichte 11.)

– Wissen in der historischen Semantik. In: Information und Wissen – Beiträge zum transdisziplinären Diskurs. Hrsg. von Kristina Pelikan / Thorsten Roelcke. Berlin 2020. (Transferwissenschaften 12.) S. 209–232.

– Wortgeschichte – Kulturgeschichte. In: Muttersprache. Vierteljahresschrift für deutsche Sprache 128 (2018) S. 5–16.

– / Anja Lobenstein-Reichmann / Jörg Riecke (Hrsg.): Handbuch Sprache in der Geschichte. Berlin/Boston 2019. (Handbücher Sprachwissen 8.)

Werner Besch / Anne Betten / Oskar Reichmann / Stefan Sonderegger (Hrsg.): Sprachgeschichte. Ein Handbuch zur Geschichte der deutschen Sprache und ihrer Erforschung. Berlin / New York. 4 Bde. 1998–2004.

Dominika Bopp / Stefaniya Ptashnyk / Kerstin Roth / Tina Theobald: Wörter – Zeichen der Veränderung. Berlin [u. a.] 2020.

Luise Czajkowski/ Sabrine Ulbrich-Bösch/ Christina Waldvogel (Hrsg.): Sprachwandel im Deutschen. Berlin u. a. 2018

Hans Eggers, Deutsche Sprachgeschichte. Bd. 1: Das Althochdeutsche und das Mittelhochdeutsche. Bd. 2: Das Frühneuhochdeutsche und das Neuhochdeutsche. Reinbek 1986.

Peter Ernst: Deutsche Sprachgeschichte. Eine Einführung in die diachrone Sprachwissenschaft des Deutschen. Wien 2005.

Egon Friedell: Kulturgeschichte der Neuzeit. Die Krisis der Europäischen Seele von der Schwarzen Pest bis zum Ersten Weltkrieg. 1. Aufl. in 3 Bdn. 1927–31. Neudr. Zürich 2009.

Andreas Gardt: Geschichte der Sprachwissenschaft in Deutschland. Vom Mittelalter bis ins 20. Jahrhundert. Berlin / New York 1999.

Klaus J. Mattheier: Sprachgeschichte des Deutschen: Desiderate und Perspektiven. In: Andreas Gardt / Klaus J. Mattheier / Oskar Reichmann (Hrsg.): Sprachgeschichte des Neuhochdeutschen. Gegenstände, Methoden, Theorien. Berlin / New York 1995. S. 1–18.

Damaris Nübling / Antje Dammel / Janet Duke / Renata Szczepaniak: Historische Sprachwissenschaft des Deutschen. Eine Einführung in die Prinzipien des Sprachwandels. 2. Aufl. Tübingen 2008.

Peter von Polenz: Deutsche Sprachgeschichte. Vom Spätmittelalter bis zur Gegenwart. 3 Bde. Berlin / New York 1994. (Bd. 1: 2. Aufl. 2000; Bd. 2: 2. Aufl. 2013.)

Peter von Polenz: Geschichte der deutschen Sprache. 9. Aufl. Berlin / New York 1978; 10. Aufl. Ebd. 2009.
Oskar Reichmann: Das nationale und das europäische Modell in der Sprachgeschichtsschreibung des Deutschen. Freiburg (Schweiz) 2001.
Jörg Riecke / Tina Theobald: Deutschsprachige Zeitungen im östlichen Europa. Ein Katalog. Bremen 2019.
Christopher J. Wells: Deutsch: eine Sprachgeschichte bis 1945. Tübingen 1990.

2. Literatur zum Kapitel »Die althochdeutsche Zeit«

Rolf Bergmann / Stefanie Stricker (Hrsg.): Glossenstudien. Ergebnisse der neuen Forschung. Heidelberg 2020.
– / – Katalog der althochdeutschen und altsächsischen Glossenhandschriften. 6 Bde. Berlin / New York 2005.
Christian Braun: Das Althochdeutsche aus textlinguistischer Sicht. Soziopragmatische Einordnung und ausgewählte textgrammatische Studien. Berlin 2017.
Raphaela Gasser: Propter lamentabilem vocem hominis. Zur Theorie der Volkssprache in althochdeutscher Zeit. In: Freiburger Zeitschrift für Philosophie und Theologie 17 (1970) S. 3–83.
Elvira Glaser: Frühe Griffelglossen aus Freising. Ein Beitrag zu den Anfängen althochdeutscher Schriftlichkeit. Göttingen 1996.
Wolfgang Haubrichs: Die Anfänge: Versuche volkssprachiger Schriftlichkeit im frühen Mittelalter (ca. 700–1050/60). In: Joachim Heinzle (Hrsg.): Geschichte der deutschen Literatur von den Anfängen bis zum Beginn der Neuzeit. Bd. 1/1. Frankfurt a. M. 1988. 2. Aufl. Tübingen 1995.
Nikolaus Henkel: Deutsche Glossen. Zum Stellenwert der Volkssprache bei der Erschließung lateinischer Klassiker. In: Theodisca. Beiträge zur althochdeutschen und altniederdeutschen Sprache und Literatur in der Kultur des frühen Mittelalters. Hrsg. von Wolfgang Haubrichs, Ernst Hellgardt, Reiner Hildebrandt, Stephan Müller und Klaus Ridder. Berlin / New York 2000. S. 387–413.
Klaus Matzel: Karl der Große und die Lingua Theodisca. In: Gesammelte Schriften. Hrsg. von Rosemarie Lühr, Jörg Riecke und Christiane Thim-Mabrey. Heidelberg 1990. S. 217–234.
– Ein althochdeutscher Grammatiker. In: Gesammelte Schriften. Hrsg. von Rosemarie Lühr, Jörg Riecke und Christiane Thim-Mabrey. Heidelberg 1990. S. 374–411.
Ruppert Mayr: Studien zum Wortschatz des Konfliktes im Althochdeutschen und Altsächsischen. Berlin 2019.
Eckhard Meineke / Judith Schwerdt: Einführung in das Althochdeutsche. Paderborn [u. a.] 2001.
Stefan Michael Newerkla: Sprachkontakte Deutsch/Tschechisch/Slowakisch. Wörterbuch der deutschen Lehnwörter im Tschechischen und Slowakischen: historische Entwicklung, Beleglage, bisherige und neue Deutungen. Frankfurt a. M. 2004.

Andreas Nievergelt: Althochdeutsch in Runenschrift. Geheimschriftliche volkssprachige Griffelglossen. Stuttgart 2019.

Jörg Riecke: Die althochdeutschen Verben im Feld von »Heilung und Gesundheit«. Überlieferung, Morphologie, Syntax. In: Jarmo Korhonen / Albrecht Greule (Hrsg.): Historisch syntaktisches Verbwörterbuch. Valenz- und konstruktionsgrammatische Beiträge. Frankfurt a. M. 2016. S. 83–96.

– Die Frühgeschichte der mittelalterlichen medizinischen Fachsprache im Deutschen. 2 Bde. Berlin / New York 2004.

Thorsten Roelcke: Periodisierung der deutschen Sprachgeschichte. Analysen und Tabellen. Berlin / New York 1995.

Gottfried Schramm: Fünf Wegscheiden der Weltgeschichte. Göttingen 2004.

Alexander Schwarz: Glossen als Texte. In: Beiträge zur Geschichte der deutschen Sprache und Literatur (Tübingen) 99 (1977) S. 25–36.

Elmar Seebold: Die Iren und die Runen. Die Überlieferung fremder Schriften im 8. Jahrhundert als Hintergrund zum ersten Auftreten von Manuskript-Runen. In: Theodisca. Beiträge zur althochdeutschen und altniederdeutschen Sprache und Literatur in der Kultur des frühen Mittelalters. Hrsg. von Wolfgang Haubrichs, Ernst Hellgardt, Reiner Hildebrandt, Stephan Müller und Klaus Ridder. Berlin / New York 2000. S. 10–37.

Stefan Sonderegger: Althochdeutsche Sprache und Literatur. 3. Aufl. Berlin / New York 2003.

– Das Althochdeutsche der Vorakte der älteren St. Galler Urkunden. In: Zeitschrift für Mundartforschung 28 (1961) S. 251–286.

Stefanie Stricker: Quantitative Verhältnisse der Glossenüberlieferung. In: Rolf Bergmann / Stefanie Stricker (Hrsg.): Die althochdeutsche und altsächsische Glossographie, Bd. 1. Berlin / New York 2009. S. 186–196.

Heinrich Tiefenbach: Zur sprachlichen Christianisierung im frühen Deutschen. In: O doskonałości. Materiały z konferencji 21/23 maja 2001 r., Część I, Łódź 2002. S. 341–365.

Theo Vennemann: Die innergermanische Lautverschiebung und die Entstehung der germanischen und deutschen Dialekte. In: Language and Culture. Studies in Honor of Edgar C. Polomé. Hrsg. von Mohammad Ali Jazayery und Werner Winter. Berlin / New York / Amsterdam 1988. S. 749–761.

Roswitha Wisniewski: Deutsche Literatur vom achten bis elften Jahrhundert. Berlin 2003.

3. Literatur zum Kapitel »Die mittelhochdeutsche Zeit«

Werner Besch / Norbert Richard Wolf: Geschichte der deutschen Sprache. Längsschnitte / Zeitstufen / linguistische Studien. Berlin 2009.

Ernst Bremer: Vocabularius optimus. Unter Mitw. von Klaus Ridder. Bd. 1: Werkentstehung und Textüberlieferung. Register. Bd. 2: Edition. Tübingen 1990.

Konrad Burdach: Die nationale Aneignung der Bibel und die Anfänge der germanischen Philologie. Halle a. d. S. 1924.

Michel de Certeau: Mystische Fabel. 16. und 17. Jahrhundert. Berlin 2010.

Ernst Robert Curtius: Europäische Literatur und lateinisches Mittelalter. 3. Aufl. Bern/München 1961.

Elke Donalies: Die Augsburger Bibelhandschrift und ihre Überlieferung. Untersuchung und Text der vier Evangelien. Münster / New York 1992.

Otfrid Ehrismann: Der Weg zur Hochsprache: Mittelhochdeutsch/Frühneuhochdeutsch. Eine Einführung. Unter Mitarb. von Isabelle Hardt. Hohengehren 2007.

Xenja von Ertzdorff / Helmuth Meinhardt: Ein ›Compendium humanae salvationis‹? Die ›Summa Theologiae‹ des Thomas von Aquin in einer mittelhochdeutschen Übersetzung (Stuttgart Württemberg, Landesbibliothek, HB III 32). In: Wolfram-Studien XIV. Übersetzen im Mittelalter. Cambridger Kolloquium 1994. Hrsg. von Joachim Heinzle, L. Peter Johnson und Giesela Vollmann-Profe. Berlin 1996. S. 208–230.

Rudolf Fahrner: Wortsinn und Wortschöpfung bei Meister Eckehart. Marburg 1929.

Egon Friedell: Kulturgeschichte Griechenlands. München 1981.

Hans Fromm: Ungarisches Wortgut bei Heinrich von Neustadt. In: Ural-Altaische Jahrbücher 31 (1959) S. 89–94.

Kurt Gärtner: Grundlinien einer literarischen Sprachgeschichte des deutschen Mittelalters. In: Werner Besch / Anne Betten / Oskar Reichmann / Stefan Sonderegger (Hrsg.): Sprachgeschichte. 2. Aufl. 4. Teil-Bd. Berlin / New York 2004. S. 1318–1343.

Alois M. Haas: Sermo mysticus. Studien zu Theologie und Sprache der deutschen Mystik. Freiburg (Schweiz) 1979.

Johan Huizinga: Herbst des Mittelalters. Studien über Lebens- und Geistesformen des 14. und 15. Jahrhunderts in Frankreich und den Niederlanden. 3., durchges. Aufl. Leipzig 1930.

Hermann Jakobs: *Diot* und *Sprache. Deutsch* im Verband der Frankenreiche (8. bis frühes 11. Jahrhundert). In: Andreas Gardt (Hrsg.): Nation und Sprache. Die Diskussion ihres Verhältnisses in Geschichte und Gegenwart. Berlin / New York 2000. S. 7–46.

Hannes J. Kästner / Bernd Schirock: Die Textsorten des Mittelhochdeutschen. In: Werner Besch / Anne Betten / Oskar Reichmann / Stefan Sonderegger (Hrsg.): Sprachgeschichte. 2. Aufl. 2. Teil-Bd. Berlin / New York 2000. S. 1368–1384.

Paul Ludwig Landsberg: Die Welt des Mittelalters und wir. Ein geschichtsphilosophischer Versuch über den Sinn eines Zeitalters. 2. Aufl. Bonn 1923.

Jörg Meier: Kanzleisprache. Ein mehrdimensionales Phänomen. Tagungsband für Prof. PhDr. Zdeněk Masařík, DrSc., zum 80. Geburtstag. Hrsg. von Andrea Moshövel und Libuše Spáčilová. Wien 2009. S. 199–211.

Arend Mihm: Zielnormenwechsel und sozialdialektale Sprachdynamik. Beobachtungen am Beispiel der Auslautverhärtung. In: Helen Christen / Evelyn Ziegler (Hrsg.): Sprechen, Schreiben, Hören. Zur Produktion und Perzeption von Dialekt und Standardsprache zu Beginn des 21. Jahrhunderts. Wien 2006.

Hugo Palander: Der französische Einfluß auf die deutsche Sprache im 12. Jahrhundert [1902]. Nachdr. Helsinki 1963.

Hermann Paul: Mittelhochdeutsche Grammatik. Neu bearb. von Thomas Klein, Hans-Joachim Solms und Klaus-Peter Wegera. Mit einer Syntax von Ingeborg Schröbler. Neu bearb. von Heinz-Peter Prell. Tübingen. 25. Aufl. 2007.

Josef Quint: Meister Eckhart. Deutsche Predigten und Traktate. München 1963.
Hans Ramge: Heinrich Waldschmidts Erbe. Ein Erbstreit in Wetzlar zu Beginn des 14. Jahrhunderts und die Anfänge des gerichtlichen Protokollierens. In: Hundert Jahre Historische Kommission für Hessen 1897–1997. Festgabe dargebracht von Autorinnen und Autoren der Historischen Kommission. Marburg 1997. S. 293–321.
– Dialoge im Rechtsprotokoll. Ein Wetzlarer Erbstreit a. 1309 und die Entstehung einer neuen Textsorte. In: Andreas H. Jucker / Gerd Fritz / Franz Lebsanft (Hrsg.): Historical Dialogue Analysis. Amsterdam/Philadelphia 1999. S. 371–398.
Ingo Reiffenstein: Deutschsprachige Arengen des 13. Jahrhunderts. In: Festschrift für Max Spindler zum 75. Geburtstag. Hrsg. von Dieter Albrecht, Andreas Kraus und Kurt Reindel. München 1969. S. 177–192.
Jörg Riecke: Der deutsche Wortschatz des Codex Cumanicus. In: Sprachwissenschaft 19 (1994) S. 62–114.
Arno Schirokauer: Frühneuhochdeutsch. In: Wolfgang Stammler (Hrsg.): Deutsche Philologie im Aufriß. Bd. 1: Berlin/Bielefeld 1952. S. 1013–1076.
Hans Ulrich Schmid: Einführung in die deutsche Sprachgeschichte. Stuttgart 2009.
Stefan Sonderegger: Geschichte deutschsprachiger Bibelübersetzungen in Grundzügen. In: Werner Besch / Anne Betten / Oskar Reichmann / Stefan Sonderegger (Hrsg.): Sprachgeschichte. 1. Teil-Bd. 2. Aufl. S. 229–284.
MacDonald Stearns jr.: Das Krimgotische. In: Heinrich Beck (Hrsg.): Germanische Rest- und Trümmersprachen, Berlin / New York 1989. S. 175–194.
Heinz Thomas: Sprache und Nation. Zur Geschichte des Wortes *deutsch* vom Ende des 11. bis zur Mitte des 15. Jahrhunderts. In: Andreas Gardt (Hrsg.): Nation und Sprache. Die Diskussion ihres Verhältnisses in Geschichte und Gegenwart. Berlin / New York 2000. S. 47–101.
Fritz Tschirch (Hrsg.): Wernher der Gärtner. Helmbrecht. Mittelhochdeutsch/Neuhochdeutsch. Stuttgart 1978.
Norbert Richard Wolf: Das 14. Jahrhundert in der deutschen Sprachgeschichte. In: Zur deutschen Literatur und Sprache des 14. Jahrhunderts. Dubliner Colloquium 1981. Hrsg. von Walter Haug, Timothy R. Jackson und Johannes Janota. Heidelberg 1983. S. 368–383.

4. Literatur zum Kapitel »Die frühneuhochdeutsche Zeit«

Jochen Bär: Thesen zur Entstehung der neuhochdeutschen Schriftsprache. Ein Beitrag zur Geschichte der Sprachgeschichtswissenschaft. In: http://www.baer-linguistik.de/beitraege/thesen.pdf (Heidelberg 2004).
Nina Berend: Konrad von Megenbergs »Buch der Natur« (1350): Sprachliche Varianten im Deutsch des 14. Jahrhunderts als Ausdruck für regionales Sprachbewußtsein und dessen Reflexion. In: Das Frühneuhochdeutsche als sprachliche Epoche. Werner Besch zum 70. Geburtstag. Hrsg. von Walter Hoffmann [u. a.]. Frankfurt a. M. / Berlin / Bern 1999. S. 43–58.
Werner Besch: Die Rolle Luthers für die deutsche Sprachgeschichte. In: W. B. / Anne Betten / Oskar Reichmann / Stefan Sonderegger (Hrsg.): Sprachgeschichte. 2. Teil-Bd. 2. Aufl. S. 1713–1745.

Werner Besch: Die Rolle Luthers in der deutschen Sprachgeschichte. 2. Aufl., Heidelberg 2000. (Schriften der Philosophisch-historischen Klasse der Heidelberger Akademie der Wissenschaften. 12.)

Helene Bindewald: Die Sprache der Reichskanzlei zur Zeit König Wenzels. Ein Beitrag zur Geschichte des Frühneuhochdeutschen. Halle a. d. S. 1928.

Dominika Bopp: Das Sprachlehrbuch *Janua linguarum reserata* von J. A. Comenius und seine ersten deutschsprachigen Übersetzungen. In: Alessandra Petrina / Federica Masiero (Hrsg.): Acquisition through Translation. Towards a Definition of Renaissance Translation. Tunhout 2020. S. 289–311.

Konrad Burdach: Die älteste deutsche Kanzleisprache Breslaus und die frühneuhochdeutsche Schriftsprache. In: K. B.: Vorspiel. Gesammelte Schriften zur Geschichte des deutschen Geistes. Erster Band, zweiter Teil: Reformation und Renaissance. Halle a. d. S. 1925. S. 243–252. [Zuerst in: Deutsche Literaturzeitung (1899) S. 60–68.]

[Hans Dernschwam] Hans Dernschwams Tagebuch einer Reise nach Konstantinopel und Kleinasien (1553/55). Ins Neuhochdt. übers. von Jörg Riecke. Berlin 2014.

Andreas Deutsch: Der Klagspiegel und sein Autor Conrad Heyden. Ein Rechtsbuch des 15. Jahrhunderts als Wegbereiter der Rezeption. Köln 2004.

Theodor Frings: Sprache und Geschichte III. Mit Beiträgen von Käthe Gleißner, Rudolf Große und Helmut Protze. Halle a. d. S. 1956.

Michael Giesecke: Der Buchdruck in der frühen Neuzeit. Eine historische Fallstudie über die Durchsetzung neuer Informations- und Kommunikationstechnologie. Mit einem Nachwort zur Taschenbuchausgabe. Frankfurt a. M. 1998.

Helmut Glück: Deutsch als Fremdsprache in Europa vom Mittelalter bis zur Barockzeit. Berlin / New York 2002.

Alfred Götze: Frühneuhochdeutsches Lesebuch. 2. Aufl. Göttingen 1925.

Albrecht Greule / Jörg Meier / Arne Ziegler (Hrsg., unter Mitarb. von Melanie Glantschnig, Jakob Reichsöllner und Elisabeth Scherr): Kanzleisprachenforschung. Ein internationales Handbuch. Berlin/Boston 2012.

Mechthild Habermann: Deutsche Fachtexte der frühen Neuzeit. Naturkundlich-medizinische Wissensvermittlung im Spannungsfeld von Latein und Volkssprache. Berlin / New York 2001.

Frédéric Hartweg: Die Rolle des Buchdrucks für die frühneuhochdeutsche Sprachgeschichte. In: Werner Besch / Anne Betten / Oskar Reichmann / Stefan Sonderegger (Hrsg.): Sprachgeschichte. 2. Teil-Bd. 2. Aufl. S. 1682–1705.

Frédéric Hartweg / Klaus Peter Wegera: Frühneuhochdeutsch. Eine Einführung in die deutsche Sprache des Spätmittelalters und der frühen Neuzeit. 2., neu bearb. Aufl. Tübingen 2005.

Thomas Kaufmann: Die Mitte der Reformation. Eine Studie zu Buchdruck und Publizistik im deutschen Sprachgebiet, zu ihren Akteuren und deren Strategien, Inszenierungs- und Ausdrucksformen. Tübingen 2019. (Beiträge zur historischen Theologie.)

August Langen: Der Wortschatz des deutschen Pietismus.2., erg. Aufl. Tübingen 1968.

Agathe Lasch: Berlinisch. Eine berlinische Sprachgeschichte. Berlin 1928.

Anja Lobenstein-Reichmann: Das Wort Gottes auf Deutsch. Zürcher- und Luther-Bibel im

Vergleich. In: Francisca Loetz / Wolfram Schneider-Lastin (Hrsg.): Gelebte Reformation. Zürich, 1500–1800. Zürich 2022 (im Druck).
– Mystische Wurzeln in Luthers Sprache. In: Mechthild Habermann (Hrsg.): Sprache, Reformation, Konfessionalisierung. Berlin / New York 2018. S. 27–54. (Jahrbuch für Germanistische Sprachgeschichte.)
– Beziehungsbezeichnungen im Frühneuhochdeutschen. In: Angelika Linke / Juliane Schröter (Hrsg.): Sprache und Beziehung. Berlin/Boston 2017. S. 385–416.
– »Wer Christum nicht erkennen will, den las man fahren«. Luthers Antijudaismus. In: Norbert Richard Wolf (Hrsg.): Martin Luther und die deutsche Sprache. Heidelberg 2017. S. 147–165.
– Bible Translation and the German Language. In: The Oxford Encyclopedia of Martin Luther. Oxford Research Encyclopaedia of Religion. 3 Bde. New York 2017. Bd. 1. S. 117–141.
– Freiheit bei Martin Luther. Lexikographische Textanalyse als Methode historischer Semantik. Berlin / New York 1998. (Studia Linguistica Germanica 46.)
Klaus Jürgen Mattheier: Wege und Umwege zur neuhochdeutschen Schriftsprache. In: Zeitschrift für germanistische Linguistik 9 (1981) S. 274–307.
Hans Moser: Die Kanzleisprachen. In: Werner Besch / Oskar Reichmann / Stefan Sonderegger (Hrsg.): Sprachgeschichte. Ein Handbuch zur Geschichte der deutschen Sprache und ihrer Erforschung. 2. Teil-Bd. Berlin / New York 1985. S. 1398–1408.
Peter O. Müller: Deutsche Lexikographie des 16. Jahrhunderts. Konzeptionen und Funktionen frühneuzeitlicher Wörterbücher. Tübingen 2001.
Eberhard Ockel: Martin Luther und die rhetorische Tradition. In: Muttersprache 94 (1983/84). (Sonderheft zum 500. Geburtstag Martin Luthers.) S. 114–126.
Herbert Penzl: Frühneuhochdeutsch. Bern / Frankfurt a. M. / Nancy 1984.
Robert Peters: Zur Rolle des Niederdeutschen bei der Entstehung des Neuhochdeutschen. In: Das Frühneuhochdeutsche als sprachgeschichtliche Epoche. Werner Besch zum 70. Geburtstag. Hrsg. von Walter Hoffmann [u. a.]. Frankfurt a. M. / Berlin / Bern 1999. S. 161–173.
Oliver Pfefferkorn: »Übung der Gottseligkeit«. Die Textsorten Predigt, Andacht und Gebet im deutschen Protestantismus des späten 16. und des 17. Jahrhunderts. Frankfurt a. M. 2005.
Oskar Reichmann: Zur Abgrenzung des Mittelhochdeutschen vom Frühneuhochdeutschen. In: Wolfgang Bachofer (Hrsg.): Mittelhochdeutsches Wörterbuch in der Diskussion. Symposion zur mittelhochdeutschen Lexikographie Hamburg, Oktober 1985. S. 119–147.
– (unter Mitw. von Christiane Burgi, Martin Kaufhold und Claudia Schäfer): Zur Vertikalisierung des Varietätenspektrums in der jüngeren Sprachgeschichte des Deutschen. In: Deutscher Wortschatz. Lexikologische Studien. Ludwig Erich Schmitt zum 80. Geburtstag von seinen Marburger Schülern. Hrsg. von Horst Haider Munske, Peter von Polenz, Oskar Reichmann und Reiner Hildebrandt. Berlin / New York 1988. S. 151–180.
– Die Entstehung der neuhochdeutschen Schriftsprache: Wo bleiben die Regionen? In: Raphael Berthele / Helen Christen / Sibylle Germann / Ingrid Hove (Hrsg.): Die deutsche Schriftsprache und die Regionen. Entstehungsgeschichtliche Fragen in neuer Sicht. Berlin / New York 2003. S. 29–56.
– Lexikalische Varianten im frühneuhochdeutschen Bibelwortschatz und die neuhochdeut-

sche Schriftsprache: Fakten und Reflexionen. In: Anja Lobenstein-Reichmann / Oskar Reichmann (Hrsg.): Frühneuhochdeutsch. Aufgaben und Probleme seiner linguistischen Beschreibung. Hildesheim 2011. S. 383–478.

Oskar Reichmann / Klaus-Peter Wegera (Hrsg.): Frühneuhochdeutsches Lesebuch. Tübingen 1988.

– / Klaus-Peter Wegera (Hrsg.): Frühneuhochdeutsche Grammatik. Von Robert Peter Ebert, Oskar Reichmann, Hans-Joachim Solms und Klaus-Peter Wegera, Tübingen 1993.

Jörg Riecke: Sebald Heydens »Formulae puerilium colloquiorum«. Zur Geschichte eines lateinisch-deutschen Gesprächsbüchleins aus dem 16. Jahrhundert. In: Zeitschrift für deutsche Philologie 114 (1995) S. 99–109.

– / Dominika Bopp / Sebastian Rosenberger (Hrsg.): Sebald Heydens *Fomulae Puerilium Colloquiorum*. Geschichte eines frühneuzeitlichen Gesprächsbuchs. Digitale Publikation bei Wolfenbütteler Digitale Editionen (28.2.2020): http://diglib.hab.de/edoc/ed000267/start.htm

Sebastian Rosenberger: Die Juden und das Geld. Grimmelshausens Umgang mit antijüdischen Stereotypen im Rathstübel Plutonis. In: Simpliciana XXXIX (2017) S. 201–221.

Arno Schirokauer: Frühneuhochdeutsch. In: Wolfgang Stammler (Hrsg.): Deutsche Philologie im Aufriß. Bd. 1: Berlin/Bielefeld 1952. S. 1013–1076.

Ingrid Schröder: Die Bugenhagenbibel. Untersuchungen zur Übersetzung und Textgeschichte des Pentateuchs. Köln/Wien/Weimar 1991.

Sebastian Seyferth: Sprachliche Varianzen in Martin Luthers Bibelübertragungen von 1522–1545. Eine lexikalisch-syntaktische Untersuchung des Römerbriefes. Stuttgart 2003.

Franz Simmler: Biblische Textsorten. Ihre Merkmale und Traditionen von der Mitte des 15. bis zur Mitte des 16. Jahrhunderts. In: Daphnis 33 (2004) S. 379–546.

Emil Skála: Süddeutschland und die Entstehung der neuhochdeutschen Schriftsprache. In: Beiträge zur Geschichte der deutschen Sprache und Literatur (Halle a. d. S.) (1970) S. 93–110.

Hans Sperber: Geschichte der deutschen Sprache. 4. Aufl. Berlin/Leipzig 1933.

Justin Stagl: Ars Apodemica. Bildungsreise und Reisemethodik von 1560 bis 1600. In: Xenja von Ertzdorff-Kupffer / Dieter Neukirch (Hrsg.): Reisen und Reiseliteratur im Mittelalter und in der frühen Neuzeit. Amsterdam/Atlanta 1992. S. 141–189.

Hugo Steger: Konrad von Megenberg und die Sprache des Nürnberger Raumes im vierzehnten Jahrhundert. In: Zeitschrift für deutsche Philologie 82 (1963) S. 63–86.

Birgit Stolt: Luther, die Bibel und das menschliche Herz. Stil- und Übersetzungsprobleme der Luther-Bibel damals und heute. In: Muttersprache 94 (1983/84). (Sonderheft zum 500. Geburtstag Martin Luthers.) S. 1–15.

Joachim Telle: Petrus Hispanus. In: Die deutsche Literatur des Mittelalters. Verfasserlexikon. 2., völlig neu bearb. Aufl. hrsg. von Kurt Ruh. Bd. 7. Berlin / New York 1989. Sp. 04–511.

Heinz Thomas: *Sprache* und *Nation*. Zur Geschichte des Wortes *deutsch* vom Ende des 11. bis zur Mitte des 15. Jahrhunderts. In: Andreas Gardt (Hrsg.): Nation und Sprache. Die Diskussion ihres Verhältnisses in Geschichte und Gegenwart. Berlin / New York 2000. S. 47–101.

Ingo Warnke: Wege zur Kultursprache. Die Polyfunktionalisierung des Deutschen im juridischen Diskurs (1200–1800). Berlin / New York 1999.

Klaus-Peter Wegera (Hrsg., unter Mitarb. von Sandra Waldenberger): Die Entstehung der neuhochdeutschen Schriftsprache. 2., erw. Aufl. Frankfurt a. M. / Berlin / Bern 2007.

Christopher J. Wells: Uneingewandte Einwände: Unfertiges Referat zur vernachlässigten sprachgeschichtlichen Rolle Westmitteldeutschlands in der zweiten Hälfte des 16. Jahrhunderts. In: Rudolf Große / Hans Wellmann (Hrsg.): Textarten im Sprachwandel / nach der Erfindung des Buchdrucks. Heidelberg 1996. S. 77–99.

Claudia Wich-Reif: Zur Geschichte der deutschsprachigen Bibeltradition in Drucken und ihren Abschriften. In: Daphnis 36 (2007) S. 111–141.

Peter Wiesinger: Das Verhältnis des Prager Kreises um Karl IV. zur neuhochdeutschen Schriftsprache. In: Hans Patze (Hrsg.): Kaiser Karl IV. 1316–1378. Forschungen über Kaiser und Reich. Neustadt a. d. Aisch 1979. S. 847–863.

Herbert Wolf: Luthers sprachliche Selbstbeurteilungen. In: Zeitschrift für deutsche Philologie 115 (1996) S. 349–370.

Norbert Richard Wolf (Hrsg.): Martin Luther und die deutsche Sprache. Heidelberg 2017.

Arne Ziegler: Orte des Frühneuhochdeutschen. Die Kanzlei. In: Deutsche Sprache in Europa. Geschichte und Gegenwart. Festschrift für Ilpo Tapani Piirainen zum 60. Geburtstag. Hrsg. von Jörg Meier und Arne Ziegler. Wien 2001. S. 69–85

5. Literatur zum Kapitel »Das ältere Neuhochdeutsch«

Lucia Assenzi: Fruchtbringende Verdeutschung. Linguistik und kulturelles Umfeld der Übersetzung des ›Novellino‹ (1572) in den ›Erzehlungen aus den mittlern Zeiten‹ (1624). Berlin [u. a.] 2020.

Detlef Döring: Die Geschichte der Deutschen Gesellschaft in Leipzig. Von der Gründung bis in die ersten Jahre des Seniorats Johann Christoph Gottscheds. Tübingen 2002.

Gerhard Dünnhaupt: Merkur am Scheideweg. Eine unbekannte Schwesterakademie der Fruchtbringenden Gesellschaft. In: Virtus et Fortuna. Zur Deutschen Literatur zwischen 1400 und 1720. Festschrift für Hans-Gert Roloff zu seinem 50. Geburtstag. Hrsg. von Joseph P. Strelka und Jörg Jungmayr. Bern / Frankfurt a. M. / New York 1983. S. 384–392.

Ludwig M. Eichinger: Moritz, Karl Philipp. In: Herbert E. Brekle / Edeltraud Dobnig-Jülch / Hans Jürgen Höller / Helmut Weiß (Hrsg.): Bio-bibliographisches Handbuch zur Sprachwissenschaft des 18. Jahrhunderts. Bd. 6. Tübingen 1998. S. 199–240.

Ludwig Eichinger / Hans Jürgen Höller: Gottsched, Johann Christoph. In: Herbert E. Brekle / Edeltraud Dobnig-Jülch / Hans Jürgen Höller / Helmut Weiß (Hrsg.): Bio-bibliographisches Handbuch zur Sprachwissenschaft des 18. Jahrhunderts. Bd. 3. Tübingen 1994. S. 281–307.

Heinz Engels: Die Sprachgesellschaften des 17. Jahrhunderts. Gießen 1983.

Willi Flemming / Ulrich Stadler: Barock. In: Deutsche Wortgeschichte. Hrsg. von Friedrich Maurer und Heinz Rupp. 3., neubearb. Aufl. Bd. 2. Berlin / New York 1974. S. 3–30.

Gerd Fritz: Kommunikative Aufgaben und grammatische Mittel. Beobachtungen zur Sprache der ersten deutschen Zeitungen im 17. Jahrhundert. In: Sprache und Literatur 24 (1993) S. 34–52.

Andreas Gardt: Die Sprachgesellschaften des 17. und 18. Jahrhunderts. In: Werner Besch / Anne Betten / Oskar Reichmann / Stefan Sonderegger (Hrsg.): Sprachgeschichte. 2. Aufl. 1. Teil-Bd. Berlin / New York 1998. S. 332–348.

Thomas Gloning: Bestandsaufnahme zum Untersuchungsbereich »Wortschatz«. In: Gerd Fritz / Erich Straßner (Hrsg.): Die Sprache der ersten deutschen Wochenzeitungen im 17. Jahrhundert. Tübingen 1996. S. 140–195.

– Organisation und Entwicklung historischer Wortschätze. Lexikographische Konzeption und exemplarische Untersuchungen zum deutschen Wortschatz um 1600. Tübingen 2003.

Karl Goedeke: Grundrisz zur Geschichte der deutschen Dichtung aus den Quellen. Bd. 3. 2. Aufl. Dresden 1884.

Ursula Götz: Die Sprachkunst des Johann Ludwig Prasch. Zur Hochsprache in einer Grammatik des 17. Jahrhunderts aus Regensburg. In: Grammatica ianua artium. Festschrift für Rolf Bergmann zum 60. Geburtstag. Hrsg. von Elvira Glaser und Michael Schlaefer unter Mitarb. von Ludwig Rübekeil. Heidelberg 1997. 271–286.

Carola L. Gottzmann / Petra Hörner: Lexikon der deutschsprachigen Literatur des Baltikums und St. Petersburgs. 3 Bde. Berlin / New York 2007.

Hans Graubner: Zwischen Adel und Patriziat. Beobachtungen des jungen Hamann in Livland und Kurland (1752–1759). In: Heinrich Bosse / Otto-Heinrich Elias / Thomas Taterka (Hrsg.): Baltische Literaturen der Goethezeit. Würzburg 2011. S. 83–100.

Albrecht Greule: Textstruktur und Texttradition. In: Ulla Fix (Hrsg.): »In Traurigkeit mein Lachen … in Einsamkeit mein Sprachgesell«. Das evangelische Kirchenlied am Beispiel Paul Gerhardts aus interdisziplinärer Perspektive. Berlin 2008. S. 63–78.

Walter Haas (Hrsg., unter Mitarb. von W. Günther Ganser, Karin Gerstner und Hanspeter von Flüe): Provinzialwörter. Deutsche Idiotismensammlungen des 18. Jahrhunderts. Berlin / New York 1994.

Renate Herrmann-Winter: Sprachen und Sprechen in Pommern. In: Niederdeutsches Jahrbuch 118 (1995) S. 165–187.

Markus Hundt: »Spracharbeit« im 17. Jahrhundert. Studien zu Georg Philipp Harsdörfer, Justus Georg Schottelius und Christian Gueintz. Berlin / New York 2000.

William J. Jones: Sprachhelden und Sprachverderber. Dokumente zur Erforschung des Fremdwortpurismus im Deutschen (1478–1750). Berlin / New York 1995.

Eleonore Kaeppel: »Sprachnormierung von oben«. Das Beispiel Frankreich. In: Der Deutschunterricht (1998) Nr. 3. S. 32–40.

Gundolf Keil: Der *Freywillig aufgesprungene Granatapfel* der Eleonora Maria Rosalia, Herzogin von Troppau und Jägerndorf. In: Gerhard Kosellek (Hrsg.): Die oberschlesische Literaturlandschaft im 17. Jahrhundert. Bielefeld 2001. S. 443–485.

Helmuth Kiesel: Einleitung. In: Briefe der Lieselotte von der Pfalz. Hrsg. und eingel. von H. K. Frankfurt a. M. 1995. S. 9–31.

Ulrich Knoop: Beschreibungsprinzipien der neueren Sprachgeschichte. Eine kritische Sichtung der sprachwissenschaftlichen, soziologischen, sozialhistorischen und geschichtswissenschaftlichen Begrifflichkeit. In: U. K. (Hrsg.): Studien zur Dialektologie I. Hildesheim / Zürich / New York 1987. S. 11–41.

Linda Maria Koldau: Frauen / Musik / Kultur. Ein Handbuch zum deutschen Sprachgebiet der Frühen Neuzeit. Köln 2005.

Manfred Koschlig: Grimmelshausen und seine Verleger. Untersuchungen über die Chronologie seiner Schriften und den Echtheitscharakter der früheren Ausgaben. Leipzig 1939.

Gerhard Kosellek: Schlesische Dichterinnen des Barock. Eine Bibliographie. In: G. K. (Hrsg.): Die oberschlesische Literaturlandschaft im 17. Jahrhundert. Bielefeld 2001. S. 503–519.

Wilhelm Kühlmann: Moscherosch und die Sprachgesellschaften des 17. Jahrhunderts. Aspekte des barocken Kulturpatriotismus. In: Bibliothek und Wissenschaft 16 (1982) S. 68–84.

– »Teutschlands Tob-sucht«. Positionen und Formen des affektiven Patriotismus bei Zincgref, Rompler und Grimmelshausen. In: Simpliciana 35 (2013) S. 305–327.

– / Walter E. Schäfer (Hrsg.): Des Jesaias Romplers von Löwenhalt erstes gebüsch seiner Reim-getichte 1647. Mit einem Nachwort, Kommentaren und bibliographischem Anhang hrsg. Tübingen 1988.

Michael Kuhn: De nomine et vocabulo. Der Begriff der medizinischen Fachsprache und die Krankheitsnamen bei Paracelsus (1493–1541). Heidelberg 1996.

August Langen: Der Wortschatz des 18. Jahrhunderts. In: Deutsche Wortgeschichte. Hrsg. von Friedrich Maurer und Heinz Rupp. 3., neubearb. Aufl. Bd. 2. Berlin / New York 1974. S. 31–242.

Klaus Jürgen Mattheier: ›Gemeines Deutsch / Süddeutsche Reichssprache / Jesuitendeutsch‹. Bemerkungen über die Rolle Süddeutschlands in der Geschichte der neuhochdeutschen Schriftsprache. In: E. Koller / Werner Wegstein / Norbert Richard Wolf (Hrsg.): Bayerisch-österreichische Dialektforschung. Würzburger Arbeitstagung 1986. Würzburg 1989. S. 160–167.

Klaus Jürgen Mattheier: Lieselottes Sprache. Bemerkungen zum Sprachgebrauch Elisabeth-Charlottes von Orléans. In: Klaus Jürgen Mattheier / Paul Valentin (Hrsg., in Verb. mit H. Peter Schwake): Pathos, Klatsch und Ehrlichkeit. Lieselotte von der Pfalz am Hofe des Sonnenkönigs. Tübingen 1990. S. 217–232.

Reinhard M. G. Nikisch: ›Die allerneueste Art Höflich und Galant zu Schreiben‹. Deutsche Briefsteller um 1700: Von Christian Weise bis Benjamin Neukirch. In: Klaus Jürgen Mattheier / Paul Valentin (Hrsg., in Verb. mit H. Peter Schwake): Pathos, Klatsch und Ehrlichkeit. Lieselotte von der Pfalz am Hofe des Sonnenkönigs. Tübingen 1990. S. 117–138.

Uwe Pörksen: Deutsche Sprachgeschichte und die Entwicklung der Naturwissenschaften. In: Werner Besch / Anne Betten / Oskar Reichmann / Stefan Sonderegger (Hrsg.): Sprachgeschichte. 2. Aufl. 1. Teil-Bd. Berlin / New York 1998. S. 193–210.

Oskar Reichmann: Sprache ohne Leitvarietät vs. Sprache mit Leitvarietät: ein Schlüssel für die nachmittelalterliche Geschichte des Deutschen? In: Deutsche Sprachgeschichte. Grundlagen, Methoden, Perspektiven. Festschrift für Johannes Erben zum 65. Geburtstag. Hrsg. von Werner Besch. Frankfurt a. M. [u. a.] 1990. S. 141–158.

Ingo Reiffenstein: Gottsched und die Bayern. Der Parnassus Boicus, die bayerische Akademie der Wissenschaften und die Pflege der deutschen Sprache im 18. Jahrhundert. In: Soziokulturelle Kontexte der Sprach- und Literaturentwicklung, Festschrift für Rudolf Große zum 65. Geburtstag. Hrsg. von Sabine Heimann [u. a.]. Stuttgart 1989. S. 178–184.

– Aspekte einer bayerischen Sprachgeschichte seit der beginnenden Neuzeit. In: Werner Besch / Anne Betten / Oskar Reichmann / Stefan Sonderegger (Hrsg.): Sprachgeschichte. 2. Aufl. 3. Teil-Bd. Berlin / New York 2003. S. 2942–2971.

Jörg Riecke: Die deutschen Dichter und die Sprachwissenschaft. Ein Beitrag zur Wissenschaftsgeschichte des 18. Jahrhunderts. In: Literatur und Geschichte. Festschrift für Erwin Leibfried. Hrsg. von Sascha Feuchert, Joanna Jabłkowska und J. R. Frankfurt a. M. / Berlin / Bern 2007. S. 381–396.

– Die Lexik der Kanzleisprachen. In: Albrecht Greule / Jörg Meier / Arne Ziegler (Hrsg.): Kanzleisprachenforschung. Ein internationales Handbuch. Berlin / New York 2012. S. 217–229.

Ruth Römer: Schottels Lobreden. In: Muttersprache 96 (1986) S. 132–136.

Sebastian Rosenberger: Weckherlin und der sprachpatriotische Diskurs des 17. Jahrhunderts. Eine diskurssemantische Analyse. In: Heiko Ullrich (Hrsg.): Privatmann – Protestant – Patriot – Panegyriker – Petrarkist – Poet. Neue Studien zu Leben und Werk Georg Rudolf Weckherlins (1584–1653). Passau 2018. S. 89–126.

Joachim Scharloth: Sprachnormen und Mentalitäten. Sprachbewusstseinsgeschichte in Deutschland im Zeitraum 1766–1785. Tübingen 2005.

Jürgen Schiewe: Sprachenwechsel / Funktionswandel / Austausch der Denkstile. Die Universität Freiburg zwischen Latein und Deutsch. Tübingen 1996.

Hans Ulrich Schmid: Bairisch. Das Wichtigste in Kürze. München 2012.

Hans-Jochen Schuck: Pater Augustin Dornblüth als Sprachkritiker. In: Die Ortenau. Zeitschrift des historischen Vereins für Mittelbaden 84 (2004) S. 283–291.

Ulrich Seelbach: Einleitung. In: Die Erzehlungen aus den mittlern Zeiten. Hrsg. und erl. von U. S. Stuttgart 1985. S. 1–20.

Hans Sperber: Zur Sprachgeschichte des 18. Jahrhunderts. In: Zeitschrift für deutsche Philologie 54 (1929) S. 80–97.

Joachim Telle: Die Schreibart des Paracelsus im Urteil deutscher Fachschriftsteller des 16. und 17. Jahrhunderts. In: Medizinhistorisches Journal 16 (1981) S. 78–101.

Karl-Heinz Weimann: Paracelsus-Lexikographie in vier Jahrhunderten. In: Medizinhistorisches Journal 16 (1981) S. 167–195.

Peter Wiesinger: Zur bairisch-oberdeutschen Schriftsprache des 16. und frühen 17. Jahrhunderts in Österreich unter dem Einfluß von Reformation und Gegenreformation. In: Das Frühneuhochdeutsche als sprachgeschichtliche Epoche. Werner Besch zum 70. Geburtstag. Hrsg. von Walter Hoffmann [u. a.]. Frankfurt a. M. / Bern / Brüssel 1999. S. 241–273.

– Das österreichische Deutsch in Gegenwart und Geschichte. Wien 2006. 2., erw. Aufl. Wien 2008.

Norbert Richard Wolf: Herzog August der Jüngere von Braunschweig und Lüneburg und das Ende des Frühneuhochdeutschen. In: Grammatica ianua artium. Festschrift für Rolf Bergmann zum 60. Geburtstag. Hrsg. von Elvira Glaser und Michael Schlaefer unter Mitarb. von Ludwig Rübekeil. Heidelberg 1997, 357–367.

6. Literatur zum Kapitel »Das jüngere Neuhochdeutsch«

Vilmos Ágel: Syntax des Neuhochdeutschen bis zur Mitte des 20. Jahrhunderts. In: Werner Besch / Anne Betten / Oskar Reichmann / Stefan Sonderegger (Hrsg.): Sprachgeschichte. Ein Handbuch zur Geschichte der deutschen Sprache und ihrer Erforschung. 2. Teil-Bd. 2. Aufl. Berlin / New York 2000. S. 1855–1903.

Jochen Bär: Sprachreflexion der deutschen Frühromantik. Konzepte zwischen Universalpoesie und Grammatischem Kosmopolitismus. Mit lexikographischem Anhang. Berlin / New York 1999.

– Das romantische Modell. Jacob Grimms Modell der Sprachgeschichte. In: Dituria 7 (2010) S. 7–24.

– »Freiheit sei die Seele meiner Feder, bis sie stumpf geworden ist oder meine Hand gelähmt«. Zur Semantik von Freiheit im späten 18. und frühen 19. Jahrhundert. In: Adolf H. Borbein / Ernst Osterkamp(Hrsg.): Kunst und Freiheit. Eine Leitthese Winckelmanns und ihre Folgen. Internationale Tagung der Akademie der Wissenschaften und der Literatur Mainz und der Winckelmann-Gesellschaft Stendal, Berlin 13.–14. Juni 2018. Mainz/ Stuttgart 2020. S. 49–92.

Heinrich Beck: »Germanische Altertumskunde« / Annäherung an eine schwierige Disziplin. In: H. B. / Dieter Geuenich / Heiko Steuer / Dietrich Hakelberg (Hrsg.): Zur Geschichte der Gleichung »germanisch-deutsch«. Berlin / New York 2004. S. 629–647.

Dietz Bering: Juden und die deutsche Hochsprache. Fundierung eines Forschungsprojekts. In: Dieter Cherubim / Karlheinz Jakob / Angelika Linke (Hrsg.): Neue deutsche Sprachgeschichte. Mentalitäts-, kultur- und sozialgeschichtliche Zusammenhänge. Berlin / New York 2002. S. 268–291.

Anne Betten: »1945 oder die ›neue Sprache‹«. Überprüfung einer Zäsur nach 50 Jahren. In: Peter Wiesinger (Hrsg.): Akten des X. Internationalen Germanistenkongresses Wien 2000 »Zeitenwende / Die Germanistik auf dem Weg vom 20. ins 21. Jahrhundert. Bs. 3. Bern / Berlin / Frankfurt a. M. 2002. S. 139–146.

– / Miryam Du-nour (Hrsg.): Sprachbewahrung nach der Emigration / Das Deutsch der 20er Jahre in Israel. Teil II: Analysen und Dokumente. Tübingen 2000.

Dominika Bopp / Sascha Feuchert / Andrea Löw / Jörg Riecke / Markus Roth / Elisabeth Turvold (Hrsg.): Enzyklopädie des Gettos Lodz/Litzmannstadt. Göttingen 2020.

Christian Braun: Nationalsozialistischer Sprachstil. Theoretischer Zugang und praktische Analysen auf der Grundlage einer pragmatisch-textlinguistisch orientierten Stilistik. Heidelberg 2007.

Eugenio Coseriu: Textlinguistik. Eine Einführung. Hrsg. und bearb. von Jörn Albrecht. 3. Aufl. Tübingen/Basel 1994.

Hajo Diekmannshenke: Feldpostbriefe als linguistischer Forschungsgegenstand. In: Schreiben im Krieg / Schreiben vom Krieg. Hrsg. von Veit Didczuneit, Jens Ebert und Thomas Jander. Essen 2011. S. 47–59.

Duden. Das Herkunftswörterbuch. Etymologie der deutschen Sprache. 5., neu bearb. Aufl. von Jörg Riecke. Berlin 2014.

Stephan Elspaß: Sprachgeschichte von unten. Untersuchungen zum geschriebenen Alltagsdeutsch im 19. Jahrhundert. Tübingen 2005.

– Vom Mittelneuhochdeutschen (bis ca. 1950) bis zum Gegenwartsdeutsch. In: Zeitschrift für Dialektologie und Linguistik 75 (2008) S. 1–20.

Katja Faulstich: Konzepte des Hochdeutschen: Der Sprachnormierungsdiskurs im 18. Jahrhundert. Berlin 2008.

Sigmund Feist: Französische Wortschöpfung und französischer Sprachgebrauch im gegenwärtigen Kriege. In: Die neueren Sprachen 24 (1916) S. 105–112.

Ekkehard Felder (Hrsg.): Semantische Kämpfe. Macht und Sprache in den Wissenschaften. Berlin / New York 2006.

Wolfgang Frühwald: Büchmann und die Folgen. Zur sozialen Funktion des Bildungszitats in der deutschen Literatur des 19. Jahrhunderts. In: Reinhart Kosselek (Hrsg.): Bildungsbürgertum im 19. Jahrhundert. Teil II: Bildungsgüter und Bildungswissen. Stuttgart 1990. S. 197–219.

Dieter Geuenich: Karl der Große, Ludwig der »Deutsche« und die Entstehung eines »deutschen« Gemeinschaftsbewußtseins. In: Heinrich Beck / D. G. / Heiko Steuer / Dietrich Hakelberg (Hrsg.): Zur Geschichte der Gleichung »germanisch-deutsch«. Berlin / New York 2004. S. 185–197.

Albrecht Greule: Die »Buchsorte« Sprachratgeber. Definition, Subsorten, Forschungsaufgaben. In: Franz Simmler (Hrsg.): Textsorten und Textsortentraditionen. Bern / Berlin / Frankfurt a. M. 1997. S. 239–269.

Siegfried Grosse: Die Belebung mittelhochdeutschen Sprachguts im Neuhochdeutschen. In: Werner Besch / Anne Betten / Oskar Reichmann / Stefan Sonderegger (Hrsg.): Sprachgeschichte, 2. Aufl. 1. Teil-Bd. Berlin / New York 2000. S. 1847–1855.

Tobias Heinz: Hofmannsthals Sprachgeschichte. Linguistisch-literarische Studien zur lyrischen Stimme. Tübingen 2009.

Siegfried Jäger: »Die Sprache bringt es an den Tag.« Victor Klemperers Beitrag zum Verständnis des Faschismus und seiner Nachwirkungen in der Gegenwart. In: Karl-Heinz Siehr (Hrsg.): Victor Klemperers Werk. Texte und Materialien für Lehrer. Berlin 2001. S. 115–139.

Walter Jens: Reaktionäre Beredsamkeit: Adam Müller. In: Von deutscher Rede. München 1983.

Jürgen Joachimsthaler: Die Rezeption des Gilgamesch-Epos in der deutschsprachigen Literatur. In: Literatur und Geschichte. Festschrift für Erwin Leibfried. Hrsg. von Sascha Feuchert, Joanna Jabłkowska und Jörg Riecke. Frankfurt a. M. / Berlin / Bern 2007. S. 147–161.

Heidrun Kämper: Der Schulddiskurs in der frühen Nachkriegszeit. Ein Beitrag zur Geschichte des sprachlichen Umbruches nach 1945. Berlin / New York 2005.

Friedrich Kainz: Klassik und Romantik. In: Deutsche Wortgeschichte. Hrsg. von Friedrich Maurer und Heinz Rupp. 3., neubearb. Aufl. Bd. 2. Berlin / New York 1974. S. 245–491.

Helmuth Kiesel: Geschichte der literarischen Moderne. München 2004.

Alan Kirkness: Zur Sprachreinigung im Deutschen 1789–1871. Eine historische Dokumentation. 2 Bde. Tübingen 1975.

Ulrich Knoop: Die Gretchen-Figur im *Faust* – worthistorisch erläutert. In: Freiburger Universitätsblätter 185 (2009) S. 107–121.
– Der Klassikerwortschatz: Das Klassikerwörterbuch (KWB) und seine Begründung. In: Jörg Riecke (Hrsg.): Historische Semantik. Jahrbuch für germanistische Sprachgeschichte 2. Berlin/Boston 2011. S. 193–202.
Arndt Kremer: Deutsche Juden / deutsche Sprache. Jüdische und judenfeindliche Sprachkonzepte und -konflikte 1893–1933. Berlin / New York 2007.
Angelika Linke: Die Kunst der »guten Unterhaltung«: Bürgertum und Gesprächskultur im 19. Jahrhundert. In: Zeitschrift für Germanistische Linguistik 16 (1988) S. 123–144
– »... und wir haben uns köstlich amüsiert«. Eine historisch-pragmatische Miniatur zur sprachlichen Kodierung bürgerlichen Lebensgefühls. In: Dieter Cherubim / Siegfried Grosse / Klaus J. Mattheier (Hrsg.): Sprache und bürgerliche Nation, Berlin / New York 1998. S. 234–258.
Anja Lobenstein-Reichmann: Die Dolchstoßlegende. Zur Konstruktion eines sprachlichen Mythos. In: Muttersprache 112 (2002) S. 25–41.
– Houston Stewart Chamberlain. Zur textlichen Konstruktion einer Weltanschauung. Eine sprach-, diskurs- und ideologiegeschichtliche Analyse. Berlin / New York 2008.
Utz Maas: »Als der Geist der Gemeinschaft eine Sprache fand«. Sprache im Nationalsozialismus. Versuch einer historischen Argumentationsanalyse. Opladen 1984.
Jürgen Macha: Zwischen den Sprachvarietäten. Zum Schreibverhalten deutscher Amerika-Auswanderer. In: Walter G. Rödel / Helmut Schmahl (Hrsg.): Menschen zwischen zwei Welten. Auswanderung, Ansiedlung, Akkulturation. Trier 2002. S. 159–176.
Klaus J. Mattheier: Kommunikationsgeschichte des 19. Jahrhunderts. Überlegungen zum Forschungsstand und zu Perspektiven der Forschungsentwicklung. In: Sprache und bürgerliche Nation. Beiträge zur deutschen und europäischen Sprachgeschichte des 19. Jahrhunderts. Hrsg. von Dieter Cherubim, Siegfried Grosse und K. J. M. Berlin / New York 1998. S. 1–45.
– Die Durchsetzung der deutschen Hochsprache im 19. und beginnenden 20. Jahrhundert: sprachgeographisch, sprachsoziologisch. In: Werner Besch / Anne Betten / Oskar Reichmann / Stefan Sonderegger (Hrsg.): Sprachgeschichte. Ein Handbuch zur Geschichte der deutschen Sprache und ihrer Erforschung. Teil-Bd. 2. 2. Aufl. Berlin / New York 2000. S. 1951–1966.
Sibylle Orgeldinger: Standardisierung und Purismus bei Joachim Heinrich Campe. Berlin / New York 1999.
Oliver Pfefferkorn / Jörg Riecke / Britt-Marie Schuster (Hrsg.): Die Zeitung als Medium in der neueren Sprachgeschichte. Korpora, Analyse, Wirkung. Berlin [u. a.] 2017.
Ulrich Püschel: Wurzeln der Zeitungssprache im 19. Jahrhundert. Eine Skizze. In: Jörg Riecke / Britt-Marie Schuster (Hrsg., unter Mitarb. von Natallia Savitskaya): Deutschsprachige Zeitungen in Mittel- und Osteuropa. Sprachliche Gestalt, historische Einbettung und kulturelle Traditionen. Berlin 2005. S. 1–27.
Jörg Riecke: Laien-Texte in psychiatrischen Krankenakten. Ein Beitrag zum Sprachgebrauch »kleiner Leute« und seiner Quellen am Beginn des 20. Jahrhunderts. In: Dituria 4 (2008) S. 46–56.

Jörg Riecke: Schreiben im Getto. Annäherungen an den Sprachgebrauch der Opfer des Nationalsozialismus. In: Sprache und Literatur 97 (2006) S. 83–96.
– Friedrich Kellners Analyse der »Sprache des Nationalsozialismus«. In: Dituria 8 (2012) S. 89–98.
Ruth Römer: Sprachwissenschaft und Rassenideologie in Deutschland. München 1985.
Jürgen Schiewe: Sprache und Öffentlichkeit. Carl Gustav Jochmann und die politische Sprachkritik der Spätaufklärung. Berlin 1989.
– Die Macht der Sprache. Eine Geschichte der Sprachkritik von der Antike bis zur Gegenwart. München 1998.
Isa Schikorski: Privattexte als Gegenstand der Sprachgeschichte. In: Dieter Cherubim / Klaus J. Mattheier (Hrsg.): Voraussetzungen und Grundlagen der Gegenwartssprache. Sprach- und sozialgeschichtliche Untersuchungen zum 19. Jahrhundert. Berlin / New York 1989. S. 229–244.
– Vom Dienstmädchen zur Professorengattin. Probleme bei der Aneignung bürgerlichen Sprachverhaltens und Sprachbewußtseins. In: Sprache und bürgerliche Nation. Beiträge zur deutschen und europäischen Sprachgeschichte des 19. Jahrhunderts. Hrsg. von Dieter Cherubim, Siegfried Grosse und Klaus J. Mattheier. Berlin / New York 1998. S. 259–281.
Gerd Simon: Sprachpflege im »Dritten Reich«. In: Konrad Ehlich (Hrsg.): Sprache im Faschismus. Frankfurt a. M. 1989. S. 58–86.
Horst Dieter Schlosser: Sprachnorm und regionale Differenz im Rahmen der Kontroverse zwischen Gottsched und Bodmer/Breitinger. In: Dieter Kimpel (Hrsg.): Mehrsprachigkeit in der deutschen Aufklärung. Hamburg 1985. S. 52–68.
– Gab es 1945 sprachlich eine Stunde Null? In: Muttersprache 105 (1995) S. 193–209.
– Sprache unterm Hakenkreuz. Eine andere Geschichte des Nationalsozialismus. Köln/Weimar/Wien 2013.
Cornelia Schmitz-Berning: Vokabular des Nationalsozialismus. Berlin / New York 1998.
Franz Schnabel: Deutsche Geschichte im neunzehnten Jahrhundert. Bd. 1: Die Grundlagen der neueren Geschichte. Freiburg i. Br. 1929. Nachdr. München 1987.
Albrecht Schöne: Säkularisation als sprachbildende Kraft. Studien zur Dichtung deutscher Pfarrersöhne. Göttingen 1958. 2. Aufl. 1969.
Britt-Marie Schuster: Auf dem Weg zur Fachsprache. Sprachliche Professionalisierung in der psychiatrischen Schreibpraxis (1800–1939). Berlin / New York 2010.
Thomas Steinfeld: Der Sprachverführer. Die deutsche Sprache: was sie ist, was sie kann. München 2012.
Anja Stukenbrock: Sprachnationalismus. Sprachreflexion als Medium kollektiver Identitätsstiftung in Deutschland (1617–1945). Berlin / New York 2005.
Tina Theobald: Presse und Sprache im 19. Jahrhundert. Eine Rekonstruktion des zeitgenössischen Diskurses. Berlin 2012.
– Politische Rhetorik im Kaiserreich. In: Armin Burkhardt (Hrsg.): Handbuch Politische Rhetorik. Berlin [u. a.] 2019. S. 231–246.
Fritz Tschirch: Bedeutungswandel im Deutsch des 19. Jahrhunderts. In: Zeitschrift für deutsche Wortforschung 16 (1960) S. 7–25.

Nicole Warmbold: Lagersprache. Zur Sprache der Opfer in den Konzentrationslagern Sachsenhausen, Dachau, Buchenwald. Bremen 2009.

Danuta Wesełowska: Wörter aus der Hölle. Die »lagerszpracha« der Häftlinge von Auschwitz. Krakau 1998.

Claudia Wich-Reif: »... obwohl ich heute [...] mich früh hierher begab, um brieflich mit Dir zu plaudern«. Die Syntax des »Plauderns« in Briefen des 19. Jahrhunderts. In: Michel Lefèvre (Hrsg.): Syntaktischer Wandel in Gegenwart und Geschichte. Berlin 2012. S. 597–614.

Wolfgang Ullrich Wurzel: Konrad Duden. Leben und Werk. Mannheim [u. a.] 1998.

Gustav Wustmann: Allerhand Sprachdummheiten. Kleine deutsche Grammatik des Zweifelhaften, des Falschen und des Häßlichen. 7. Aufl. Straßburg 1917.

Evelyn Ziegler: Zur Entwicklung der Standardsprache und der Vorbildfunktion der Klassikersprache. In: Der Deutschunterricht (1998) Nr. 3. S. 24–31.

– Eine Frage des Geschmacks? Adelungs Sprachnormtheorie im Kontext des zeitgenössischen Geschmacksdiskurses. In: Heidrun Kämper / Annette Klosa (Hrsg.): Aufklärer, Sprachgelehrter, Didaktiker: Johann Christoph Adelung (1732–1806). Tübingen 2008. S. 215–246.

Sachregister

Personenregister

Zum Autor

Jörg Riecke ist Professor für Germanistische Sprachwissenschaft an der Universität Heidelberg, Direktor des europäischen Zentrums für Sprachwissenschaften und Mitglied im Vorstand der Gesellschaft für germanistische Sprachgeschichte.